KB159861

재신론

재신론 Anatheism
카이로스총서 77 Mens

지은이 리처드 카니
옮긴이 김동규
펴낸이 조정환
책임운영 신은주
편집 김정연
디자인 조문영
홍보 김하은
프리뷰 윤동민·이종성
초판 인쇄 2021년 7월 20일
초판 발행 2021년 7월 23일
ISBN 9788961952637 93100
도서분류 1.철학 2. 예술철학
3. 종교철학 4.문학
값 21,000원
종이 화인페이퍼
인쇄 예원프린팅
라미네이팅 금성산업
제본 정원제책

펴낸곳 도서출판 갈무리
등록일 1994. 3. 3.
등록번호 제17-0161호
주소 서울 마포구 동교로18길 9-13
전화 02-325-1485
팩스 070-4275-0674
웹사이트 galmuri.co.kr
이메일 galmuri94@gmail.com

일러두기

1. 이 책은 Richard Kearney의 *Anatheism : Returning to God After God* (New York : Columbia University Press, 2010 ; 2011)을 완역한 것이다.

2. 외국 인명과 지명은 원어 발음에 가깝게 표기하려고 하였으며, 널리 쓰이는 인명과 지명은 그에 따라 표기하였다.

3. 인명, 지명, 책 제목, 논문 제목 등 고유명사의 원어는 맥락을 이해하는 데 원어가 꼭 필요하다고 생각되는 경우를 제외하고는 본문에서 원어를 병기하지 않았으며 찾아보기에 모두 수록하였다.

4. 단행본과 정기간행물에는 겹낫표(『 』)를, 논문에는 홑낫표(「 」)를, 블로그 제목, 영화 제목에는 가랑이표(〈 〉)를 사용하였다.

5. 저자의 대괄호는 〔 〕를 사용하였고, 옮긴이가 이해를 돕기 위해 첨가한 내용은 [ ] 속에 넣었다.

6. 영어판에서 이탤릭체로 강조된 것은 고딕체로 표기하였다. 단, 영어판에서 영어가 아니라서 이탤릭으로 강조한 것은 한국어판에서 강조하지 않았다.

7. 지은이 주석과 옮긴이 주석은 같은 일련번호를 가지며, 옮긴이 주석에는 * 표시했다.

8. 원서는 대부분의 인용문헌 서지사항을 후주에 표기하고 있지만, 부분부분 내주를 활용하고 있다. 한국어판은 원서에 따랐다.

9. 본문에 인용된 성서 구절의 번역은 『공동번역 성서』를 주로 따랐으나 카니의 인용 의도와 문맥을 고려하여 종종 역자가 직접 번역했다.

10. 저자가 인용한 책들 가운데 국내 번역서가 있을 경우, 번역본의 출처와 면수를 병기했다. 번역본의 내용이 원문의 내용을 잘 살릴 경우에는 그대로 인용하기도 했고, 맥락에 맞춰 수정하기도 했다.

11. 원서에서 저자의 인용 출처 표기가 잘못된 경우나 인용 자체가 잘못된 경우가 더러 있었는데, 발견한 오류에 대해서는 옮긴이가 해당 인용 문헌을 직접 확인하여 수정했다.

치유와 돌봄의 사람, 내 누이 샐리를 위해

손님은 때로는 손님으로 남기 위해
주인을 떠나야 한다.

패니 하우, 『서정시』

그는 나를 손님으로 맞았고—나도 그를 손님으로 맞았다.
오늘까지도 나는 전혀 알 수가 없다.
내가 그를 초대한 건지
혹은 그가 나를 초대한 건지.
그토록 헤아릴 수 없었던 우리의 사귐
그토록 친밀한, 그런 것.
씨앗을 감싼 쌈지를 분석하는 일은
마치, 씨앗을 보살펴주는 일 같았다네.

에밀리 디킨슨

차 례

재 신 론

3부 후주곡

I

『재신론』 한국어판 서문을 쓸 수 있게 된 것을 영예롭게 생각합니다. 이 책이 재신론이라는 용어 – 신 이후의 신에게로의 귀환 – 와 관련해서 주로 그리스와 아브라함 원천에 초점을 맞추고 있기는 하지만 저는 그 말이 심원한 상호문화적 이념을 담고 있다고 생각합니다. 본서의 한국어 번역도 그 자체로 서양 철학과 동양 철학 사이의 시의적절한 교환의 표시겠지요. 그리고 이것은 (가수 도노반이 부른 유명한 노래이기도 한) "먼저 산이 있다 / 그다음에는 산이 없다 / 그다음에는 있다"라는 오래된 불교 격언을 떠올리게 합니다. 이 삼중의 길인 카마카마kama(첫 번째 욕망), 이어서 아카마akama(욕망 없음), 그리고 이어서 압타카마aptakama(두 번째 욕망 : 만물에 대한 자유로운 계몽된 사랑)는 산스크리트 변증법에서도 포착됩니다. 그것은 신 / 신-없음 / 신-이후의-신에 대한 해석학적 순환을 나타냅니다. 그리스어 접두사 ana는 '이후, 새로운, 다시'를 의미합니다. 주의깊게 내다보면 우리는 만물에 있는 성스러운 것의 흔적을 보게 됩니다. 우리는 모든 참된 지혜의 전통과 종교의 거룩함을 알아봅니다. 이런 의미에서, 재신론은 영성간interspiritual 번역의 실천입니다. 또는 책에서 말했듯이, 재신론은 종교간interreligious 환대로의 급진적인 초대입니다.

아일랜드인인 저는, 알려지지 않은 배후의 것을 향한 이 성스러운 여정에서 초기 아일랜드 성인들이 자신을 잃어버림으로써 다시 자신을 찾기를 바라며 대서양으로 배를 타고 출발했던 페레그리네이션(기나긴 여정)이라는 고대의 패러다임을 떠올립니다. 이러한 마음의 오뒷세이아는 외적인 것일 수도 있고 내적인 것일 수도 있으며, 혹은 둘 다일 수도 있습니다. 그것은 새들이 자기 손에 둥지를 틀 때까지 팔을 넓게 벌리고 몇 주 동안 가만히 무릎을 꿇었던 10세기 글렌달로(오늘날 더블린 남쪽)의 성 케빈 이야기 속에 되울려 퍼지고 있는 거룩한 무지의 길을 암시합니다. 그 옛날 옛적의 은둔자는 모든 피조물을 단념했고 그 이후 모든 피조물을 백배로 돌려받았습니다. 두려움 없이 이름 없는 무를 포용한 성 케빈은 모든 것의 비밀스러운 상호 연결을 재발견했습니다. 다음은 노벨상 수상자인 셰이머스 히니가 묘사한 아일랜드 수도사의 재신론적 경험입니다.[1]

그런 다음, 성 케빈과 검은 새가 있었다.
성인은 무릎을 꿇고 팔을 뻗는다.
자신의 수도원 독방 안에서 말이다. 하지만 독방은 비좁다. 그래서
한 손을 창 밖으로 내놓고 손바닥은 위로 향한다.
대들보처럼, 뻣뻣하게. 그때 검은 새 한 마리가 내려와 앉아
그 안에 알을 낳고 둥지를 튼다.
케빈은 따스한 알들을, 작은 가슴을, 그 안에 꽉 찬
오목조목한 머리와 발톱들을 느낀다. 그리고 자신이
영원한 삶의 망 속에 연결된 것을 알아차리면서
연민을 갖는다. 이제 그는 자신의 손을 유지해야 한다.
나뭇가지처럼 몇 주 동안 해와 비 아래 내놓아야 한다.
그 어린 것들이 부화하고 털이 자라 날아갈 수 있을 때까지

… 사랑이란 깊은 강에 홀로 자신을 비추면서,
'수고하되 보상을 구하지 않도록' 그는 기도한다.
그의 몸 전체로 드리는 기도를 한다.
자신을 잊고, 새를 잊고, 강둑 위에서 강 이름을 잊기 위해.[2]

II

재신론은 그리스어로 ana-theos, 신 이후, 재-신을 의미합니다. 그것은 신의 죽음 이후의 신에 관한 사유 방식입니다. 이는 우리가 소유했다고 생각했던 익숙한 신성들의 사라짐 이후의 신적인 것의 잔여를 다시 추적하는 것retracing을 의미합니다. 그것은 프로이트, 맑스, 니체에 의해 철학적으로 공식화되었지만, 예수와 예언자들에 의해 이미 선취된 지배와 망상의 '모든 것의-신'Omni-God을 해체구성deconstruction한 이후 되돌아오는 것입니다. 거기서 살아남은 것 — 삶 그 이상의 것 sur-vivre — 은 그것이 무엇이건, 우리가 재신론이라고 부를 수 있는 것입니다. 그것은 여전히 도래하고 있는 구제받은 신의 영성입니다. 만일 우리가 그대로 둔다면 존재할 수도 있는 신, 곧 태초부터 만들어졌고 몇 번이고 언제나 실현될 성스러운 약속으로 도래합니다. 우리의 눈과 귀를 열어두었다면 말입니다.

『간추린 옥스퍼드 영어사전』에서는 "ana"라는 접두어를 "공간상 또는 시간상 위쪽 ; 본래대로 다시, 새로이"라고 정의합니다. anamnesis(상기), analogy(유비), anagogy(비의), anaphora(어구 반복)에서 볼 수 있는 것처럼 말이죠. 따라서 이 말은 '신 이후의 신'God after God이라는 표현에 포함된 '이후'에 관한 더 깊고 넓은 의미를 뒷받침합니다.

Ana는 되찾아오다, 재방문하다, 되풀이하다, 반복하다 등의 개념들과 연관된 의미의 장을 엽니다. 다만 그것이 반복이라면, 이 반복은 뒤로 가는 것이 아니라 앞으로 나아가는 것입니다. 이는 타락하기 전의 과거로의 퇴행이 아니라 다시 앞으로 나아가기 위해 되돌아오는 '나중에'afterwards의 문제입니다. 더 잘 뛰기 위해선 한 보 물러서라!Reculer pour mieux sauter!

이런 점에서 우리는 재-신론이라는 용어를 '신 이후의 신에게로 귀환하는 것', 지나가 버렸지만 여전히 미래에 되살아날 수 있는 급진적 잠재성을 지니는 성스러운 것들을 비판적으로 되찾는다는 의미로 사용합니다. 따라서 재신론은 망각된 것을 향한 미래 내지는 아직 성취되지 않은 신적 역사의 부름을 향한 미래를 제안합니다. 그것은 '이후의 사유' 내지 '이후의 정서' 그 이상의 것으로서의 '이후의-신앙'입니다. 이후의 신앙은 — 처음부터 이미 거기에 있던 궁극적인 어떤 것으로서 — 종말론적입니다. 그리고 이것이 바로 재ana의 '이후'가 '이전'before이기도 한 이유입니다. 말하자면, 앞의 A가 그다음 두 번째 A로 이항됩니다. 지혜Sophia가 주Lord의 얼굴 앞에서 뛰놀면서 말했던 것처럼 말입니다. "그가 세상을 만드시기도 전에 … 그의 곁에 붙어 다니며 … 기쁨으로 충만하여 언제나 그의 임재를 기뻐하며 … 거기에 나는 존재했습니다"(잠언 8 : 26~29). 재-시간성ana-chrony의 이 히브리적 의미는 예수의 놀라운 주장에도 적절하게 반영되어 있습니다. "아브라함이 있기 전에 내가 있다."

하지만 분명히 말해둡니다. 재신론은 헤겔적인 종합이나 최종적 해결책으로 유신론과 무신론을 대체하는 변증법적인 제3의 항이 아닙니다. 참으로, 재신론은 유신론의 계기가 그런 것처럼 그 자체로 무신론의 계기를 담고 있습니다. 또는 더 정확하게 말하면, 재신론은 무신론과 유신론의 이분법 이전의 공간과 시간에서 작동하기 때문에 그 둘 모두를 포함합니다. (그 이후도 마찬가지입니다.) 재신론의 이중의 'a'는 '신의 죽음'이 자신의 일을 한 다음 일어나는 두 번째 긍정의 가능성을 제시하지만 이것이 필연성은 아닙니다. 그런데 이는 헤겔의 "부정의 부정"과도 다릅니다. 그런 "부정의 부정"은 귀환을 불가피한 종합이나 지양으로 봅니다. 신정론의 논리에 저항하면서 재신론은 언제나 한 가지 내기를 겁니다. 그것은 어느 쪽으로도 걸 수 있는 위험한 모험입니다. 그 내기는 우리에게 달려 있습니다. 이 내기는 순간의 부름에 대답하는, 우리의 입장에서 내리는 선별과 결정의 문제입니다. 목적 없는 신앙의 재생replay이지요. 헤겔의 절대정신의 변증법처럼 우리의 행위성과는 무관하게 우리의 배후에서 일어나는 귀환은 존재하지 않습니다. 특수한 것들의 구실을 통해 최후의 총체성으로 펼쳐지는 '이성의 간계'는 없습니다. 재신론은 미리 정해진 변증법을 받아쓰는 대문자 신성Divinity에 관한 것이 아닙니다. 반대로, 재신론은 처음의 신들이나 모든 것의 신들과도 아무 상관 없습니다. 재신론은 여기 있는 이들 중 가장 작은 자 안에 있는 성스러운 것을 재-상상하고 재-생하는 일에 관한 것입니다. 그것은 처음부터 마지막까지 소문자입니다.

이처럼 재신론은 종종 무-지의 무-신론a-theism에서 경험되는, 유보되거나 예상치 못한 가능성을 다시 활성화합니다. 여기서 '무'a-는 수동적 박탈이라기보다는 기권과 철회의 행위를 표시합니다. 그러한 무-신론은 신에게 대항하는 인식론적 논증의 문제라기보다는 상실과 고독의 선반성적 체험, 즉, 불안Angst이나 포기의 기분, 대부분의 사람들이 삶의 어느 시점에서 경험하는 실존적인 '영혼의 어두운 밤'에 관한 문제입니다. 십자가에 못 박힌 그리스도조차도 분명하게 말하셨지요. "나의 하느님 나의 하느님 왜 나를 버리셨나이까?" 무신론의 이

'무'[a]는 재신론에 필수불가결합니다. 그러나 그것은 단지 한 부분일 뿐이고, 더 큰 연출에서의 첫 단계일 뿐입니다. 'a-n-a'에는 두 개의 A가 있는데, 그 두 번째 'a'는 죽음의 죽음을 뜻합니다. 신의 죽음의 죽음. 첫 번째 기원의 '예'를 반복하는, '아니요' 이후의 '예'. 이 재신론의 이중의 A-A는 항상 새로우면서도 낯설고 형언할 수 없는 어떤 것을 다시 열어줌을 의미합니다. A-A 움직임은 '더 높은 힘에 굴복하는 것'이라고 일컬어지는 열두 단계의 춤입니다. 여기서 굴복이란 우리의 실존적 무력함을 포용할 때만 일어납니다.

그래서 반복해서 말하지만, 재ana-는 불가피한 변증법적 진보를 보장하지 않습니다. 그것은 예측 가능성이 아닌 약속, 확실성이 아닌 부름을 따라 작동합니다. 종교의 종말이 우리를 다시 시작으로, 믿음과 불신 사이의 분열에 앞서는 — 그 이전의 — 시간으로 이끈다고 말할 수 있는 어떤 것이 존재한다면 말입니다. 그리고 이런 점에서 우리는 시인 존 키츠의 시적 신앙에 대한 유명한 정의인 "불신에 대한 의지적 유보"를, 모든 것이 새롭고 누구나 만사가 형통했던 때를, 어떤 일이든 일어날 수 있었던 때를, 그것이 좋건 나쁘건 창조의 첫째 날에 대한 아담의 경험을 되찾는 일을 생각해볼 수도 있을 것입니다. 키츠는 이 급진적인 개방성의 원초적 순간을 "부정적 역량"negative capability — "사실과 이성 이후 격노하지 않고서 신비와 불확실성, 의심을 경험할 수 있는 능력" — 이라고 불렀습니다. 저는 이것이 키에르케고어가 『공포와 전율』에서 말한 저 유명한 "신앙의 도약"과 유사하다고 믿습니다. 성스러운 반복은 원래 위치로의 회귀가 아니라 급진적으로 들이닥치는 타인을 향하는 성향으로 이해되어야 합니다.[3] 키에르케고어의 책에서 아브라함은 아들을 "선물"gift로 돌려받기 위해 "주어진 것"given으로서의 아들을 잃어야만 했습니다. 그는 약속으로서의 이삭을 다시 맞이하기 위해 소유물로서의 이삭을 포기해야만 했던 것이지요. 이삭은 (자식이라는 소유물이나 투영으로서) 아브라함에게 속한 것이 아닙니다. 이삭은 그의 아버지와는 다른 자입니다. 그는 한 타자로서의 그 자신, 타인이라는 선물, 신의 선물(키에르케고어가 "절대"Absolute라고 부른 것의 답례로서의 선물return gift)입니다.

요컨대, 재신론적 신앙은 다시 발견되는 잃어버린 어떤 것에 대한 것입니다. 잃어버린 양을 다시 찾는 것처럼 말이지요. 그것은 이전의 것을 이후에, 일찍이 있었던 것을 나중에 되찾는 일 — 선형적인 크로노스적 시간의 순차성을 재배치하는 재생 — 과 관련합니다. 갑작스러운 빛 비침. 은총이 순간을 가로지르는 에피파니의 순간epiphanic moment(찰나의 일별Augenblick 내지 지금시간Jetzzeit). 그것은 접두어 '재'ana가 포착하려고[4] 하는 미래-로서의-과거의 신비입니다. 시간 안에서 시간을 벗어나는 이 시간은 복음서가 "남겨진 시간"이라고 부르는 것입니다. 이것이 바로 내재성 안에서의 초월입니다.

2020년 1월 10일
보스턴에서
리처드 카니

:: 서문

우리가 둘렀던 공간이 비워져
우리 안에 담아둘 것으로 되었다, 그것이 꿰뚫었다
간격, 갑자기 열려버린 그것을.
드높은 통곡들이 베여 넘어지고 순정한 변화가 일어났다.

— 셰이머스 히니, 「정리」[1]

철학자 폴 리쾨르와 함께 연구하기 위해 1977년 파리에 도착하여 그의 세미나에 참석했을 때, 그가 자신의 세미나 수업에 참여한 모든 이들에게 던진 첫 물음은 이것이었다. "당신은 어디에서 말하고 있습니까?"d'où parlez-vous? 이 서문에서 나는 이 논지가 내게 그토록 중요한 것으로 자리 잡은 이유에 대한 몇 가지 숙고와 더불어 '신 이후의 신으로의 귀환'에 관한 내 생각을 제시하고 싶다. 왜 지금 재신론인가?

신에 대한 물음은 오늘날 새로운 의미의 긴박함을 가지고 다시 도래하고 있다. 우리는 우리 시대의 세계 정치에서 "종교적인 것의 귀환"return of the religious에 관한 여러 가지 말을 듣고 있다. 세속적인 것과 성스러운 것의 관계에 관한 논쟁이 널리 이루어지고 있으며 이는 많은 이들의 이목을 끌고 있다. 유럽대륙철학에서는 많은 이들이 "종교적 귀환"을 말하거나 그와 반대로 비판적 세속주의라는 새로운 파고 속에 "반종교적 귀환"(대니얼 데닛, 리처드 도킨스, 크리스토퍼 히친스)을 말하고 있다. 유신론과 무신론에 관한 활기 넘치는 논쟁은,

몇몇 사람들이 기대한 것처럼, 계몽주의와 계몽주의 이후의 니체, 맑스, 그리고 프로이트의 신의 죽음 선언으로 말미암아 사라져버린 것이 아니다. 신에 관한 물음은 우리가 신에 관해 말할 때 이것이 무엇을 의미하는지를 따져 묻는 가운데 몇 번이고 반복적으로 도래한다. 신의 신성은 전능한 인과성인가 자기-비움의 섬김인가? 신은 강력한 군주인가 노심초사하는solicitous 2 이방인인가? 종교 없이 신이 있는가 아니면 신 없이 종교가 있는가? 신은 전쟁의 유발자인가 평화의 유발자인가?

앞서 제기한 물음—당신은 어디에서 말하고 있습니까?—에 대해서는 조금 더 개인적인 차원의 답변을 제시할 수 있을 것 같다. 무엇보다 이런 비판적 대화를 함에 있어 내가 선 자리와 내 입장을 정립하는 것으로 논의를 시작해보려 한다. 신에 대한 논쟁은 20세기의 마지막 수십 년을 살아낸 다음, 9·11이라는 대재앙과 중동 전쟁이 다시 발발하기 직전 미국으로 건너온 젊은 철학자인 나에게 특별히 중요한 문제로 남아 있었다. 내 관심은 철학적인 것이면서 동시에 정치적인 것이었다. 아울러 아일랜드에서의 30년간의 폭력의 시기 동안 우리 아일랜드섬 북부에서 가톨릭과 개신교 신자들이 서로를 망가뜨리고 있다는 뉴스 보도를 매일 들으며 성장한 것도 내게 부담으로 더해졌다. 물론 베오그라드와 베이루트에서의 종파간 분쟁도 중요한 문제였지만, 벨파스트 역시 그러한 분쟁의 도상에 있었다(나는 더블린에서 20년을 살았다). 이는 무시하고 싶다고 해서 무시할 수 있는 일이 아니다. 나는 마치 신이 자신들 편에 선 것처럼 말하는 가톨릭 지도자들과 개신교 지도자들의 혐오도 함께 경험했다. 로마에 왔으면 로마법을 따르라! 우리가 가진 것은 우리가 지킨다! 굴복 따윈 없다! 단 한 치도!

다행히도 이러한 종교적 승리주의가 우리나라[아일랜드], 특히 내가 5년간 공부했던 글렌크리나 글렌스탈 수도원 같은 곳에서 가장 두드러지게 일어난 담대한 평화의 노력과 에큐메니컬 대화를 막지는 못했다. 실제로 글렌스탈의 베네딕도 수도사들과 함께하며 그들로부터 배운 경험이 내 삶을 형성해 주었다. 내 멘토들은 단호하게 실행되는 "이방인 환대"에 관한 베네딕도 규칙서의 가르침을 진지하게 받아들였다. 이 명철한 수도원은 가톨릭, 성공회, 장로교, 감리교 사이의 교파 간 화해를 위한 요충지 가운데 하나였을 뿐 아니라, 동방정교회, 그리고 더 나아가 동양의 비-그리스도교 종교와의 심원한 교류의 문을 연 곳이었다. 이 베네딕도 수도원은 "이방신들"strange gods이 환영받는 장소이자 이들과 대화를 나누는 장소였다. 또한 여러 해가 지난 후 나 스스로가 인도의 영적 심장부에서 앙리 르 소Henri le Saux와 베데 그리피스 같은 선구적인 베네딕도 수도사들의 발자취를 따라가고 있음을 문득 깨닫게 되었을 때, 나는 영성 간 환대의 근본적 본성을 상기하게 되었다. 이곳으로 이주한 이들은 식민화하거나 개종을 시키려는 것이 아니라 다른 종교들과 접촉하여 다른 신들로부터 무언가를 배움으로써 자신의 고유한 신을 드러내기 위해 그곳으로 갔던 것이다.

다행히도, 글렌스탈 수도원에 있었던 시기 동안에는, 내가 이후에 경험한 인도의 베네딕도회와 이냐시오 수행자 마을에서는 무신론자도 환영받는 이방인으로 대우받았다. 만일 우리가 무신론의 대안에 익숙하지 않았다면 어떻게 유신론을 진정으로 선택할 수 있었겠는가? 혹은 무신론과 유신론 사이의 불가지론적 공간은 또 어떤가? 실제로, 글렌스탈에서의 첫 번째 그리스도교 교리 수업에서, 수도사들은 왜 신이 존재할 수도might 있는지에 대해 이야기하기 전에, 우리에게 신의 현존에 반대하는 — 포이어바흐, 니체, 사르트르, 그리고 러셀의 — 설득력 있는 논증을 익히게 했고, 나는 그때 느꼈던 해방감을 지금도 기억한다! 그 시절 무신론은 용납될 수 있었을 뿐만 아니라 그것이 어떤 신앙의 내기wager와도 분리될 수 없다는 점과 함께 고찰되었다. 또 그렇게 함으로써, 만일 그리스도교가 실제로 세계사에서 가장 적대적인 종교들 가운데 하나였다면, 동시에 그것은 또한 가장 잘 환대하는 종교 가운데 하나였을 수도 있음을 배웠다.

이 후자의 선택지가 메이리드 코리건, 존 흄, 션 맥브라이드(〈국제앰네스티〉의 설립자)와 같은 영적 영감으로 충만한 동료들의 수많은 노벨평화상 수상으로 인해 더 강화되었다고 말해야겠다. 아일랜드에서의 그리스도교적 평화를 한결같이 증언해낸 이 증인들—마틴 루터 킹, 간디, 그리고 만델라와 같은 국제적인 예시를 반향한 이들—은 영적 헌신이 종교적 도착증에 대한 가장 효과적인 항생제 가운데 하나로 기능한다는 나의 믿음에 분명한 영향을 미쳤다. 이에 나는 내 조국 교회의 권위에 대항했던 젊은 시절의 나에게서 벗어나게 되었고 동시에 승리의 신이라는 존재를 강하게 거부하는 한편 영적 물음에 깊이 매료되었으며 종교 평화주의자들을 무한히 찬탄하기에 이르렀다. 나는 이후에—세속주의적 정교분리 원칙laïcité이 최고의 통치 원리로 작동하는—프랑스 같이 철저하게 세속적인 사회에서 살아가는 나 자신을 발견했고, 또한 그 당시 신에 관한 물음으로 되돌아가고 있는 나를 보게 되었다. 1978년 콩피에뉴에서 장 바니에와 만난 후 나는 이런 물음을 던지게 되었다. 신을 떠난 다음 신에게로 돌아가는 일이 가능한가? 만일 그런 일이 가능하다면, 그러한 신에 관해 우리는 무슨 말을 해야 하는가?

이것이 파리에서 폴 리쾨르와 에마뉘엘 레비나스와 함께 수행한 박사과정 연구 시기 중 내게 엄습하기 시작한 물음이다. 이는 프랑스에서 출간한 내 첫 번째 작품들—『하이데거와 신에 관한 물음』(1980),

『가능한 것의 시학』(1984) — 에서부터 더 최근의 작업 — 『존재할 수도 있는 신』(2001), 『이방인, 신, 괴물』(2003) — 에 이르기까지 큰 영향을 미쳤다. 이러한 물음은 여러 해에 걸쳐 '종교 없는 종교'라는 주제와 관련하여 내 친구 잭 카푸토, 그리고 자크 데리다와 나눈 여러 교류 속에서 변치 않는 관심사로 남아 있던 것이었다. 실제로 2005년에, '우리가 신을 말할 때 대체 우리는 어떤 신을 말하고 있는 것일까?'라는 물음이 인도와 네팔로의 여정을 떠나게 만들었다. 이 여정은 『종교간 상상 : 마음의 해석학』(2008)에 기록된 힌두교 종교 지도자들swamis, 요가 수행자들yogis, 그리고 승려들lamas과의 대화로 이어지게 된다. 이 여정은 마하트마 간디와 스와미 비베카난다의 정신적, 정치적 유산 가운데 표현된 '힌두교의 열린 원천'이라는 급진적 개념에 나를 처음으로 노출시키게 해주었다.

본서에서 나는 이러한 반성을 신 이후의 신에 대한 새로운 탐구로 엮어내고자 한다. 나는 이 탐구가, 사려 깊은 대화라는 선택지를 위협하는 세속주의와 절대주의라는 적대적 도그마가 내재해 있는 우리의 '포스트모던' 시대에 점점 더 긴박한 주제로 자리 잡고 있다고 생각한다. 내가 재신론적 공간이라고 부르는 것, 곧 믿느냐 마느냐를 자유롭게 결정하는 것이 용납될 뿐만 아니라 이를 소중하게 여기는 공간의 가능성을 인정하는 가운데, 나는 본서를 유신론자들과 무신론자들이 치열한 합리적 토론을 벌일 수 있는 지적 아고라로 간주하고 싶다. 만일 재신론이 신 이후의 신의 가능성을 전조한다면, 이는 재신론이 신의 불가능성이라는 대안적 선택지를 용인하기 때문이다. 물론 우리가 어떤 신을 의도하는지에 따라 많은 것이 달라진다. 만일 초월이 사실상 의미의 과잉surplus이라면, 그것은 끝없는 해석의 과정을 요구한다. 신이 우리의 상투적 관습에 비추어 점점 더 낯선 신more strange God [3]이 될수록, 이 낯설음strangeness에 대한 우리의 독해도 더 다채로워진다. 만일 신성이 알려지지 않는 것이라면, 인간성은 신성을 다양한 방식으로 상상해야만 한다. 절대적인 것은 절대주의를 회피하기 위해 다원주의를 요구한다.

이리저리 굽이치는 나의 지적 여정을 돌아보면, 언뜻 그 여정은 계속 확장되는 원처럼 보이기도 한다. 독실하지만 자유분방한 아일랜드 가톨릭 집안에서 가톨릭 신자로 자란 나는 어린 시절 성사적 영성sacramental spirituality[4]의 깊은 의미를 경험하는 와중에도 개신교 신자인 가족(나의 어머니의 아버지는 스코틀랜드 장로교 계통에 속해 있었다)으로부터 종교가 동의이자 신비인 동시에 개인의 선택과 양심의 문제여야 함을 배웠다. 이 이중적 소속감은 아일랜드 문학—개신교 유산을 반영한 버나드 쇼, 오스카 와일드, 윌리엄 버틀러 예이츠부터 가톨릭 전통의 제임스 조이스, 패트릭 카바나, 히니에 이르는—의 이중적 전통에 노출되면서 확증의 단계에 이르게 된다. 나는 실제로 500년에 걸친 갈등을 해결하려고 한 북아일랜드 평화 운동이 활발해질 때, 우리의 가장 훌륭한 시인들, 소설가들, 극작가들 몇몇이 '다른 진영'의 이야기를 다시 상상하는 방식을 보면서 깊은 감명을 받았다. 가톨릭과 개신교 신자들은 서로의 마음속 깊은 곳으로 파고들어 이야기를 교환하고, '적들'이 느꼈던 것을 스스로 느끼기 시작했다. 그렇게 해서 가톨릭과 개신교 양자의 유산에 대한 신실성이 저주를 축복으로 바꿔 놓았다. 또는 히니가 말한 것처럼, "양동이 두 개가 한 개보다 더 나르기 쉬웠다—나는 그 사이에서 자랐다."[5] 나는 1998년 4월[6] '성금요일 평화 협정'에서 최종적으로 공식화된 것—아일랜드 시민들이 "영국인이 되거나 아일랜드인이 되거나 양쪽 시민이 다 되는 것을 허용한 것"—은 아일랜드의 몇몇 훌륭한 예술가들이 실천한 교파 간, 문화 간 환대로 인해 가능해지게 된 것이라고 생각한다. 개인적으로, 나는 이러한 이중 소속 모형에 찬사를 보내며, 가끔은 내 자신을 지적으로는 개신교 신자로, 정서적으로는 가톨릭 신자로 생각하기를 좋아한다. 이는 내가 글렌스탈의 수도사들로부터 '성사를 통해' 배운 것과 리쾨르 및 내 반대 진영의 선조들과 같은 개신교 멘토들의 비판적 의식을 결합하고자 한 시도이다.

그런데 종교간 환대를 확장하는 나선은 가톨릭과 개신교 집단에 국한되지 않았다. 내가 해방적인 '메시아적' 지평을 점진적으로 이해하는 데 있어서 결정적인 영향을 미친 것은 파리에서 에마뉘엘 레비나스 및 자크 데리다와 같은 유대인 사상가들과 나눈 대화였다. 이는 후에 (카이로와 케랄라에서의 수피 철학자들과 만남을 통해 이루어진) 이슬람 전통과 유대-그리스도교 집단 간의 대화를 포괄하는 것으로 확장되었다. 끝으로, 세 부류의 아브라함 전통의 신앙을 포용하면서 확장된 나의 지적 탐구는 카트만두의 초키 니마Choqui Nyma와 방갈로르의 스와미 띠야가난다Swami Tyagananda와 같은 불교와 힌두교 사상가들과의 만남으로 더 확대되었다. 내가 마지막 장을 간디, 곧 동양과 서양의 신을 결합하고 자신을 "힌두교인, 무슬림, 그리스도인, 유대인"으로 부르기를 좋아했던 한 사람에 대한 사유로 마무리 지은 것은 종파적 집단들을 확장하고 중첩해내는 패러다임을 염두에 둔 것이다.

내가 범위를 확장해 나가는 기나긴 여정을 이렇게 시연하는 것은 순전히 여기 그리고 지금here and now 벌어지고 있는 신에 대한 논쟁에서 내 자신이 어떻게 구체적으로 개입하고 있는지를 확인하기 위함이다. 이는 나의 (그리스어에서 해석하다라는 뜻인 hermeneuein[헤르메네웨인]에서 비롯한) '해석학적 상황'의 본성을 인정하는 문제이다. 또한 "당신은 어디에서 말하고 있습니까?"라는 물음에 답을 제시하는 가운데 이 책의 독자들이 자신들의 고유한 관점과 전제를 정립하도록 초대할 수 있기를 희망한다. 내가 해석학의 철학에서 배운 가장 중요한 것은 해석은 언제 어디에나 있다interpretation goes all the way down는 것이다. 예외는 없다. 만일 태초에 말씀Word이 존재했다면, 마찬가지로 거기에 해석학도 존재했다. 우리가 활용할 수 있는 신적 관점은 존재하지 않는다. 왜냐하면 우리는 신이 아니고, 신이 되기 위한 시도들이 지적, 정치적 재앙으로 이어진다는 것을 역사가 말해 주기 때문이다. 해석학은 (우리가 모두 유한한 상황에서 말한다는 점에서) 겸손과 (우리가 통용되는 의미와 이면의 의미 사이의 간극을 채운다는 점에서) 상상에 대한 교육이다. 해석학은 가장 신성한 책들이 저자들 못지 않게 독자들에게도 해석의 작품이라는 점을 우리에게 상기시킨다. 모세는 기록된 돌판을 깨트렸고, 예수는 (여인이 돌에 맞는 것을 막기 위해 모래 바닥에다 어떤 말을 쓴 것을 빼고는) 한마디 말도 쓰지 않았다. 무함마드는 많은 망설임 끝에 말을 했지만, 쓰는 일은 다른 이들에게 맡겼다. 만일 신들과 예언자들이 어떤 말을 한다면, 우리가 할 수 있는 최선은 경청하는 것이며, 그 이후에야 차례차례 말하고 기록하게 된다. 언제나 사건이 있은 다음에는, 다시 논리적으로 유추해 가면서ana-logically, 다시 신비적으로 관조해 가면서ana-gogically 이미 말로 전해진 가르침으로 돌아가 항상 다시 말할 필요가 있는 것이다. 해석학은 태초부터 거기 있었고 종말에도 거기 있을 것이다.

마지막으로, 이 저작에서 나의 해석학적 입장이 신학적이라기보다는 철학적이라는 것을 말하고자 한다. 여기에는 두 가지 이유가 있다. 첫째, 내가 출발점으로 삼은 특정한 부류의 철학을 밝혀두기 위함인데, 이는 한편으로는 근대적인 현상학 및 실존주의, 다른 한편으로 탈근대적인 후기구조주의와 해체구성의 통찰을 자양분 삼아 내가 말하고 있음을 뜻한다. 1970년대 파리에서 공부하던 중 전자를 통해서 나는 개인의 책임, 선택, 행위자에 대한 전적인 존중, 구체적으로 구현된 경험으로부터 사유하는 가능성에 대한 믿음, 그리고 우리의 세상을 변혁하기 위한 인간의 상상력과 행위의 힘에 대한 믿음이라는 것을 배웠다. (1960년대의 유토피아적인 활력의 기운은 파리에 여전히 남아 있다.) 후자의 탈근대 이론부터 나는 인간의 자기성과 동일성이 언제나 더 넓은 언어적이고 문화적인 과정의 일부라는 점을 배웠다. 우리에게 끊임없이 타자성의 불가해한 수수께끼를 상기시키는, 겹겹이 쌓인 의미망의 일부라는 점 말이다(데리다, 레비나스, 크리스테바). 이 두 입장—근대와 탈근대—모두 리쾨르와의 대화를 통해 나 자신의 이야기narrative 해석학을 식별하는 과정에서 결합되었다.

내 독해의 철학적 성격을 강조하는 두 번째 이유는 신학에 대해서는 내게 해당 학계 내부의 전문지식이 없으며, 나의 성찰을 하나의 특수한 정통주의나 다른 정통성과 결부시켜서 정당화하는 일에는 별다른 관심을 두지 않는다는 데서 비롯한다(물론 나는 어떤 정통주의도 무시하지 않는다). 예를 들어 내가 다양한 종교에서의 환대나 성사의 의미를 해석하려고 할 때 나는 종교학자들과 전문가들에 호소할 뿐 아니라 불가지론적 사상가와 소설가들의 작품에서 어떤 것을 이끌어 낼 것이다. 상상과 이야기는 내 연구에서 신앙과 이성만큼이나 중요한 역할을 한다. 따라서 내가 성사적 상상에서 '중간 지대'를 도입하기로 한 것은, 삶 가운데 신이 부재한 것처럼 보였을 양차 대전 사이에 저술 활동을 한 세 명의 혁신적 작가(조이스, 프루스트, 울프)가 글쓰는 방식을 상세히 탐구하기 위해서다. 그들은 '종교 이후의'postreligious 우주 중심부에 있는 성스러운 것에 대한 새로운 감각으로 돌아가는 시적 여정을 계획했다. 논리적으로 그리고 연대기적으로, 이 '문학적 막간'은 포스트-홀로코스트 작가들에 대해 논의한 장 앞에 위치할 것이다. 하지만 나의 요점은 재신론을 어떤 필연적인 역사적 변증법으로 기술하는 것, 즉 허세부리는 유혹의 마수에 빠지는 것이 아니다. 그보다 나는 20세기의 어떤 대담한 지성인들이 우리 시대의 정신적, 영적 물음에 답하는 방식을 나타내는 데 초점을 맞춘다. 여기서 물음은 다음과 같다. 신의 사라짐 이후 어떤 식으로 성스러움을 말할 수 있는가? 과학적 계몽주의가 미신과 복종을 필요 없는 것으로 제거해 버린 다음에, 두 번의 세계대전이 역사를 신적인 플롯Divine Plot으로 바라보는 시도가 잘못된 것이라고 폭로한 이후에, 우리는 어떻게 신앙을 유지할 수 있는가?

베르됭[7]의 공포 이후, 홀로코스트 이후, 히로시마 이후, 굴라크[8] 이후, 신을 말하는 것은 우리가 신을 새로운 방식으로 말하지 않는 한 전부 모욕에 불과하다.(나의 두 삼촌이 2차 세계대전을 목격한 후 종교에 대해 언급하기를 거부했다는 사실은 나에게 깊은 인상으로 남아 있다.) 이것이 바로 신 이후의 신으로의 귀환에서 내가 의도한 부분이다. 신이 다시 태어날 수 있기 위해서는 죽어야 한다. 재신론적으로, 이것이 일어나는 방식은 해석의 문제이다. 그것은 신앙 내지 불신앙에 관한 물음이거나 그 사이 중간 지대에 관한 물음이다. 나는 이 책에서 나 자신의 특수한 내기wager를 따라 나만의 고유한 독해를 제시한다. 나는 이것이 철학의 은총이라고 생각한다. 철학은 유신론자와 무신론자가 대화할 수 있는 공간을 열어준다. 그것은 낡은 해석을 개정하고 새로운 해석을 다시 상상하는 일에 우리를 초대한다.

이제 본서의 방법과 구조에 관해 약간의 말을 더하고 싶다.

방법과 관련해서, 이 책은 해석학적 이야기의 형태를 취한다. 이전에 출간한 작품들,『가능한 것의 시학』과『존재할 수도 있는 신』에서는 존재론적이고 종말론적인 차원을 탐구한—형이상학적 진리와 존재에 관한 문제를 다룬—반면, 이 작품에서 나는 신에 대한 물음의 철학적 이야기, 성서적 유신론, 종교간 대화, 현대 문학, 20세기 유럽 사상과 정치에 대한 모험, 그리고 세 번째 천년의 태동기에서의 성스러운 것의 귀환이라는 도전을 거친 나의 여정을 통해 알게 된 이야기를 하려고 한다. 이 정류장들은 모두 두 (또는 그 이상의) 세계들 사이를 넘나드는 가운데 어떤 방향을 확인시켜 주는 '경계의 공간'liminal spaces—프랑스어로 경계 지대des zones frontalières로 부르는 것—을 나타낸다. 곧 이것은 방향설정에 관한 물음이다.

나는 이 책에서 두 가지 주요한 해석학적 내기가 작동하고 있음을 말하고 싶다. (1) 우리 시대의 성스러운 것의 의미에 대한 다양한 목소리, 텍스트, 이론들의 해석에 관한 철학적 내기. (2) 믿음과 불신, 불확실성과 경이의 일상적 운동의 핵심에 자리하는 실존론적 내기. 이 운동들은 종종 철학적 내기가 언어로 번역될 때 이야기로 표현된다. 즉, 그것은 문화적, 종교적, 또는 예술적 증언의 형태를 취할 수 있고, 찰스 테일러의 표현대로, 우리에게 가장 중요한 것, 우리가 우리의 삶에서 가장 소중하고 "성스럽다"고 생각하는 (흔한 표현으로는 이것은 나에게 너무 소중한 것이야.this is sacred to me) 것에 관한 "강한 평가"strong evaluation[9]의 의미를 제공한다. 이러한—리쾨르와 테일러를 따르는—이야기의 내기는 계산과 맹목적 도약보다는 상상과 환대에 더 가깝다는 점에서 파스칼적 내기와 다르다. 이러한 내기들은 신앙주의fideism가 아닌 신실함fidelity을 요구한다.

이런 점에서 이 책은 이야기의 이야기, 즉 타인, 이방인, 손님과의 최초의 만남 — 순차적으로 끊임없이 반복되는 내기와 응답을 요구하는 만남 — 이라는 실존적 이야기에 관한 철학적 이야기로 기술될 것이다. 이것이 내 스스로 찾아낸 해석학적 순환이고, 이 책의 각 장마다 나오는, 내가 특정하게 선택한 이야기들은, 서문에서 지적했듯, 자주 개인적이고 역사적인 영향 아래 선택된 것이다. 아일랜드 그리스도교 수도사들과 파리의 대륙철학자들과 함께한 도제교육은 의심의 여지 없이 나의 선택에 흔적으로 자리매김해 있다. 중동, 인도, 네팔로의 여행 중 비-아브라함적 지혜 전통에 나를 노출시킨 것도 마찬가지 역할을 하고 있다. 더 나아가 내가 후설과 하이데거보다는 메를로-퐁티와 리쾨르를 주요 안내자로 선택했을 때, 이것은 인식론적 또는 존재론적 우위성에 대한 어떤 주장과 마찬가지로 나 자신의 교육학적 이야기와 크게 관련이 있다. 조이스, 프루스트, 그리고 울프를 선택한 것도 마찬가지다. 만, 먼로, 맥카시는 또 그렇지 않겠는가? 혹은 바니에, 데이, 그리고 간디도 그러하며, 만델라, 밥 딜런, 카파, 스콜세지를 선택한 것도 그렇지 않겠는가? 이는 매 경우 내가 나에게 가장 큰 자국을 남긴 이들에 관해 언급하기 때문에 그런 것이다(이 가운데 나를 문학으로 처음 안내한 인물이 조이스고, 바니에는 나를 신앙으로 돌아가게 한 첫 번째 안내자였다). 철학적 이야기 가운데 많은 것들이 역사와 관련한다. 여기서 역사는 종종 우연적인 것이기도 하지만 절대 임의적인 것은 아니다. 우리는 우리를 만들어낸 역사를 따라 우리의 이야기를 재형성하는 선택을 한다. 이것이 바로, 우리가 소유하지 못하는 신적 관점의 유혹에 빠지지 않는 한, 해석학적 순환에서 우리가 절대 벗어나지 못하는 이유이다. 나는 우리의 유한한 해석학적 상황에 대한 인정이 상대주의와 절대주의로부터 우리를 구원해 준다고 믿는다.

구조와 관련해서, 나의 이야기적 설명은 세 부분으로 나뉜다. 도입

부인, '서막'은 넓은 거시적 차원에서 작동하는, 유신론과 무신론 사이에 있는 재신론의 기초 운동에 관한 해명을 담고 있다. 이 해명은 소박한 신앙과 혐의의 해석학hermeneutics of suspicion 10(무신론의 '아니요') 사이의 드라마에 관한 분석, 억압과 권력 저편에서 타인과의 새로운 만남의 공간을 여는 드라마에 관한 분석과 더불어 3장에서 절정에 이를 것이다.

두 번째 부분인 '막간'은 살의 현상학(4장)과 에피파니[11]의 시학(5장)에서 작동하는 재신론적 패러다임에 대한 더 미시적 설명으로 들어가는 해석학적 우회로를 취하는데, 양자 모두 성과 속의 이중성에 대한 도전을 다룬다. 이 부분은 인간 자아와 이방인이 — 공감과 상상을 통해 — 서로를 산출하는 출생 협약을 통해 첫 번째 신앙과 두 번째 신앙의 재신론적 운동을 반복한다. '서막'에 기록된 반발과 예언의 목소리가 여기서는 더 성사적인 어조를 통해 보충된다. 이 성사적 어조는 나 자신과 타자인 세상 — 인간, 자연, 또는 신적인 것 — 의 서로 간의 탄생을 가능하게 해준다.

세 번째 부분, '후주곡'에서 나는 정치적이고 윤리적인 행위의 생동하는 세상으로 돌아간다. 여기서 나는 성사적 실천에 대한 헌신을 전형적으로 보여준 현대의 어떤 모범적 인물들에게, 그다음으로는 세속성과 성스러움에 대한 작금의 논의에 재신론의 패러다임을 적용한다.

이 세 부분 모두 (1) 일차적 체험, (2) 시적 재경험, (3) 윤리적 실천과 영적 실천이라는 두 겹으로 갱신된 경험에서 이방인에 대한 재신론자의 반응이 어떤 식으로 목격될 수 있는지를 보여주고자 한다. 이 셋을 결합시켜 신앙 너머의 신앙이 새로운 삶을 어떤 식으로 지지해줄 수 있는지를 제안하고자 한다.

1부 서막

들어가는 말 : 신 이후의 신

그 속에 우리가 믿음 없이 믿음을 넘어 믿고 있는
나락, 천둥, 차원이 있음을

월리스 스티븐스, 「날던 자의 추락」

신 이후에 무엇이 오는가? 우리가 신을 놓아버린 다음에는 무슨 일이 일어나는가? 무지의 밤으로부터, 포기와 단념의 바로 그 순간에 나타나는 것은 무엇인가? 특히 '신'을 버리고도 여전히 신을 찾는 사람들에게는 무슨 일이 일어나는가?

이것이 바로 내가 이 책에서 던지는 물음이다. 이렇게 하면서 나는 우리 역사에서 너무나도 많은 마음과 영혼에 해를 입힌 확신의 양극단에 자리한 교조적 유신론과 전투적 무신론을 넘어서는 제3의 길을 제안한다. 제3의 선택지, 이 신앙 저편의 신앙에 대한 내기를, 나는 재신론anatheism이라고 부른다. 재-신Ana-theos, 신 이후의 신God after God. 재-신론은 이런 것이다. 이 말은 우리가 성스럽다고 여기지만 결코 완벽하게 헤아리거나 입증해낼 수 없는 것들을 찾아 나서고 그것을 밝혀내는 또 하나의 길을 일컫는다. 그것은 우리가 포기한 것을 마치 처음 마주친 것처럼 되돌려받는 것을 뜻하는 하나의 관용어다. 아브라함이 가부장적 족장 정치의 기획 안에서 이삭을 포기했다가, 그 이삭을 선물로 다시 돌려받게 된 것처럼 말이다. 요약하자면 이는 우리가 소유했다고 생각한 그 신 저편beyond 또는 이편beneath에서 신에게로 다시 돌아가는 또 다른 길이다.

이 책은 일곱 장으로 나뉜다. 「바로 그 순간에」라는 첫 번째 장은 성스러운 낯선 것이 나타나는 결정적 순간에 무슨 일이 일어나는지 묻는다. 우리는 적대로 응답하는가 아니면 환대로 응답하는가? 두려움인가 신뢰인가? 아니면 둘 다일 수도 있다. 신앙이 시작하는 첫 순간은 종종 초대받지 않은 방문자에게 답하면서 — 상수리나무 아래의 아브라함, 수태고지 순간의 마리아, 동굴 속의 무함마드의 경우처럼 — 시작한다는 사실은, 종교가 인간 가운데 출현하는 타자성에 어떻게 응답하는가라는 물음을 제기한다. 전쟁으로 아니면 평화로? 고아, 과부 그리고 이방인을 돌봄으로, 아니면 적을 혐오하고 흠씬 두들겨 패면서? 나는 이 물음에 답하기 위해 우리가 이방인에 대한 두 가지 대립하는 응답 사이에서 재신론의 내기로 돌아가야만 한다고 주장한다. 서문에서 일별했던 것처럼, 나는 이러한 응답에 관한 내 현재 분석을 주로 아브라함 신앙 — 유대교, 그리스도교, 그리고 이슬람교 — 으로 제한한다. 이 신앙은 그리스-로마 문화와 나란히, 유신론과 무신론에 관한 서구의 이해를 규정해 왔다. 이러한 초점은 어떤 배타주의적 의미에서 의도된 것이 아니라 내 탐구의 특수한 해석학적 제한범위를 반영한다. 나는 때로 적정 수준에서 불교와 힌두교의 예시도 들 것이다. 이 종교들을 소홀히 다루는 것은 재신론의 '상호종교적' 본성을 본질적으로 무시하는 게 될 것이다. 나는 이방신들을 무시하는 것이 이방인으로서의 신Stranger as God에 관한 기초적 경험을 무시하는 것이라고 주장할 것이다.

두 번째 장, 「내기를 걸며」는 재신론의 내기에서 벌어지는 상상, 유머, 헌신, 분별, 그리고 환대라는 다섯 가지 주요 운동을 해명한다. 이 5중의 분석을 바탕으로, 나는 종교간 대화를 위한 재신론의 함의와 신의 '무력한 힘'에 관한 새로운 해석학을 위한 재신론의 함의를 추론하는 데로 나아간다.

세 번째 장, 「이름으로」는 신의 이름을 말할 때 우리가 의도하는 바가 무엇인지 묻는다. 신은 지배자인가 종인가? 통치자인가 이방인인가? 황제인가 손님인가? 우리는 여기서 전후postwar 시기에 활동한 몇몇 작가들과 더불어 '종교 없는 신앙'faith without religion의 가능성을 탐구한다.

네 번째 장, 「살이 되어」는 모리스 메를로-퐁티와 쥘리아 크리스테바와 같은 우리 시대의 철학자들이 개괄해준 일상의 성사적 경험을 다룬다. 이 사상가들은 주요 형이상학과 신학의 (영혼 대 신체, 영 대 감각, 정신 대 물질의) 반육체적 이원론이 가둬두었던 인간 감각과 체화의 성사적 구조를 다시 논의하는 불가지론적 공간에서 작업한다. 이러한 불가지론적 탐구의 공간에서부터 — 판단중지와 자유 변경이라는 현상학적 방법에 영감을 받아 — 나는 우리가 성스러운 말word이 살flesh이 되는 육화한 존재를 새롭게 평가하고 감상하는 데로 되돌아갈 수 있다고 제안한다.

다섯 번째 장, 「텍스트에서」는 일상적 우주의 중심에서 성스러움의 에피파니를 복원해 낸 세 소설가 — 조이스, 프루스트, 그리고 울프 — 에 대한 재신론적 독해에 성사적 시학을 적용한다.

여섯 번째 장, 「세상으로」는 전쟁과 평화, 민주주의와 폭력, 공감과 불관용에 관한 최근 논쟁들을 아우르는 정치적 행위의 해석학으로 구성된다. 여기서 우리는 아브라함 신앙의 역사에서 나타나듯, 삶을 가져오는 신과 죽음을 가져오는 신 사이의 근본적인 차이에 직면한다.

마지막 장, 「행동으로」에서, 나는 행동과 고통이 일어나는 세속 세계의 중심에서 성스러운 것과 마주함으로써 신앙에 대한 우리의 이해를 새롭게 해준 세 명의 모범적인 현대인들에게로 내 논의를 확장한다. 도로시 데이, 장 바니에, 마하트마 간디가 바로 그들이다.

이 책 전반에 걸친 나의 내기는 다음과 같다. 신에 관해서 사실상 아무것도 모른다는 것을 인정하는 경우에만 비로소 우리는 일상적 실존에서 몸소 거룩함의 현전을 회복해내기를 시작할 수 있다. 나는 이러한 거룩함이 언제나 거기 존재했다고 주장한다. 다만 우리는 그것을 보지 못했고, 만지지 못했고, 듣지 못했을 뿐이다. 이것이 바로 야곱이 밤중에 이방인과 씨름한 후, 새벽녘에 신의 얼굴을 보았다는 것을 깨달은 후 발견한 사실이다. 이는 또한 예수의 제자들이 이방인과 함께 엠마오로 가는 길을 걸은 후에, 그리고 빵을 뗀 후에, 이 방랑자가 자신들의 부활한 랍비라는 것을 돌이켜보며 깨달은 다음 발견한 것이기도 하다(요한의 복음서 20 : 16). 또한 이것은 아빌라의 데레사처럼 신성이 "취사도구" 속에 깃들어 있다는 것을 발견하기 전에도, 칠흑 같이 어두운 "영혼의 밤"을 건넌 많은 위대한 신비주의자들이 기록해둔 교훈이다. 재-신. 신의 사라짐 이후 신의 귀환. 우리가 알지 못했던 곳으로, 순간적으로 되돌아오는 새롭고도 놀라운 신성. 다시 또다시 매 순간 현현하는 영원성. 반복, 상기, 귀환.

우선 나는 재신론적 선회를 촉발하는 무-지의 순간이 단지 인식론적인 것만은 아니라고 말하고 싶다. 또한 그것은 엘리트 지식인의 특권이 아니다. 재신론의 순간은 우리가 누구이고 어디로 가는지를 더 이상 확실하게 알지 못하는 방향감각의 심원한 상실을, 또 의심이나 두려움의 순간을 경험하는 이들에게 가능한 것이다. 그런 순간들은 한밤중에, 권태나 고독의 공허함 가운데, 상실과 암울함의 고통 가운데 우리를 찾아올 수 있다. 아니면 이방인에 대한 급진적 개방성이 지닌 '거룩한 불안감'holy insecurity 가운데 찾아올 수도 있다. 인지활동을 규제하는 시스템과 관련된 코기토가 보존되기는 커녕, 실존의 의미를 두고서 깊은 당혹감을 겪는 인간 존재가 느끼게 되는 것은 철저한 박탈의 사건이다. 재신론적 순간들은 이론적으로 우리 정신이 탐문하기도 전에 이미 우리의 뼛속 깊이 — 기분, 촉발, 감각, 정서 가운데 — 경험되는 것이다. 나는 또한 이것이 비신자들만큼이나 신자들에게도 익숙한 것이라고 주장하고 싶다. 어떤 인간도 절대적인 것들에 대해 절대적으로 확신할 수 없다. 다행스럽게도 말이다. 현자와 성인은 무지의 구름이나 어둠의 동굴에서 신과 마주친다는 것을 반복적으로 증언한다. 신자들은 통상 "나의 믿음 없음을 도우소서"(마르코의 복음서 9:24)라는 기도를 신에게 올린다. 또 그리스도조차도 그가 생명에 대한 새로운 믿음으로 돌아가기 – "내 영혼을 아버지 손에 맡깁니다" – 전에 십자가에서 아버지를 의심하는 자신을 발견했다. "어찌하여 나를 버리시나이까?" 무지의 순간에서 벗어나 있는 이는 아무도 없다. 재신론은 교조적 유신론에 대한 해독제로서 이러한 무-신론적 순간을 전제하고 있다. 참된 믿음은 도스토옙스키의 표현대로, "의심의 도가니에서 솟아난다."[1]

언급했던 것처럼, 이 탐구는 그리스 형이상학, 근대 계몽주의, 홀로코스트와 같은 서구 역사에서의 특정한 결정적 사건에 응답하면서도, 일차적으로는 아브라함 전통에 초점을 맞춘다. 물론 이것은 어떤 비-서구권 전통과 대화하는 좋은 기회를 배제하는 것은 아니며, 나는 대화가 재신론을 위해 반드시 필요하다고 주장한다. 다른 이들과 대화를 나눌 수 없다면, 어떻게 자신의 전통에서 환대의 신을 발견할 수 있겠는가? 자아에서 자아로 가는 최단거리의 지름길은 타자를 경유하는 것이다. 그리고 이것이 내가 마지막 장에서 마하트마 간디의 삶과 정신 속에서 서양과 동양의 영성이 어떻게 만나게 되는지를 살펴보는 한 이유이기도 하다. 하지만 반복하건대 이 책이 아브라함 종교가 아닌 다른 종교를 의미 있게 혹은 포괄적인 방식으로 다루고 있다고 주장하는 것은 아니다. 이와 관련한 작업은 한 쌍이라고 볼 수 있는 두 권의 책, 『종교간 상상』, 『동굴 : 텅 빈 신을 채우기』에서 이루어졌다.[2]

이 점을 분명히 하자. 내가 재신론에 관해 말할 때 나는 어떤 새로운 종교를 옹호하는 것이 아니다. 그런 일은 절대로 없을 것이다.God forbid.

재신론은 유신론으로부터 무신론을 거쳐 최종 목적으로 이행하는 변증법에서 비롯하는 가설적 종합 같은 것이 아니다. 재신론은 원시종교에서 세속적 비판을 거쳐 세 번째 천년기를 위한 새로운 영성에 이르기까지의 인류의 성숙을 다루는 거대한 이야기Master Narrative에 가담하지 않는다(즉, 내가 제시하는 것은 모든 지혜 전통의 '최상의' 요소를 모아 만들어진 몇몇 포스트모던 신앙 같은 것이 아니다). 이는 고전적 신앙에서 이성적인 탈신앙에 이르는 주기적으로 일어나는 진보를 예견하는 것이 아니다. 여기에 성취론 신학 같은 것은 없다. 재신론은 대체주의supersessionism 3가 아니다. 수호성인 따위는 없으며, 그런 것이 있다고 해도, 헤겔이나 후쿠야마도 거기에 있지는 않을 것이다. 또한 보편 언어를 만들어내려는 에스페란토 프로젝트와 유사하게, 뉴에이지 영성을 받아들이는 신지학자들과도 별다른 연관성이 없을 것이다. 재신론은 목적론을 고고학만큼이나 기피한다. 재신론은 완전한 기원과 종말에 저항한다.

그러면 대체 재신론은 무엇인가? 접두어 ana가 암시하고 있는 것처럼, 재신론은 반복과 귀환에 관한 것이다. 이것은 플라톤의 상기anamnesis에서처럼, 우리가 시대를 초월한 형태로 앞서 존재했던 것을 기억하는 것과 같은, 이전의 완전성의 상태로의 회귀를 의미하지 않는다. 또는, 실제로 근대성이 영원한 진리들을 말소시키기 전, 즉 어떤 순수한 믿음의 타락 전 상태로 되돌아간다는 것을 뜻하지도 않는다. 여기에는 어떤 노스탤지아도 존재하지 않는다. 우리는, 키에르케고어로부터 빌려온 것, 곧 뒤로의 "회상"이 아닌 앞을 향하는 "반복"과 관련한다. Ana라는 접두어는 내가 원초적 내기primordial wager라고 부르는 것으로, 믿음의 근원을 생각하는 최초의 순간으로 되돌아가는 움직임을 나타낸다. 그것은 우리가 신앙과 비신앙을 자유롭게 선택할 수 있는 공간을 다시 여는 것을 의미한다. 이처럼 재신론은 되찾은 믿음의 선택에 관한 것이다. 그것은 유신론과 무신론의 분리 이후만이 아니라 분리 이전에도 작동하며, 두 가지 모두를 가능하게 한다. 간단히 말해서, 재신론은 종교의 주요 장면이라고 불릴 수 있는 것에 다시 가보도록 초대하는 것인데, 이 초대는 다름 아닌 우리가 선택했거나 선택하지 않은 급진적 이방인과의 만남이다. 이러한 만남에서 우리가 발견하는 것은 물론 무한한 변조의 실천이다. 에피파니의 순간은 문화의 조건 속에 언제나 내재되어 있으며 재현과 독해를 항상 요구한다. 이방인의 사건만이 확실하게 기록된 유일무이한 '장면'인 것은 아니다. 예를 들어 아브라함 종교의 대부분의 설명들은 창조, 구원, 기적, 통치, 심판과 같은 다른 결정적 순간들을 강조해 왔다. 하지만 이방인의 장면이 우리가 관심을 갖는 재신론적 내기의 핵심이다. 설령 이러한 각성이 일어나는 현현의 순간이 공식적인 신학체계들에서 종종 무시된다고 하더라도 말이다.

다시 말해, 재신론이 특별히 새로운 것은 아니다. 그것은 단순히 아주 오래된 어떤 것의 새로운 이름이다. 나는 그것이 인류의 역사와 각 개인의 삶 양자에서 끊임없이 되풀이되고 있다는 점을 서둘러 덧붙이고 싶다. 재신론적 내기는 인류 문화 전반에 걸쳐 각기 다른 이름으로 불렸다. 우리는 창조적 '무지'의 다양한 순간에, 몸에 각인되어 온 사고 습관과 단절을 표하고 새로운 의미의 가능성을 열게 된다는 사실을 발견한다. 우리가 수용된 가정들assumptions을 유보하지 않는다면, 우리는 새로운 것의 탄생에 개방될 수는 없기 때문이다. 공인된 확신을 포기하지 않으면, 우리는 이방인의 출현에 주의를 기울이지 못한 채로 남아있게 된다. 이 경우 우리는 미래가 시간의 연속체를 통해 분출될 때 일어나는 성스러운 살로의 육화enfleshment의 순간을 무시하게 된다.

이 거룩한 불안정성의 태도는 서양 역사에서, 소크라테스의 진리 탐구의 선결조건으로서의 무지의 실천에서부터 아우구스티누스의 "나는 누구를 찾고 있는가?", 쿠사누스의 박학한 무지docta ignorantia, 키에르케고어의 "객관적 불확실성", 그리고 후설의 ("자연적 태도"의 편견을 괄호 치는) 에포케epoché와 같은 철학적 경이와 물음의 결정적 시발점을 광범위하게 아우른다. 그러한 의문의 몸짓은, 아무리 희귀하더라도, 그것이 타인의 소리를 듣기 위해 조율된다면, 박탈당한 당혹스러움의 순간에서 없어서는 안 될 중요한 의미를 지닌다. 무-지a-gnosis가 없다면 더 많이 알고, 다르게 이해하고, 다르게 생각하려는 동기부여가 되지 않을 것이고, 따라서 새로운 시작 가운데 진리를 재-인식ana-gnorisis할 가능성도 없을 것이다. 때로는 그러한 무-지의 순간들이 이성적 인식이나 형이상학적 인식의 범위 너머에 있는 성스러운 통찰의 서막으로 여겨지기도 했다. 혹자들은 칸트가 "신앙의 자리를 마련하기 위해 인식의 한계를 정했다"고 했을 때나 비트겐슈타인이 "말할 수 없는 것에 대해서는 침묵해야 한다"는 유명한 언명을 남겼을 때처럼 신비적인 것das Mystische의 형언할 수 없는 것의 공간을 인정해 왔다. 또한 하이데거가, 의심의 여지 없이, 우리가 춤추고 기도할 수 있는 신을 다시 발견하려면 자기원인causa sui으로 이해되는 형이상학의 추상적 신을 해체해야 한다고 말할 때도, 그와 비슷한 생각이 내재해 있다. 그런데 이론의 여지는 있겠지만 '이방인'과의 대화에 가담하면서 성스러운 무-지라는 철학적 이론을 처음으로 가리키고 신들에 대한 신화적 설명을 중단시킨 이는 바로 소크라테스다. 그가 그렇게 한 이유는 공인된 개념과 관습을 넘어서는 신성함, 신적 선Good에 대한 두 번째 긍정에 헌신하기 위해서였다. 따라서 철학적으로 말하자면, 재신론적 내기란 진리의 숨은 차원의 문을 열어주는 근본적인 '무지'innocence(무-결in-nocens)의 순간으로 표기된다. 방향을 잃어버리지 않으면 방향을 다시 설정할 수 없다.

그렇다면 그리스 철학과 더불어 서양의 '지혜'를 형성한 또 다른 원천인 성서는 무슨 말을 하고 있을까? 첫 장에서 나는 아브라함 전통에 등장하는 몇 가지 중요한 재신론적 순간, 즉 사막 이방인들과의 만남, 수태고지에 대한 마리아의 응답, 동굴에서 들려온 목소리에 응답한 무함마드에게 초점을 맞출 것이다. 이러한 원초적 응답의 드라마들은 신앙의 진입로로, 신에 대한 인식의 새로운 심연으로 넘어가는 문턱 역할을 한다. 이 모든 것이 재인식의 순간들이다. 그리고 차후 — 유대교 신자, 그리스도교 신자, 이슬람교 신자의 — 성서적 신비주의 역사는 이러한 한계의 사건에 대한 반복적인 증언을 제공한다. 우리는 아레오바고의 디오니시오스와 닛사의 그레고리오스 같은 신학자들의 부정신학적 돌파작업이나 십자가의 요한, 노리치의 줄리안, 루즈비한 바클리, 그리고 ("신을 제거하기 위해 신"을 요청한) 마이스터 에크하르트와 같은 신비주의자들의 다양한 작업들을 생각한다. 거의 모든 위대한 신비주의자들과 현자들은 불가지론적 포기의 순간이 더 깊은 신앙으로 이행하는 결정적인 순간이 된다는 점을 입증해 주었다. 그들은 이를 초탈Abgeschiedenheit, 내맡김Gelassenheit, 무無, nada라고 불렀다. 이러한 유신론적 확실성에 대한 재신론적 유보는 이차적인 종류의 신앙, 즉 신을 넘어선 신에 대한 신앙으로 (다시ana) 돌아가는 것을 가능하게 해주었다. 미셸 드 세르토는 서양에서의 신비 경험의 중요성을 종교와 비종교, 세속적인 것과 성스러운 것의 교차점으로 이해한다.

신비주의는 종교로부터의 해방되거나 이단이 되려는 것이라기보다 종교 자체 내에서 정통적 텍스트와 제도와 관련하여 표현할 수 없는 여백의 형태로 처음 공식화될 수 있고, 그다음에 믿음으로부터 발굴될 수 있는 진리를 드러내기 위한 작업 도구이다. 따라서 신비주의 연구는 종교에 대한 비종교적 석의exegesis를 가능하게 한다. 그것은 또한 서구와 자신의 역사적 관계 안에서 과거의 의미를 잃어버리지 않으면서 과거를 근절시키는 재통합을 일으킨다.[4]

성스러운 이방인에 대한 서구의 관념을 알려주는 철학의 전통과 성서의 전통은 서로 배타적인 것이 아니다. 아테네와 예루살렘 양자 모두 서로에게 손님이자 주인guests and hosts이다. 양자는 성스러운 것에 대한 각자의 관념을 의문시하고 또 각자의 관념을 증폭시킨다. 그리스 미학이 성스러운 내재성을 강조하는 반면, 성서의 윤리는 거룩한 초월성을 소중히 여긴다. 물론 때로 그 관계는 적대적이다. 하지만 반드시 적대적이기만 한 것은 아니다. 또한 그들이 서로 환대를 베풀고, 각자의 집으로 이방인을 환영하는 차원에서는, 창의적인 방식으로 서로에게 영감을 불러일으킬 수 있다. 데리다가 지적한 것처럼, 철학의 가계로서의 그리스는 "로고스의 마음으로 타자성 일반을 환영하는" 가운데 "외부적인 것으로 남겨진 사유에 환대를" 제공한다.[5] 또한 다윗의 가계는 역사를 거치며 로고스를 초월의 정신으로 환영해 왔다. 이로써 양자의 교차는 "철학자나 예언자가 함께 주목하는 세계의 심원한 균열"을 증언하는 이중의 동맹을 탄생시켰다.[6] 우리는 여기서 성서를 히브리어에서 그리스어로 번역한 중요한 작품인 70인역 성서를 그러한 서로 간의 환대의 전형으로 인용할 수도 있겠다. 마찬가지로, 그리스의 존재 개념을 창세기 1장이나 출애굽기 3장 15절[또한 14절]의 독해에 도입한 것은 형상과 질료, 가능태와 현실태라는 플라톤적이고 아리스토텔레스적인 범주의 확대 적용 및 개정을 가능하게 했다. 그리스인과 유대인은 끝없이 새로운 번역을 유발하는 낯섦의 충격으로 서로를 문제 앞서 서게 했다. 한 쪽이 다른 쪽을 재신론적 개방성으로 불러들인다. 혹은 조이스가 말했듯이, "유대그리스인은 그리스유대인이다."[7] 이 양자 사이의 계사는 자기와 이방인을 분리시키면서 또한 결합시키는 간격이다. 이 계사 있음is은 그 중심에서 있지 않은is not 것과 씨름한다. 이것이 바로 재신론은, 폴 리쾨르가 말하는 "긴장 상태의" 은유라는 모형을 따라, 익숙한 것과 이질적인 것 사이의 풍요로운 만남이라고 부른 것에 따라 작동한다고 말할 수 있는 이유이다.

그런데 우리는, 철학적 전통과 신학적 전통 외에도, 서양 예술과 문학에서 재신론적인 순간들을 말할 수 있다. 여기서 우리는 그리스 드라마의 창안에서부터 낭만주의 시인의 혁명(예를 들어 키츠와 횔덜린), (5장에서 다루어질) 조이스·프루스트·울프 같은 작가들의 모더니즘 소설에서의 급진적 실험에 이르는 기념비적인 문학의 돌파를 환기할 수도 있다.

그리스 비극은 신과 인간의 신성한 이야기를 시적 허용의 도움으로 다시 그려낸다. 그리스어로 '산양의 노래'라는 뜻을 가진 비극은 강력한 디오니시오스적 융합과 희생의 의식을 신화-미메시스의 시적인 변장으로 반복하는 것이었다. 여기에는 형식적으로 불가지론적인 간극을 유지하면서 옛 종교적 의식을 재상연하는 이야기 플롯과 모방이 담겨 있다.[8] 신앙과 불신앙에 대한 의문을 멈추고서, 우리는 비극을 마치 그것이 참인 것처럼 여기면서 위대한 종교 신화의 영웅적 재연과 동일시한다. 다만 우리 — 극적 사건의 관람자들theatoi — 는 시적 허용poetic license과 더불어 움직이기 때문에, 묘사된 사건과 관련해서 일정한 자유를 누린다. 산양의 머리는 가면이 된다. 더는 무대 위에서 모방된 행동을 문자 그대로 믿지는 않지만, 우리는 배우들과 우리를 공감적으로 동일시하는 것과 배우들의 운명의 '비밀스러운 원인'에 관한 비판적 인식 사이에서 균형을 이룰 수 있다. 따라서 음악과 모방이 우리를 '연민'eleos의 행위로 끌어들이는 동안, 코러스, 대본, 연극적 배경은 우리를 '두려움'phobos의 태도로 이끈다.[9]

이러한 정서의 균형추를 붙잡음으로 말미암아 아리스토텔레스가 카타르시스라고 부른 저 유명한 "연민과 두려움에 의한 정화"가 가능해진다. 이러한 정화 작용은 관람자가 자유로운 선택을 할 수 있는 공간으로 관람자를 해방시키는 경험, 즉 일차적인 믿음의 시적 유보 이후에, 주술적인 것이 사라진 이후에, 그것을 믿거나 믿지 않거나를 자유롭게 선택하게 하는 일과 관련한다. 종교적 신화에 등장하는 신들은 더 이상 우리의 세상에 대한 실재적 '설명'이 아니라 존재할 수도 존재하지 않을 수도 있는 상상된 존재자로 보여지게 된다. 우리가 믿기로 선택한다면 그 신들은 존재할 수도 있는may be 것이 된다. 요컨대, 우리가 모든 종교적 '진리 주장'을 괄호 안에 넣고, 드라마라는 유사-세계에 진입한 후에야, 우리는 그러한 진리 주장으로 돌아가 그 주장들을 사후적으로après coup, 새롭게 평가할 수 있는 선택지를 가질 수 있다. 우리가 세속적 극장의 세계를 가로지를 때, 우리는 성스러운 것에 동의하기로 결단하거나 반대하기로 결단하는 일에 자유로운 우리 자신을 발견하게 된다. 또는 조금 더 정확하게 말하면, 우리는 세속적이거나 성스러운 것 — 또는 양자의 혼합 — 을 위하여, 시학이 열어놓은 양가적인 성-속의 공간을 자유롭게 해석하는 우리 자신을 발견하게 된다. 따라서 (그리고 어쩌면 시간을 탈구하는 방식으로anachronistically) 드라마는 어떤 사건이 있은 후, 우리에게 무신론이나 무신론의 자유로운 선택지를 제시할 수 있는 불가지론적인 무대로 묘사될 수 있다. 미학적 공간은, 청중을 첫 신앙이라는 이데올로기와 신화에서 벗어나게 하면서, 각 관람자를 불신앙이나 두 번째 신앙의 가능성으로 해방시킨다. 신앙은 더 이상 주어진 것이 아니라, 선택이 되고, 해석의 문제가 된다. 시학은 해석학을 가능하게 한다.

서양 예술사는 믿음이나 불신(또는 둘 다)에 대한 다른 선택지를 상상하도록 교리의 독단적 강요를 중단시키는 권한을 수용자들에게 선사하는 세속적인 것과 성스러운 것의 만남으로서의 재신론적 순간으로 가득 차 있다. 존 키츠는 그의 유명한 "부정적 역량", 즉 "사실과 이성을 추구하려고 안달복달하지 않고 불확실성과 신비, 의심에 이르는" 능력이라는 정식으로 이러한 시적 유보를 분명하게 표현한다.[10] 나는 키츠의 문학적 불가지론의 정식과 신학에서의 부정적 신비주의의 움직임이나 철학에서의 공인된 확실성에 대한 방법론적 유보 사이를 구별하는 데는 아주 가느다란 선이 있을 뿐이라고 가정한다. 아마도 '낯선 것'the strange을 노출시키는 모든 종교적, 철학적 시도의 핵심에는 어떤 부정적 역량의 시학이 있는 게 아닐까? 왜냐하면 그렇게 '낯선 것'을 노출시킴이란 우리를 처음부터 다시 시작하도록 자극하고, — 경이와 당혹감, 공포와 전율, 매혹됨과 경외감 속에서 — 우리가 타자를 향하게끔 하며, 전승된 확실성을 단념하게 만드는 것이기 때문이다.

제라드 맨리 홉킨스는 성스러운 것을 다양한 이름으로 다시 거론하게 하는 이 선택을 "후속적인"aftering, "이차적인"seconding, "거듭 또 거듭하는"over-and-overing 또는 일상의 "기다림"biding을 따라 "다시 참고 견디는"abiding again 선택이라고 부른다. 이 동사들은 모두 "공간상 또는 시간상 위, 뒤, 다시, 새로이"(『옥스포드 영어 사전』)로 정의되는 접두사 ana의 변형태 형식을 취하고 있다. 이것들은 표면적으로 신과 소원해진 세상에서 신성한 것을 되찾는 과정, 탈주술화Entzauberung의 시대에 성스러운 것을 회복하는 과정을 가리킨다. 이것이 바로 찰스 테일러가 『세속의 시대』에서 홉킨스를 신의 존재가 더는 당연한 것으로 받아들여지지 않는 세속화된 우주에서 성스러운 것이 다시 나타날 수 있는 방식을 보여주는 예시로 인용한 이유이다.[11] 물론 홉킨스 자신은 뼛속 깊이 신으로부터 소외되어 있음을 느꼈다. 그것은 철학적, 사회적 문제가 아니라 개인적, 정신적 문제였다. "나는 잠에서 깨어나 무시무시한 어둠을 느낀다", "이보다 더 못한 것은 아무것도 없다"고 한 그의 어두운 영혼의 밤은 영적 포기상태의 고통을 여과 없이 드러낸 증언이다. 그러나 이 밤은 또한 "알록달록한 것들"에 관해 찬미할 수 있는 장소인 일상의 우주로 귀환하는 여정의 막간이기도 했다. 그 밤은 그리스도와 다시 만날 수 있는 있는 계기가 되는데, 그리스도께서는 무시간적인 천상에서가 아니라, "만 가지 장소에서, 자신 밖의 수족들에서, 눈들 속에서 아름답게 노니시면서, 사람의 용모를 통해 성부의 뜻을 따르고 계신다." 또한 홉킨스는 첫 번째 소박함에서 박탈당한 성모 마리아를 두 번째 소박함 안에서 복원한다. 성모 마리아는 바로 "오감"five senses을 지닌 신비로운 장미처럼 타자들과의 일상적 만남에서 다시 성스러워지게 된다(『로사 미스티카』). 상실과 회복의 시적 진동, 외면과 귀환 사이의 시적 진동이 홉킨스의 작품 유형을 나타낸다. 그의 걸작, 『도이칠란트호의 난파』에서, 우리는 포기에 대한 감각이 어떻게 성스러운 것으로 다시 진입하게 되는지를 가장 극적으로 묘사해낸 장면을 목격한다. 여기서 최악의 순간으로 하강하는 것kata-basis은, 상승anabasis 순간이 되는데, 곧 포기라는 '부정(아니요)'에 대해 그 다음으로 '긍정(예)'하는 것이다.

그녀는… 외치고 있었다, "오 그리스도, 그리스도여 빨리 오소서." …
난파는 수확이요, 태풍은 당신께 알곡을 나르는 것인가요? …
망설이는 자에게는 사랑으로써
죽음과 그 어둠보다 더 낮게 내리시며,
옥에 갇힌 기도할 수 없는 영혼들과 마지막 숨을 거두며…
수난에 몸을 던지고 부활하신 우리의 거인… .[12]

영혼의 어두운 밤에 대한 홉킨스의 시적 증언에서 우리는 첫 번째 창조를 대담하게 재형상화refiguring하는 두 번째 창조를 목격한다. 이는 육적인 것in the carnal에서 신성한 것을 재-창조하하는 것에 다름 아니다.[13] 가장 작은 자에게서 신을 발견하기. 모든 단순한 "무지렁이, 웃음거리, 볼품없는 오지 조각, 바보, 성냥개비야말로… 불멸의 금강석이다."

여정을 다룬 횔덜린의 시 또한 소외와 에피파니의 이중 운동을 불러일으킨다. 하이데거가 지적하듯이 그의 시는 우리의 자연적 의식을 격동시키고 낯선 사태를 다시 경험하도록 우리를 안내하는 존재의 언어에 대한 의식Gewissen에 다름 아니다. 그 시는 일반적 언어를 빗나가게 하여, 우리를 기묘한 낯섦das Unheimliche에 노출시킨다. 그리하여 낯선 것을 고향적인 것das Heimliche 속으로 투사함으로써, 횔덜린은 우리가 새로운 말함과 존재 방식을 향하도록 불러낸다.

우리가 사용하는 독일어 'fremd'라는 낯섦이란 말은 본래, 다른 곳을 향해 나아가는 것, 어디로 향해 가는 도상, 이전에 간직된 것을 향한다는 것을 뜻한다. 낯선 것은 먼저 방랑한다. 그런데 그것은 아무런 예정도 없이 어찌할 바를 모른 채 주변을 떠돌아다니는 것이 아니다. 낯선 것은 방랑하는 것으로서 자신이 머무를 장소를 향해 찾아 나선다.

하이데거는 이 기묘한 낯섦에 관한 시를 다음과 같이 상세히 설명한다.

> '낯선 것'은 알려진 바 거의 없지만, 자신의 고유함을 찾아 길을 나서라는 부름을 이미 따르고 있다. 시인은 영혼을 "대지에서는 낯선 어떤 것"이라고 부르고 있다. 영혼의 방랑이 지금까지 도달할 수 없었던 곳이 바로 대지이다. 영혼은 맨 먼저 대지를 찾고 그 대지에서 달아나지 않는다. 영혼이 이 땅 위에서 시적으로 짓고 거주하면서 땅을 땅으로서 비로소 구원할 수 있도록 방랑하면서 땅을 찾는 것, 바로 이것이 영혼의 본질을 충족시킨다.[14]

간단히 말해서, 시인들은 우리를 대지에 낯선 이로 만들어 더 성례전적으로 살게 만든다. 왜냐하면, 횔덜린이 보여주듯이, 우리가 맨 처음 고향상실Unheimlichkeit을 경험하지 않는 한, 우리는 귀향Heimkommen의 여정을 시작할 수 없는데, 왜냐하면 귀향의 여정은 고정된 기원Heimat으로 되돌아가는 것이 아니라, 여전히 도래할 집을 향한 여정Heimkunft as Ankunft이기 때문이다.[15] 흩어짐이 없으면 도착도 없다. 빼앗김 없는 되찾음은 없다. 이런 점에서, 재신론anatheism의 재ana는 반복만큼이나 출발로, 집을 떠났다가 다시 돌아오는 오뒷세이아로 읽힐 수도 있다. 경이로움으로 가는 가장 빠른 길은 상실이다.

더 자유분방한 재신론적 시인들을 참조하는 방식으로, 우리는 또한 여기서 오스카 와일드의 "불가지론자의 종교"religion of agnostic라는 개념을 인용할 수 있다. 와일드는 깊은 굴욕과 실망을 경험한 뒤 "신앙 없는 자들의 모임"confraternity of the faithless이라는 아이디어를 제시했다. 그는 이렇게 적고 있다. "참된 것이 되기 위해서는 모든 것이 종교가 되어야만 한다." 사이먼 크리츨리는 와일드식의 미학적 신앙 개념을, 순차적으로, 신이 자신이 믿는 최고의 허구라고 주장한 월리스 스티븐스의 입장과 연결시킨다. 크리츨리는 「우리는 믿을 수 없다 / 믿어야 한다」라는 제목의 논고에서 와일드의 미학적 상상력과 그리스도의 윤리적 상상력을 비교한다. 그는 이렇게 말한다.

> 와일드의 낭만주의적 미학에 의하면, 예술의 진리는 외적인 형식으로는 고통받는 내면성의 육화이며, 외재성 안에서 깊은 내재성을 표현하는 것이다. 와일드가 예술가의 삶과 그리스도의 삶 사이의 내밀한 연결점을 발견하는 것은 바로 이 지점이다. 와일드에게 그리스도는 최고의 낭만주의 예술가, 상상력을 통해 내면을 내면 바깥으로 표출하는 시인이다. 와일드는 훨씬 더 나아가 그리스도가 그의 삶과 수난에서 그 자신의 고통의 변화를 통해 자신을 예술 작품으로 만들어낸다고 말한다. 그리스도는 목소리 없는 고통의 세계를 명료하게 표현함으로써 자신을 예술 작품으로 창조한다.[16]

예술로서의 종교? 종교로서의 예술? 와일드가 이 물음에 답하는 것은 아니지만, 그는 예술가와 그리스도의 관계에 대해 다음과 같이 말했다. "예술가에게 표현은 삶을 상상할 수 있는 유일한 방식이다. 그에게 말로 나타낼 수 없는 것은 죽은 것이다. 그러나 그리스도에게는 그렇지 않았다. 거의 대부분 경외감으로 채워진 상상력의 넓이와 경이로움 속에서, 그는 분명하게 표현할 수 없는 세계 전체, 소리 없는 고통의 세계를 자신의 나라로 삼고, 스스로를 자신의 외부 세계의 대변자로 삼았다."[17] 다르게 말해서, 모든 소외된 존재에 대한 무한한 연민 속에서, 그리스도는 상상의 행위로 사랑을 육화했다. 그리고 이 시적 상상력이라는 행위는 우리에게 순차적으로 "내가 거부할 수 없는 은총의 경험"[18]에 자신을 개방하는 방법을 가르쳐준다. 와일드가 시사한 대로, 우리 세계의 낯선 존재자들에게 가장 민감하게 반응하고, 그들에게 공감할 준비가 되어 있으며, 목소리 없는 이들에게 목소리를 부여하는 이는 이방인 그리스도Christ the stranger이다.

시적 신앙의 순간이 어떤 신성한 타자에 대한 '두 번째 신앙'을 필연적으로 수반하지는 않는다(크리츨리에게는 그렇지 않다). 비록 그 순간이 이러한 신앙의 전주곡으로, 좋은 역할을 할 수는 있겠지만 말이다. 종교적 믿음을 요구하지는 않지만, 은혜로운 이방인에 대한 이러한 미학적 개방성은 지드가 말한 "맞아들임의 성향"une disposition à l'accueil이란 것을 제안한다. 그리고 이러한 미학의 활용가능성은 또한 소금처럼 가치 있는 어떤 종교적 해석학도 신앙에 있어 참된 것이 되려면 예술을 필요로 한다는 점을 상기시키는 역할을 할 수 있다. 왜냐하면 예술은, 그것이 아무리 무신론적이거나 불가지론적이라고 해도, 종교들이 인간의 이미지, 이름, 이야기, 그리고 상징으로 구성된 신인동형론적이라는 것을 드러내 주기 때문이다. 요컨대 예술은, 종교가 증언하는 바가 초월적이고 참된 것이라 해도, 종교들은 상상의 산물임을 우리에게 상기시켜준다. 종교 고유의 예술을 염두에 둔다면, 우리는 페티시즘fetishism과 우상숭배idolatry의 유혹을 더 잘 뿌리칠 수 있을 것이다. 즉, 그것은 우리가 신을 문자 그대로 포섭하거나 소유할 수 있는 것으로 받아들이는 우를 범하지 않게 해준다. 형상화된 것이 신을 문자적인 것으로부터 구해낸다. 왜냐하면 신앙은 그저 불가능한 것의 예술이기만 한 것이 아니라 끝없는 해석학의 예술이기 때문이다. 따라서 영적 예술은 신적 이방인이 결코 당연한 것으로 간주되거나, 집합적인 사회 기득권으로 환원될 수 없으며, 거듭 해석될 필요가 있는 것임을 우리에게 가르쳐 줄 수 있다. 또 다른 현대 시인 위스턴 휴 오든은 이것을 그리스도교적 재신론과 관련해서 잘 표현하고 있다. "모든 그리스도인들은 어린아이의 '우리는 여전히 믿는다'라는 태도에서 성인들의 '나는 다시 믿는다'는 태도로 이행해야 한다. 불신의 공백이 없다면 이런 태도는 어느 때라도 쉽게 만들어질 수 없었을 것이고, 우리 시대에는 거의 형성되지 않을 것이다." 오든은, 전례가 우리 이웃의 죄에 대한 공동 책임의 고백에서 우리라고 말하는 반면, 사도신경에서는 '우리가 믿는다'credimus가 아닌 '나는 믿는다'credo라고 말하고 있음을 추가로 지적한다. 왜냐하면 "아무도 자기 신앙의 책임을 남에게 전가할 수 없기 때문이다."[19] 나는 결론부에서 개인적 책임과 사회적 책임에 대한 재신론적 고찰의 문제로 되돌아 올 것이다.

철학, 종교와 함께 시학을 재신론적 경험의 특별한 무대로 포함시키는 것과 관련해서, 내가 재신론적 내기를 허구와 동일시하려고 하는 것은 아니다. 시학이 첫 번째 신앙에 대한 '자발적인 유보'와 불신앙으로 초대한다면, 또한 그것은 두 번째 신앙으로의 도약을 포함하거나 배제하지도 않는다. 시학은 연착륙을 금지하거나 의무화하지 않으면서 신적 이방인을 위한 상륙 장소를 마련할 수 있다. 창작의 기제로서의 '마치 ~처럼'이 (이방인을 신적인 것처럼 바라보는) 재신론의 처럼과 같은 것은 아니다. 그럼에도 시적인 것은, 언급한 대로, 재신론과 같은 선택을 한 사람들을 위한 신조에 강력한 서곡 역할을 할 수 있을지도 모른다. 사실, 나는 더 나아가 가능한 것들의 변경을 향하는 시적 해방과 자유 없이는 신 너머의 신으로의 귀환이 사실상 불가능하다고 말하고 싶다.

신앙이 픽션으로 환원되지는 않더라도 은유에 필요불가결한 것이다. 은유는 자기와 타자 사이의 이송transportation, metaphora을 포함한다. 그리하여 ~처럼as으로 표현되는 은유적인 것은 그 자체로 '이다'와 '아니다'가 혼합되어 있는 계사 내지 연결사를 포함한다.[20] 내 앞에 있는 이방인은 (초월적 손님으로서) 신이면서 (나의 예측과 추정들을 투영하는 스크린으로서의) 신이 아니다. 이러한 긴장 속에서 신앙의 도약이 일어난다. 신적 타자를 나의 '소유'로 직접적으로 전유해버리는 것은 있을 수 없는 일이다. 다만, 소위 말해서 타자로서의 나와 다르게 환원 불가능하게 남겨진 내가 있는 것처럼, 그렇게 나 자신과는 다른 누군가와의 관계가 있을 뿐이다. 신앙의 문법에 핵심적인 것으로서의 자기와 타자 사이의 관계, 같음과 같지 않음 사이의 환승이라는 내기, 주인과 손님의 언어의 환승이라는 내기는 바로 은유적 '~처럼'as에 다름 아니다. 요약하자면, 나는 지금 이방인을 손님으로 대하는 환대가 언제나 번역의 필요성과 한계에 함께 연루되어 있음을 시사하고 있다. 자기와 이방인 사이에서 일어나는 번역의 작업은 끊임없이 일어나야 하며, 그와 더불어 '번역 가운데 상실되는' 것도 존재한다. 이렇게 해야만 이방인이 그저 또 다른 '나 자신'(이를테면 또 다른 자아로 환원되는 것)으로 재전유되지 않고 이방인 자체로 존중받을 수 있다.[21]

마지막으로, 다른 성스러운 문화로 모험을 하게 되면 불교의 『반야심경』에서 공sunyata이라고 부르는 것이나 『우파니샤드』에서 마음의 굴guha의 빈 허공akasa이라고 부르는 것에서 재신론적 개방성을 암시하는 유비가 발견된다는 점을 덧붙이고 싶다. 이러한 비서구 전통에서는, 다른 전통과 마찬가지로, 습관적인 설명을 넘어 거룩한 것에 대한 인식으로 자신을 해방시키기 위해 — 적어도 잠정적으로나마 — 신조에 대한 애착으로부터 물러서는 것이 중요하다는 점을 깊이 인정하고 있다. 하지만 이러한 비교와 대조의 작업은, 유감스럽게도, 이 연구의 한계를 넘어서는 일이다.

그렇다면 요컨대 재신론과 무신론은 어떻게 다른가? 이것은 앞으로의 탐구를 위한 핵심 물음이다. 그런데 여기서 예비적인 가정을 해보자면, 신적인 것에 대한 교조적 유신론의 절대주의적 입장이 재신론과 다른 것처럼, 재신론은 신적인 것에 대항하는 절대주의적 입장에도 저항한다는 점에서, 교조적 무신론과도 다르다. 그것은 부정적인 것이든, 긍정적인 것이든, 절대적인 것에 대한 모든 확고한 대화를 거부하는 — 상태가 아닌 — 운동이다. 왜냐하면 그것은 절대라는 것이 결단코 어떤 단일한 인격이나 종교에 의해서 절대적인 방식으로 이해될 수 있는 것이 아니라는 점을 인정하기 때문이다. 재신론은 신앙 너머의 두 번째 신앙으로 이해되는, 유신론에 필수불가결한 부분으로서의 비판적 무신론이 지닌 해방의 힘을 인정한다. 또한 재신론은 다시 신앙의 길로 나아가지 않기로 한 상태로 남고자 하는 불가지론적 무신론도 존중한다. 재신론이 반대하는 것은 전투적인 반유신론인데, 이것은 공포정치나 스탈린주의의 박해와 마찬가지로, 승리주의적 유신론만큼이나 치명적으로 해롭다.

재신론은 전술한 유신론과 무신론의 궤적을 따르는 것과 더불어 유신론과 무신론 사이의 선택에 앞서는 신앙의 자유를 추구한다. 신앙의 선택은 절대 최종적인 확정의 형태를 취하지 않는다. 선택은 우리가 신의 이름으로 말하거나 왜 신이 우리를 버렸는지를 신에게 물을 때마다 다시 또다시 반복되어야 한다. 재신론은 릴케의 조각상에서 보듯, "삶을 바꾸라!"고 속삭이는 이방인과 마주칠 때마다 결의의 드라마를 상연한다. 그리고 모든 순간은 이러한 이방인이 진입할 수 있는 진입로가 된다.

1장 바로 그 순간에 : 초대받지 않은 손님

유대교의 내기

그리스도교의 내기

이슬람교의 내기

주께서 말씀하셨다.

“너희는 너희에게 몸붙여 사는 외인을 학대하거나 억압해서는 안 된다.

너희도 이집트 땅에서 몸붙여 살던 외인이었다.”

출애굽기 22:20

지혜는 이방인처럼 그와 함께 걷고, 처음에 그를 시험하며

두려움과 공포를 몰고 오리라. 지혜는 자신의 규율로

그를 단련시킨다 … 그러고 나서 지혜는 곧 돌아와

그를 즐겁게 하고 자신의 비밀을 보여 주리라.

집회서, “지혜에 관해서”, 4장

아브라함 종교는 신적 이방인과의 첫 만남을 증언한다. 이러한 최초의 장면에는 적대 또는 환대의 두 반응이 기재되어 있다. 당신은 타자를 거절하거나 타자를 당신 집으로 맞이한다. 책의 종교, 곧 유대교, 그리스도교, 이슬람교라는 세 종교에서 길어낸 몇 가지 예를 들어 보겠다.

유대교의 내기

나는 아브라함의 이야기로 시작한다. 건조하고 무더운 사막에서의 어느 하루, 한 노인이 떡갈나무 그늘 아래 설치된 천막 문간에 앉아 있다. 그의 아내 사라는 대낮의 태양을 피해 천막 안에서 쉬고 있다. 그녀는 행복하지 않다. 사라는 무려 아흔 살이고 아이를 낳을 수 없는 상태다. 사라의 하녀 하갈은 사라 자신보다 더 젊고 매력적인 가임기 여성이자 사라의 경쟁자다. 아브라함은 불행한 자기 아내에 대해, 이스라엘의 미래에 대해 음울한 심정으로 곰곰이 생각하고 있다. 갑자기 그의 앞 햇빛이 비치는 땅을 가로질러 그림자 하나가 휙 스쳐 지나간다. 그는 자기 앞에 서 있는 낯선 사내들strange men을 보고 고개를 든다. 아브라함은 어마어마한 공포감에 휩싸인다. 이들은 무슨 일로 여기 왔는가? 그는 의아해한다. 자신을 죽이기 위해서인가? 사내는 모두 셋이고, 아브라함에게는 보호해야 할 두 명의 여인, 곧 그의 아내와 하녀가 있다. 그런데 아브라함은 무기를 손에 들거나 천막으로 숨어 들어가는 대신 이 이방인들the strangers을 향해 달려가는 자신을 발견한다. 그들에게 인사하고 땅에 엎드려 절하고 식사 자리에 초대한다. 그는 빵을 만들기 위해 가장 좋은 밀가루를 세 치 정도 반죽해 달라고 사라에게 부탁하고, 자신은 송아지를 가지고 들어와서 곡식과

마르크 샤갈, 〈아브라함과 세 천사〉, 1954~1967

우유와 함께 대접할 준비를 한다. 그런 다음 아브라함은 떡갈나무 아래 서서 그 이방인들이 먹는 것을 지켜본다. 그들은 일을 마치면 1년 안에 돌아올 것이고 사라가 아이를 가질 것이라고 선언한다. 천막 입구 안에 서 있는 사라는 이 말을 듣고 웃음을 터트린다. 그녀가 아이를 갖는 것은 정녕 불가능한 일이 아닌가 말이다! 하지만 이방인으로서의 주님the Lord Stranger은 그 약속을 반복한다. "이 야훼가 무슨 일인들 못 하겠느냐? 내년 봄 새싹이 돋아날 무렵에 내가 다시 찾아오리라. 그때 사라는 이미 아들을 낳았을 것이다"(창세기 18 : 14).

『새 예루살렘 성서』는 이 장면에 대한 흥미로운 번역을 제시한다. 이야기가 진행되면서 사막에서 처음 모습을 드러낸 "세 사람"은 일단 식사 자리에 초대되었고, 그런 다음 수태고지 사건의 마지막 장면에서야 비로소 "야훼"로 등장한다. 다시 말해, 신적 타자는 아브라함의 환대 행위가 죽음이 아닌 생명을 가져온다는 추가적인 약속의 계시를 제시하기에 앞서, 먼저 세 명의 알려지지 않은 이방인으로 위장하여 자신을 드러낸다. 잠재적인 적대는 실제적 환대가 된다. 아브라함은 공포의 신보다는 사랑의 신을 택한다. 그리고 이 선택은, 틀림없이 사라의 웃음 속에 되울려 퍼진다. 웃음은 모순을, 불가능한 것이 가능해지는 것을, 집을 찾는 외인들을 익숙한 곳에 들이는 것을, 타인이 자기에게로 들어오고 다시 태어나게 됨을 받아들이는 모습을 나타내지 않는가? 이 이방인과의 만남에서 비롯된 아들, 이삭은 히브리어로 '웃는 자'를 의미한다.

아브라함은 전형적인 방랑자이다. 그는 유목민으로 천막에 거주하는 이들 중 하나다. 잘 알려진 대로 헤겔은 그를 "대지에 대해서나 인간들 사이에서나 지상의 이방인으로" 존재했다고 기술한다.[1] 하지만 아브라함이 이러한 이방성strangeness의 첫 예언자라면, 그는 또한 가장 먼저 폐쇄의 유혹을, 즉 성스러운 것과 자기 부족을 전도시키려는 충동을 경험하게 된다. 요컨대 천막을 접고 요새를 지으려는 유혹이 엄습한다. 신성한 것을 영토로 환원시키고 그에 따라 이방인을 배제하는 유혹 말이다. 다른 식으로 말하자면, 아브라함은 위대한 일과 끔찍한 일을 행할 능력을 동시에 가지고 있었다. 아들 이삭의 탄생을 알리는 낯선 세 이방인 남자anashim를 반갑게 맞이하면서도, 그는 얼마 지나지 않아 아들 이스마엘과 외인인 노예 소녀 하갈을 아무런 주저함 없이 황야로 잔인하게 내쫓는다.

이후 창세기의 이야기에서 아브라함은 또 다른 극적 선택을 할 수밖에 없게 된다. 이번에는 모리아산山에서 두 가지 명령의 목소리 중 하나를 택해야 했다. 한 목소리는 그에게 아들 이삭을 죽이라고 명령했고, 다른 한 목소리는 부족의 희생양을 바쳐 아들을 선물로 돌려받으라고 명령했다. 그는 죽음이 아닌 삶을 선택하지만, 큰 "공포와 전율"을 경험한 후에야 비로소 그런 선택을 하기에 이른다. 또 우리는 출애굽기, 열왕기, 신명기, 예언서를 통해 그리고 더 나아가 그리스도교와 이슬람의 경전을 통해 적대를 넘어 환대를 결의하는 것이 결코 단번에 영원히 내려지는 결정이 아님을 깨닫는다. 그것은 다시, 또다시 재신론적으로 갱신되어야 하는 내기이다.

요컨대 성서적 종교의 위대한 시조始祖는 적대도 할 수 있는 자이면서 환대도 할 수 있는 자다. 그리고 아브라함의 후손들은 역사 전체를 걸쳐 그 뒤를 따라갔다. 이방인을 배척하거나 이방인을 포용하거나. 사실, 매년 열리는 유대교 절기인 초막절Sukkot은 아브라함 추종자들에게 그들이 영원히 천막의 거주자이자 이방인들이라는 것을 상기시켜 주는 역할을 한다. 이것은 해마다 다시 또다시 반복적으로 상기되어야 하는 것이다. 왜 그런가? 대부분 다른 종교들과 마찬가지로 성서적 종교도 최선의 것과 최악의 것을 다 행할 수 있는 종교이기 때문이다. 이 모든 것은, 처음부터 마지막 끝까지 신앙의 내기 – 신의 말씀에 대한 해석학적 독해 – 로 귀결된다. 나는 다음과 같이 반복해서 말한다. 아브라함이 하갈과 이스마엘을 무자비하게 추방한 것은 오갈 데 없는 곳에서 온 외인들에 대한 그의 호의적 반응과 전적으로 상충된다. 이 아브라함은 가장 잔인한 행동을 할 수 있고, 위협이 되는 유목민들을 자기 집으로 두 팔 벌려 맞이할 수도 있다. 급격한 전회의 결과로, 그는 자신과 아내 사라에게 새로운 삶을 열어준다.

성서 전체가 외인에 대한 다양한 대응 방식을 놓고 씨름하는 이야기라고 할 수 있다. 사울은 아말렉 사람을 멸하기 위해 출전하지만, 외인과의 싸움에서 자비를 베풀고자 자신의 혈기를 버리기로 결심한다. 야곱은 익명의 "누군가"eesh와 밤새 씨름한다. 그가 마침내 타자에게 마음을 열 때까지, 야곱은 위협적인 적으로 보이는 그 누군가와 싸움을 벌인다(창 32:25). 야곱은 자신의 엉덩이뼈에 신적 표식을 새기고, 이스라엘이라는 새로운 이름을 신적 표식으로 남기면서 평화를 선택하고, 결국에는 자신을 죽이려는 적의 얼굴을 "신의 얼굴"로 인식한다. 실제로 야곱이 천사와 씨름하고 난 다음 날, 소원해져 있던 경쟁자인 형, 에서Esau로 가장한 신과 포옹할 수 있었던 것은 매우 의미심장한 대목이다. 이 메시지의 의미는 다음과 같다. 신적인 것은, 망명자로서, 우리 가운데 품어주기를 요구하는 각 인간 타자 안에 존재한다. 초월적인 신성의 흔적으로 작용하는 얼굴은 그 살과 피의 내재성 안에서 인간성으로 진입하는 문이기도 하다. 혹은 에마뉘엘 레비나스의 표현대로, "얼굴로서의 얼굴의 에피파니는 인간성을 열어 준다. 얼굴로서 벌거벗은 얼굴은 가난한 자와 이방인의 궁핍을 내게 보여준다."[2] 나와 이방인의 환대적 관계는, 그 거리가 가깝건 멀건 간에, 인간적이건 신적이건 간에, 모든 이방인과의 관계에 의미를 부여한다. 이런 점에서, 그러한 관계는 살해가 아닌 정의를 선택하는 것이다.

유월절 기도 중 가장 유명한 한 편의 기도는 이렇게 말한다. "너희는 이방인을 학대하지 마라. 너희도 이집트 땅에서 이방인이었으니 이방인의 마음을 알 것이다"(출애굽기 22장). 또 다른 유월절에 관한 텍스트, 『교육서』 431번째 계명에서는 이 출애굽기의 가르침이 일종의 상기해야 할 사안으로 등장한다. "우리는 외국 땅에서 느끼는 큰 고통을 경험했습니다. 우리 자신이 겪은 고통을 기억함으로써, 신께서 자비로우심으로 우리를 인도해 주셨습니다. 우리의 연민은 이런 곤경에 처한 모든 사람들에게 자극이 될 것입니다." 이 독해를 옹호하는 가운데, 우리는 성서 텍스트 중 가장 초기에 기록된 것에 속하는 세 권의 책, 욥기, 룻기, 아가서가 이방인에 관해 어떻게 생각하는지 상기해볼 수 있다. 욥은 야훼에게 도전했다가 마침내 야훼의 이상한 방식 strange way을 받아들이게 된다. 모압에서 온 외인alien인 룻은 보아스에 의해 그의 공동체에 받아들여졌으며, 그녀를 통해 다윗과 예수를 포함한 기나긴 혼종적hybrid 후손이 생겨났다. 이 책들 중 마지막 책인 아가서는 이스라엘과 적대자 이집트인들이 함께 하나로 모이는 패러다임으로 인용될 수 있다. 솔로몬 왕은 이 "검고 아름다운" 이방인을 자신의 신부로 맞이하기 위해 전통을 무시하고 외인인 "술람미" 여인의 환심을 얻고자 한다. 실제로 이것은 이 노래 자체가 바빌로니아 지역과 이집트 지역의 결혼 시나 신부를 위한 결혼축가epithalamium[3]를 차용하는 형식으로 꾸며진 인간과 신의 사랑에 관한 유대인의 러브스토리를 경축하고 있다. 타인을 사랑하는 것은 자기 자신을 사랑하는 것보다 더 신성한 것이다. 그래서 히브리 성경은 "이방인 사랑"(신명기 27 : 19, 10 : 18, 24 : 17, 16 : 11 등)에 대해서는 서른 여섯 번이나 명령하는 반면 "이웃 사랑"에 대해서는 단 두 번만 명령한다.[4]

신명기는 이방인을 가장 많이 언급하는 책 가운데 하나다. 몇 가지 예를 들어보자. "그분은 이방인을 사랑하여 그에게 먹을 것, 입을 것을 주신다"(신명기 10 : 18, 히브리어 ger라는 말은 그리스어로는 xenos, 라틴어로는 peregrinus가 된다). "이방인과 고아와 과부의 정의를 짓밟는 자에게 저주를!"(신명기 27 : 19, 여기서 ger는 라틴어로는 advena, 영어로는 alien으로 번역된다). "이방인과 고아의 정의를 짓밟지 마라. 과부의 옷을 저당 잡지 마라"(신명기 24 : 17). "그리고 너희 하느님 야훼를 모시고 그 앞에서 즐겨라. … 떠돌이, 고아, 과부까지도 데리고 너희 하느님 야훼께서 당신의 이름을 두시려고 고르신 곳에서 함께 즐겨라"(신명기 16 : 11).

이 구절들이 알려주는 몇 가지 쟁점이 있다. 첫째, 이방인은 신의 이름과 연관되어 있다. 둘째, 그 이방인은 언제나 고아와 과부, 즉 가족이나 보증인을 가지지 못한 상처받기 쉬운 무방비 상태의 사람들에 대한 암시들과 연결된다. 셋째, 이방인의 등장은 이방인, 고아, 과부 등을 배제하는 경향이 있는, 자기 나라의 안전을 우선시하는 정상적 관례를 넘어서는 것으로 보이는 "정의"를 요구한다. 주 여호와가 외인에 대한 증오를 막기 위해 정의에 동참해야 한다고 거듭 명령했다는 사실 자체가 외인에 대한 최초의 반응이 사랑이 아닌 두려움의 반응이 될 소지가 더 크다는 것을 인정한 것이다. 그래서 신명기에서 "우리 조상은 방랑하는 아람 사람이었다"(26 : 5)고 할 때, 동일한 본문은 또한 부족을 넘어 방랑하는 자들에 대한 가장 터무니없는 배제의 표현(즉, 신의 명령에 의한 전쟁milchemeth mitzvah에서 적을 치라는 수많은 권유)이라는 범죄적 여지도 갖고 있다. 마지막으로, advena와 peregrinus(영어로는 peregrination) 같은 히브리어 ger의 라틴어 번역은 (1) 밖에서, 멀리서, 미래에서 오는 자advena, (2) 국가, 부족 또는 가정의 경계를 넘어 이주하는 이를 암시한다는 점에서 특히나 시사적이다. 이방인은 요컨대 우리가 '주인'으로 행동하면서 거주지를 제공하지 않는 한, 머리 둘 곳 없는 불청객에 불과하다. 이 낯설고 소외된 외부인outsider의 등장과 관련해서 예기치 않은 난입에 관한 감각이 생겨난다. 이 의미는 우리 입장에서 위험과 모험을 요구하는 인식불가능성의 감각이다. 단순화할 수 없는 타인에 대한 환대는 자연적으로 도래하지 않는다. 그것은 상상력과 신뢰를 필요로 한다. 그래서 토라Torah는 침입자를 박해하고 싶은 예측 가능한 충동을 인정하면서도 우리의 살인 충동을 극복하고 갑자기 들이닥친 이를 받아들이라고 권한다. 한 주석가는 이렇게 평한다. "네가 증오하는 일을 다른 사람에게 하지 마라. 이것이 토라의 전부이고, 나머지는 주석에 불과하다."[5]

내 생각에, 이방인이 종종 신적인 존재의 인간적인 페르소나로 간주된다는 사실은 매우 주목해야 할 점이다. 실제로 우리와 씨름을 하려고 밤을 새고 나온, 너무나 인간적인 타자로 보이는 것은, 얼마 후에야 비로소 신적인 존재로 인식된다. 히브리어 eesh/ish의 라틴어 번역 vir(인간)와 그리스어 anthropos(인간)에서 이러한 의미가 여러 언어를 가로지르며 전달되고 있다. 비록 일부 영역판이 여기서 "천사"를 지시하고 있지만, 대부분 판본은 신적인 존재가 인간 안에서 그리고 인간을 통해 자신을 드러낸다는 성서의 근원적 의미를 충실하게 반영한다. 이를테면 이렇게 말이다. "야곱은 혼자 뒤떨어져 있었다. 그런데 어떤 이가 나타나 동이 트기까지 그와 씨름을 했다"(창세기 32:25). 그리고, 우리는 다시, 야곱이 "신의 얼굴"Peniel로 말미암아 축복받았다는 것을 깨달은 때가 어둠 속에서의 외인과의 씨름 이후라는 것을 기억한다. 신은 사후적으로après coup, 지나간 다음 흔적으로, 마주함에 뒤이어 드러난다. 그리고 이 에피소드는 만일 신성이 외인과의 대면에서는 자신을 긍정하는 방식으로 우리를 향해 나아간다면, 또한 그 신성은 인식에 있어서의 직접적이고 완전한 이해와 관련해서는 부정적인 방식으로 자신을 그 제약으로부터 해제한다는 점을 보여준다. 신이 시종일관 존재했음이 밝혀졌을 때, 신은 이미 사라져버린다. 이것이 바로 신이 가장 내밀하게 수용되는 경우에도 이방인으로 남게 되는 이유이다. "내 생각은 너희 생각과 같지 않다. 나의 길은 너희 길과 같지 않다"(이사야 55:8). 타인은 가장 친숙한 모습으로 위장한 채 외인으로 남게 된다. 신과 인간은 분리될 수도, 같은 것이 될 수도 없고, 따로 떨어질 수도 동일화될 수 없다.

나는 이스라엘의 위대한 이야기가 격렬한 갈등과 평화적인 포용 가운데서 일어난 종교의 역설적 기원을 증언하는 것이라고 본다. 이것은 사실상 인간과 신의 모든 극적 만남을 연민 또는 살해라는 급진적인 해석학적 내기로 만든다. 당신은 이방인을 환영하거나 거부할 것이다. 유일신교Monotheism는 이러한 내기의 역사이다. 아브라함의 유산이 두 가지 해석 전통을 모두 증언한다는 사실이 이 점을 그 자체로 증언하고 있다. 한편으로, 유일신교를 고칠 수 없는 불관용과 전쟁의 원천으로 보는 (계몽주의 무신론자에서부터 도킨스, 해리스, 히친스 같은 사람들에 이르는) 비평가들의 입장을 뒷받침하는 충분한 증거가 이 유산에 있음을 우리는 잘 알고 있다. 다른 한편, 아브라함의 유산은 성서에서 해방의 메시지를 합당한 비판 이후에postcritically 되찾고자 하는—이 저자처럼—이들, 곧 이방인이 성스러운 것으로 진입하는 길을 철저하게 주목하는 이들을 위한 강력한 원천이 된다.

그리스도교의 내기

그리스도교에는 아브라함 종교의 이중적 유산이 존속하고 있다. 여기서도 우리는 외인에 대한 사랑과 증오의 애매한 역사를 목격한다. 모든 아시시의 프란치스코에게는 종교재판이 있었고, 모든 성 야고보에게는 짐 존스가 있었다.[6] 그리고 여기서 다시금 이방인—peregrinus, hostis, advena—의 드라마가 '주요 장면'에서 강렬하게 상연되는데, 이번 경우는 수태고지다.

상기해보자. 젊은 나사렛 여자가 침입자를 만난다. 그녀는 혼자 밀폐된 방에 있다. 그녀는 책을 읽고 있다. 날은 선선하다. 공중에 백합 향기가 난다. 아가서나 라헬이 야곱을 우물가에서 만난 이야기나 사라가 아이를 갖게 된 이야기를 읽으면서 그녀는 어쩌면 마음 한구석에 약혼자 요셉을 떠올리고 있었을 수도 있다. (물론 우리는 실상을

산드로 보티첼리, 〈수태고지〉, 1489~1490

모른다. 다만 우리에게는 [보티첼리의 작품과 같은] 그림이 있을 뿐이다.) 그녀는 날개를 퍼덕이는 소리를 듣고서는 책을 내려놓은 다음, 눈을 반쯤 감고, 귀를 기울인다. 갑작스럽게, 어디서 왔는지 모르겠지만 누군가가 그녀 앞에 나타났다. 그는 무시무시해 보였고, 마리아는 공포에 휩싸였다. 그녀는 뒷걸음질하며, 뒤로 물러선 채로 멈춰 선다. 그리고 고개를 숙인 채 "두려워하지 말라"는 속삭임에 조심스레 귀를 기울인다. 마리아는 이방인에게 자신의 품을 열게 되고 아이를 가지는 데 이른다. 요컨대, 마리아는 두려움보다 은총을 택했다. 그녀는 부름에 응답하고, 약속을 신뢰한다. 마리아는 감히 불가능한 일을 가능한 것으로 상상한다. 그녀는 예라고 말한다. 아멘. 나사렛에 사라의 웃음소리가 되울려 퍼진다.

드니스 레버토프는 마리아의 담대한 선택을 노래한 「수태고지」라는 시에서 이 순간을 다음과 같이 포착해낸다.

> 우리는 알고 있다네 그 장면을. 그 방. 각양각색으로 비치된 가구를.
> 필시 독경대와 한 책이 있었을테고, 언제나 커다란 백합 역시 그득.
> 도래했다네, 커다란 날개치며 엄숙하고도 장엄하게
> 천사같은 사자는, 멈춰서거나 맴돌며 서성이던 중에,
> 그녀가 알아차리게 된, 손님
>
> 헌데 우리는 온화한 순종을 듣네. 아무도 거론치 않은 용기
> 잉태케 하시는 성령
> 시작하지 않으시네, 그녀 허락없이는
> 하느님은 기다리셨고
> 그녀는 자유로웠다네
> 받아들일 수도 거절할 수도 있었던, 선택
> 인간다움의 완성에 꼭 필요했기에

마리아는 해석학적 내기에 직면했다. 그녀는 독경대에서 고개를 들고 이방인의 얼굴을 읽는다. 그녀는 육적으로, 용기 있게 예라고 말하기를 선택했다. 그리고 말은 살이 되었다.

또 다른 시인 앤드루 허진스는 보티첼리가 체스텔로 수도원에 그려둔 〈수태고지〉 그림을 설명하면서 이 장면에 더 많은 변화를 더한다.

… 천사가 처녀에게
올라가 있는 그녀의 양손, 우아하게, 한 손을 들어 올리면서
마치 그만이라고 말이라도 할듯이, 그런데 다른 한 손은, 오른손은
그를 향해 내밀고 있네. 그리고, 그러자 푸른 겉옷 풀어지고
드러나게 된다네, 빨갛게 감추인 그녀의 속옷
마루의 붉은 타일까지도, 그리고 붉은 주름도
천사의 의복에 있던. 하지만 그녀의 온몸은 물러서고 있네
오직 그녀의 머리만은, 이미 후광이 비춰어, 고개를 숙이며
묵종하고 있네. 그녀의 바람이라 해도, 아직은 아무런 말도 하지 않은
채로
보아라, 나는 주의 여종이라,
보티첼리처럼, 그의 가엾은 마음으로
허락하라. 그녀의 거절을, 수용을, 거절을, 그리고 다시 생각하기를

Ana, 곧 다시again라는 것이 핵심이다. 마리아가 다시 생각하고, 다시 믿고, 다시 신뢰하는 것, 바로 이것이 그리스도교적 재신론의 첫째 행위이다. 유대교 재신론의 반복이자 이슬람 재신론의 선취이다. 생각thinking이라는 말이 중요하다. 루가의 복음서 1장 29절에서 우리는 마리아가 천사와 마주했을 때 "몹시 당황하며 곰곰이 생각했다"dietarachte kai dialogizeto고 한 대목을 읽는다. 곰곰이 생각한다ponder의 그리스어는 dialogizomai로, 내가 나 자신과 다른 사람들과 함께 서로 말을 나누는dia-logue 가운데 있음을 의미한다. 르네상스 시대 대부분의 그림에서, 천사가 나타났을 때 책을 읽고 있는 마리아를 묘사했다는 것은 의미심장한 부분이다. 그녀는 자유를 침해당하지 않는다. 마리아는 자원하는 이였다. 그녀는 혼자가 아니다. 그녀는 그녀 자

신의 마음을 거룩한 이들과 함께 나누면서 대화하고 있다. 이런 점에서 천사가 나타났을 때 당혹스러워하면서 겁을 먹었다는 것과 같은 묘사가 수태고지 이전에도 나온 적이 있다는 점이 중요하다. 마노아의 아내에게 고지된 삼손의 출생(판관기 13 : 2~25), 즈가리야에게 고지된 세례자 요한의 출생(루가의 복음서 1 : 15)이 바로 그런 예이다.[7] 요컨대, 마리아의 두려움과 동의의 응답은 그녀가 "예"와 "아니요" 사이에서 – 몸과 영혼으로 – "곰곰이 생각함"으로써 상기하고 있었을 응답으로 말미암아 일어나게 된 것이다.

나사렛의 아이의 탄생이 동방에서 온 세 외인들, 즉 박사들the Magi의 등장으로 특징지어진다는 사실은, 신적 에로스와 탄생의 에피파니에서 친숙한 사람들의 틀 안에 외인의 침투가 수반된다는 정서를 다시 확증한다. 처음에는 아브라함에게, 그다음으로는 마리아에게 말이다. 세 명의 방문자로 예시되었던 이방인들의 삼위일체가 러시아 정교회의 위대한 화가 안드레이 루블레프에 의해서 그리스도교의 신의 세 위격의 완벽한 아이콘으로 채택된 것은 너무나도 적절한 일이다. 루블레프의 〈삼위일체 아이콘〉(1411년에 제작되어 자고르스크 수도원에 소장되어 있음)에서 세 천사는 – 급진적 타자가 예기치 않게, 전혀 알려지지 않은 채로 도래할 우리 시공의 지평의 간극을 상징하는 – 텅 빈 성배 주위에 원을 그리며 앉아 있다. 그리고 원 중심부에 있는 이 빈 용기는, 이론의 여지는 있지만, 마리아 자신의 자궁-마음womb-heart, khora이다. 이스탄불에 있는 코라 수도원의 『성모와 아기 예수 모자이크』라는 작품에는 그리스어로 다음과 같은 말이 새겨져 있다. Khora akhoraton – "담아낼 수 없는 것을 담아낸 이." 마리아는 신성에 대해 마음을 연 "코라"이다. 바로 그 틈, 그 틈이 없이는, 이방인에 대한 다른 모

안드레이 루블레프, 〈거룩한 삼위일체〉, 1410년경

든 인간들의 개방에서와 마찬가지로, 성스러운 것은 체화될 수 없다.

성스러운 이방인에 대한 이야기는 물론 여기서 그치지 않는다. 육화 이후에 예수 자신의 생애가 도래한다. 예수는 그의 제자들에게 소스라치게 놀라게 하는 외인alien으로 거듭 경험되었다. 다볼산에서 그가 변화되었을 때, 그의 사후 갈릴리 호숫가에서 제자들에게 나타났을 때, 그가 폭풍우 치는 파도 위에 나타날 때, 또 갈릴리 해변에 나타날 때 제자들에게 반복해서 경험된다. 이 에피소드마다 예수의 가장 친밀한 추종자들은 예수가 마치 이방인인 것처럼 여기며 그에게 응답했고, 예수는 반복해서 "두려워하지 말라"는 말로 응답했다. 그때마다 그리스도는 그들의 공포를 사귐으로 바꾸어, 호수에서 그들을 위해 물고기를 준비하고, 엠마오의 여관에서 그들을 위해 빵을 떼었다.

의혹의 어둠 가운데 불타오르는 에피파니적 사랑epiphanic love에 관해 묘사하는 저 유명한 엠마오 에피소드[8]는 렘브란트의 일련의 그림에서 생생하게 연상되고 있는데, 가장 눈에 띄는 것은 1628년의 엠마오 에피소드 그림으로, 이 작품에서 예수의 검은 실루엣은 신성의 침투에 놀라 물러선 제자들의 두려움에 맞서 (예수가 빵을 뗌으로서) 일어난 빛, 바로 그 현현의 빛으로 상쇄된다. 이렇게 침입한 이는, 당연히, 이 세상을 떠난 익명의 인물을 거쳐 귀환한 예수, 곧 사후의 그리스도다. 그는 돌아오기 위해 떠나야 했다. 그는 다시 살기 전에, 부러진 갈대처럼, 보잘것없는 아무것도 아닌 자로, 소외된 버림받은 자로 죽어야 한다. 한 알의 밀알이 썩지 않으면 아무것도 자라날 수 없다. 재-신Ana-theos. 신의 죽음 이후 신의 귀환.

그리스도 미셸 드 세르토의 표현대로, 빈 무덤의 어두운 그림자에서 "나를 따라오라"고 말하는 "영원히 복원할 수 없는 목소리로부터 도래하는" 그 "타자"는 부재하지만 현전한다.[9] 그러나 (최종적인 의미에서) 이 복원할 수 없음이라는 것으로 인해, 그리스도는 끝없이 번역되고, 기억되며, 새로운 믿음으로의 초대장으로 작용한다. 예수의 죽음의 철저한 소외에 대한 이 중요한 통찰은 그리스 정교회의 성 대 금요일 대시과와 같은 예식에서 감동적으로 묘사되고 있는데, 성 대 금요일 조과早課(아침기도)에서는 아리마태아의 요셉이 빌라도로부터 예수의 시신을 찾아오는 내용을 담고 있다.

> 요셉이 빌라도 앞에 와서 이렇게 간청하였다네.
> "이 이방인을 내어주시오dos moi touton ton xenon.
> 어려서부터 이방인으로 세상에 초대받은 이xenosthenta를,
> 그는 흐느꼈다네.
> 이 이방인을 내게 주시오.
> 자기 백성이 이방인으로 미워하고 죽인 자,
> 이 이방인을 내게 주시오.
> 낯선 죽음을 맞이하는 것을 보고서 나는 소외되고xenizomai 말았소.
> 이 이방인을 내게 주시오.
> 가난한 자와 이방인에게 환대를 베푸신xenizein 분을."

여기서 우리는 주인이자 손님으로서의 신적인 이방인의 위대한 역설과 마주한다. 예수는 갈증을 느끼는 이방인에게 환대를 베푸는 사람이고, 우리를 불러 누군가를 손님으로 맞이하게 하는 (요셉이 그의 상처 난 시신을 받아 보살폈던 것처럼) 자이다. 이것이 이 글에서 "초대받은"xenisthenta, "소외된"xenothenta, "이방인"xenos, "환대"xeneia라는 용어 사이의 언어적 유희를 통해 예화된 역설이다. 말 그대로, 그리스어 xenizo는, 우리의 목적을 위해, 누군가를 손님으로 맞아들이면서 환대를 제공한다는 뜻이고, 수동태 동사 xenizomai는 어떤 낯선 것에 직면하여, 타자로 인해 낯설어져 버림을 뜻한다.[10] 능동적이고 수동적인 이러한 환대의 이중적 방향은 유명한 성주간 목요일 성체 찬미가 〈엎디어 절하나이다〉Adoro Te Devote 가락에 맞추어 부른 〈굶주린 자들이 내게 오게 하라〉Let the Hungry Come to Me [11]에서 반복된다. 이 찬

송은 그리스도의 이중적 이미지로 끝을 맺는데, 여기서 그리스도는 성체성사의 빵을 주는 자이면서 그 빵을 먹는 우리의 행위로 말미암아 받아들여지는 자이다.

> 축복받은 당신, 내 친구여, 내 결혼잔치에 초대된 이여···
> 주님, 이 축복의 식탁에서 당신의 임재를 우리가 알게 하소서.
> 우리의 주인이자 손님이신 하느님, 우리와 영원히 함께하소서.

그러나 이방인이 항상 주인이나 손님으로 인식되는 것은 아니다. 예수의 경우, 대부분의 동시대 사람들, 즉 친구나 적들 모두 그를 신으로 보지 않았다. 심지어 그의 가까운 친척들도, 마르코의 복음서 3장 21절에서 보듯, "예수를 붙잡으러 나섰다." 그들은 "그가 제정신이 아니다!"라고 말했다. 그리고 예수의 직계 친지들이 신의 현전을 인정하는 데 있어서 그토록 어려움을 겪었다고 한다면, 그의 추종자들 중 많은 이들이 그의 메시지를 오해했다는 것, 즉 환대와 섬김에 대한 그의 부름을 의기양양한 지배를 위한 초청 정도로 오인했다는 것이 그리 놀랄 일은 아니지 않은가? 그리스도의 사건의 급진적인 해석학적 자유는 그리스도를 믿는 자를 각각 한 사람의 순례자pilgrim로 만든다. 키에르케고어가 말했듯이, 이 순례자는 그리스도의 "추문을 담은 이방성"을 참으로 받아들인 자가 되기 위해 그리스도와 동시대적 존재가 되어야만 한다. 그리고 아마도 예수가 기록된 문자에 사로잡히기를 거부한 것은 이런 급진적 타인의 역할에 충실했기 때문일 것이다. 그는 한 여인이 돌에 맞아 죽는 것을 막으려고 모래 위에 읽을 수 없는 말 몇 마디를 적은 것 빼고는 한 번도 무엇인가를 쓴 적이 없었다. 그는 그 여지를 (다양한 복음사가福音史家들이 보여준 것처럼) 상상에

맡겨버렸다.

마찬가지로 예수는 자신을 믿는 대중들에게 승리의 메시지를 던지는 황제가 되라는 광야의 유혹(『카라마조프의 형제들』의 「대심문관」 장에서 도스토옙스키가 훌륭하게 묘사한 드라마)을 분명하게 거부했다. 확실히 예수는 걸출한 군주가 되는 것은 자신의 역할이 아니라고 선언했다. 그는 자신을 문을 두드리는 불청객 외인, 또는 음식을 먹거나 거처를 마련해 달라고 하면서 거리를 떠도는 "이들 중 가장 작은 이"elachistos라고 묘사되는 바로 그런 낯선 손님으로 고지했다. "너희 중에 가장 보잘것없는 사람 하나에게 해준 것이 바로 나에게 해준 것이다"(마태오의 복음서 25:40 참조). 해당 이야기의 나머지 부분을 읽어보자. "너희는 내가 주렸을 때에 먹을 것을 주지 않았고 목말랐을 때에 마실 것을 주지 않았으며 이방인hospes 되었을 때에 따뜻하게 맞이하지 않았다"(마태오의 복음서 25:35~44) — 이것은 같은 대목에 나오는 다음과 같은 물음에 대한 정확한 답변이다. "주님께서는 언제 이방인이 되셨기에 우리가 당신을 환영하지 않았다는 말입니까?" 왜냐하면 그들은 그들 앞에 있는 외인에게 체화되어 있는 신성을 알아보지 못하였기 때문이다. 그들은 이 땅의 살과 피로 된 존재에 귀를 기울이기보다는 하늘에서 일어나는 환상에 사로잡혀 고개를 숙여 아래를 살피기보다 하늘 위만 올려다 보고 있었다.

이것은 예수가 무심코 한 말이 아니다. 깜짝 놀랄 만한 낯선 자hospes의 신성에 관한 호명은 실제로 왕국에 들어가는 열쇠가 되는 구절에서 네 차례 반복된다. 종말론은 우리 가운데 있는 외인의 현전 가운데서 실현된다. 손님에 대한 사랑이 신에 대한 사랑이 된다.[12] 이 결정적이면서도 궁극적인 선택, 즉 낯선 자에 대한 환영이나 거부에서 다시 한번 중요한 장면이 나온다. 예수가 또 다른 에피소드에서 율법

사로부터 "누가 내 이웃입니까?"라는 질문을 받은 것은 놀라운 일이 아니다. 그는 선한 사마리아인의 이야기, 즉 상처 입고 죽어가는 이를 치료한 비주류 외인의 이야기로 그 질문에 답했다(루가의 복음서 10 : 25~36). 손님이 주인이 되는 신의 현현Theophany. 사마리아인에 견줄 만한 또 다른 이방인이 있는데, 그는 예수를 치유하는 자로 인정한 유일한 사람, 곧 나병 환자였다. "하느님께 찬양을 드리러 돌아온 사람이 이 이방인allogenes 한 사람밖에 없단 말이냐!"(루가의 복음서 17 : 18).

예수가 마태오 복음서 5장 43~48절에서 말한 대로, "당신을 사랑하는 사람을 사랑하는" 것은 정상적인 일이다. 여기서는 자기 "형제와 자매만을 맞이하는 것"을 예상하게 된다. 하지만 외인을 사랑하는 것은, 심지어 그 외인이 적의 형태를 취할 경우, 다른 모든 것 가운데서도 가장 어렵고, 가장 신적인 일이 된다. 그러므로 예수가 자신이 길이라고 말할 때, 그는 그 길이 통치자의 길이 아니라 이방인의 길이라고 하는데, 이것은 곧 급진적 환대와 치유의 측면을 함축하고 있다. 이러한 급진적인 환대에 대한 헌신이 수 세기 동안 (해방신학과 노동자 성직 운동에 이르기까지) 그리스도교의 섬김 사역의 중심에 있었고, 마찬가지로 서구 수도원 제도의 창시자인, 6세기 성聖 베네딕도의 규칙의 핵심 원칙이 이를 입증한다. 다음과 같은 규칙 내용은 매우 특징적이면서도 선구적이다. "찾아오는 모든 손님들을 그리스도처럼 맞아들일 것이다. 왜냐하면 그분께서는 '내가 나그네 되었을 때 너희는 나를 맞아주었다'라고 말씀하실 것이기 때문이다. 그리고 모든 이들에게 합당한 공경을 드러낼 것이며 특히 신앙의 가족들과 순례자들에게 그러할 것이다. … 오고 가는 모든 손님들에게 온갖 겸손을 드러낼 것이니, 머리를 숙이거나 온몸을 땅에 엎드림으로써 그리스도께서 그들

안에서 흠숭받으시고 영접받으시게 할 것이다." 해당 장은 나중에 온 이가 처음이 되는 것으로 귀결된다. "아빠스와 공동체원 모두 모든 손님들의 발을 씻겨주라. 발을 씻긴 다음에 그들에게 다음과 같이 말할 것이다. '하느님, 우리는 주의 성전 한가운데서 주의 자비를 받았나이다'"(『성 베네딕도 수도규칙』, 53).[13]

그런데 만일 베네딕도의 유산이 이방인에 대한 그리스도교의 태도를 알려준다면, 십자군과 종교재판은 또 다른 것을 알려준다. 그리스도인들을 위한 선택은 역사적이면서도 동시대적이다.

이슬람교의 내기

이슬람교의 최초로 중요한 장면을 떠올려 보자. 무함마드 이븐 압둘라라고 불리는 존경받는 사업가가 히라산 정상에 있는 동굴에 칩거한다. 이것이 서기 610년 라마단 시기에 일어난 일이다. 여기서 무함마드는 매년 그랬듯이 자신을 방문한 메카 사회의 가난하고 소외된 사람들을 위해 기도하고, 단식하고, 그들에게 구호금도 지급한다. 그런데 이번 17일 라마단의 밤에 특별한 일이 일어난다. 무함마드는 동굴에서 낯선 것의 현전으로 인해 잠에서 깨어난다. 그가 숨을 거의 쉴 수 없도록 무언가가 그를 사로잡는다. 무함마드의 모든 확신들certainties이 그를 떠나버리고, 동굴의 벽으로 흩어진다. 그의 온몸에 경련이 일어나고, 한밤중에 땀을 비 오듯 흘리게 된다. 무함마드는 자신의 생명이 위험에 처할 것을 두려워하여 내내 씨름한다. 그러다가 갑자기 멈춰서서 귀를 기울인다. 그는 자신에게 현전한 존재를 믿기로 결심한다. 또한 공포를 극복하고 그 앞에 있는 이방인에게 굴복islam한 바로 그 순간, 그에게 어떤 목소리가 들려온다. 그것은 다름 아닌 천사가브리엘의 목소다. 그의 입술이 열리고 입에서 새 아랍 경전의 첫마디가 나왔다. 이슬람의 예언자는 모어mother tongue에서 외인을 발견하며 태어난다. "꾸란의 말씀을 들은 그 순간"을 그는 다음과 같이 전한다. "마음이 온화해지고 어느새 눈물이 주르르 흘렀다. 그리고 내 마음 속에 이슬람이 들어왔다."[14] 그가 들은 말은 그가 말했거나 쓴 것이 아니다. 나중에 가서야 그는 그것을 여러 추종자 집단들에 조심스럽게 암송해 주었고, 그들은 차례로 꾸란과 하디스[15]로 알려진 경전으로 암송 내용을 기록하였다.

아브라함 종교의 심원한 애매성은 이슬람에서 다시 나타나는데, 그것은 성서의 계시에 대한 제3의 신앙고백적 반응이다. 우리는 여러 세기에 걸쳐 내려온 이슬람 신앙의 다양한 표현들을 상기할 필요를 느끼지 않는다. 대표적인 것이라고 할 수는 없지만, 피의 9·11의 뒤를 이어 이런 역사의 장면들은 무한히 반복되었다. 물론 6세기의 초창기 내전들에서부터 현대 와하비즘[16]의 발흥에 이르기까지 꾸란에 대한 어떤 근본주의적 해석은 유감스럽게도 이러한 부정적인 유산에 대해 신빙성을 더해 주었다. 그러나 그것은 단지 한 가지 유산일 뿐이다. 많은 이들이 예언자의 말을 매우 다른 방식으로 읽을 수 있음을 망각하고 있다. 예언자의 책의 각 에피소드는 그 이전의 성서적 증언과 마찬가지로, 다음과 같은 다른 해석학적 독해를 가능하게 한다. (1) 외인에 대한 환대로 읽기, (2) 신앙의 적들에 대한 전쟁의 이름으로 읽기. 무함마드가 예수나 아브라함처럼, 결코 그 스스로 쓰지 않았다는 것을 우리는 기억해야 한다. 그의 말은 메카에서의 계시 이후, 증인들이 기록하고 기재한 것이다. 그리고 사실 그는 그 이방인 천사의 목소리에 너무 압도되어 처음 2년 동안은 아내 카디자Khadija와 그녀의 사촌 와라

익명의 터키 예술가, 〈메카 인근에서 환상을 받는 무함마드〉, 16세기경

카 이븐 나우팔Waraqa Ibn Nawfal 이외에는 아무에게도 그 일에 대해 말하지 않았다. 612년에야 무함마드는 소수의 가족 친구들과 젊은 상인들에게 자신이 겪은 일을 조금 더 공개적으로 말할 준비가 되어 있다고 느꼈고, 이로서 "연약하고 상처입기 쉬운 이들"이 존경받고 대접받는 사회에 대한 자신의 비전이 더 넓은 범위로 확대될 수 있게 했다.[17] 아브라함과 나사렛의 마리아가 신적 이방인을 처음에 공포와 전율 속에서 경험했다고 한다면, 무함마드도 그러했을 것이다. 그 만남은, 이미 지적했듯이, 고통스럽고 당황스러운 것이었다. 무함마드는 "내가 계시를 받았을 때 언제나 내 영혼이 찢겨 나가는 듯한 느낌을 받았다"고 고백했다.[18]

동굴 속에서의 무함마드의 첫 장면으로부터 시작된 이슬람 신앙은 수 세기에 걸쳐 70여 개의 분파[부분]이 출현하게 된다. 그리고 다음과 같은 것이 모든 사람들에게 공통적인 예언자의 성스러운 가르침이 된 것으로 보인다. "이슬람교는 이방인으로서 시작했고, 그것은 이방인이 될 것이다. 이방인들에게 복이 있을지라." 이 유명한 하디스에 사용된 아랍 용어가 부족 간의 유대와 결정 너머에 있는 '외부자'outsider라는 의미의 가리브gharib이다. 이 용어는 이후 여러 전통, 특히 밀교적이고 신비적인 전통에서 여러 방식으로 사용되었는데, 거기서 이 말은 최고의 찬사로 여겨졌다. 하지만 그것이 고립된 예외라는 말은 아니다. 이슬람교의 텍스트를 통해 우리는 유사한 환대의 교훈이 다음과 같이 반복해서 인용되는 것을 발견한다. "너 자신을 위해 소망하는 것을 다른 이들을 위해서도 소망하지 않으면 너는 참된 믿음의 사람이 아니다"(「황금률」). 다음을 보라. "우리가 민족과 종족을 둔 것은 자기 유산을 자랑하라고 그렇게 한 것이 아니라 서로 친구가 되라고 그리한 것이다"(꾸란 49 : 13). 이것은 전쟁이나 정복을 위한 지침이 아니다! 게다가 신 이외에는 아무도 꾸란에 관한 참 해석을 알지 못한다는 예언자의 가르침은 신의 진리가 어떤 인간적 형태로 소진될 수 없음을 보여준다. 즉 그것은 "신의 본성과 인간의 본성이라는 주제에 대해, 특히 영적 성숙을 통한 다양한 해석을 요구한다."[19]

이슬람교의 해방의 유산은 유대교 및 그리스도교와 마찬가지로 그저 가정된 것이 아니라 되찾아져야 하는 것이다. 그것은 다시금 대담한 해석학적 되찾음의 문제이다. 그리고, 이 경우, 유대교나 그리스도교와는 달리 이슬람교가 세속적 계몽주의의 탈주술화를 회피했다는 점 때문에, 이러한 해석학적 회복의 문제는 이슬람 문화에서 논쟁의 여지를 불러오게 된다. 그럼에도 불구하고, 많은 현대 이슬람 학자들이 비판적 재전유의 길을 개척하는 과제에 참여했는데, 그들 가운데 마크불 시라즈Maqbool Siraj, 압둘카림 소루쉬Abdolkarim Soroush, 그리고 다른 해석자들이 6장에서 논의될 것이다. 6세기 칼리파트 또는 (알카에다도 자신들의 발원지라고 주장하는) 와하비 운동 이후 이슬람에 관한 호전적 독해와 상충되는 해석을 불러온 이 사상가들은 이슬람 지성사에 대한 대안적 설명을 제공한다.[20]

그러한 대항 이야기counternarratives, 즉 근본주의적 가정에 대항하는 이야기가 알 파라비Al'Farabi나 아베로에스(이븐 루시드)와 같은 안달루시아인의 원래의 지적 유산에 더 부합한다. 예를 들어, 시라즈는 창조적 종합과 상상적 수용의 하나로 인도 아대륙subcontinent에 있는 이슬람의 유산을 탐구한다. 특히 그가 다음과 같은 유산을 설명한 것은 매우 적절한 것이었다. 시라즈에 의하면, 바부르와 아크바르 같은 계몽된 무굴 지도자들은 종파간 신앙의 비전에 헌신했고 다라 시코 같은 선각자들은 (페르시아어로 라마야나, 마하바라타, 우파니샤드를 연주한 것을 포함하여) 이슬람과 힌두교 문헌의 "번역"이라는 광범위한 과제에 헌신했다. 아크바르는 심지어 딘 에 일라히Din-i Ilahi [21] 라고 알려진 새로운 상호영성적 철학을 장려한 공로를 인정받았는데, 그는 그 철학을 자신의 통치 구역에 있었던 다양한 신앙 실천들의 드넓은 통찰로부터 이끌어냈다. 아크바르는 자신의 궁정에서 푸르코탐 브라만Purkottham Brahman과 셰이크 타주덴Sheikh Tajudden에서부터 포르투갈 그리스도교 선교사와 구자라트주 나브사리Navsari in Gujarat에서 온 조로아스터 종교 지도자들에 이르는 수많은 종교인들과 자주 토론을 벌였다.[22] 이러한 교류는 아크바르가 모든 종교의 공통된 것, 또는 그가 소위 인간의 특정 가치와 관련해서 상이한 신앙들 사이에서 이루어지는 "일반적 합의"Sulhe Kul라고 부른 것을 신뢰하게 만들었다. 실제로 특히나 반-이슬람적 혐의 추궁의 시대에 그리스도교 연구자들이 마녀, 유대인, 이슬람교도, 이단자들을 박해하던 16, 17세기에 (조르다노 브루노는 1600년 그의 종교간 상상으로 인해 캄포 데이 피오리Campo dei Fiori에서 산 채로 화장되었다.) 아크바르가 자신의 인도 궁전에서 다종교 심포지엄을 열었다는 사실을 상기하는 것은 서구인들을 겸손하게 만들 것이다! 사람들은 이슬람교에 언제나 단일 권위가 아닌 여러 개의 교파가 있었다는 사실을 때때로 잊어버린다. 실제로 종교적 소수민족과 종교 다양성은 당시 대부분의 서구 제국보다 무굴 제국 아래에서 더 나은 대접을 받았다.

또한 우리는 서구 역사의 중요한 시기에 그리스도교 및 유대교 지도자들과의 창조적 대화의 자리에 가담코자 한 여타 이슬람 지도자들의 의지를 떠올릴 수도 있다. 예를 들어, 우리는 스페인 안달루시아에서 2세기에 있었던 이슬람 사상가와 비이슬람 사상가 사이의 풍성한 교류, 15세기 중반 쿠사누스를 지원했던 교황 에우제니오 4세가 소집하여 콘스탄티노플과 그 너머의 선도적인 이슬람교 학자들까지 참석한 저 유명한 플로렌스 에큐메니컬 공의회를 인용할 수 있다. 보스니아 전쟁이 한창일 때 사라예보의 회교법 전문가가 콘스탄티노폴리스의 바르톨로메오 총대주교에게 보여준 환영 인사, 또는 더 최근에 레겐스부르크에서 베네딕도 교황의 강연에 이어 2007년 10월에 열린 토론에서 138명의 주요 이슬람 학자들이 개입하여 이루어낸 「공통언어」A Common Word 23라는 제목이 붙은 선구적인 교파 간 환대 선언문을 인용할 수도 있다.

이론의 여지는 있지만, 관용적인 이슬람 해석학에서 역사적으로 가장 영향력 있는 인물은 코르도바의 대 아베로에스였다. 이븐 루시드로도 알려진 아베로에스는 이슬람 신자, 그리스도인, 유대인, 그리고 '이교도' 간에 이루어진 저 유명한 안달루시아에서의 대화의 핵심 인물 중 한 명이었다. 영향력 있는 그의 저서 『결정적 논고』[24]에서 근본주의 성직자들에게 강한 반대의사를 표한 아베로에스는 이슬람교와 (그 시대에는 주로 그리스의) 세속 철학 사이의 조화로운 논의를 추구해야 한다고 보았다. 그는 신앙이, 인간과 신의 풍성한 의미를 온전히 존중하려면, (어떤 성직자들에게는 그것이 아무리 '이교도'적인 것으로 보일지라도) 이성과의 비판적 대화를 지속해 나가야 한다고 주장했다. 실제로 프레드 달마이어는 아베로에스의 이 형성기 작품에 대한 가장 적절한 번역이 『차이의 책』일 것이라고 말했다. 아베로에스는 이교도 그리스인(자신의 이슬람 문화의 지적 "타자들")을 언급하며 "우리의 종교를 공유하지 않는 이들"도 이슬람을 따르는 이들처럼 이성의 방법을 통해 진리에 도달할 가능성을 가진다고 주장했다. 아베로에스에게 이상적인ideal 철학자는 "종교적 온전함"과 (모든 인간이 활용할 수 있는) "자연 이성"을 결합할 수 있는 사람이었다. 그리고, 이러한 지적 자유의 결과로서, 그는 비문자적이고 은유적인 꾸란 독해를 대담하게 옹호하는 사람이었다. 필연적으로 해석의 충돌이 발생한 경우, 그 문제는 철학자들이 떠맡아야 하는 것이라고 그는 주장했다. 왜냐하면 그들은 복잡하고 다차원적인 의미, 즉, "심층 해석"을 합리적으로 설명하는 데 가장 적합한 이들일 뿐만 아니라, 계시된 경전에서 드러나는 동일한 "진리"의 지평을 향해 나아가는 이들이었기 때문이다.[25] 이런 점에서 아베로에스가 이슬람 신앙의 영역에서 '재신론적' 내기의 중요성을 인식했다고 할 수 있겠다. 그는 철학적 탐구의 비판적 거리두기가 없는 계시는 권위주의에 빠질 위험이 있다는 것을 잘 알고 있었다.

이러한 지적 자유에 대한 헌신과 더불어, 아베로에스와 여타 비판적인 학자들은, 거친 말로 사람들을 "증오, 상호 혐오, 전쟁으로 내모는" 이른바 문자주의자들에 대항하여 관용적인 형태의 이슬람 해석학을 발전시켰다.[26] 열린 자세를 갖춘 철학적 탐구는 문자주의자들이 주장했던 것처럼, 어떤 불구대천의 원수가 아니다. 그러한 탐구는 "종교의 친구이자 밀크-시스터milk-sister"로 환영받아 마땅하다. 이슬람은 외인과 이방인을 존중하는 자신들의 사명에 충실하기 위해 비판적 외부자들, 특히 초기 그리스 철학자들로부터 배워야 했다. 꾸란의 구별Fasl 장은 "융합이나 상호 분리 없이 차이를 존중하는 사랑스러운 관계"를 찬미하는 결론에 이른다.[27] 나는 6장에서 성과 속의 관계에 대해 논의하면서 이러한 이슬람 해석학의 동시대적 적합성 여부를 따질 것이다.

그런데 아베로에스가 이슬람에 관한 비판적 해석학을 진전시킨 유일한 인물은 아니다. 앙리 코르뱅, 제임스 모리스, 그리고 해나 메리먼과 같은 인물들을 비롯한 현대의 학자들은 진보적 이슬람교의 종파간 원천을 재차 강조했다. 그들은 이런 이슬람교를 상이한 길을 거쳐 꼭대기에 이를 수 있는 다면적 피라미드로 간주했다. 가잘리, 비루니, 이븐 아라비와 같은 이슬람 현자들의 비상한 통찰력을 언급하면서, 모리스는 이들이 어떻게 독창적으로 종교의 역사적 다양성을 하나의 실천 덕목Din으로 통합해서 조화시켰는지 보여준다. 특히 '창조적 상상력'의 과정을 소중히 여긴 이븐 아라비는 언어와 종교 간 상호 번역의 증진을 꾸란이 '마음'al-qalb라고 부르는 보이지 않는 신-인의 실재를 표현하는 수단으로 삼았다.[28]

지적 다원주의와 '문화적 혼합'에 대한 이슬람의 경향은 루미, 할라즈, 하피즈, 카비르 다스와 같은 수피 신비주의자들의 시에서도 이들의 오묘한 표현과 함께 발견된다. 여기서 이방인에 대한 환대의 모티브는 중추적인 것으로 반복된다. 실제로 그들의 시와 가잘[29]에서 우리는 신이 "초대받지 않은 손님"으로 불린다는 것을 발견한다. 이들 중 두 명을 예시로 들겠다.

시라즈의 하피즈는 페르시아어를 사용하는 14세기 시인이었다. 그의 이름은 '꾸란을 외워서 알고 있는 사람'의 줄임말이며, 그의 유명한 가잘은 사랑하는 손님과의 만남의 장소로서의 마음이라는 이슬람의 핵심 개념을 탐구하는 것이었다. 하피즈는 이렇게 독자들에게 표현한다. "만약 신이 당신을 잔치에 초대하고, '오늘 밤 무도회장에 있는 모든 사람들이 나의 특별한 손님이 될 것이다'라고 말했다면, 당신이 거기 도착했을 때 당신은 그들을 어떻게 대하겠는가?"[30] 즉, 우리 모두가 이 지상에서 신의 손님이라면 우리가 서로 어떻게 처신해야 하며 누가 우리의 주인인지 어떻게 알 수 있는가? 하피즈가 제안하기를, 신은 '손님'으로 위장하여 우리에게 다가옴으로써, 우리가 그를 연인처럼 대접하도록 우리를 초대하여 환대를 가르치는, 사랑하는 주인들 중의 주인이다. 따라서 이방인 앞에 섰을 때의 공포감은 우리가 사향musk, 음악, 포도주, 춤으로 가득 찬 야밤의 잔치에서 만나는 새로운 사랑에 매혹되는 것으로 번역되기에 이른다. 타인의 집을 방문하고, 손님 역할을 맡음으로써, 우리는 타인에 대한 환대의 정제refinement와 주의의 기예art를 배운다. 하피즈는 "위대한 음악가의 집을 방문하는 손님에게는 무슨 일이 일어나는가"라고 묻는다. 그리고 이렇게 답한다. "당연히, 그의 취향은 정제될 것이다."[31] 이 맥락에서, 정제됨은 환영의 기예로 인해 도야되는 것으로, 낯설고 기이한 정체성을 가진 외인과 새로 들어온 이를 대담하게 포용하는 것을 의미한다. 그래서 하피즈는 이방인을 만나면서 그의 이력이나 충성심 따위는 묻지 말라고 우리에게 권면한다. 그는 오히려 신뢰의 나래를 펴라고 말한다. "오, 친애하는 이여, 우리가 어때 보이는지 묻지 말고 이방인이 되어 동지의 이야기를 묻지도 말게나."[32]

하피즈의 세계에서 신은 손님과 주인의 역할을 다양하게 감당하고 우리도 똑같이 그렇게 하도록 초청한다. 그리고 만일 신이 여러 다양한 사람들을 기념하기 위해 자기 집에 그들을 초대했다면, "우리는 그들의 놀이가 아무리 이상해도 그들을 존중해야 한다."[33] 우리는 때로 누가 신적 연인이고 누가 인간인지 알 수 없을지도 모른다. 누가 친구이고 누가 사기꾼인지도 모를 수 있다. 사랑의 놀이에는 언제나 위험이 따른다. 그리고 신적 연인은 우리가 그를 필요로 하는 만큼 우리를 필요로 하는 것처럼 보인다. 하피즈의 신은 자신의 피조물을 부르고 구애하면서 오고 가는 "항해하는 친구"이다. "신은 당신과 사랑을 나누었고 우주 전체가 당신의 뱃속에inside belly 싹트고 있다."[34] 신은 손님과 이방인, 주는 이와 받는 이, 사랑하는 자와 사랑받는 자의 역할을 서로에게 끝없이 교환시킴으로써 인간 사이의 사랑으로 자신의 욕망을 완전히 채운다. 하피즈의 신비한 시의 세계에서 성스러운 것과 속된 것은 서로 조화를 이룬다. 그는 매번 더 놀랍고도 기발한 상징으로 그것을 번역해내면서, 자신의 마음이 영광스런 목소리 가운데 하나가 되기까지 꾸란을 마음에 새겼다. 이것이 바로 계율을 넘어서는, 가장 대담하고도 상상력 가득한 이슬람교의 해석학이다.[35]

두 번째 시인 카비르 다스는 인도 북부의 이슬람 가운데 자란 15세기의 선각자였다. 그의 삶과 업적은 바크티bhakti와 수피Sufi의 실천 정신 안으로 이슬람교와 힌두교 신앙의 가장 유망한 양상으로 여겨지는 것들을 한데 모아냈다. 카비르는 "이중 종교 소속"을 가진 예언자로, 자기 시대에 자신의 모국 인도 전역에 널리 알려지게 되는 유명한 시를 창작했다. 그는 혼종적 언어를 사용했는데, 이는 신을 경험하는 데 방해가 되는 것을 무너뜨리는 글쓰기였다. 이것은 하피즈, 루미, 카비르와 같은 수피 시인들이 전문적인 학자나 철학자들과는 다르게, 전 세계 수백만 이슬람교도들에게 널리 알려지게 된 이유이고, 결혼식, 장례식, 그리고 축제에서 그들의 시가 널리 암송되었다는 것은 매우 중요한 사실이다. 이들의 꾸란에 관한 노래는 공식적인 이데올로기(문자주의자나 근본주의자) 아래서나 그 너머에서 활동하며 살아 숨쉬는 종교적 상상의 일부였다. 이 시인들 중 몇몇은 종교재판에 소환되었고, 그들의 고유한 상상력 탓에 처형되고 말았다. 하지만 그들은 오늘날까지도 대중적인 이슬람 문화 속에 살아 숨쉬고 있다.

카비르와 그의 동료이고 친구인 신비주의 시인 미라바이Mirabai는 종교적 종파의 편협함을 비난하고 단순성, 진실함, 그리고 사랑 안에서 신을 찾도록 사람들을 안내했다. 실제로 카비르는 자신을 "알라-라마의 자식"child of Allah-Rama이라고 묘사했는데, 이 말은 이름을 가지지 않는 같은 신을 두 가지 다른 이름의 신성으로 표현한 것이다. 흥미롭게도 카비르는 자주 신을 문 앞에 선 이방인으로, 멀리서 찾아온 뜻밖의 방문자로, 머리 둘 곳이 없는 이주민 애인으로 지칭한다. 그는 타자성을 가로질러가는 것이 영적 용기의 가장 확실한 표시 중 하나라고 생각한다. 카비르는 "세상에 만족스러운 것이 하나 있다"고 하면서, "그것은 손님과 만나는 것이다"라고 말한다. 우리 일상 한가운데 신적인 손님을 환영하는 것, 바로 이것이 카비르의 일관된 창작 주제로서, 이 주제를 통해 그는 교리의 제약과 결여를 넘어서도록 유도한다.

나는 신전의 종을 울리지 않는다.
나는 그 우상을 보좌에 앉히지 않는다.
옷을 벗고
감각을 죽여라, 너는 주님을 기쁘게 하지 못한다.
친절하고 의를 실천하는 이
지구상의 모든 피조물을 자기 것으로 여기는 이는
불멸의 존재를 획득하며
참된 신이 언제나 그와 함께할 것이다.[36]

수피 이슬람 문화에 익숙한 카비르는 종교간 귀속성으로 가는 문을 활짝 열어젖혔다.

신이 사원에 계시다면 이 세상은 누구에게 속하는가?
만약 라마가 당신이 순례길에서 찾은 이미지 안에 있다면,
그렇다면, 무슨 일이 일어날지 누가 알겠소?
하리는 동쪽에 있고, 알라는 서쪽에 있다.

당신 마음속을 들여다보라
거기서 당신은 카림과 람을 모두 찾을 것이다.
세상의 모든 남녀에게는
그의 삶의 양식이 있다.
카비르는 알라와 라마의 자식이다.

전설은 그의 죽음에 대해 말해 준다. 힌두교와 이슬람 종파가 그의 시신을 경쟁적으로 자신들의 장례식에 모시기 위해 달려들었을 때, 그들은 장막 아래 아무것도 없다는 것을 발견한다. 자스민 침대만 덩그러니 있을 뿐이었다.[37]

우리는 세 아브라함 종교가 신적 이방인에 대한 인간의 응답 속에 내재한 기본적인 양면성을 어떤 식으로 드러내는지 살펴보았다. 당신은 외인을 자신을 위협하는 적으로 간주하여 죽일 수도 있고 최초의 공포를 극복하고 환영의 몸짓으로 응답할 수도 있다. 서양 종교는 이것이냐/저것이냐의 역사이며, 그 역사의 장면 대부분은 양자 모두에 대한 증거를 제공한다. 이것이 바로 오늘날까지 종교가 해석들의 싸움터에 남겨진 이유다. 태초에 말씀이 있었다. 이 말은 태초에 해석학이 있었음을 의미한다. 에밀 벵베니스트는 적대와 환대라는 용어의 공통 어원을 분석하면서 이방인에 대한 이 시원적 양가성의 드라마를 인식한다. 라틴어에서는 hostic와 hospes 모두 '손님'을 가리킨다. 우선 hostis는 적 또는 주인, 적대자 또는 손님을 모두 의미할 수 있다. 벵베니스트는 이 말의 인도-유럽 계보를 참조하면서 다음과 같이 설명한다. "hostis가 의미하는 원래 개념은 보상에 의한 평등의 개념이다. 즉 그것은 내가 선물한 대가로 그 반대급부를 통해 보상하는 사람이다.

그래서 그것은 고트어의 대응어 gasts처럼 한때는 손님을 가리켰다. '적'의 고전적 의미는, 종족들 간의 호혜적 관계가 civitas 대 civitas의 배타적 관계로 바뀌었을 때 발전했음이 틀림없다(그리스어 xenos, '손님' — '이방인' 참조)."[38] 벵베니스트에 의하면, 이렇게 해서 "hostis라는 말은 적대적 뉘앙스를 띠게 되었다."[39] 이와 관련한 라틴어 hospes라는 말은 또한 주인과 손님을 모두 가리키는 양의성을 가지고 있다. 즉, 그것은 받아들이거나 받아들이기는 거부하는 주인, 손님으로서의 이방인을 모두 가리킨다. 이 말은 "손님"과 "주인"의 합성 요소인 hosti-pet-s으로 구성되어 있는데, hospes란 문자 그대로 "손님-주인"Guest-Master을 의미한다. pet 또는 pot라는 어근은 차례로 힘과 지배potestas 내지 능력과 잠재력potest이라는 의미를 전달한다. 그래서 hospes란 집demipot이나 자신의 동일성pats을 지배하는 자를 뜻할 수 있다. 그러나 이 말은 또한 "할 수 있는" 자, 곧 차이, 타자성을 수용하는 일, 집으로 이방인을 수용하는 일을 "할 수 있는" 자를 뜻하기도 한다. 또한 "받아들이는 자"는, 벵베니스트가 연구한 바에 따르면, "자기 집의 주인인 자가 아니다."[40] hostis 및 hospes, 이 어근에 담긴 이 풍부한 양가성을 기반으로 삼아, 벵베니스트는 '손님'과 '적'의 연관성이 '이방인'에서 파생되고, 그 의미가 여전히 라틴어에서 입증되고 있다는 결론을 내린다. 그에 따르면, "호의적인 이방인"이라는 개념이 "손님"으로, "적대적인 이방인"이라는 개념이 "적"으로 발전했다.[41]

릴케는 『두이노 비가』에서 "모든 천사는 무시무시하다"고 말하는데, 이는 우리가 천사에 대해 어떻게 반응하느냐는 문제는 우리의 결의에 달려 있다는 말이다. 우리는 많은 종교에서, 거룩한 것은 무섭지만 강렬한 사건으로, "매혹적이면서 두려운"fascinans et tremendum 것으로 경험된다고 들어왔다.[42] 처음부터 종교는 폭력 또는 공감, 대량학살 또는 정의, 타나토스 또는 에로스에 대한 이중적 이야기를 들려준다. 이런 것들은 또한 종종 동시적으로 일어난다.

내가 제안하는 도전은 죽음과 생명의 천사들과 씨름하는 가운데 어두운 밤의 압박을 탄생성의 약속으로 바꾸는 것이다. 그러나 미지의 밤이 지나간 후, 그 옛날 주인으로서의 신들을 단념한 후, 두 번째 도래할 빛으로, 두 번째 신앙으로 돌아가려면, 우리는 먼저 어둠을 건너야 한다. 그리고 우리 시대에 이 일을 시행하기 위해서는 비판적이고 우상파괴적인 무신론에 다같이 가담해야 한다. 강력한 무신론적 비판을 통해 드러나는 종교의 살인 잠재력을 오롯이 인식하지 못하면, 어떻게 해야 사막에서 온 이방인을 비방하며 배제하고 망각하지 않고 포용하는 데 이를 수 있을까? 이것이 내가 개방적 무신론을 무-신론[유신론-벗어나기]a-theism, 즉 유익한 소외의 순간으로 이해하고, 신에게 대항하면서contre-dieu, [다시] 신-에게로à-dieu 가기 위한 출발점으로 이해하는 이유이다. 곧 그런 무신론이 신 너머의 신God beyond God, 미래로부터 우리에게 돌아올지도 모를 신에게 귀환할 가능성을 열 수 있다.[43] 이러한 무-신론[유신론-벗어나기]를 실천할 수 없다면 우리는 재-신론이라는 선택지를 갖지 못할 것이다. (만일 꼭 필요하다고 말할 수 없다면) 최소한 전자는 후자를 위한 가능성의 조건이다.

2장 내기를 걸며 : 5중의 운동

다섯 가지 순간

종교간 번역

통치자에서 종으로 : 무력함의 힘

인생의 문을 두드리는 위대한 순간은

종종 심장 박동보다 그 소리가 크지 않아 놓치기 쉽다.

파스테르나크, 『올가에게 보내는 편지』

다섯 가지 순간

내가 기술하려고 하는 재신론의 내기는 상상imagination, 유머humor, 헌신commitment, 분별discernment, 환대hospitality라는 다섯 가지 주요 구성 요소를 가지고 있다. 엄밀히 말하자면, 차례대로 다섯 가지를 언급하겠지만, 이것들은 시간적으로 분리된 다섯 차례의 순간을 구성하는 것이 아니라, 하나의 해석학적 호hermeneutic acr에 속해 있는 동일근원적 양상이다. 내기들은 한순간에, 동시다발적으로 일어난다. 다만 이것들은 다층적 운동의 후광에 둘러싸인 복합적인 것이다. 그리고 우리는 이 운동에 선행하는 것들, 그리고 뒤따라 일어나는 많은 것들이 있음을 살펴볼 것이다.

상상

선택할 자유가 없으면 내기를 걸 수도 없다. 이러한 선택은 같은 사람에게서 다른 가능성을 상상하고, 우리 앞에 있는 타인을 환영받거나 거절당할 이방인으로as 보는 우리의 능력을 전제로 한다. 이방인에 대한 이러한 원초적 개방성은 우리의 지각이 이미 해석학적인 "~으로 봄"seeing as임을 의미한다. 처음부터, 그것은 어떤 이론적 반성에 앞서 우리의 신체적 반응bodily response, 감정emotion, 정서affection 등에 기입된 해석이다. 두려움이나 환영으로 반응하는 것 — 수태고지에서의 마리아나 천사와 씨름하는 야곱에 대한 유명한 그림에서 극화되었듯이 — 은 최초의 상상의 움직임을 암시한다. 실제로 믿음의 행위 — 불가능성의 가능성에 대한 믿음, 불가능한 것을 넘어선 가능성에 대한 믿음 — 는 이러한 즉각적인 상상적 반응이 없이는 구상조차 해볼 수 없는 것이다. 이슬람의 현자, 이븐 아라비의 표현대로, 신의 천사들은 언제나 맨 먼저

"상상"을 통해서, "내면의 보이지 않는 의미ma na"가 나타나는sura 형태로, 우리에게 보여진다. 그리고 많은 위대한 신비주의자들이 지적했듯이, 봄visions과 방문visitations을 묘사할 때, 상상력은 정신적 세계와 신체적 세계 사이의 가교 역할을 하는 "신의 신부"이다. "반성은 상상과 더불어 시작한다. … 천사는 자신을 인간으로 혹은 지각되는 한 인격으로 상상화한다takhayyul. … 천사는 예언자의 귀에 주의 말씀을 던지니, 이것이 곧 계시다."[1] 상상이 없다면 다가오는 이방인에게 눈과 귀를 열 수 없다. 여기서 이븐 아라비의 표현으로, 신의 구혼자는 다음과 같이 묘사된다.

> 친애하는 그대에게,
> 나는 그대를 자주 불렀는데, 그대는 내 말을 듣지 못했습니다.
> 나는 그대에게 자주 내 모습을 보여주었는데 그대는 나를 보지 못했습니다.
> 나는 내 몸에서 자주 향기를 뿜었는데도, 그대는 내 향기를 맡지 않았습니다.
> 풍미 넘치는 음식 맛을 봐달라고 하지도 않았고요.
> 왜 그대가 만지는 물건을 통해 그대는 내게 오지 않는 것일까요?
> 아니면 달콤한 향기를 통해 나를 느끼지도 못하는 것인가요?
> 왜 날 보지 못하나요? 왜 내 말을 듣지 못하나요?
> 왜? 왜? 왜?
>
> — 이븐 아라비, 『신의 에피파니』

신의 부름과 인간의 응답을 상상하는 이 최초의 순간은 또한 홉킨스와 릴케에서부터 샤갈과 루오에 이르는 현대 예술가들이 에피파니를 포착해낼 때 뚜렷하게 나타난다. 실제로 대부분의 위대한 종교 예술 작품들은 그러한 상상적 소환에 대한 반응으로 간주될 수 있다. 그리고 아마도 이것이 도스토옙스키가 『백치』에서 "오직 아름다움만이 세상을 구할 수 있다"고 한 말의 의미일지도 모른다. 나는 4장과 5장에서 성사의 미학을 탐구하면서 이 물음으로 돌아갈 것이다.

상상의 원초적 순간은 윤리에서도 결정적인 것이다. 상상이 없으면 자기와 타자 사이의 공감empathy도 없기 때문이다. 타자를 타자로 상상하는 것은 자기가 주인이 되고 이방인이 손님이 될 수 있게 하는 것이다. 에디트 슈타인이 우리에게 상기시켜 주듯이, 공감이란 "외부 의식에 대한 경험"이다. 타자로 인해 나에게 주어지는 것은 바로 그 주어짐 자체에서 나에게 외부적인 것으로 남겨진다는 점에서 "비원초적인 것에 관한 원초적 경험"이다. 그것은 결코 충만하게 나 자신이 되는 것이 아니라, 나 자신 안의 한 타자 및 나 자신에 대해 한 타자가 될 뿐이다. 따라서 틈은 항상 남아 있고, 그런 만큼 내 앞에 있는 이방인의 환원할 수 없는 초월과 타자성에 응답하기 위한 상상력이 요구된다. 그 과정에서 나는 방문자를 손님(자기 자신으로서의 타자)으로 받아들이는 주인(타자로서의 자기 자신)으로 변형된다. 하지만 언제나, 은혜로운 상상의 작용으로는, 이방인이 결코 총체적인 의미에서 또는 충전적인 의미에서 내 경험의 언어로 '실재적으로(현실적으로)' 번역될 수 없다. 나는 타자'로서의'as 타자를 (은유적으로) 상상함으로써, 또는 타자가 (허구적으로) '마치' 나로서 존재한 것'처럼'as if 그렇게 상상함으로써 타자를 맞이한다. 공감은 유비를 통해서만 작동할 수 있다. 왜냐하면 공감이 동감sympathy이 되기 위해서, 즉, 마치 내가 타자가 된 것처럼 타자와 같은 감정을 느끼기 위해서는 상상의 작용이 요구되기 때문이다. 우리가 그들같이 존재하기를 상상할 수 없다면, 우리는 이방인을 살해할 수 있을 뿐이다. '~같이'like라는 것은 유사성과 차이를 모두 지니고 있다. 요컨대, 상상 속에서, 나는 이방인이기도 하고 아니기도 하다. 그리고 이것은 다시 능동적 행위와 수동적 겪음의 이중 운동과 관련한다. 나는 이방인의 호출과 고통을 수동적으로 추정하면서 이방인같이 존재하는 것이 무엇인지를 능동적으로 상상한다.[2] 이 문제는 다섯 번째 주제인 환대를 다루며 이 요점으로 돌아올 것이다.

유머

이 두 번째 운동은 때때로 공식적 종교 교리에서 간과된다. 그런 교리에서 독실한 체하는 칙칙한 외식 행위는 내기에 대한 중대한 인간적 반응을 가릴 수도 있다. 유머에 대해, 나는 여기서 그것을 다음과 같이 대립적 요소들을 마주하게 하고 구성하는 능력으로 본다. 유머는 불가능한 것처럼 보이는 것을 동시에 가능한 것처럼 보는 것이다. 불임이었던 사라는 장막으로 들어가는 입구에서 아이를 가지게 될 것이라는 말을 들으면서 웃는다. 마찬가지로 마리아가 조용한 침실에서 "아멘"으로 답한 것은 다음과 같은 것을 의미한다. 잉태할 수 없는 것을 잉태하게, 자궁의 열매로 담아낼 수 없는 것을 담아내게 하라chora achoraton! 유머는 베르그손이 우리에게 상기시켜 주듯이, 수수께끼, 모순, 그리고 역설에 대한 창조적인 반응이다. 땅에 발을 딛고 있는 인간 경험의 현세적 한계를 겸허하게 인정하는 유머는 움켜잡을 수 없는 타인과 우리의 관계를 신곡divine comedy으로 만든다. 라틴어 어근 humus가 우리에게 상기시켜두듯이, 유머, 겸손, 그리고 인간성은 공통의 원천을 공유한다.

먼저 그리스도교 성서에 초점을 맞추면, 우리는 예수가 (그녀에게 다섯 남편이 있는데 그 가운데 다섯 번째 남편에 대해서는 거짓을 말하고 있음을 지적하면서) 우물가에서 만난 사마리아 여인과의 장난어린 대화를 나눈 것, 가나의 결혼 잔치를 축하하기 위해 물을 포도주로 바꾼 것, 그리고 그의 제자들에게 자신의 정체를 자주 들먹이는 것 등을 떠올릴 수 있을 것이고 — "너는 나를 누구라 하느냐?" 이는 출애굽기 3장 15절을 반향한다 — 또는 그의 사후 갈릴리 호숫가에서 제자들이 알아볼 수도 없게 요리사로 그들을 방문한 것도 생각해볼 수 있는데, 그때 그가 "와서 아침을 먹으라"[3]고 한 것은 사도들이 부활한 메시아로부터 기대했던 첫마디 말이 아니었다! 복음서 전반에 걸쳐 되풀이되는 여러 가지 희극적 역전, 말장난, 난해 구절 등은 더 말할 것도 없다. 처음이 나중이 되고, 산이 움직이고, 겨자씨로 일어나는 왕국, 부자와 바늘귀에 대한 이야기 등이 그런 것들이다.

예수가 자신의 삶에 대해 하는 이야기 자체가 신곡인데, 키에르케고어가 내세운 "가명 저자"처럼, 대체로 생동감 넘치는 것이었다. 이는 현전 속에 사라지며 부재 속에 다시 나타나는, 거기 있으면서 거기 존재하지 않는(나를 만지지 마라Noli me tangere) 거룩한 광대Holy Fool의 드라마다. 예수는 자신의 역사적 현존에 앞서 존재함("아브라함보다도 내가 먼저 있었다")과 동시에 역사적 현존을 넘어 살아간다("보혜사가 오기 위해서는 내가 떠나야만 한다").[4] 또 예수는 인간으로서, 신으로서, 가면을 쓴 채 익명적으로, 가장 작은 자로 위장해서 오는 자로 존재하는데, 이런 이방인의 희극적 감각은 이슬람의 위대한 수피 시인들에 의해 유쾌한 방식으로 다시 환기된다. 곧 숨바꼭질 같은 신의 방문으로 말이다. 실제로 하피즈의 가장 유명한 가잘ghazal 중 하나에는 「나는 신이 웃으시는 것을 들었다」는 제목이 달려 있으며,[5] 하피즈의 찬란한 시들은 시인이 그가 사랑하는 신과 농담을 하는 사건들로 가득 차 있다. 여기서 우리는 메시아적 반전에 관한 하시디즘[6]과 랍비의 흥미롭고도 놀라운 이야기, 이를테면 로마의 문 앞에서 메시아에게 다가가 어깨를 툭툭 치며 그에게 "언제 오실 거요?"라고 묻는 걸인의 이야기 같은 것을 찾아볼 수 있다. 익숙한 역사의 연속성을 붕괴시키며 과거와 미래를 전복시키는 메시아적 시기는 신곡과도 같은 것이다.

이런 특별한 의미에서 유머는 신적 이방인이 머리에 후광처럼 달고 다니는 의미의 초과 앞에 섰을 때 나오는 깊은 겸손이다. 그 이방인은 공인된 인식의 한계를 뛰어넘어, '더 많은' 어떤 것을 찾도록 필멸하는 우리를 우리 지상의 공유지로 다시 불러들인다. 가장 높은 자가 가장 낮은 자로, 지배자가 종으로, 모든 것이 성스러운 타자성의 논리 속에서 뒤집힌다. 당신은 웃기도 하고 또 울기도 한다. 유머는 우리가 철저하게 변함없이 지상의 피조물humus임을 상기시킨다. 유한, 필멸, 탄생. 우리는 사라처럼 신을 볼 때 웃는다. 왜냐하면 우리는 신적 과잉에 직면하는 일시적 존재들이기 때문이다. 참된 신비주의자들과 성인들은 종종 유머에 주목했다고 전해진다. 에크하르트는 이렇게 말했다. "신이 나에게 농담을 하셨고 웃는 그를 보면서 성서 그 이상의 것을 배웠다." 그런데 최고 종교 재판관들과 대심문관들은 실존의 신성한 희극에 웃어줄 능력을 가지지 못한 자들이다.

우리는 어떤 것을 알 수 없을 때도 웃거나 운다. 이것이 『사막 교부 금언집』에 나오는 4세기 이집트 수도자가 기록해놓은 무지의 겸손이다. "진정 요셉 아빠스만이 바른 길을 찾을 찾았습니다. 왜냐하면 그는 모른다고 대답했기 때문입니다."[7]

헌신

세 번째 내기의 운동은 헌신이다. 이방인에 대한 우리의 응답은 이미 결의이다. 우리는 선택하고, 약속하며, 다음과 같이 말한다. 내가 여기에 서 있다. 혹은 내가 여기에 서 있지 않다. 선택에 반하는 상상과 유머의 개방성은 선택의 순간에 동시적으로 수반된다. (그 선택에 어떤 여지가 없다고 하더라도, 미결상태로 둔다고 하더라도 그것은 여전히 선택이다. 곧 선택하지 않는 것을 선택하는 것이다). 이것은 아브라함, 모세, 예언자들이 삶의 전환기에 바라본 "내가 여기 있습니다"Hineni의 순간이다. 그 순간은 예수가 겟세마네에서 불안해하며 애매한 말("이 잔을 지나가게 하소서")을 던진 후, 그리고 십자가상에서 신앙을 잃어버린("왜 나를 버리십니까?") 후, 이렇게 두 번째 신앙의 내기로 되돌아오는 순간이다. "내 영혼을 당신께 맡기나이다." 그것은 메카의 동굴에서 무함마드가 그에게 입술을 벌리고 대답하라고 명령하는 이슬람의 목소리에 예라고 답하는 순간이다. 요컨대, 우리는 여기서 진리를 모름에도 진리를 행하는 진리의 순간 – 충성troth – 을 말하고 있다. 아우구스티누스의 표현대로 그것은 진리를 행하는 것이다Facere veritatem[8]. 올바른 실천orthopraxis이 올바른 가르침orthodoxy에 앞선다. 신뢰가 이론에 앞선다. 행위가 추상에 앞선다.

약혼betrothal이라는 의미에서 헌신은, 비록 배타적이지는 않지만, 주로 실존적 회심metanoia의 문제를 진리로 형성해내는 내기의 움직임이다. 이러한 신뢰로서의 수행적 진리는 촉각적이고 증언적인 약속에 기입된다. (물론 이 또한 해석학이긴 하지만) 레싱이 지적한 바와 같이 신의 오른손에 진리가 있고, 그 왼손에 진리를 향한 분투가 있다면 우리는 왼편을 선택해야 한다. 재신론적 내기에서, 진리는 약혼으로서 가능해진다.

분별

내기의 이 네 번째 양상은 다른 양상에 뒤따르는 것이 아니라 그것들과 동시에 존재한다. 예를 들어 분별하지 않고서는 어떤 헌신도 있을 수 없고, 그 역도 마찬가지다. 하지만 반복해서 말하건대, 이 분별의 내기는 가장 정서적이고 선개념적인 차원에서 일어날 수 있는 내기다. 바로 이것이 맹목적인 신앙의 도약과 지혜로운 신앙 사이를 구별하는 지점이다. 응답이라는 내기는 비이성적이지 않다. 그것은 리쾨르가 우리에게 상기시켜 주듯이, 해석학적으로 깨어 있으면서 경계를 서는 것이다. 이것은 모든 봄이 ~로서 보는 것, 곧 이방인을 이 또는 저 타자로, 사랑 또는 증오로, 삶 또는 죽음으로 읽어낸다는 것을 의미한다. 물론 이것은 쉬운 문제가 아닌데, 이런 이유로 키에르케고어가 신앙은 (만약 너무나도 성급하게 부조리하다는 말을 첨가한다면) "공포와 전율"의 경험이라고 말한 것은 옳다. 타자의 얼굴을 읽어내는 것은 어렵고, 종종 방향을 잃게 만드는 곤혹스러운 것이기도 하지만, 절대 완전히 불가능한 것은 아니다. 만일 불가능하다면, 신적인 것과의 모든 만남은 서로 모르는 사람끼리의 만남 같은 것이 될 것이다. 그러나 재신론적 관점은 이방인이 어둠 속에서 나타나더라도 우리가 정신을 바짝 차리고eyes wide open 그 또는 그녀를 받아들인다는 점을 암시한다. 우리가 거룩한 것을 감지할 때 우리는 겸손하게 타인의 수수께끼에 우리 자신을 개방하고 헌신한다. 이것이 바로 우리가 항상 이미 '영들을 분별하고' 있는 이유이다. 우리는 이냐시오가 이해하고 있었던 것처럼, 단지 그들이 타자이기 때문에 동의하는 것도, 어떤 종류의 타인이라도 다 동의하는 것도 아니다. 또한 이것은 우리가 키에르케고어와 신앙주의자들만이 아니라 "모든 타자는 모든 타자다[모든 타자는 모두 다르다]"tout autre est tout autre고 한 데리다와 해체구성론자들을 문제시하는 지점이다.

모든 이방인이 신적인 것은 아니다. 살인을 저지르는 자도 있고 생명을 가져오는 자도 있다. 사랑을 하는 타자가 있고, 거짓을 말하는 타자도 있다. 문을 두드리는 이는 우리를 축제에 초대하는 (주인으로서의) 주인Lord일 수 있고, 우리 집에 들어오려는 (손님으로서의) 주인Lord일 수도 있다. 하지만 문을 두드리는 이는 정신병에 걸린 살인자, 고문 기술자, 사랑하는 자에게 성폭행을 일삼는 강간범일 수도 있다. (데리다도 이와 같은 것을 인정하지만 그는 우리가 이런 종류의 타자와 이와 다른 유의 어떤 타자 사이의 차이를 알 길이 없다고 말한다.[9]) 어떤 타자들은 평화를 가져오는 반면, 다른 타자들은 신이 자기들 편이라고 주장하며 십자군 전쟁, 집단학살, 대량학살을 가져온다. 이런 예는 무시할 수 없을 정도로 너무 많다. 우리 인간이 접근하는 모든 타자에게 무조건적이거나 무차별적인 환영을 할 수 있다고 가정하면서 순진한 태도를 취할 수만은 없다. (아마도 이런 것은 신의 특권이 아닐까? 하지만 우리는 신이 아니다.)

만약 아브라함, 예수, 그리고 무함마드가 생명을 건 타인의 말을 들은 이들이었다면, 역사상 그 반대로, 즉 죄 없는 무고한 사람들이 신의 이름으로 살해되는 목소리가 들려오는 수많은 사례가 있다. 그리고 우리가 본 것처럼 가장 거룩한 것조차도 항상 거기서 예외가 되는 것도 아니다. 이미 아브라함과 관련해서, 아들을 죽이라는 목소리와 그에게 살려달라고 애원하는 목소리가 있었다. 그는 이를 분별하여 현명한 선택을 했고, 죽음보다는 사랑을 택했다. 그는 이삭을 선물로 받았다. 예수는 타인을 섬기도록 자신의 삶을 바치라고 하는 목소리와 군중을 지배하는 신이 되라고 하는 또 다른 목소리를 (광야에서) 들었다. 그는 분별하여 현명한 선택을 해냈고, 권력보다 사랑을 택하여 병자를 고치고, 친구의 발을 씻기고, 빵을 떼어 주었다. 그리고 예수가 외인인 수로보니게Phoenician 여인을 부스러기를 기다리는 개와 비교하고 싶은 유혹을 느꼈을 바로 그 순간에도, 이스라엘의 거룩한 이방인인 그는 이 가장 소외된 존재로부터 보잘것없는 외인이 지닌 참된 신앙을 배웠다고 인정한다. 예수와 수로보니게 외인은 주인과 손님의 역할을 교환했다. 예수는 "무리들 중 가장 작은 자"로부터 무언가를 배울 준비가 되어 있었다. 그는 베드로를 책망하면서 항상 "깨어 있으라"(마르코의 복음서 14 : 38)고 했다. 깨어있음gregoresai이라는 용어는 잠에서 깨어 방심하지 않고 경계한다는 뜻이다. 그는 "깨어 기도하라"gregoreite kai proseuchesthe고 촉구한다. 왜냐하면 기도는 타자성에 주의를 기울이는 것이기 때문이다.

그리고 거룩한 이들, 예언자들, 성인들의 삶을 거쳐 가보자. "조그맣고 가느다란 목소리"가 속삭이는 그때 — 종종 한밤중, 동굴 깊은 곳에서, 거룩한 무지의 순간에 — 언제나 분별이 형성된다. 또한 그러한 분별은 종종 한순간에, 신체를 통해, 눈과 귀를 통해, 마리아에 관한 보티첼리의 그림에서 보듯이, 뒤로 물러서다가 동의함으로 이행하는 모습을 보여준다. 앞서 언급한 바와 같이 마리아는 가브리엘을 만났을 때 "몹시 당황하며 곰곰이 생각했다."dietarachte kai dialogizeto. 분별은 확실히 반성적 인식의 평가에 관한 문제가 되기 전에 타인의 갑작스런 도래에 대한 선반성적인 육적carnal 반응의 문제가 된다. 신체는 이미 이방인을 가로지르며 말을 나누는dia-logue '숙고함'이다.

해석학은 하강한다. 그것은 우리의 신경 끝자락, 장기, 감각에서 시작된다. 하이데거와 현상학자들이 지적한 바와 같이 두려움과 사랑, 불안과 경이로움 등 우리의 가장 기초적인 실존적 기분 자체가 이미 다음과 같은 선술어적 해석 방식이다. 그것들은 ~로서의 이해의 기본 구조를 따른다. 셸러가 느낌feeling을 심원한 가치에 대한 지향적 반응으로 특징지었던 것처럼, 사르트르는 감정을 "하나의 목적을 향한 구조적인 의미"라고 정의했다. 이어서 메를로-퐁티는 "지각은 이미 양식화되어 있다"고 하면서, 모든 신체 기능은 그것만의 판명한 상징체계를 가지고 있다고 주장한다. 프로이트가 『꿈의 해석』에서 보여주었던 것처럼, 우리의 무의식적 꿈(밤의 가장 어두운 시간 속에 펼쳐지는 것)조차도 이미 수수께끼같은 세계에 반응하는 방법이다. 비록 우리가 아직 인지적으로 그것을 인식하지 못하더라도, 타인에게 응답하는 것은 언제나 이미 선택하고 해석하는 문제다. 그렇기 때문에 이방인에 대한 인식은 언제나 재-인식의 문제다.

그런데 나는 다음과 같이 반복해서 말한다. 문제는 복잡하다. 앞서도 살펴보았듯이, 역사는 현명한 선택 혹은 좋은 선택을 하지 않은 많은 사람들에 대해 말한다. 그들은 악랄한 잔학행위를 추진하기 위해 신의 목소리를 소환했다. 심지어 소위 문명화된 시대에서의 끔찍한 행위들도 신의 목소리를 듣는다고 주장하는 미친 사람들에 의해 수행되었다. 짐 존스, 데이비드 코레쉬, 찰스 맨슨, 오사마 빈 라덴 등 그 명단은 계속 이어진다. 그리고 슈레버Schreber가 프로이트에게 자신의 존재에 어떻게 신이 침투했는지를 정신병과 관련해서 설명한 유명한 내용도 일견 '외계인 납치'에 대한 수많은 대중적 묘사와 그리 다르지 않으며, 실제로 더 흥미로운 것은, 아빌라의 데레사의 개인적인 증언에 나오는 신비적 '황홀경'에 이르러서도 크게 다르지 않다. 이것이 바로 거룩한 목소리를 듣거나 신적 에로스의 거룩한 방문이 있었다고 주장하는 수많은 위대한 성자와 신비주의자들에게 섬세하게 훈련된 분별 기준을 요구한 이유이다. 그 가운데서 가장 중요한 것은 동감을 불러일으키는 신적 방문자와 혼란을 가져오는 가면을 쓴 자 사이의 구별이다.[10] 분별의 드라마는 가장 기초적인 육의 차원에서 시작하고 동시에 상상력, 헌신, (최초의 오류와 오독으로부터 무언가를 배우는 지혜를 포함하는) 겸손의 움직임을 수반하는 강렬한 주의 작용에 연루되는 것이다. 체화된 선반성embodied prereflection에서 비판적 반성으로까지 확장되는 이러한 다층화된 해석학적 드라마는 재신론적 내기와 분리될 수 없다.

환대

재신론적 내기의 이 마지막 순간은 사실 처음부터 존재하는 것으로서 다른 네 가지 순간과 나란히 나타난다. 주장한 대로, 재신론자의 내기에 분별이 필수적이라면, 이것은 지식이 사랑을 능가한다는 것을 의미하지 않는다. 기껏해야, 이방인에 대한 사랑은 우리가 절대자에 대한 절대지를 결코 갖지 못한다는 것을 알고 있는 와중에 나타나는 '이해를 추구하는 신앙'fides quaerens intellectum의 형태를 취한다. (달리 생각해보면, 절대지는 헤겔이나 극단적 이성주의자들hyperrationalists에게서 보여지듯, 지식과 정치를 총체화할 위험이 있다). 손님에 대한 주인의 사랑은 항상 지식보다 앞서고, 지식을 초과한다. 실제로, 셸러가 『사랑과 지식』에서 지적하듯이, 서양 형이상학의 빈번한 오류는 사랑과 에로스를 모든 지식의 목적이라기보다 수단으로 보는 것이었다.[11] 물론 환대에 있어서 지식의 역할은 복잡하다. 우리가 이방인의 얼굴 앞에서 분별의 내기를 걸 때, 우리는 언제나 실수할 위험과 잘못을 저지를 위험을 감수한다. 그러나 그러한 위험은 근거 없는 것이 아니다. 연민과 정의로서의 사랑은 수위를 나타내는 표지에 불과하다. 목마른 자에게 물을 주는 자와 주지 않는 자, 치유하는 자와 상해를 입히는 자, 주인이 되는 자와 문을 닫아버리는 자 사이에는 분별 가능한 차이가 있다. 물론 때로는 절반만 열린 문틈으로 무언가를 내다볼 때처럼, 환대와 적대의 차이를 충분히 이해하기란 어려운 일이다.

그러나 은혜로운 주인 역할을 할 수 있는 능력은 이방인들만을 분별하는 문제가 아니다. 그것은 또한 자기들selves 사이를 분별하는 일이기도 하다.[12] 리쾨르의 말을 빌려, 우리는 내기를 거는 자기가 다른 존재의 가능성에 자신을 열어줌으로써 "재형상화되는"refigured 존재라고 말할 수 있다. 그렇게 함으로써 친숙한, 습관화된 자아로부터 자신을 몰아내는self-dispossession 작용, 곧 어떤 "무"nothingness를 통과하기에 이른다. 이렇게 자아가 죽는 것, 고행이라는 중간적 휴지 상태 내지 파열 상태는 그 자체 무가 아닌 "동일자를 박탈당한" 자아에 다름 아니다.[13] 그것은 스스로 고립되고, 차이에 노출된, 타자성의 대안에 촉각을 곤두세우는 자기self이다. 여기서 자기는 자기 너머의 타인과 마주함으로써 자기 자신에게 타인이 된다. 창조적이고 교차적인 낯설어짐Creative and chiasmic estrangment. 자아Moi는 자기soi가 된다. 리쾨르는 "인격 동일성의 가장 극적인 변형은 이 동일성의 무라는 시련의 장을 통과한다"고 가정하는데,[14] 이런 일 없이는 자기성이 잔혹한 반복에 처하게 될 것이다. 그리고 (한 타자로서의 자기 자신이 되도록) 자아로서의 자기 자신과 절연하는 이 움직임을 레비-스트로스가 말한 변형의 빈 공간과 비교할 수도 있을 것이다. 그것은 분명 환대의 운동에 필수적이다. 왜냐하면 자아로서의 자기 자신을 망각해야지만 내게 급진적으로 다가오는 이방인을 맞이하는 주인이 될 수 있기 때문이다.

그러나 주인에 대한 자아의 재형상화는 무제한적인 것이 아니다. 적어도 유한한 존재자에게 환대는 한계가 있는 것이다. '보편 구원'이라는 개념에서 주장되는 바와 같이, 오직 신만이 모든 존재들을 이유 없이, 무조건적으로 사랑할 수 있다. 또는 그것은 '적'이 없는 부처에게나 가능하다. 그리스도조차도 아버지에게, 그 안에 있는 신에게, "아버지여 저들을 용서하소서. 저들은 무엇을 하는지 모릅니다"라고 탄원해야 했다. 무조건적 환대는 신적인 것이 아니라 인간적인 것이다. 그것은 우리가 우리의 한계를 인정하면서 신적인 것을 모방하지 말라는 것을 뜻하지 않는다. 그러나 신적인 것은 언제나 과잉, 우리가 인간적으로 관리할 수 있는 것 그 이상의 것으로, 우리 저편으로의 초과이자 우리 이편으로의 초과다. 그러므로 신적인 것은 영원히 우리 자신과는 다른 타자를 향해 우리에게 손짓하는 이방인이다.

이 환대는 종교들 내부만이 아니라 종교들 사이에도 적용되며, 또 종교들을 넘어선다(주인과 손님으로서 무신론자를 배제할 수 없다)는 말을 덧붙이고 싶다. 참으로 환대하기 위해서는 자신의 신앙 문화 내부의 사람들만이 아니라 그 문화에 이질적인 사람들을 초대할 준비가 되어 있어야 한다. 자기에 대한 사랑과 이웃에 대한 사랑은 이방인들을 사랑하도록 이끌며, 이것이 다음과 같은 계명이 의미하는 바다. "신〔이방인〕을 사랑하고 이웃을 너 자신처럼 사랑하라." 여기서 우리는 급진적인 번역의 과제로서 종교간 환대라는 중요한 문제에 접근한다.

종교간 번역

나는 종교간 번역이 재신론의 핵심이라고 생각한다. 그것은 한 종교와 다른 종교 사이를 오가기 위한 상상력의 소환이다. 리쾨르는 이를 "종파간 환대"interconfessional hospitality라고 부르는데, 그는 차례대로 이것을 (1) 주인과 손님의 언어의 교환으로서의 언어적 환대, 그리고 (2) 자기와 이방인(인간과 신) 간의 교환으로서의 성찬례의 환대라는 개념과 연결시킨다. 그는 번역의 기본적인 해석학적 패러다임으로 논의를 시작하며 다음과 같이 말하고 있다.

두 주인을 섬기려다가 두 주인을 모두 배신하는 위험을 무릅쓰고 독자를 저자에게, 혹은 저자를 독자에게 데려가는 것. 이것이 내가 언어적 환대라고 부르는 것을 실천하는 것이다. 이것은 다른 형태의 환대의 모형으로 쓰이는 것인데, 나는 이것이 다음과 유사하다고 생각한다. 고백, 종교. 이것들은 우리에게 자신들의 어휘, 문법, 수사와 문체를 가지고 있는 외국어와 같은 것으로 서로에게 느껴지며, 이들에게 침투하려면 우선 이런 것들을 배워야 하지 않는가? 성찬례에서의 환대 또한 배신으로서의 위험과 동일한 위험을 감수하는 것이며 완전한 번역의 이상을 단념하는 것처럼 완전함을 단념하고 이루어지는 것이 아닌가?[15]

나는 결론에서 이러한 '위험'에 대한 논의로 돌아갈 것이다. 지금은 초종교적transreligious 환대의 힘이 지혜 전통의 어떤 획기적인 사건에서 어떻게 발현되는지만 상기해보자. 아프리카 배우자를 데려가는 모세, 술람미 여인을 포용하는 솔로몬, 우물가에서 사마리안 여인을 맞이한 예수, 또는 우리의 범위를 넓혀보면, 외인과 카스트 제도에서 소외된 이들을 환영하는 부처, '초대받지 않은 손님'에 응답하는 수피 시인, '이방인'으로 변장한 제우스와 헤르메스를 접대한 바우키스와 필레몬의 예를 들 수 있다. 실제로 고전 문헌에서는 제우스가 '제우스 크세니오스'Zeus Xenios라는 별칭으로 흔히 칭해지는데 이는 '이방인의 보호자 제우스'라는 의미이다. 그에 대항하는 죄, 즉 이방인에 대한 책임을 저버리는 죄는 최악의 죄로 간주되었다. 이러한 환대의 윤리는 오뒷세이아에서 호메로스의 필로크세니아filoxenia(환대)라는 해석 코드(파이아케스인들이 오뒷세우스를 어떻게 환영하는지 생각함)와 일리아스에서의 크세니아xenia(손님에 대한 우정)라는 해석 코드(글라우코스와 디오메데스는 환대에 얽매여 있음을 인정했을 때 여섯 번째 책에서 서로 죽이는 것을 거부함)에서 강하게 드러난다. 디오메데스는 "당신은 나를 위한 손님xeinos"이라고 말한다. "나는 아르골리드의 심장부에 있는 너의 주인이고, 너는 리시아에 있는 나의 주인이다. 우리 서로 창을 물리고 그 대신 무기를 교환하자. 그래야 우리가 대물림된 손님이라는 것을 모두가 알 수 있다." 환대의 윤리는 엘레아의 이방인과 외부인인 고르기아스에 대한 소크라테스의 환영에서도 엿볼 수 있다.

그러나 이러한 예는 고대에 국한된 것이 아니다. 현대에 와서, 1986년 아시시 세계 종교 회합, 1990년대 교황 요한 바오로 2세의 인도 순례와 예루살렘 통곡의 벽 순례, 또한 종파간 학살의 한복판인 사라예보에서 그리스 총대주교와 이슬람 지도자의 만남과 같은 종교간 교류의 중대한 영향을 여기서 환기해볼 수 있다. 비베카난다, 틱낫한, 달라이 라마 같은 동양의 영적 지도자들이 세계종교의회나 세계교회협의회와 같은 서구의 종교 모임에 참석해서 혁명적인 연설을 한 사례도 있다. 사라예보, 하노이, 바르샤바, 북아일랜드와 같은 곳에서 최근 수십 년간 목격된 종파간 분열을 가로질러 이루어지는 일상의 치유적 만남은 더 말할 것도 없다.

저 유명한 벨파스트 협정과 관련해서, 나는 특별히 1998년의 최종적인 평화 정착을 이끈 (한때 신학 대학원생이었던) 가톨릭 지도자 존 흄과 주요 개신교 지도자인 데이비드 트림블과 이언 페이즐리 사이의 역사적인 악수를 떠올리게 된다. 서문에서 지적했듯이, 그 돌파구의 열쇠는 "북아일랜드 시민은 영국인이 되거나 아일랜드인이 되거나 아니면 양국 모두에 속할 수도 있다"는 정식에서 포착된 단순한 상호 번역 행위였다. 따라서 영국과 아일랜드에 대한 배타주의적 주장(상호 양립할 수 없는 주권 원칙에 기초한다는 주장)은 서로 다른 민족과 신앙으로 이루어진 초국가적 협약에 찬성하면서 단념되었다. 그리고 잘 알려진 것처럼, 이것은 단순한 이데올로기의 번역이 아니라 "마음들의 번역"translation of hearts과 관련한다.[16]

교차적 읽기는 종교간 해석학의 핵심 원리이다. 그것은 한 종교와 다음 종교 사이에 끝없는 그리고 가역적인 번역 과정을 포함한다. 즉, 그 의도는 단일한 융합이 아니라 서로를 드러내고 향상시키는 것이다. 종파간 대화는 차이를 없애는 것이 아니라, dia(사이, 가로지름)-legein(말하다)의 어원적 뿌리가 함축하는 것처럼 차이를 환영한다. 여기서 환대는 자기가 자기이고 이방인이 이방인인 경우에만 이방인에게 자기를 열어 밝혀줄 수 있다. 이미 살펴본 바와 같이, 우리는 단순히 나 자신과 같은 것이 아닌 다른 것으로서의 타자를 환영한다. 또는 에디트 슈타인의 표현대로, 한 타자와의 진정한 공감이란 언제나 우리의 직접적 파악이나 투사를 벗어나는 것과의 "원초적 만남"이다. 타자성을 통과하며 일어나는 친밀감의 충격을 거쳐야만 새로운 어떤 것이 출현한다.

이제 경전을 횡단하는 독해의 예를 몇 가지만 들어보자. 한 예로, 만약 우리가 불타는 떨기나무나 오순절의 불에 대한 성서 구절과 시바의 불기둥에 대한 텍스트를 같이 읽으면 무슨 일이 일어날까? 만약 우리가 마음의 은신처guha에 대한 힌두교 문헌을 불교의 '공'void(반야심경)의 염불invocations로, 또는 엘리야에 대한 성서의 언급, 동굴 속의 무함마드에 대한 언급, 고래 배 속의 요나, 무덤 속의 예수 이야기를 따라 읽으면 어떤 이해와 공감의 불꽃이 치솟을까? 노아 방주의 비둘기나 요단강에서의 그리스도의 세례와 함께 베단타의 성스러운 새bird인 함사hamsa를 병합해냄으로써 의미가 공명할 때 일어나는 새로운 가능성은 무엇일까? (무함마드의 승천 전설mi'raj에서) 이슬람이 운명의 나무에 탄원하는 것을 에덴동산 낙원의 나무, 출애굽기 3장 15절의 떨기나무, 예수의 가시면류관, 또는 베단타의 우주기원론과 불교 만다라의 저 유명한 세상의 축axis mundi과 같은 모티브와 결합하여 읽는 방법도 있다. 마지막으로, 우리는 힌두교의 삼신일체Trimurti의 조각상이 아브라함의 세 이방인이나 삼위일체의 세 위격에 대한 이해를 어떤 식으로 강력하게 되살릴 수 있을지 궁금하지 않은가?

아브라함 종교와 비아브라함 종교 사이의 이러한 상징적 교차로부터 발생하는 첫 가설은 의미의 교류가 종교적 대화의 핵심에 있다는 것이다. 다양한 지혜 전통에 속한 고대의 상상들 사이의 다자간 대화로부터 새로운 것이 일어난다. 마음의 동굴에서의 침묵의 어둠으로부터 — 이로부터 여러 종교들이 시작되고 갱신된다 — 다른 전례로의 끝없는 번역을 요청하는 소리들, 이미지들, 몸짓들의 코러스가 나타난다. 바로 이러한 번역 가능성이 종교의 횡단 가능성을 조성한다. 이 가능성은 뚜렷이 구별되는 길들이 서로 얽히고 횡단하는 비옥한 교차로에서 여러 영성들 사이의 대화를 형성해낸다. 이것은 또한 신 이후의 신으로의 귀환, 외인의 신앙을 횡단함으로써 자신의 신앙의 망각된 진리를 재발견하도록 초대하는 재신론의 핵심에 자리한다. 예를 들어, 달라이 라마나 틱낫한이 그리스도교의 성서를 읽으면서 어떤 새로운 의미를 일으킬지 생각해보라. 혹은 토마스 머튼, 그리피스 수도사, 앙리 르 소와 같은 그리스도교 번역가들은 동양의 경전과 관련해서 어떤 신선한 관점을 가져다 주었는가? 부루니, 아크바르, 자파르 같은 사람들이 시행한 베단타 고전들에 대한 위대한 이슬람적 번역은 말할 것도 없다. 확실히 비베카난다와 간디 같은 인도의 인물들이 서구 종교를 다룬 것은, 이 종교가 자신의 힌두교 전통에 있는 귀중한 해방의 잠재적 힘을 더 잘 찾을 수 있게 해줄 것을 알고 있었던 데서 비롯한 행위였다. 예를 들어 서양 종교가 동양 종교로부터 모든 지각 있는 존재들의 새로운 숨결, 신체, 거룩함을 회복하는 방법을 배울 수 있다면, 동양 종교는 이 대화를 통해 개인적 자아, 창조적 행위자, 그리고 역사적 변혁에 대한 헌신에 관한 더 큰 의미를 배울 수 있을 것이다.[17] 종교가 다른 것이 아니라 같은 것이라면, 배울 만한 이방인도, 자기 집으로 들여 환영할 외인도 없을 것이다. 만일 그렇다면 차이를 환영하는 진정한 대화는 불가능할 것이다.

우리는 결론에서 종교간 환대에 관한 문제로 되돌아갈 것이다. 지금으로서는 종교가 서로 교차하는 통로가 어떤 영적 초고속도로Super Highway로 이어지는 것이 아니라 여러 개의 길의 결합으로 이어진다는 나의 확신만 진술해 두겠다. 물고기가 밀물과 썰물이 만나는 곳에서 번성하는 것과 마찬가지로, 횡단은 영적 다양성으로 번성한다. 환대의 해석학은 서로 다른 강들 사이의 역류 가운데 풍부한 산란지가 발견되는 것과 같다. 여기서 내기는 마음샘의 원초적 표시가 제일 먼저 울려 퍼지고 수용되는 상상의 가장자리 — 이론, 이데올로기, 또는 교의 전후 — 에 자리한다. 이것을 산스크리트어로 다르샨darshan이라고 하는데, 이는 성스러운 현시, 곧 이미지, 소리 또는 전례에서 나타나는 신적인 것이 눈에 보이고 귀에 들리게 되는 일을 뜻한다. 상상의 내기는 대승 불교, 힌두교 푸자[18], 또는 유대인, 그리스도교, 이슬람 문화의 위대한 종교 예술작품들이 매우 정교하게 기념하는 궁극적 장면과 단계를 체현[체화]하는embodying 데 참여하도록 우리를 초대한다. 내가 에피파니epiphanies라고 부르는 이러한 성스러움의 체현[체화]에 대해서는 4장과 5장에서 논증될 것이다. 거기서 나는 이러한 에피파니가 공식적인 종교에만 국한된 것이 아니라 성사적 상상력의 문학적, 일상적인 경험에서 발견된다고 주장할 것이다.

요컨대, 나는 여기서 우리의 성스러운 세계와 세속적인 세계 양자 모두에서 종교심religious heart의 아주 오래전의 외침을 재해석할 수 있는 영적 음향 효과의 가능성에 내기를 건다. 그런데 이러한 급진적인 관심에 마음을 열기 위해서는 통치자로서의 신과 신정론theodicy의 신이라는 옛 신을 버려야 한다. 통치자로서의 신이 반드시 죽어야만 종파간 환대의 신이 태어날 수 있다. 그리고 종교적 교의가 유아적 공포와 의존성의 담지자 역할을 하는 경우가 많기는 하지만, 종교간 신은 탈교의적 신postdogmatic God으로 묘사될 수도 있다. 이것이 바로 재신론이 유신론적인 종교의 도착perversions에 관한 무신론의 엄밀한 비판을 높이 평가하는 이유이다. 재신론은 무신론을 진정으로 성스러운 것으로 돌아가기 전에 일어나는 유익한 소외로 이해한다.

통치자에서 종으로 : 무력함의 힘

이 시점에서 강조할 만한 가치가 있는 5중의 내기의 또 다른 측면은 신의 무력함powerlessness이다. 여기서 나는 일상의 에피파니 속에서의 신의 재발견으로서의 미시종말론microescathology을 다시금 생각해 본다. 『신 이후』 및 『존재할 수도 있는 신』에서 행한 나의 분석들을 다시 돌아보면서,[19] 나는 특별히 케노시스kenosis로서의 육화/성육신[20] 개념에 집중하고 싶다. 이 개념을 통해서 나는 신이 제일 원인First Cause 내지 최고 존재Highest Being로서의 신성이라는 형이상학적 범주에 대한 추월을, 전능한 신의 자기비움을 이해한다. 또한 나는 약속이자 부름이며, 우리가 신이 되기를 허락하지 않으면 존재할 수 없는 사랑하려는 욕망이자 사랑받으려는 욕망인 신이 이 케노시스를 통해서 현실화된다고 이해한다.

에티 힐레숨은 죽기 직전 강제수용소에서 "당신의 마음에 당신을 위한 거처를 만들지 않는 한 신은 신이 될 수 없다"고 썼다. 종교의 가장 큰 위험은 통치 권력을 취하는 것이다. 그리고 이것은 성스러운 통치와 정치적 통치 둘 다를 의미할 수도 있다(이는 영토 섭정의 지배 아래서 일어나는 영적 권력과 현세적 권력의 악명 높은 혼융에서 볼 수 있다. 각각의 영토에 각각의 종교를.cuius regio eius religio 21) 언제나 관찰되는 것은 아니지만, 그럼에도 나는 승리주의적 통치를 거부하는 것이 아브라함 신앙에 확고하게 기입되어 있다고 믿는다. 즉, 사마리아인의 추방자들에 대한 그리스도인들의 환영 행위와 초대받지 않은 손님을 수용하는 이슬람의 메시지에는 "고아와 이방인을 사랑하라"는 히브리적 명령이 나타난다.

나는 6장과 7장에서 신적 자기비움과 비주권에 대한 더 광범위한 논의를 할 것이다. 여기서는 우주의 절대 군주로서의 신이라는 개념은 인과적 전능과 자기-충족성이라는 형이상학의 불행한 적용과 더불어 성서에 대한 문자적 독해에서 비롯한 것이라는 점을 이해하는 것으로 충분하다. 이것은 신정론이라는 파괴적이면서도 영향력 있는 개념, 즉 통치자로서의 자기원인의 신이 세상의 불변하는 황제로서 자기의 피조물에 대해 임의적이고 무제한적인 힘을 행사한다는 믿음으로 이어졌다. 따라서 모든 것, 심지어 최악의 공포조차도 어떤 신적 의지(궁극적인 힘에의 의지)의 일환으로 정당화될 수 있다. 막스 셸러는 1차 세계대전이라는 끔찍한 시기에 쓴 「고통의 의미」라는 논고에서 신정론의 신에게 호기어린 반격을 가한다. 그는 신적 원인 전반에 비추어 인간 고통의 사건의 적법성을 구하는 모든 형태의 "목적론적 유신론"에 철저하게 저항하면서, 다음과 같이 말한다.

> 내가 나의 인격성의 핵심과 종교적 행위에서 발견되는 신의 선함 및 지혜와의 근원적, 인격적, 경험적 접촉으로부터 신의 존재를 생각하는 것이 아니라, 내게 실험적으로 알려진 자연과 세계의 존재로부터 시작되는 인과적 연결이라는 수단으로 신의 존재를 생각하고자 했다면, 비록 남겨진 세계가 평화와 행복과 조화 속에서 빛난다 해도, 벌레의 고통이라는 단일한 감각의 현존만으로도 세계의 '무한하게' 선하고 전능한 창조자에 대한 나의 믿음은 산산이 파괴될 것이다.[22]

신정론과 신정정치는 유신론적 통치성의 사악한 후예다. 나는 그 대안이 이방인의 재신론이라고 생각한다. 여기서 재신론은 역사의 종말에서의 변증법적 종합이 아니라 바로 그 책에in the book 나오는 가장 오래된 이야기를 앞으로 진전시키는 시기적절한timely 반복이다. 그것은 통치자의 유신론이나 유신론에 대한 부정으로서의 무신론만큼이나 오래된 것이다.

주권적 통치보다 환대를 우선적으로 선택하는 것은 존재(존재론)와 지식(인식론) 양자 모두에 대한 우리의 이해에 영향을 미친다. 존재의 차원에서, 그것은 시대에 뒤처진 성취된 역사보다 종말의 존재할 수도-있음the may-be을 특권화한다. 이는 역사의 망각된 목소리를, 이 목소리들의 "지연된 가능성"을 되찾음으로써 구제하고, 이를 통해 과거를 해방시켜 미래로 나아가기를 제안하는 약한 메시아주의(벤야민)를 요구한다.[23] 이렇게 미래를 과거에 종말론적으로 부여하는 것은 출애굽기 3장 15절에도 예시되는데, 거기서 야훼는 모세에게 자신이 모세 선조들의 특권적 기억으로 있을 뿐만 아니라 해방을 위한 투쟁 가운데 그의 백성들과 약속으로 함께 "있을"will be 것이라고 말한다. "나는 너희와 함께 있을 자이다."I am who will be with you. 만일 너희가 노예가 아닌 자유를, 죽음이 아닌 삶을, 타나토스가 아닌 에로스를 선택하고자 나의 부름을 듣는다면, 나는 존재할 수도 있는may be, 존재할 수 있는 can be, 존재할shall be 신이 될 것이다. 그리고 미래로서의-과거와 같은 이 종말론적 역설은 '그분이 올 때까지' 유월절의 잔치를 기억하라고 우리에게 가르치는 팔레스타인의 유월절 정식에서 작동하고 있다. 또 그 역설은 최후의 만찬에서의 '선취적 기억'에 관한 그리스도교의 기원에서 다시 시작된다(고린토인들에게 보낸 첫째 편지 11:25~26: "이 빵을 먹고 이 잔을 마실 때마다 주님의 죽음을 선포하고, 이것을 주님께서 다시 오실 때까지 하십시오"). 그리고 세례 요한의 유명한 예수에 대한 고백에서 그 되울림이 발견된다. "[그분은] 내 뒤에 오시지만 사실은 내가 나기 전부터 계셨기 때문에, 나보다 앞서신 분이시다"(요한의 복음서 1:15).

메시아적인 것은 우리 앞에 놓인 가능성으로 우리에 앞서 있는 것이다("아브라함에 앞서 내가 존재했다"). 그것은 우리가 소유한 것으로 가정했던 모든 '신' 이전과 이후에 도래하는 이, 곧 우리 앞에 항상 존재하는, 항상 도래하고 있는 성스러운 이방인을 예고한다. 이런 이유로 분명 예수는 자신이 세례를 주기보다 오히려 세례자 요한의 세례를 받아야 한다고 주장하면서 자기 소유의 힘, 우위성, 특권의 유혹을 거부한다. 세례자 요한은 어안이 벙벙하여 이렇게 묻는다. "제가 당신께 세례를 받아야 할 터인데 어찌 당신께서 제게 오십니까?"(마태오의 복음서 3:15). 사도들의 발을 씻기는 행위(요한의 복음서 13장)와 이내 타자들을 위한 죽음을 견뎌낸 행위는 주권적 통치가 환대로 전환되었음을 시사한다. 이는 그가 제왕적 권력을 거부하고 이방인을 섬기는 자기-비움을 재신론적으로 선택했다는 것을 여실히 보여준다.

주권적 통치자의 이러한 반전은 주권적 통치의 지식이 전도되는 사건에서 다시 등장한다. 예수는 제자들에게 그가 누구인지 말하지 않으시고, 그들에게 "그들은 나를 누구라 하느냐?"(마르코의 복음서 8:27)고 묻는다. 또한 불타는 가시덤불 속의 목소리가 주술적 힘으로 성스러운 이름을 전달하지 않았던 것처럼, 그는 "나는 나로 있을 자니라."라는 수수께끼 같은 말로 자신을 알린다. 이처럼 예수는 자신을 단정적으로 이해하려는 모든 시도를 거부한다. 실제로 가버나움에서 "나는 당신이 누군지 안다. 하느님의 거룩한 자여!"라고 외친 부정한 영과의 대화에서 보듯 예수를 안다고 주장하는 이는 오직 "귀신들"뿐이다. 예수가 대답했다. "조용히 하시오! 그에게서 나오시오"(마르코의 복음서 1:25). 심지어 베드로가 "당신은 그리스도십니다"라고 고백했을 때에도, 예수는 그에게 아무에게도 말하지 말라고 경고하고 실제로 (전능하신 신이 그럴 수 없다고 하면서! 마르코의 복음서 8:30~33) 그의 죽음을 만류한 베드로를 "사탄"이라고 비난한다.

더욱이 예수가 "있는 그대로" 자신이 누구인지 밝히라는 압박을 받을 때마다 끊임없이 성부Father나 오순절Pentcoast, 또는 "너희들 가운데 가장 작은 자"를 언급한 것도 너무나 의미심장한 대목이 아닌가? 그가 케노시스적 자기-비움의 과정에서 자신을 타자들로 지연시킨다defer는 것은 매우 중요한 무언가를 말해 주고 있지 않은가? 그렇게 해서 결국 그가 자신이 참으로 "길과 진리와 생명"임을 인정한다면, 그 길은 항상 타자들에게로 인도하는 길, 다른 길들을 여는 하나의 길a way이 될 것이다. 예수는 "나를 통하지 않고서는 아버지께 이를 수 없다"고 담대하게 선언하는 가운데 남을 배제함을 철저히 배제할 것을 요구한다. "너희들 가운데 가장 작은 자"로 간주될 이는 누구인가? 또는 굶주리고 목마른 "이방인들"에 속하는 이는 누구인가? (그런데 이 말이 정반대의 의미로 활용되지 않고 제대로 사용된 적이 얼마나 있는가!) 메시아적인 길은, 가장 낮은 자의 이름으로 가장 높은 자를 파기하고, 나중된 것의 이름으로 먼저된 것을 파기하면서, 통치하는 자아에서 배제된 이방인에게로 나아가는 길이다. 바로 이런 이유로 나는 다른 신앙을 가진 종파들 사이의 환대가 그리스도인들에게 단지 선택이 아닌 의무가 되어야 한다고 지속적으로 주장한다. 그리스도교의 사랑caritas은 배타주의적 권력을 거부하는 것이면서, 끝없는 자기비움, 곧 케노시스kenosis로 우리를 소환하고 있다.[24]

마지막으로 비슷한 맥락에서 내가 제안하는 바는, 우리가 유대교와 이슬람에 아로새겨져 있는 이미지와 우상 금지에 관한 여러 명령을 세심하게 읽어내기를 선택할 수 있다는 것이다. 즉, 이것은 신인동형론적 투영 안에 전적 타자의 성스러움을 담아내려고 하는 모든 시도를 거부하는 것이다. 세 아브라함 전통에서 우리는 신적인 것의 '낯섦'strangeness을 보호하는 부정의 길을 명증적으로 발견한다. 그렇기 때문에 영적 경험의 핵심 자체에 무지의 재신론적 순간을 끊임없이 떠올리는 것은 너무나 중요한 일이다. 이러한 상기는 우리의 영적 경험에서 신앙에 대한 위협으로 작동하는 것이 아니라 타인을 향하는 여정에 필요불가결한 요소로 작동한다. 이 재신론의 내기는 데카르트의 의심에 관한 일종의 탈근대적 해설을 덧붙이는 게 아니다. 그것은 진정한 영적 탐구에 본질적인 것으로 인식되는 결의decision의 움직임이다. (이 주제와 관련해서는 앤서니 스타인박의 루즈비한 바클리Ruzbihan Baqli, 랍비 도브 베어Rabbi Dov Baer, 그리고 아빌라의 데레사에 관한 분석을 보라).[25] 그리고 닛사의 그레고리우스는 인간의 이해와 신의 환원할 수 없는 낯섦 사이의 틈diastema에 관한 논의에서 시작하여, 굴곡진 길을 수없이 통과해야 하는 "순례자의 발걸음"으로 신앙을 정의

하는 보나벤투라(『하느님께 이르는 영혼의 순례기』)에 이르는 다른 수많은 신비주의 문헌에서 이 내기와 관련한 탁월한 예시를 발견하게 된다. 이러한 모든 것은 두 번째 신앙으로 귀환할 수 있는 문을 열며, 미리 신앙을 상정하지 않는 재신론자의 꿈틀거림을 증명한다. 이런 점에서 캘커타의 데레사가 일기장에서 믿음의 상실에 관해 고백한 것이 전 세계적인 스캔들 거리로 받아들여져서는 안 된다. 그 고백은 더 깊은 믿음을 향한 긍정적인 성숙의 의미로 이해되어야 한다. 여러 해 동안 지속된 그녀의 어두운 밤은 사실 이 지구상의 다른 이방인들과 특별한 동반자로서 살아온 그녀의 삶의 일부다. 캘커타의 데레사는 다음과 같은 기록을 남겼다. "만약 내가 성자가 된다면, 나는 분명 '어둠'의 성자일 것입니다. 언제나 어둠에 빛을 밝히러 세상에 내려가 있을 것이니 천국에서는 부재할 것입니다."[26]

이 불신의 순간이 없다면 재신론의 내기도 존재할 수 없는 게 아닐까? 또 만일 그렇다면, 나는 신앙의 이러한 원을, 항상 한 사람을 다른 사람에게로, 친숙한 것을 낯선 것으로, 거주자를 외인으로 지연시키는, 서로 다른 사람들이 텅 빈 중심chora 주위를 끝없이 빙글빙글 도는 고대 교부들의 원무perichoresis에 관한 묘사와 비교하고 싶은 유혹에 빠진다. 중간에 틈이 없다면 도약도, 사랑도, 신앙도 있을 수 없다.

재신론은 유신론과 무신론이라는 샴쌍둥이를 소중히 여기고 양자 사이의 풍요로운 긴장에 찬사를 보낸다. 의심과 믿음, 철회와 동의 사이에서 일어나는 활력 넘치는 진동은 각각의 내기에 선행하고 또 후행하는 빈 중심과 같은 것이다. 그것은 이방인의 소환에 앞서 있는 인간의 자유를 보증한다. 믿음과 불신 사이의 선택은 재신론의 내기와 분리할 수 없다. 또한 이 선택은 절대 단번에 최종적으로 이루어지는 것이 아니라 지속적으로 반복된다.

3장 이름으로: 아우슈비츠 이후 누가 신을 말할 수 있는가?

홀로코스트의 뒤를 이어 등장한 암흑시대의 예언자들

본회퍼의 종교 없는 신앙

리쾨르의 탈[이후]종교적 신앙

최후의 언약

우리 인간은 모든 것, 현존하는 모든 표상, 모든 구호,
모든 안락함으로부터 자신을 내면적으로 해방시켜야 한다.
인간은 모든 것을, 모든 규준과 관습적이고 확실한 전통에 속하는
모든 것을 버릴 용기를 가져야 한다. 누군가는 감히 거대한
도약을 감행해야 하는데… 그러면 삶은 가장 깊은 고통 속에서도
끝없이 흘러 넘쳐날 것이다.

에티 힐레숨, 1942년 7월 7일, 베스터보르흐 수용소에서 쓴 기록

우리가 신의 이름으로 무언가를 말한다고 할 때, 우리는 무슨 생각을 하는가? 우리는 우리의 문제를 해결하고, 구원하고, 꾸짖고, 비난하고, 통제할 전능한 신을 생각하는가? 아니면 그와는 매우 다른 어떤 것을 생각하는가? 우리가 아버지의 이름으로 기도할 때, 우리는 [프로이트가 제시한 것처럼] 어린아이처럼 아버지를 의존하고 자신의 기대를 투영하는 원시적 의례로 퇴행하는가? 아니면 그 이상의 어떤 것을 행하는 것인가? 유치한 미신과 물신숭배를 넘어선 어떤 일을 하는 것일까? 살과 피로 존재할 수도 있는 신성에게 손짓한다는 것, 다시 말해 여기 그리고 지금, 우리가 한 신성을 받아들이기로 할 때 비로소 다가오는 그가 우리 가운데 도착할 수 있도록 한 장소를 만듦으로 말미암아 그 이름에 반응한다는 것은 대체 무엇을 의미하는 것일까? 만일 교조적 무신론이 종종 가부장적 물신숭배에 대한 원초적 애착의 관념으로 조성된다면, 무신론적 비판으로 그러한 관념을 숙청하는 작업을 관통하는 재신론은 이제 도래하는advening 신이라는 대항 관념counter idea — 다성적 선율이 흐르는 삶의 축제에 우리를 초대하는 이방인advena으로서의 신 — 을 지지하기에 이른다.

엄밀하게 말해서, 이 경우 재-신론은 반anti유신론이나 반anti무신론이 아닌 세속적인 것의 한복판에서 성스러운 것을 다시 찾게 해주는 포스트-유신론post-theism의 형식을 취한다. 이런 형식의 유신론은 계몽주의의 종교 비판이 가지는 노골성을 높이 평가하고 근대성의 '탈주술화'disenchantment, Entzauberung라는 막스 베버의 진단을 받아들인다. 아울러 포스트-유신론은 이 모든 '아니요'no's에 대해 '예'yes라고 말하고, 그런 응답 이후 어떤 것이 도래할 때에야 비로소 대체 그것이 무엇이냐고 묻는다.

홀로코스트의 뒤를 이어 등장한 암흑시대의 예언자들

먼저 '아니요'로 시작해보자. 상실의 고통과 항거의 괴로움에서 말이다. 여기서부터 나는 내 관점에서 신 이후의 신에게 돌아가는 재신론적 전회를 특징짓는 홀로코스트 이후의 사상가들에 대한 나의 감성을 시연하고 싶다.

우리 시대의 유신론에 대한 가장 큰 부정no은 1882년 니체의 "신"의 죽음에 대한 선언이 아니라 1940년대 유럽의 강제수용소에서의 "신"의 실재적 사라짐에서 비롯한다. 엘리 비젤이 아우슈비츠에서 "신"이 교수대 밧줄에 달려 죽었다고 선언했을 때, 그가 선언한 것은 관습적인 유신론의 종말이었다. 나는 여기서 죽은 신이 천상의 권세를 지닌 모든 것의-신Omni-God이라는 점 때문에 따옴표를 사용해서 그것을 표기했다. 즉, 그 신은 수천 년 동안 승리주의적triumphalist 종교 개념을 존속시켜준 신적 그랜드 마스터에 불과하다. 물론 성전Holy Wars과 종교재판에서부터 노예무역, 식민지 집단 학살, 수많은 자연의 재난(볼테르의 유명한 『캉디드』에서의 팡글로스 반박에 등장하는 리스본 지진과 같은 재난)에 이르기까지 신정론의 논리를 의심하는 데는 서양사 전반에 걸친 여러 근거가 있다. 그러나 홀로코스트는 확실히 신적 이성의 간계 가운데 잔존하던 믿음을 완전히 몰락시켜 버렸다. 다하우, 소비보르, 트레블링카[1] 이후, 모든 일이 어떤 신의 계획Divine Plan을 따라 일어난다는 관념은 이내 잔혹한 거짓 이야기로 그 면모를 드러내게 되었다. 신이 선과 악을 함께 관장한다는 생각은 더 이상 용납되지 않는다.

힐레숨

젊은 유대인 작가 에티 힐레숨은 유대인 홀로코스트의 지옥의 문턱에서 일기를 쓰며 이 점을 간파했다. "당신〔신〕은 우리를 도울 수 없지만, 우리는 당신을 도와야 하고 우리 안에 있는 당신의 거처를 최후까지 지켜야 합니다." 그리고 이렇게 철저하게 무력한 신, 또는 이후의 신post-God은 힐레숨에게 약하고 박해받는 이방인을 억누르는 (정치적인 혹은 신학적인) 권력의 폭압에 맞서는 유일한 대안이었다. 임시방편적 신의 몰락 이후, 힐레숨이 발견한 신성은 두 번째 탄생, 곧 새로운 삶에 대한 소환이었고, 또한 형언할 수 없는 가장 큰 공포 가운데서 다시 처음부터 시작하라는 요구였다. 그녀의 신은 저항하기 위한 신, 계속 원망하기 위한 신, 죽음에 직면해서도 담대히 살아갈 수 있는 힘을 주는 무력함의 신이었다. 이에 베스터보르흐의 포로수용소에서 그녀는 여전히 죽음을 앞두고서도 다음과 같은 짤막한 고백을 할 수 있었다. "나는 … 그래서 두려움과 근심으로부터의 자유를 … 강하게 느끼고 있습니다. 어쩌면 언젠가 러시아를 곧장 가로질러 가게 될지 누가 알겠습니까? … 〔우리는〕 어딘가에서 새롭게 시작할 수 있는, 눈부시고 역동적인 대안을 제시하지 않으면 영원히 길을 잃어버리게 될 것입니다."[2] 이렇게 해서 에티 힐레숨은 자신의 삶을 더는 오갈 데 없는 그 신적 손님을 맞이하는 주인으로 바치기에 이르렀다. 그녀는 자신이 응답하기 전까지는 들어갈 수 없는, 순간의 문을 두드리는 이방인에게 자신의 집을 안식처로 내주고자 그 문을 열어주었다. 이런 점에서 발터 벤야민이 말했던 바, 곧 우리가 문을 여는 각 순간마다 받아들여지기를 기다리고 있는, 상처 입을 가능성을 지닌 이주민vulnerable migrant으로 이해되는, '약한 메시아'weak Messiah에 대한 생각을 힐레숨이 반향해냈다고 말해도 좋을 것 같다. 역사의 가장 어두운 순간에도 신은 악에 대한 저항으로서, 우리가 그를 신이 되게 하는 바로 그때만 존재할 수 있다.

아렌트

1940년, 한동안 억류 상태에 있었으나 결국 자신의 모국 독일에서 간신히 탈출한 유대인 사상가 한나 아렌트는, "악의 문제가 유럽에서 전후 지적 생활의 근본 문제가 될 것"이라고 선언했다.[3] 이 쟁점은 홀로코스트에 대한 그녀의 생각이 담긴 책, 『예루살렘의 아이히만』에서 "악의 평범성"이라는 논쟁적인 주제 아래 다뤄졌다. 아렌트가 유신론과 무신론의 문제를 명시적으로 다룬 것은 아니지만, 그녀는 아우슈비츠 이후 사람들이 의미의 근본 쟁점들에 관한 가장 깊은 불안의 시기로 접어들게 되었다는 것을 깨달았다. 그녀는 현시대의 "불신앙 못지않은 신앙"은 의심에 근거한다고 적고 있다. "우리 세계가 의심의 세계라는 점 때문에 우리의 세계는 정확히 영적으로 세속적인 세계다."[4] 아렌트는 '신 없는 종교'라는 생각을 위험하다고 보면서도, 종교 없는 신의 가능성까지 고려하지는 않은 것처럼 보인다. 하지만 그녀는 그 유명한 신의 죽음이 특정한 종류의 신성, 즉, 형이상학과 신정론의 의미에서의 신의 죽음으로 이해되어야 한다는 데 동의한다. 아렌트는 이렇게 말한다. "우리는 신학, 철학, 형이상학이 종말에 이르렀다는 것을 보았을 때 비로소 실제로 우리가 무엇을 의도하는지 반성할 수 있다. 신은 죽었다는 것은 분명 확실치 않은데, 이는 우리가 신의 존재에 대해서 거의 알지 못하는 것과 마찬가지로 그것에 관해 아는 바가 거의 없기 때문이 아니라…수천 년간 신에 관해 오래된 방식이 더 이상 확실하지 않기 때문이다. 어떤 것이 죽었다면, 죽은 것은 신에 관한 전통적 사유뿐이다."[5]

전쟁 이후 필연적 인과성의 형이상학 아래 유지되는 통치자로서의 신을 거부한 것이 신성을 재고할 계기 역할을 하는가? 아렌트는 자신의 동료이자 독일 유대인이었던 발터 벤야민이 파시스트들의 손에 죽기 전 그와 해당 주제에 대해 틀림없이 논의했을 것이며, 또는 몇 년 후 뉴욕에서 전후 세계의 어둠에 응답하는 이웃 사랑의 신에 사로잡힌 그녀의 친한 친구 W. H. 오든과도 그렇게 했을 것이다.[6] 아렌트가 세속적인 것과 성스러운 것에 관한 궁극적 물음에 이르렀을 때, 그녀는 철학적으로 신중한 태도를 보였다. 하지만 그녀는 칸트의 추상적 보편주의를 아리스토텔레스의 개별 행위와 실천적 지혜phronesis에 대한 주목, 그리고 정체성에 관한 생동감 넘치는 이야기로 보충할 필요가 있음을 인식했다. 아렌트는 1933년 권터 가우스Gunter Gauss와의 인터뷰에서 이렇게 말한 바 있다. "만일 우리가 유대인으로 공격받으면, 우리는 유대인으로서 스스로를 방어해야만 합니다. 독일인으로서나 세계시민world-citizen으로서나 인권 수호자로서나 다른 무엇으로서가 아니라 말입니다."[7] 내 생각에, 히틀러의 독일에서 유대인으로 산 그녀의 존재 경험이 이 땅의 이방인-손님stranger-guest에 대한 그녀의 관점에 깊은 영향을 준 것 같다. 이것이 바로 그녀가 견지한 인간의 생존 방식이다. 이것은 아렌트의 말에서 보듯 가장 심원한 차원에 자리한 우리 인간의 조건human condition이다. "왜냐하면 각 인격은 한 이방인으로 자신이 태어나는 곳인 세계와, 곧 자신의 독특성이 뚜렷하게 나타나는 한에서 그가 언제나 여전히 이방인인 채로 머무르게 되는 세계와 화해할 필요가 있기 때문이다."[8] 우리가 아우슈비츠에서 현시된 악을 "세상에 대한 사랑"(아모르 문디amor mundi는 아우구스티누스에 대한 그녀의 박사학위 논문의 핵심 주제이다)이라는 우리의 기본 욕망과 어떻게 화해시킬 수 있느냐 하는 물음이 아렌트의 생애 내내 그녀를 괴롭혔다. 아렌트는 이 문제를 결코 해결하지 못했지만 그렇다고 이를 그냥 내버려 두지도 않았다.

그린버그

아이가 고문을 당할 때 당신은 신에 대해 무엇을 말할 수 있는가? 이것이 바로 도스토옙스키를 당혹스럽게 만든 물음이었다. 그런데 이런 물음은 홀로코스트 이후 더 긴급한 문제로 간주되었고, 더 나아가 히로시마, 굴락, 캄보디아, 르완다, 그리고 20세기의 다른 잔학한 행위들로 말미암아 더 큰 긴박감을 얻게 된다. 랍비 어빙 그린버그라는 미국 홀로코스트 기억협의회 전 의장은 이 문제를 과감하게 제기하며 불에 타 죽어가는 아이들의 면전에 신뢰할 수 없는 신학적 진술을 들이밀지 말아야 한다고 말했다. 죄 없는 아이가 산채로 불에 탈 때 우리는 전능한 신에 대해 무슨 말을 할 수 있는가? 아무것도 말할 수 없다.[9] 결론적으로 말해서 아우슈비츠로 인해 신앙을 잃은 사람들은 존중을 받아야 한다. 신앙과 불신앙 사이의 경계선은 매우 희미하다. 그린버그는 "그 어떤 마음도 상처 입은 마음만큼 온전하지 않다"고 한 하시디즘의 어구를 인용하면서, "그 어떤 신앙도 상처 입은 신앙만큼 온전하지 않다"는 말을 덧붙였다. 그는 믿음을 박탈당하면서 홀로코스트에 응답한 이들을 다음과 같은 이유에서 칭송할 수 있었다고 말한다. "왜냐하면 그들의 열정과 신에 대한 사랑과 사람들에 대한 사랑이 신에 대한 공허한 말을 할 수 없게 만들었기 때문이다. 나는 마치 변하는 것은 아무것도 없다는 듯이 자명하게 존재하는 신에 대해 만족하고 그에 대해 확신 있게 말할 수 있다는 듯이, 마치 그것이 진리라는 양, 그렇게 계속 기도하기를 멈추지 않는 사람들보다 홀로코스트에 응답한 이들에게 더 큰 연민을 느끼게 되었다."[10] 더욱이 자기 백성들의 악행에 대한 벌로, 또는 그들의 죄에 대한 벌로 고통을 용납하거나 용납할 수 있는 신은 터무니없는 괴물로 드러날 뿐이다.

우리는 홀로코스트 이후 내가 재신론이라 부르는 것과 공명하는 다른 종류의 신앙 — 또 이렇게 부를 수 있다면, 탈[이후]신앙postfaith 11 — 의 선택지를 목격하게 된다. 그리고 이들에게 신앙의 가치가 있는 유일한 신은 우리와 함께 고통받고 우리가 불의에 반하는 행동을 하지 않는 한, 이 고통에서 벗어날 수 없는 상처입기 쉬운 힘없는 신이라는 기본적인 인식에서 비롯하며, 이러한 인식에서 형성되는 그들의 신앙은 유대인과 비유대인을 화해시킬 수 있는 능력이 된다. 그린버그는 고통을 겪는 신에 대한 공감에 관해 다음과 같이 구체적으로 이야기한다.

> 이 신은 홀로코스트를 막지 못했다. 아마도 이 신이 고통을 받으면서 홀로코스트를 멈추기를 원했기 때문일 것이다. 유대인으로서 나는 신의 고통에 대한 언어를 사용하기를 주저했다. 왜냐하면 그것은 그리스도교의 전매특허처럼 보였기 때문이다. 하지만 꼭 그렇지는 않다. 나는 신이 우리와 고통을 공유한다는 것이 유대인들의 믿음의 핵심이었음을 알게 되었다. 실제로 그리스도교가 이런 식으로 신이 인간들과 함께 고통받고 있음을 표현했을 때, 이보다 더 유대교적이었던 적은 없을 것이다.[12]

그러면 다하우나 트레블링카 수용소에서 신은 어디 있었는가? 바로 백성들과 고통받고 있었다. 재신론자의 관점에서, 언약covenant은 인간을 완전한 동반자 관계, 공동-창조 또는 오래된 탈무드 격언에서 보듯, 창조의 일곱 째날 창조의 완성 순간에 인간을 부르는 신성으로 이해되어야 한다. (야훼는 그 자신이 전체의 신God of Totality이 되지 않고서는 그 일을 성취할 수 없었다.) 재신론적 신앙은 인간의 고통 및 신의 고통의 종식 둘 다에 책임이 있다. 그것은 살인과 죽음의 몰록[13] 보다는 생명과 정의로 초대하는 신을 선택하는 것이다. 아우슈비츠에서 죽은 신은 신정론의 신이었다. 홀로코스트 이후의 신앙은 신이 고문을 멈출 수 있다거나 멈추지 못한다거나 하는 것을 믿는 게 아니다. 그 신앙은 메시아가 오로지 "우리가 메시아를 모셔올 준비를 할 수 있고 기꺼이 모셔올 수 있을 바로 그때" 도래할 것으로 믿는다.[14] 그리고 여기서 우리는 그 메시아가 불에 태워지고 있는 아이들을 구하러 올 수도 있었지만 그렇게 하지 않았으므로 "도덕적 괴물"이 되었다고 해야 할 것이라고 본 엘리 비젤의 관점으로 돌아간다. 죽음의 수용소 이후에도 여전히 신뢰 가능한 유일한 메시아는 도래하기를 원했으나 그럴 수 없었던 자이다. 왜냐하면 인간들이 성스러운 이방인을 현존 가운데 초대하는 데 실패했기 때문이다.

레비나스

또한 홀로코스트의 그늘에서 글을 썼고, 전쟁으로 많은 가족을 잃은 유대인 철학자 에마뉘엘 레비나스는 그런 끔찍한 일을 용인할 수 있는 힘의 신이라는 악명은 거부되어야 한다고 말한다.[15] 이런 점에서 그는 무신론을 존재의 전체성과의 우상숭배적 융합과 거리를 두는 것으로 이해한다. 여기서 각 개인의 분리는 자기, '나'로서의 철저한 내면성을 발견하는 것이다. 이것이 자유와 책임의 기초다. "우리는 이러한 분리를 무신론이라고 부를 수 있다. 분리의 완전함은 분리된 존재가 자신이 분리되어 나온 존재에 참여하지 않으면서 그 자체로 자신을 유지하는 데 있다. 경우에 따라 믿음으로 그 존재와 결합할 수는 있겠지만 말이다. 참여와의 단절은 이 할 수 있음에 함축되어 있다. 우리는 신 바깥에서, 자기 자신으로 산다. 우리는 자아다." 또 레비나스는 계속해서 이렇게 말한다. "영혼, 심적인 것의 차원, 분리가 성취된 이 존재자는 본래 무신론적이다. 따라서 우리는 신적인 것의 부정과 긍정에 선행하는 정립, 참여와의 단절을 무신론이라고 이해하며, 이 단절에서부터 자아는 동일자로 그리고 나로 정립된다."[16] 무신론적 분리의 운동이 없다면, 환원 불가능한 외인으로서의 타자는 타자로 인식될 수 없다. 또한 이것은 레비나스에게 있어 절대적인 타자로 이해되는 신과 맺는 참된 종교적 관계의 가능성을 배제한다. 그리하여 레비나스는 우리가 도래하는 신에게로à 선회함으로 말미암아 옛 신으로부터 떠나고 근본적으로는 외인에게 우리 '집'을 다시 열어주는 데 이르는 이 이중적 의미에서 우리가 신-에게로à-dieu 다가갈 수 있다고 보는데, 그렇게 신에게로 다가서기 전에 신에게 대항해야contre-dieu 한다는 결론을 내린다. 즉 자기의 내적 내면성의 무신론적 순간에서 삶을 시작해야 이방인의 외재성을 향하여 문을 열 수 있다는 것이다. "오직 분리된 존재자로서의 나로부터 시작하고 타인에게 주인으로 나아가 타인을 손님으로 환영하는 경우에만, 바로 이런 식으로만 존재 순환의 내재성 안으로의 영원회귀로부터 탈출할 수 있다. 왜냐하면 내가 타인에게로 선회할 때 내재성이 외재성으로 전환되기 때문이다."[17] 이 맥락에서 레비나스는 유대교가 인류에게 주는 선물은 무신론, 즉 절대적으로 타자로서의 타자를 마주하기 위해 신으로부터 분리되는 것이라고 주장한다.

데리다

파리에서 함께 한 레비나스의 가까운 동지 자크 데리다는 이 동시대적 논쟁에 더 큰 변곡점을 부가한다. 비록 데리다의 초기 작품은 그의 유대인으로서의 배경을 다루고 있지 않지만, 1993년 자전적인 글 『할례고백』의 출판과 더불어, 데리다는 자신이 자란 알제리에서 비시 정부가 내건 반유대주의적인 법적 조치 때문에 학교에서 쫓겨났던 과정을 상기하면서 그의 사상의 이면에 있는 더 많은 것을 이야기해주었다. 이 증언적 작품의 제목에서 알 수 있듯이, 그의 살에 새겨진 할례의 표시는 부정되기보다는 궁극적으로 고백될 필요가 있는 것이었다. 일련의 작품들이 홀로코스트의 비극적 함의에 대한 데리다의 관심이 증폭되었음을 보여주는데, 레비나스에 대한 부고 성격을 지닌 작품 『아듀 레비나스』(1996)에서 데리다는 레비나스의 타자성 개념에 빚지고 있음을 기록하고 있고, 그뿐만 아니라 『재』(1991)와 『쉽볼렛 : 폴 첼란을 위하여』(1986)도 언급한 주제와 관련해서 주목할 만한 작품이다.

하지만 재신론적 물음에서 데리다의 가장 중요한 기여 가운데 하나는 그의 후기 논고인 『이름 구하기』(1993)에 등장하는데, 여기서 그는 그 내용을 규정하기를 거부함으로써 우리가 신의 "이름"을 어떻게 구할 수 있는지에 대해 말하고 있다. 이런 기권주의적abstentionist 자세, 신적인 것을 명명하는 일에 이런 방식으로 나름의 재량을 행사하는 것은 무신론의 특정한 양식에 근접하게 되고, 신을 전혀 명명하지 않음으로써 그 이름을 구하는 길을 만들어낸다. 하지만 우리는 여기서 부정신학(신을 믿으면서도 신에 대해 말할 수 없다는 입장)에 대한 미묘한 변증을 다루는 것이 아니며, 전투적 반-신 담론anti-God talk을 다루지도 않는다. 데리다는 사실 '신비적 무신론'이라고 불릴 만한 공간을 발굴하고 있는 것 같다. 또한 이 용어를 사용하지는 않지만, 그는 신비주의와 무신론 사이의 기이한 가역성을 가리킨다. 데리다는 자신이 "곧 무신론자로 통한다"고 공언하면서도, 여전히 메시아적인 것을 말하는 급진적인 수용의 순간, 즉 우리에게 들이닥치는 타인이 내포한 급진적인 충격과 그 경이에 자신을 개방시키기 위해 우리의 주의를 전승된 확실성, 가정, (종교적 기대를 포함한) 기대들을 포기하는 순간에다 집중시킨다.

『이름 구하기』에서 – “신의 이름을 저장하고 제외한다”는 의미 – 데리다는 이제 신을 향한 진정한 욕망은 무신론과 유신론 사이에서의 어떤 동요를 전제로 하는 것이라고까지 말한다. 그는 “신의 욕망, 욕망의 다른 이름으로서의 신”은 “사막 한가운데서 급진적 무신론을 다룬다”고 쓰고 있다. 또한 그는 이런 말을 덧붙인다. “공표된 무신론의 가장 결과론적인 형태들은 언제나 신에 대한 가장 강렬한 욕망을 증언해 왔을 것이다. … 신비주의와 같은, 부정적 담론은 항상 무신론이라는 의심을 받아 왔다. … 만일 무신론이, 부정신학처럼, 신에 대한 욕망을 증언한다면 … 누가 보는 앞에서 신의 욕망을 증언한다면 … 그것은 누구의 현전에 대해 그렇게 증언하는 것인가?”[18] 우리는 데리다가 여기서 마이스터 에크하르트가 신을 제거하기 위해 신에게 기도한다고 한 것에 대한 번역을, 홀로코스트 이후의 번역으로 제시하고 있다고도 이해할 수 있을 것이다. 우리가 재산이자 소유물로서의 신을 놔주지 않는 한, 우리는 타인을 급진적인 이방인으로 마주할 수 없다. “욕망을 넘어선 욕망”으로서의 신에 대한 이런 식의 데리다적 욕망은 우리가 재신론이라고 부르는 것 가운데 하나인 신적-성애theo-erotic의 중요한 차원이다. 옛 신(죽음의 신)의 부재를 느끼게 된다는 것은 새로운 욕망, 즉 삶을 가져다주는 신적 손님으로서의 다른 신의 귀환에 대한 적절한 욕망을 유발할 수 있는 비움의 의미로 인도한다.

그러나 전통 종교에 대한 데리다의 해체구성적 고행이 궁극적으로는 신에게 전혀 이름을 부여할 수 없는 ‘종교 너머의 종교’religion beyond religion를 요구한다는 점을 이해해야 한다. 때로 데리다는 아브라함 전통의 구체적이고 역사적인 “메시아주의”라는 개념을 포용하는 것처럼 보인다. 여기서 메시아성이란 성스러운 육화[성육신]의 현전이라기보다, 종교 일반, 즉 일종의 신적 (또는 신적이지 않은) 타자가 나타날 수 있다는 의미를 내포하지 않는, 그저 끝없는 기다림으로 이해되는 종교의 가능성의 조건을 위한 추상적 구조 역할을 한다. 여기에 '영들을 분별하기'discernment of spirits 위한 여지는 존재하지 않는다. 불경한 유령이 아닌 거룩함에 대한 해석이나 거룩함에 대한 헌신의 해석학을 선택하기 위한 실질적 여지는 없다. (해체구성을 시행하는 자에게는 모든 신들이 유령이다.) 다시 말해, 이름을 넘어 또는 이름을 통해 얼굴을 읽어낼 가능성은 없는 것처럼 보인다. 메시아성에 대한 신앙은 때로 신적인 것에 관한 역사적 예시의 철저한 부재를 의미하는 것처럼 보인다. 즉 에피파니, 노래, 증언, 성스러움의 체현이나 전례는 존재하지 않는다. 어떤 타자에 대한 보편적 열림(모든 타자는 모든 타자다[모든 타자는 모두 다르다]tout autre est tout autre)이라는 이름 아래, 데리다의 "종교 없는 종교"는 말하는 얼굴도, 시간과 공간 속에 구체화된 현전도 갖지 않는 것처럼 보인다. 그는 "고행은 성서에 나오는 모든 형태의 메시아적 희망을 저버린다"고 말한다. "또한 고행은 절대적 환대여야 하고, 도착하는 이에 대한 '예'라는 긍정, 예견될 수 없는 장래에 '도래함'이어야 하는 것에 응하기 위해 자신을 벌거벗긴다. … 이러한 환대는 자신의 보편성을 감시하여 지켜보는 한에서만 절대적이다."[19]

그런데 이러한 메시아적 보편성은 특수성을 희생시키는 경우에만 보장되는 것 같다. 그것은 일상의 에피파니라는 살과 피를 가진 특이성을 몰수한다. 데리다는 "만일 도래하는 것이 무엇인지 '계산할' 수 있다면"이라는 가정을 하면서 "희망은 프로그램의 계산에 불과할 것이다. 우리는 전망할 수도 있지만, 더 이상 누군가도 아무것도 기다리지 않을 것이다"라고 말한다.[20] 이렇게 메시아적인 것은 어떤 기대 지평도 없는 기다림이다. 그것은 이미지나 에피파니 없는 고행이다. 데리다는 이러한 절제를 신앙의 "내용에 관한 에포케〔괄호침〕"라고 본다.

이렇게 되면 나는 신앙이라는 것이 그가 "구조적 메시아주의의 형식성, 종교 없는 어떤 메시아주의, 심지어 메시아주의 없는 어떤 메시아적인 것"이라고 부르는,[21] 공허한 기다림이 된다고 생각한다.

요컨대, 신앙은 여기서 순수하게 초월적인 운동, 즉 특수한 믿음의 세계에서의 현실화나 육화를 요구하지 않는 '약속의 형식적 구조' 역할을 한다. 이렇게 해서 만일 내용에 대한 판단중지 — 신비적 고행 — 가 일상적인 믿음과 섬김의 세계로의 귀환 이전의 잠정적 순간과도 같은 역할을 할 수 있다고 말한다면, 데리다에게는 이러한 내용의 유보가 더 나아갈 수 없는 지점nec plus ultra, 곧 돌이킬 수 없는 지점으로 여겨지는 것 같다. 여기서 메시아성은, 이론의 여지는 있지만, 어떤 역사적 실재성에 대한 요구를 상실한, (인간적인 혹은 신적인) 인격이나 현전에 대한 어떤 구체적 신앙을 결여한 어떤 것을 뜻한다. 나에게는 다음과 같은 의문이 남아 있다. 해체구성적 '신앙'은 너무나 공허해져서 여기 그리고 지금에 대한 신앙을 완전히 잃어버릴 위험을 내포하지 않는가?

나는 이것이 발터 벤야민에 대해서는 결코 말해질 수 없는 것이라고 생각한다. 예를 들어, 앞서 언급한 '약한 메시아'는 역사의 지속을 언제든지 깨트릴 수 있는 신비적 이방인으로서의 약한 메시아에 대한 사유를 촉진시켰다. 벤야민은 이를 신비적인 "지금시간"Jetztzeit이라고 부른다. 이처럼, 데리다의 순수하게 형식적인 메시아성은 고아, 과부, 그리고 이방인이라는 신의 흔적으로서의 타인의 얼굴에 대한 레비나스의 윤리적 헌신을 오히려 포용하지 못하게 만든다. 그러므로 벤야민이나 레비나스와는 달리, 데리다의 메시아적인 것에 대한 접근은 메시아주의의 대합실에서 서성이고 있다. 그는 재신론적 선택을 포용하기보다는 탐구한다. 이름을 구한다는 것이 지명된 것으로의 귀환을 수반하지는 않는다. 기껏해야 그것은 "사막에서의 끝없는 기다림"[22]에 불과하다. 결코 도래하지 않는 고도Godot를 기다리는 것 말이다.

본회퍼의 종교 없는 신앙

2차 세계대전에 대한 재신론적 응답은 유대인 사상가와 작가들만의 문제가 아니었다. 서양 종교사에서 이 중간 휴지caesura는 리오타르가 탈근대의 전환이라고 규정한 유일신론의 거대 이야기Grand Narrative가 전복되는 동안 여러 그리스도교 철학자들이 증언한 바이기도 하다. 무엇보다 그 가운데 두 명의 전쟁 포로가 있는데, 한 사람은 수용소에서 생을 마감한 디트리히 본회퍼이고, 다른 한 사람은 수용소에서 살아남은 폴 리쾨르이다. 아우슈비츠 이후의 종교에 대한 다른 강력한 그리스도교적 비판들이 존재하긴 하지만, 나는 여기서 이 두 선구적인 '탈[이후]종교적'postreligious 23 사상가들에게 초점을 맞출 것이다.

본회퍼는 1944년 독일의 한 수용소에서 나치에 의해 처형당하고 만다. 그는 죽음에 이르기 직전 몇 개월 동안 '비종교적' 신앙의 가능성을 제기했다. 이러한 선택은 인간의 연약함 가운데 신을 우리의 괴로움의 만병통치약, 즉 어떤 마법의 기계 장치의 신deus ex machina이라는 미봉책으로 다루고 마는 만병통치약으로서의 종교라는 통념을 거부한다. 본회퍼는 종교적 유아론, 지적 부정직함, 피안으로의 도피에 대한 니체적 폭로를 확증한다. 서구 그리스도교라는 종교는 형이상학(최고 존재자로서의 신)과 내면성(탈육화한 존재자로서의 인간)의 불행한 혼합으로 말미암아 너무 많이 더럽혀졌다고 본회퍼는 주장한다. 이러한 이원론적 신학은 신체보다 영혼이, 세속적인 것보다 성스러운 것이, 시간보다 무시간적인 것이 더 우월하다고 진술했다. 이는 결국 삶을 부정하는 니힐리즘으로 이어졌다.

본회퍼가 "비종교적 그리스도교"irreligious Christianity를 옹호할 때 의도한 바는 정확히 무엇일까? 그는 그리스도교의 공식 교의 대부분이 역사적으로 조건 지어진, 그리고 개인 구원으로서의 "내면성"을 특권화하는 자기-표현의 일시적 형태인 종교적 선험a priori을 기반으로 삼았다고 주장한다. 그런데 본회퍼는 20세기 중반까지는 긍정적이건 부정적이건 서구 문명이 "종교 없는" 시대로 나아갔다고 믿었다. "지금 존재하는 사람들"에 대해, 그는 이 사람들이 "순전히 종교적일 수만은 없다"고 말했다.[24] 종교는 2천 년에 걸친 서로 다른 역사적 시대의 요구에 맞춘 '의복'에 불과했다. 그렇다면 오늘날 우리가 묻는 실질적인 물음은 다음과 같다. 어떤 신이 비종교적 그리스도교의 주님일 수 있는가? 본회퍼는 그리스도교가 곧 종교의 죽음이라고 한 칼 바르트의 『로마서』(1922)에서의 진술에 감명을 받았지만,[25] 그는 바르트의 진술을 "계시 실증주의"로 간주하여 거부하면서, 세속 세계 안으로의 그리스도교 신앙의 재통합을 요청했다. 그는 대담하게 다음과 같은 물음을 정립하기에 이르는데, 이는 재신론에 대한 우리의 논의에서 핵심을 이룬다.

> 비종교적 세상에서 교회, 공동체, 설교, 전례, 그리스도교적 삶은 무엇을 의미하는가? 어떻게 하면 신을 말할 수 있을까 — 종교 없이, 즉 형이상학, 내성 등의 시간적 조건의 전제 없이 말이다. 우리는 어떻게 신을 세속적인 방식으로 말할 수 있을까? 비종교적-세속적 그리스도인들은 어떤 식으로 신을 말할 수 있으며, 종교적 관점에서 특별한 특혜를 입은 자가 아니라 세상에 전적으로 속한 이로 부름받은 이들, 곧 ek-klesia로서의 우리는 어떤 식으로 신을 말할 수 있을까? 이 경우 그리스도는 더는 종교의 대상이 아닌 전혀 다른 무엇이 되시고, 실

질적으로 세상의 주님이 되실 것이네. 그렇다면 이는 무엇을 의미하는가? 비종교적 상황 속에서 예배와 기도의 자리는 무엇일까?[26]

본회퍼가 이 물음과 관련해서 내리는 첫 번째 답변은 자신의 무력함으로 우리에게 힘을 주고 우리의 삶을 살 수 있게, 저항할 수 있게, 재탄생을 할 수 있게 하는 비주권적이고 비형이상학적인 신이다. 이것은 종교 이후에 도래하는 신과 관련한다. 이러한 신앙은 우리를 사적인 감성과 비밀스러운 죄의식의 내성에서 벗어나 (아렌트가 정치적인 것이라고 부른) 공유된 행동의 공적 세계로 우리를 불러낸다. 이는 '사람들과의 순전한 형제애'를 고지하는 신앙이다. 나치즘과 스탈린주의의 위협에 직면해 있는데, 어떻게 그것이 그다지 중요하지 않은 것으로 간주될 수 있을까? 근대의 사적 구원에 대한 개인주의적 개념에 반하여, 본회퍼는 성서가 인간의 마음을 내면과 외면으로 구별하지 않고, 신과 관계 맺는 통전적인 존재(곧 '온 마음을 다해 신을 사랑하라'는 명령)로 파악했음을 상기시킨다.[27] 따라서 우리는 본회퍼의 탈[이후]종교적 그리스도교가 고통받는 신에 대한 믿음과 결합하여 형이상학적 신을 무신론적으로 거부하는 형태를 취했다고 말할 수 있다. 따라서 참된 그리스도인은 전환의 시대에 자신을 타자들에게 바치는 문제적 구도자로 나타난다. 즉, 옛 신을 애도하고 새 신을 기다리는 자로 말이다.

본회퍼는 다른 세계 시민들과 분리된 독단적 종교를 위한 여지를 두지 않았다. 그는 이런 비종교적 해석이 바울에 의해 명시된, 그리고 불트만과 에벨링과 같은 현대 신학자들이 복원해낸 신앙과 율법의 대립 가운데 복음서 자체 내에서 가려낼 수 있는 해석이라고 주장한다. 신앙은 성서가 "이스라엘 가문의 잃어버린 양"[28]이라고 일컬은 율법,

부족, 민족 바깥의 비종교적 인간, 이방인에게 손을 내밀기 위한 소환장이다. 요컨대, 바울과 루터에게서 율법-정신의 대립은 본회퍼와 불트만 같은 20세기 사상가들에게서 종교-신앙의 대립이 된다. 신의 말은 더 이상 역사를 설명하기 위해 발동된 것이 아니라 공유된 삶의 공간과 소통의 공간을 해방시키기 위해 발동된다. 따라서 니체와 그의 무신론 동료들이 정확히 드러낸 힘의 '신'이 소멸된 이후, 우리는 십자가에서의 그 모든 무력함 속에서 신을 다시 인식하게 된다. 말은 인간의 삶에서 십자가의 패배를 갱신된 삶으로 바꾸어 놓는 말이 된다. 죽음에도 불구하고 [일어나는] 삶.

본회퍼는 가장 어두운 순간에 세상의 삶을 긍정하는 신에 대한 "세속적" 읽기를 요구한다. 결정적이면서도 밀도 있는 한 구절을 보면, 베를린 감옥에서 글을 쓰고 있는 이 개신교 목사는 사실상 정확히 같은 순간 강제 수용소에 있었던 유대인 자매 에티 힐레숨의 정서를 반영해낸다. 두 사례 모두에서 나치의 야만에 직면하여 무력한 신성의 힘에 대한 부름, '신' 이후의 신에게로의 부름이 나타난다. 죽음을 목전에 둔 그들은 서로 다른 신앙의 언어로 전능성의 유신론을 넘어선 신(과 선)에게 호소한다.

> 우리를 신이라는 작업가설 없이 세상에서 살게 하시는 신이야말로 우리가 항상 마주하는 신이시네. 우리는 신 앞에서 신과 함께 신 없이 살고 있네. … 신은 이 세상에서 무력하고 연약하시며, 오직 그렇기 때문에 그분은 우리와 함께 계시고 우리를 도우시네. 마태오의 복음서 8장 17절이 명시하듯이, 그리스도께서는 자신의 전능으로 우리를 도우시는 것이 아니라, 자신의 약함으로, 자신의 수난으로 우리를 도우시네.

“종교성”에 대해 그는 이렇게 말한다.

> 종교성은 인간이 세상에서 곤경에 처했을 때 그에게 다음과 같은 신의 능력을 제시하지. 기계 장치(로서의) 신.deus ex machina 반면에 성서는 인간에게 신의 무력함과 수난을 제시하네. 고난을 받는 신만이 도움을 줄 수 있기 때문이지. 이 점에서 이미 기술한 성숙한 세상으로 나아가는 발전, 잘못된 신 표상을 제거하는 발전은 세상에서 자신의 무력함으로 힘과 공간을 확보하시는 성서의 신을 볼 수 있도록 눈을 활짝 열어 준다고 할 수 있네. 이것이 아마도 우리의 '세속적 해석'의 출발점이 될 것일세.[29]

여기서 특별히 존 카푸토와 캐서린 켈러 등 다수의 현대 종교 사상가들이 형이상학적 신에 뒤이은 약한 신이라는 개념을 어떻게 발전시켜 왔는지 주목할 필요가 있다.[30]

(1) “고통받는 신”, (2) “세속적 해석”에 대한 이 이중의 헌신에서 무신론과 신앙이라는 두 축은 기묘하게도 재신론으로 수렴된다. 니체와 프로이트가 제시한 니힐리즘의 문화적 과정은 무엇인가를 “쫓아내는” 광범위한 운동이다. 이로부터 본회퍼는 새로운 신앙의 연합, 즉 형이상학적 신에 관한 무신론적 거부와 고통받는 신에 대한 재신론적 헌신을 재편해내기를 담대하게 제안한다. 이것은 낯설어진 신이 무력함을 북돋는 가운데 다시 돌아올 수 있다는 희망, 곧 절망에도 불구하고 품게 된 희망과 관련한다. 또 당연히 이 새로운 성좌에서 종교적 유신론은 문제적인 것이 되고, 교조적 무신론 역시 문제적인 것이 된다. 이 이중의 극복 운동으로부터 재신론적 대안이 출현한다.

여기서 우리는 나치와 스탈린주의자들이 만든 혼란의 잿더미 속에서 "객관적 확실성"의 신의 몰락으로 예시되는 결정적 위기의 순간을 목격한다.

> 우리는 의심의 여지 없이 신의 침묵과 부재로 인해 인간선이 신과 연결된 시대를 살고 있다. 그런데 시편에서는 다음과 같이 말하고 있지 않은가? "주여 어느 때까지 침묵하실 것입니까?" "나의 하나님, 나의 하나님, 왜 나를 버리시나이까?"라고 울부짖는 이는 십자가 위의 예수가 아니다. 감히 내가 이렇게 말할 수 있다면, 내가 이 현대의 문화 전반을 신의 부재로부터 가정하고 이러한 부재로부터 살아간다고 할 경우, 나는 "신은 죽었다"는 말을 무신론의 승리주의적 보고서가 아닌, 문화 전반의 장에서 신비가들이 "이해의 밤"이라고 불러온 표현의 현대적인 번역으로 간주하여 들을 것이다. 왜냐하면 "신은 죽었다"는 말은 "신은 존재하지 않는다"는 말과는 아무런 관계가 없기 때문이다. 그것은 심지어 정반대의 의미를 가진다. 이는 다음과 같은 것을 뜻한다. 종교, 형이상학, 주체성의 신은 죽었다. 십자가의 설교를 위한, 예수 그리스도의 신을 위한 자리는 비어 있다.[31]

그리스도교의 위대한 신비주의자들(에크하르트, 노리치의 줄리안, 데레사, 십자가의 요한)에 의해 개인적 사건으로 이미 경험된 신 이후의 신에게로 귀환하는 재신론적 순간은 죽음의 수용소에서 니힐리즘에 직면하는 동시대적 선택으로 경험된다. 따라서 그리스도교는 또 다른 세계로의 초대가 아니라 바로 이 세계로 다시 불러내는 것, 즉 바로 신의 약함을 다시 불붙은 인간성의 강함으로 소환하는, 강건하면서도 도전적인 세속 신앙으로서의 "이 세상의 그리스도교"가 된다. 그리고 본회퍼는 이렇게 묻는다. 이렇게 신의 힘을 이양시키지 않으면,

우리가 어떻게 파시즘과 스탈린주의의 악에 저항할 수 있겠는가? 재신론의 신은 범속한 존재에 대한 니힐리즘적 부정이 아닌, 우리를 다시 삶으로, 저항으로, 행동으로 불러내기 위해 우리 존재의 균열 속에 거주하고 있는 이가 시행하는 "긍정의 긍정"이다. 이때 임시변통의 제멋대로의 신이 아니라, 그 모든 근본적 무력함 속에서 우리의 실존적 힘의 충만함을 간구하는 간극들의 신a God of the gaps이 나타난다.

요컨대, 신의 죽음은 삶의 신을 낳는다.[32] 죄와 죄의 구렁텅이에서 몰래 숨어 사는 유령이 아닌 치유와 가능성의 선물인 "삶의 중심"에 거주하는 신 말이다.[33] 따라서 부활은 우리를 세상으로, 영원성으로 돌려보내는 사건으로 이해되어 우리가 더욱 풍요롭게 살 수 있게 하는 사건이 된다. 이에 우리는 다음과 같이 말할 수 있다. 신의 약함에 대한 반응은 인간의 강함에 대한 반응이다.

재신론적으로 고찰해보면, 그리스도인은 신이 세계에 무언가를 더한 만큼만 인간에게 무언가를 더한다. 이러한 정신으로, 본회퍼는 신앙 때문에 세속 세계에 오히려 더 헌신적으로 헌신했다. 사형집행 직전, 죽음의 그림자가 감옥의 벽을 타고 넘어오는 그때 그는 이 가슴 아픈 마지막 약속을 써내려갔다.

> 나는 지난 몇 해 동안 그리스도교의 현세성this-worldliness을 점점 더 많이 알고 이해하는 법을 배웠네. 그리스도인은 종교인간homo religiosus이 아니라, 예수가 한 인간이었던 것처럼, 그저 인간이라네 … 내가 말하는 현세성은 교양인들, 분주한 자들, 나태한 자들, 호색한들의 천박하고 저속한 현세성이 아니라, 충분히 훈련되고 죽음과 부활을 늘 생생히 의식하는 심오한 현세라네 … 이 세상에 온전히 살아감으로써만 신앙을 갖는 법을 배울 따름이네. 현세성에 대해서 나는 그것

을 삶의 의무, 문제, 성취, 경험과 속수무책 속에서 살아가는 것이라 고 생각하네. 이렇게 하면서 우리는 하나님의 품으로 뛰어들고, 이 세상에서 우리 자신의 고난을 진지하게 받아들이는 것이 아니라 하나님의 고난을 진지하게 받아들이고, 겟세마네의 그리스도와 함께 깨어있게 되는 것이라네.[34]

이런 점에서 본회퍼가 말한 것처럼, 예수가 "한시 동안이라도 깨어있으라"고 겟세마네에서 슬퍼하며 요구한 것은 종교인이 신에게 기대하는 것(즉, 우리의 모든 문제에 초자연적으로 응답해 주는 것)과는 정반대의 것이다.

그러므로 힐레숨이나 본회퍼와 같은 재신론자들의 과제는 삶의 충만을 약속하면서 연약하고 고통받는 신을 성찰하는 것이었다. 이것은 물론 니체가 그리스도교에 대해 증오했던 바로 그것 – 즉 약한 인간성에 반대되는 호전적인 신 – 을 전도시킨 것이다. 신에 대한 니체적 비판을 극단으로 밀어붙임으로써, 본회퍼는 그리스도교를 뒤집으려고 했다. 그는 신없음을 신에게 다시 순종하는 지점으로 밀어붙였다. 그러나 이것은 쓰라린 (또는 즐거운) 최후에 이르기까지 세속적 세계에 머물러 있어야만 시행할 수 있는 것이다. 그는 신을 참으로 찾는 자에 대해 다음과 같은 결론을 내린다. "'세속적' 삶을 살아야만 하고, 이를 통해 하나님의 고통을 공유한다네. 인간은 '세속적' 삶을 살아도 된다네. (이를테면 모든 그릇된 종교적 속박과 억압에서 해방되는 것이지.) 그리스도인이 된다는 것은 인간이 되는 것을 의미하네. 그리스도께서는 우리 안에서 인간 유형이 아니라 사람을 창조하시네. 종교적 행위가 그리스도인을 만드는 것이 아니라네. 세속적 삶에서 하나님의 고난에 참여하는 것이 그리스도인을 만드네."[35]

끝으로, 본회퍼가 동료 죄수들에게서 "삶의 대위법"을, 곧 슬픔만이 아니라 기쁨을, 아니요와 함께 예를 요구한 이로, 자신의 일상적인 몸짓과 행동으로 마지막까지 이 내기를 예화해낸 이로 알려져 있었다는 점에 주목하자. 그는 결코 이질적인 고정관념이나 단일한 관점을 가진 사람이 아니었고, "예수는 자신과 왕국을 위해, 자신의 모든 현시, 그만 아니라 인간의 약함과 고통 속에서 충만한 삶을 되찾는다"라고 한 금언을 따라 산 인물이다.[36] 신의 존재는 정선율cantus firmus처럼, 여러 경험의 다양성 아래에서 노래하는 베이스음처럼, 우리의 길의 모든 단계에 수반되는 산속의 강에서 저 멀리 들려오는 굉음처럼 그를 위해 존재했다. 그리고 본회퍼가 결론 내리길, 이렇게 현전하면서 부재하는 신성은 모든 살아있는 순간으로의 어떤 사심 없는 참여, 모든 것에 대한 지혜로운 연민이다. 요컨대, 정죄와 의무의 종교성을 거부하는 본회퍼는 이방인, 방랑자, 구도자, 그리고 시위 참여자들에게 개방된 공동체인 "타자를 위한 교회"를 선호했다. 나는 그가 "비-종교적 인간에 가담하는 것이 교회의 신앙을 측정한다"고 선언했을 때 의도한 바가 바로 이것이라고 추정한다.[37]

리쾨르의 탈[이후]종교적 신앙

아마도 본회퍼의 탈[이후]종교적 신앙 개념을 가장 일관성 있게 추구했던 현대 철학자는 폴 리쾨르일 것이다. 나치 수용소의 수감자이긴 했으나 본회퍼와 힐레숨과는 달리 간신히 목숨을 건진 리쾨르는 신앙을 "아니요의 슬픔 속에서의 예의 기쁨"으로 표현하면서, 자신의 개신교 신앙을 "지속적인 선택으로 말미암아 운명으로 변화된 우연"으로 기술했다.[38] 그가 보기에는 신에 대한 그 어떤 것도 당연하게 여겨질 수 없었다. 기성의 태도와는 반대로, 전쟁 중 독일군 포로로 5년을 지낸 리쾨르는 심연의 횡단을 완전히 인정하지 않는 신앙으로 돌아갈 수 없다는 것을 알고 있었다. 그는 또한 프로이트, 맑스, 니체와 같은 무신론자들이 전해준 종교에 대한 가혹한 비판이 진지하게 받아들여져야 한다는 것을 인정했다.

리쾨르가 전후 작성한 논고, 「종교, 무신론, 신앙」에는 본회퍼가 감옥에서 쓴 글에서 주로 내밀하게 남겨진 비판 이후의 신앙postcritical faith에 관한 몇 가지 요점이 더 발전된 형태로 담겨 있다. 여기서 그는 "무신론의 종교적 의미"에 대해 말하고 있는데, 참된 형태의 신앙이 우리의 세속적 문화에 나타나려면 삶을 부정하는 종교의 요소들을 무신론에 입각해 제거하는 일이 필요하다는 점을 암시하고 있다. 리쾨르는 '설교자'가 아닌 '철학자'의 역할을 떠맡으면서, 그러한 신앙이 신앙고백이나 전례적 맥락에서 무엇을 의미할 수 있는지를 세부적으로 제시하기보다, 탈[이후]종교적 신앙에 관한 어떤 가능성만을 제시하려고 한다. 철학자의 담론은 언제나 영원한 초심자의 담론, 즉 "예비적 담론"이라고 그는 말한다. 그리고 그는 "종교의 죽음으로 인한 진정한 결과가 아직도 감춰져 있는" 동시대의 혼란의 시기에 이러한 시도가 적절한 것이라는 말을 덧붙이며, "긴 호흡으로, 천천히, 간접적인 준비"를 할 것을 요구한다.[39]

철저한 비판을 받아야 할 종교의 두 가지 측면은, 이러한 관점에서 금기taboo와 도피escape이다. 첫 번째 주제와 관련해서 우리는 공포감, 또는 특히나 신의 형벌과 면죄에 관한 두려움이라는 해묵은 종교적 감정을 가지고 있다. 두 번째와 관련해서 우리는 보호받고 위로받기를 요구한다. 이에 리쾨르는 종교를 "신앙으로 말미암아 항상 극복되어야 하는 형벌의 공포와 보호에 대한 욕망에 바탕을 둔 삶의 일차적 구조"로 정의한다.[40] 이 맥락에서 무신론은 파괴적이면서도 해방적인 참된 정당성을 발견한다. 왜냐하면 무신론이 종교가 지닌 불안정성과 유아적 의존성이라는 위장의 메커니즘을 폭로할 때, 그것은 또한 새로운 실존의 가능성을 발산해낼 수 있기 때문이다. 그리고 이러한 가능성들 중 하나가 정죄와 현실 도피 너머에 위치한 신앙을 포괄한다고 리쾨르는 말한다. 이런 점에서 무신론은 역사적 종교의 껍데기 안에 웅크리고 있는 살아있는 신앙의 약속을 열어 보이면서 신앙을 종교 그 자체로부터 해방시키는 것이라고 말할 수 있다. 어떤 식으로든지 간에, 이는 '탈[이후]종교적 신앙'에 관한 리쾨르의 내기로 보인다.

금기라는 첫 번째 범주 아래서 리쾨르는 프로이트와 니체의 유익한 비판을 불러온다. 예를 들어 과학적 근거에 입각하여 종교를 논박하는 영국 경험론자나 계몽주의의 실증주의자들과는 달리 프로이트와 니체는 종교를 공포와 욕구로 위장된 증상의 문화적 표현이라고 보는 새로운 종류의 무신론을 전개했다. 이런 식으로 그들은 신의 존재를 증명하거나 반증하는 것에 대한 논쟁으로 골머리를 썩는 게 아니라 금지와 처벌의 종교적 형태를 해체하는 데 집중했다. 그리하여 그들은 경건의 숨겨진 동기를 들추기로 하고, 종교의 환영illusion을 비판하는 '혐의의 해석학'hermeneutics of suspicion[41]을 진전시켰다. 이 비판적 해석학은 종교를 근본적인 힘들 간의 갈등의 증상으로 간주하며, 이 증상을 폭로하기로 결의한 계보학의 형태를 취한다. 니체는 종교의 주요한 숨겨진 동기를 위장된 "힘에의 의지"로 파악했고, 프로이트는 "강박적 충동"과 신경증을 초래하는 리비도의 도착으로 파악했다. 니체의 계보학적 독해의 의도는 소위 종교의 이상적 영역이 실제로는 "아무것도 아님"을 보여주는 것이었다. 그것은 삶을 부정하는 은폐, 이 대지의 불경함을 따라 촉진된 초자연적 세계로 환영을 투사한 것에 불과하다. 프로이트의 정신분석적 폭로의 의도는, 정신분석의 입장에서, 종교가 우리의 유아적 의존성에 상응하는 망상적인 "원초 아버지의 환상"에 근거하여 작동한다는 것을 보여주는 것이었다. 프로이트가 레오나르도 다빈치에 관한 글에서 제시한 대답은 공포와 힘의 이중적 판타지로 구성된 이 환영적 아버지를 "단념하는" 것이다. 신적 초자아에 대한 이런 급진적 애도작업을 통해서만, 절대적 권위와 도피라는 이 환상을 떨쳐버림으로써만, 비로소 가치들의 기원이 그 자체로, 즉 타나토스와의 영원한 투쟁 가운데서, 에로스로 회복될 수 있다는 것이 프로이트의 입장이다.[42]

이렇게 니체와 프로이트는 각자의 목소리로 신의 죽음을 선포한다. 그러나 (다시 한번) 물음이 제기된다. 그 신은 어떤 신인가? 리쾨르는 그러한 신이 죽어 마땅한 존재신론의 신이라는 점을 시사한다. 하이데거가 작금의 우리 시대에 선사해준 존재신론ontotheology이라는 용어는 삶의 세계로부터 가장 멀리 떨어져 버린 가장 일반적인 최고 존재라는 형이상학적 개념을 지시한다. 서양의 지성사에서 존재신론의 신은 종종 비난과 정죄의 도덕화된 신성과 일치한다. 무신론은 그런 비난을 비난하고 그런 정죄를 정죄하기 시작했다. 그것은 종교적 망상의 핵심에 있는 니힐리즘의 베일을 벗기고, 초자아의 힘의 결여와 부정의 말 그리고 죽음이 이상 세계와 충돌하는 모습을 드러내려 했다. 또는 니체의 표현대로, 무신론은 어떤 것이 기울어지고 있을 때 그것을 아예 밀어버린다. 무신론은, 이런 의미에서, 종교의 환영이 스스로를 파괴하고 그 환영이 진정 무엇인지를 그 자체로 드러내는 방법이다. 즉, 종교의 환영은 아무것도 아니다. 그리고 세계의 제왕으로 이해된 존재신론의 전능한 신은 그렇게 죽고 만다. 그래서 "율법 위에 있는 사랑과 겸손보다 선과 율법 위에 강한 것"을 두는 전지전능한 "자기-충족적 지식"의 신도 죽는다.[43] 그리고 전능하고omnipotent 전지한 omniscient 신과 더불어 선과 악을 용서하는 편재하는omnipresent 신도 죽는다. 간단히 말해서 그런 "신정론의 모든 것의-신Omni-God"은 최악의 잔악 행위를 어떤 궁극적 설계의 일부로 정당화하기 위해 소환된다. 리처드 도킨스가 우리에게 "자살 폭탄 테러범도, 9·11도, 런던폭탄 테러도, 십자군도, 마녀사냥도, 화약 음모 사건도, 인도 분할도, 이스라엘/팔레스타인 전쟁도, 세르비아/크로아티아/보스니아에서 벌어진 대량 학살도, 유대인을 그리스도를 살해한 자로 박해하는 것도, 북아일랜드의 '분쟁'도, '명예 살인'도, 머리에 기름을 바르고 번들거리는 양복을 빼입은 채로 나와 쉽게 속아 넘어가는 순진한 사람들의 돈을 빼먹는('신은 당신이 거덜날 때까지 기부하기를 원하십니다') 텔레비전 복음 전도자들도 없는" 세상을 상상하라고 우리를 초대할 때, 이것은 신을 올바로 마땅히 일축되고 있다. "상상해보라"는 제안을 한 도킨스는 이런 식으로 새로 상상된 세상에서는 "고대 석상을 폭파하는 탈레반도, 신성모독자의 공개 참수도 없고, 여성의 속살 일부가 나왔다고 죄를 물어 여성에게 채찍질을 가하지도 않는다."고 가정한다.[44]

혐의의 해석학이 제 역할을 다한 후에는, 리쾨르가 말한 대로, "비록 복종이 신성한 것으로 표현될지라도, 외적 의지나 최고 의지나 명령으로의 복종"이라는 소박한 형태를 취하게 될 도덕적 삶으로 돌아가는 것은 더는 가능하지 않다. 결과적으로 리쾨르는 혐의의 학파[45]에서 행해진 윤리와 종교에 대한 비판을 긍정적 선으로 인정해야 한다고 촉구한다. 이로부터 그는 우리가 "삶이 아닌 죽음을 주는 계명이 우리 자신의 약함의 산물이자 약함의 투사"임을 이해하기에 이른다고 주장한다.[46]

그러나 무신론이 단순히 부정으로 남아 있다면, 그것은 적극적인 것이 되기보다 반응적인 것이 될 위험이 있다. 반란군은 예언자에 미치지 못한다. 비난에 대한 비난은, 필요하기는 하지만, 그러면 우리의 세속적 세상에 있는 대부분의 것이 사실, 이미 그리고 항상, 마음 깊이 성스러운 것을 인식하는 데로 돌아가는 데 실패할 수도 있다. 니체는, 분명하게, "생성의 순결함"을 말했고 "동일한 것의 영원회귀"를 받아들였다. 그리고 우리는 신의 죽음을 선언한 "광인"이 "나는 신을 찾는다"는 말과 함께 그 선언을 시작했다는 사실을 쉽게 잊어버린다.[47] 그러나 "힘에의 의지"를 존재의 제일 진리로 선언함으로써, 니체는 주의주의적 우주에 감금된 채로 존재하게 된다. 부정론자이기보다 긍정론자의 입장에 섰음에도 불구하고, 그에게 세계는 삶에 대한 찬사조차도 일종의 개인적인 신화학, 아니무스의 의지적인 서정성, 어떤 일이 일어날지에 대한 가상을 생성하는 세계이다.

이에 재신론의 선택이 제기된다. 다시금 나는 필연보다는 선택이라는 말을 강조한다. 내가 논증해온 재신론은 무신론 이후의 믿음의 가능성을 제시한다. 이 가능성은 프로이트와 니체로 인해 탈[이후]종교적 유신론으로의 귀환을 가능하게 한다. 리쾨르에게 책임 있는 사상가로서의 철학자는 세속적인 것과 성스러운 것 사이에 머무른다. 그런데 이처럼 비판적 해석학은 "예언적 설교자"가 위대한 종교 전통 안에 해방된 신앙의 복원을 구상할 수 있는 공간을 열어준다. 리쾨르는 이 맥락에서 우리 시대를 말하는 "본원적이고 탈[이후]종교적인" 여정 가운데 "유대 그리스도교 신앙의 기원으로의 급진적 귀환"을 상상한다.[48] 철학자는 오늘날 율법에 앞서 존재하는 다음과 같은 출애굽exodus의 해방의 메시지를 현실화할 예언자를 꿈꾼다. "나는 이집트 땅, 속박의 집에서 너를 빼낸 주 너희의 하나님이다."[49] 이러한 신앙은 자유를 말함과 동시에 십자가와 부활을 더욱 창조적인 삶으로의 초대라고 선언한다. 이는 바울의 성령과 율법의 구별에 관한 동시대적 적절성을 규정하는 가운데 "죄"를 삶의 거부가 아닌 금기의 파괴로 해석하는 신앙이다. 그런 시나리오에서, 죄는 "법, 위반, 그리고 죄악이라는 지긋지긋한 순환 가운데" 두려워하며 살아가는 삶으로 드러날 것이다.

그러나 철학자는 그런 신앙을 상상만 할 수 있다. 그런 신앙의 실현은 탈[이후]종교적 신자들의 몫이다. 철학자는 죽은 신들을 애도하는 것과 새로운 귀환의 징후를 관찰하는 것 사이의 '중간적 시간'intermediate time을 점유한다. 성서 케리그마[50] – 예언자들과 원시 그리스도교 공동체 – 의 재창조가 될 수 있는 긍정의 해석학을 고대하는 철학자도 약속의 땅으로 들어갈 수는 없다고 리쾨르는 충고한다. 철학자의 책임은 "사유하는 것", 즉 "무신론을 통해 종교와 신앙 사이의 매개를 가능하게 하는 물음의 차원을 발견할 때까지 현재의 이율배반의 표면 아래를 파헤치는 것"이다.[51]

나는 여기서 리쾨르의 주장이 매우 재신론적이라고 생각한다. 재신론은 종교적으로 사유한다는 것은 곧 탈[이후]종교적으로 사유하는 것임을 암시한다. 그리고 한 명의 재신론자로서의 철학자가 할 수 있는 최선의 행동은 하나의 자리를 들추어내는 것이라는 점을 인식해야 한다. 이 자리에서 우리의 의지의 자유는 근원도 주인도 아닌 어떤 '말'word을 듣는 데 그 뿌리를 두고 있다. 말과 의미의 원초적 사건에 이렇게 주의를 기울이는 것은 적어도 철학함에 있어 '신'과 '종교'의 형이상학적 물음들을 잠정적으로 괄호 속에 넣게 되는데, 이것이 바로 재신론자에게 적합한 임무다. 그것은 그러한 말의 본질을 제도적으로 식별하기에 앞서 어떤 의미의 오고 감에 실존적으로 귀를 기울이는 형태를 취한다. 그런데 이 착륙지대에 들어서면, 자신의 지배 의지를 넘어선 어떤 것으로부터 (흔하게는 침묵 속에서) 무언가를 듣고 받아들이는 그러한 태도를 취함으로써, 재신론자는 차후에 신앙의 케리그마를 공포의 감옥으로부터 해방시키려 하는 신자들을 위한 토대를 마련할 수 있다.

곧 철학적으로 존재의 말을 듣는 것은 우리가 신학적으로 신의 말씀을 — 두 말을 혼동하지 않으면서 — 듣는 데 도움을 줄 것이다. 왜냐하면, 리쾨르의 관점에서, 실존론적 귀 기울임은 우리 삶의 원초적 긍정을, 우리의 존재하려는 욕망을, 즉 자신을 이방인으로 만드는 수많은 왜곡에 선재하는 욕망을 회복하는 것을 가능하게 하기 때문이다. 이런 귀 기울임은 처음, 곧 시작점에 다시 서도록 우리를 초대한다. 이것이 반복, 재소환, 총괄갱신Anakephaleosis 52이다. 실존의 말은, 그 다양한 낯설게 함이라는 효과에도 불구하고 존재의 선함을 긍정하며, 다시ana의 문법을 따라 말한다. 리쾨르는 "이러한 긍정은 회복되고 복원되어야 한다"고 주장한다. "왜냐하면 (그리고 여기서 악의 문제가 출현한다) 그 존재는 여러 면에서 소외되어 왔기 때문이다. 이것이 바로 나의 존재를 다시 파악하고 복권시켜야 하는 이유다. 그러므로 윤리의 과제는 우리의 존재하려는 노력에 대한 재전유reappropriation이다. 그런데 우리의 힘이 소외되었기 때문에, 이러한 노력은 욕망, 존재하려는 욕망으로 남아 있다."[53] 이런 실존으로의 재-윤리적ana-ethical 전회와 귀환 없이는, 재-신론적 신앙이라는 선택지는 가능해지지 않는다. 의지와 의무의 질서에 앞서는 어떤 것이 있으며, 리쾨르가 말하길, 이 어떤 것은 "말로 변화될 수 있는 한에서의 우리의 실존 자체"이다.[54] 요컨대, 재-신론은 실존론적 욕망과 종말론적 신앙을 모두 표현해내는 것이라고 할 수 있다.

그럼에도 불구하고 철학자의 끝없는 새로운 시작에 대한 탐구와 실천가의 신의 말씀으로의 귀환에 대한 선포 사이에는 어떤 "간극"이 항상 남아 있을 것이다. 하지만 이런 틈새에도 불구하고 자신의 고유한 기원을 복원하는 신학과 무신론의 종교 비판을 수용하는 철학 사이에 어떤 "일치점"이 나타날 수도 있다.[55] 재신론은 이러한 일치점에 응답하기 위한 시도로 기술될 수도 있다. 리쾨르 자신은 이런 말을 사용하지 않지만 나는 그가 신 이후의 신의 회복을 위한 기초근거를 마련했다고 믿는다. 이것이, 본회퍼를 염두에 두면서, 리쾨르가 그러한 회복을 수반할지도 모를 꿈을 개괄해내는 방식이다.

> 그것은 우리 시대의 새로운 시작이 되기도 하면서 동시에 유대-그리스도교 신앙의 뿌리로의 귀환이 될 것이다… 그것은 신비주의자들의 언어를 채택하여 새로운 '영혼의 밤'으로, 그림자를 통해 앞으로 나아가는 신앙일 것이다. '섭리'의 속성을 가질 수 없는 신 앞에서의 신앙, 나를 보호할 수 없고, 다만 인간이라고 불릴 존재의 삶의 위험에 나를 내버려둘 신 앞에서의 신앙 말이다. 본회퍼의 말대로, 오직 약함을 통해서만 나를 도울 수 있는 이 신이야말로 십자가에 못 박힌 그 신이 아닐까?

이에 리쾨르는 종교와 무신론에 대한 자신의 논고에서 다음과 같은 결론을 내린다. "영혼의 밤은 무엇보다도 두려움을… 극복하는 것, 보호하는 아버지의 형상에 대한 향수를 극복하는 것을 의미한다. 그 밤 너머, 그리고 그 너머에서만, 위로의 신, 부활의 신의 참된 의미를 되찾을 수 있을 것이다."[56]

재신론에서 잃어버린 것은 아무것도 없다. 또는 재신론은 소유했다가 잃어버린 것을 무신론적 비판이라는 유익한 밤을 지난 다음 선물로 되찾을 수도 있고, 그 선물에 다시 찾아갈 수도 있다. 마치 욥이 잃어버린 모든 것을 돌려받고, 아브라함이 이삭을 돌려받고, 예수가 죽은 후에 그의 삶을 돌려받은 것처럼 말이다. 창조의 사랑의 '아버지'조차도 재신론적으로 삶의 상징으로서 되찾아질 수 있다. 왜냐하면, 성서적 종교가 신을 아버지로 표상하고 무신론이 우리에게 아버지의 물신숭배를 단념하라고 요구한다면, 재신론은 그렇게 우상으로서의 아버지가 먼저 극복되면, 그런 다음 아버지의 이미지가 상징으로 회복될 수 있음을 암시하기 때문이다. 의미와 성gender에 관한 풍부한 함의를 갖춘 상징으로 말이다. 리쾨르는 상징이 다음과 같은 것이라고 말한다. 이 상징은 "사랑의 기초에 대한 비유이다. 이 아버지 상징은 단순한 물러섬에서 시적 삶으로 나아가는 사랑의 신학, 진보의 신학 내에 있는 대응물이다." 무신론의 종교적 의미를 요약하면 또한 다음과 같다. "존재의 상징을 말하기를 시작할 수 있으려면 우상이 죽어야 한다."[57]

최후의 언약

이 급진적인 반성이 있은 지 거의 40년이 지난 후, 리쾨르는 그의 마지막 증언인 『죽음에 이르기까지 살아가기』(2007)에서 죽음과 부활에 관한 물음으로 되돌아간다. 죽어가면서도 글을 쓴 작가인 리쾨르는 철학자와 설교자의 구별을 흐릿하게 만들면서 전대미문의 솔직함으로 독자들에게 속내를 털어놓는다confides. 내가 보기에 그의 확신confidences은 재신론자의 고백에 해당한다. 리쾨르는 죽음의 경험에 수반되는 어떤 종류의 "은총"에 대해 이렇게 말한다. "죽어가는 사람이 특수한 종교나 고백과 더불어 무언가를 확인하는 것이 이 은총의 순간에 그리 중요한 것은 아니다. 실제로 죽음에 직면했을 때 비로소 종교적인 것은 본질적인 것과 하나가 되고 종교들을 (불교와 같은 비-종교들과) 나누고 분할하는 장벽을 초월하는 것이 될 수 있다. 죽음은 초-문화적이기 때문에, 초-고백적이기도 하고 초-종교적이기도 하다."[58] 리쾨르는 "직접성"과 "융합"에 대해 그가 기본적으로 의구심을 가지고 있음을 인정하면서, "어떤 죽음의 은총"(45)에 한 가지 예외를 둔다. 리쾨르는 이 은총을 특별히 "신앙고백적인 종교적 코드의 베일을 관통하는 본질적인 것의 내밀한 초월"의 "내재적 초월의 역설"(47)이라고 이야기한다. 그런 진정한 은총에 마주하기 위해서, 우리는 이 희망을 타자들에게 전이시킴으로써 자신의 개인적 구원에 대한 의지를 포기해야 한다고 리쾨르는 적고 있다.

여기서 우리는 다시 "자신의 삶에 매달리는 사람은 그것을 잃고, 삶을 버리는 사람은 삶을 얻는다"는 성서의 기본적인 역설에 직면한다. 또는 제임스 조이스의 말로 표현하자면, "쪼개짐 없이는 화해도 없다." 이러한 맥락에서 리쾨르는 희생적인 혈흔의 징표가 아니라 삶과 공유의 기호로 받아들여지는 성변화transubstantiation, 포도주가 피로 변하는 의식을 놀라울 정도로 신선하게 읽어낸다(90). 한 사람의 삶을 내어주는 성찬례의 기념, 즉 "나를 기억하며 이 일을 행하라"는 것은 죽음 이후의 개인의 물리적 생존에 대한 불안이 아닌 삶이라는 선물에 대한 긍정이 된다. 그리스도가 "다 이루었다"고 말했을 때 그가 의도한 것이 바로 이런 것이었다. 그리스도는 자기비움이라는 두 번째 몸짓으로(첫 번째 몸짓은 신성이 살로 내려간 것), 다른 사람에게 생명을 주기 위해, 헌신과 성사라는 양 측면에서, 곧 엠마오에서 빵을 떼고, 부활한 종의 형태로 제자들을 위해 생선을 요리하고, 그 후에도 인간의 역사에서 "이들 중 가장 작은 자"를 먹이며, 자신의 삶을 바친다. 리쾨르는 다음과 같은 주목할 만한 메모로 그의 증언을 끝맺는다.

인자The son of Man는 섬김을 받으러 온 것이 아니라 섬기러 왔다. 그러므로 타자 안에서의 죽음-재탄생과 삶의 선물로서의 섬김 사이는 연결되어 있다. 또한 축제와 섬김 사이도 연결되어 있다. 최후의 만찬은 공동체에 재결합된 다수의 생존자들과 함께 죽어가는 사람을 이어주는 음식과 포도주를 나누면서 타자를 섬기고 스스로 죽음에 이르는 순간을 결합시킨다. 그리고 이것이 바로 예수가 이에 대해 이론화한 적이 없고 그가 누구였는지도 결코 말하지 않았던 독특한 이유이다. 어쩌면 그는 몰랐을 수도 있다. 왜냐하면 그는 성찬례적 몸짓을 살아내면서, 죽음의 촉박함과 그 너머 공동체 사이의 간극을 좁혀냈기 때문이다. 그는 아무런 희생적인 관점 없이 (고통과 죽음을 통해) 영광으로 가는 한 경로를 표시해냈다.(91)

내가 보기에, 리쾨르는 여기서 그리스도의 죽음을 피에 굶주린 신을 달래기 위해 주기적으로 피를 흘리게 해야 하는 희생양적 의식으로 간주하기를 거부하고 있다. 그는 타자에 대한 사랑 때문에 자신의 삶을 "희생하는" 그리스도의 행위를 거부하는 것이 아니다. 나는 진정 리쾨르의 의도가 이방인, 타자, 초대받지 않은 손님과 공유하는 희생제의 이후의 성찬례로 돌아가는 것이라는 점에서 재신론적이라고 생각한다. 우리는 4장에서 성사적 삶에 대한 재신론적 접근을 다시 살펴볼 것이다.

리쾨르가 자신을 "그리스도교 철학자"라기보다 "철학적으로 글을 쓰는 그리스도인"이라고 부르는 것도 여기서 의미심장한 지점으로 보인다. 왜냐하면, 이렇게 함으로써, 그는 자유롭고 상상력이 풍부한 재회를 가능하게 하는 간극의 중요성을 인정하고 있으며, 때로는 전통 종교의 잊힌 자원을 복원하는 일의 중요성도 인정하기 때문이다.

그러나 내가 리쾨르에 대해 마지막으로 묻고 싶은 물음이 하나 있다. 그가 '할 수 있는 신'dieu capable으로서의 신에 관해 말할 때 정확히 의도하는 바는 무엇일까? 분열적 대립에 반대하기 위해 언제나 리쾨르는 출애굽기 3장 15절[59]의 번역과 관련해서 그리스 존재론과 성서 신학의 범주들을 비판적으로 대면시키고, 이를 통해 할 수 있는 존재 또는 가능하게 하는 존재로서의 신의 본성을 이해하기 위한 새로운 원천이 일어난다고 제안한다. (실제로 그는 아테네의 "비극적" 존재와 예루살렘의 "메시아적" 변화 사이에 "철학"이 있다는 데리다의 견해에 동의할 것 같다).[60] "나는 존재하는 자니라[나는 스스로 있는 자니라]"I am who I am라는 히브리어 '에흐예 아세르 에흐예'ehyeh asher ehyeh에 대한 전통적 번역에 주목하면서, 리쾨르는 "나는 존재할 수도 있는 자니라"I am who may be 내지 "나는 너와 함께 있을 자니라"I am who will be with you라는 대안적 번역에 더 많은 관심을 둔다. 후자는 그리스어와 라틴어에서 '존재'와 '할 수 있는-존재'로 존재론적 범주의 이해의 범위를 확대하는 히브리어 정식의 특정한 "신적 역동"을 인식하고 있다.[61] 여기서 특히 흥미를 끄는 것은 출애굽의 규정에 포함된 약속, 생성, 그리고 미래라는 내포들이다. 리쾨르는 그리스 존재론과 성서 신학의 교차점에서 출현하는 풍요로운 긴장에 매혹된다. 그는 "그것은 실로 '존재' 동사지만, 그리스에서 발견된 어떤 의미도 담고 있지 않다"고 했다. 거기에는 "존재로서의 존재의 의미, 또는 신실한 존재로서의 의미, 즉 사람이 동반된 존재의 의미, 존재의 또 다른 차원을 담아내는 일종의 의미 확장이 있다."[62] 리쾨르는 아리스토텔레스가 존재의 다양한 의미가 있다고 말할 때, 정작 그 자신은 거기에 주목하지 않았다고 말하면서,

출애굽기 3장 14절의 존재의 의미를 상상했다. 리쾨르는 그리스어와 히브리어 사이의 다양한 번역에서 존재론의 상호 확장을 보증한다.

여기서 마지막으로, 우리는 철학자들과 신학자들이 똑같이 공유하는 가능한 것의 종말론eschatology of the possible이라고 부를 수 있는 것에 마주하게 된다. 종말론은 리쾨르가 스스로 인정한 바에 의하면 그의 지적이며 영적인 "비밀"이다.[63] 그것은 대개 어떤 해석학적 분석의 끝자락에서, 암시적인 방식으로 일어난다(예 : 『해석에 대하여 : 프로이트에 관한 시론』). 종말eschaton이라는 용어는 "철학적 신학"과 "신학적 철학" 사이의 중간적 입장을 수용하는 데서 – 후기 작품 『성서의 새로운 이해』에서 – 시사된 바와 같이 리쾨르의 철학과 신학 모두에서 한계-지평 역할을 한다.[64] 종말론적 할 수 있음posse에 대한 이런 후기의 인식은 철학과 신학을 뒤섞는 일에 관해서 리쾨르가 초창기에 보여준 유보적 태도 – 그가 "방법론적 금욕주의" 부른 것 – 에서 벗어나는 어떤 것을 암시한다.[65]

리쾨르는 「결혼의 은유」라는 제목이 붙어 있는, 『성서의 새로운 이해』에 수록된 아가서에 대한 매혹적인 논고에서, 광시곡적 고백의 지점으로 자신의 종말론적 비밀을 밀어붙인다.[66] 여기서 우리는 인간의 전례적 힘에 반응하는 신의 종말론적 잠재성을 신적-에로스적 횡단의 형태 속에서 발견한다. 리쾨르는 아가서 8장 6절 – 신에 대한 암시 shalhevetyah가 야yah(주)라는 말로 나타나는 곳에 – 을 평하면서 인간 마음에 새겨진 그 유명한 "가슴의 인장"이 지혜와 욕망으로 이해되어야 한다고 지적한다.

그대를 흔들어 깨웠던 사과나무 아래,
그대를 낳느라고 그대의 어머니가 산고를 겪던 곳,

가슴에 달고 있는 인장처럼 나를 달고 다녀다오…
사랑은 죽음만큼 강한 것…
그 불꽃은 성스러운 불의 섬광shalhevetyah

— 아가서 8:5~7

여기서 리쾨르는 우리가 인간과 신의 욕망이 서로를 가로지르는 내밀한 신체-대-신체의 익명성을 존중하는 세심한 종말론을 가진다는 점을 암시하고 있다. 혼인의 사태를 가로지르며, 인간 존재의 "나는 할 수 있다"는 성스러운 사랑의 "너는 할 수 있다"에서 그 대응점을 발견한다. 할 수 있는 인간과 할 수 있는 신은 대담한 공모와 공동-창조co-creation의 행위로 서로에게 응답한다. 또한 나는 리쾨르가 이런 신-인의 교류를 기술하기 위해 은유라는 용어를 선택한 것은 우연이 아니라고 추정한다. 왜냐하면 은유성은 표면적으로 대립하는 항들의 교차 즉 내재-초월, 감성-지성, 유한-무한의 교차 가운데서 살아나는 언어의 "긴장의" 힘이기 때문이다. 이 텍스트를 읽으면서, 우리는 리쾨르에게 신적인 것이 에로스일 뿐 아니라 아가페이기 때문에 정확히 '할 수 있음'이라는 것을 깨닫게 된다. 즉, 결여라기보다 과잉인 욕망으로서 자신을 표현하는 신적 잠재성(가능성dunamis, 경향conatus, 욕구appetitus), 새로운 발생과 출생을 더욱 인간에게 가능한 것으로 만들어 낼 수 있는 종말론적 에로스 말이다. 이는 존재에의 결여라기보다 존재에의 욕망이다. 욕망 저편의 욕망. 더 많은 욕망을 갖는 욕망에, 그리고 더 많은 생명으로 죽음에 답하는 사랑으로서의 재신론적 욕망이다. 또한 이런 서로 간의 교차 과정에서 욕망은 확실히 인간이 추구하는 '그 이상의' 것, '과잉', '놀라움'에 대한 또 다른 이름으로 신을 드러낸다.

그렇다면 이러한 '할 수 있는 신'이 살고 죽는 것에 관한 구체적 물음에 어떤 함의가 있는 것일까? 리쾨르에게서 그런 종말론적 가능posse이라는 것은 희생의 보혈보다 섬김을 가능하게 하는 신, 사랑하는 피조물들에게 더 많은 존재를 부여하기 위해 자신의 존재를 기꺼이 소멸하는 신을 함축한다. 이런 점에서 우리는 (신앙고백적 절대주의의 의미에서의) 종교 저편의 신, 또는 적어도 종교간 내지 초trans종교적 신에 대해 말할 수 있다. 나는 리쾨르가 그의 파리에서의 친구 스타니슬라스 브르통과 이 종착적 기로에 가까이 다가섰다고 생각한다. 브르통은 인간이 더 충만한 인간이 될 수 있도록 신성이 "아무것도 아닌 것"이 되는 신비한 케노시스의 형태를 옹호한 학자다.[67] "넌 할 수 있어!"라고 말하는 신을 가능케 하는 신적 가능이라는 개념은 힘과 책임을 인간에게 돌려줌으로써 모든 형태의 신정론과 신정정치를 물리친다. 또한 이 점에서 리쾨르가 본질적인 것, 존재의 요점으로의 개방을 위하여, "자신들을 스스로를 포기해 버린" 위대한 독일 라인강의 신비가들Rhine mystics을, 그들의 관조적 분리, 그들이 보여주는 믿을 수 없는 새로운 질서의 능동적 창조, 가르침, 이 세계를 망각하려는 여행 및 경향과 관련해서 소환해내는 것은 흥미로운 지점이다. 본질적인 것에 대한 이런 식의 활용을 통해서 그들은 "삶에 대한 사랑을 다른 이들에게 전이시키려는" 동기를 품게 되었다.[68]

그리하여 신은 신 이후의after 신, 더 이상 존재하지 않지만 다시 새로워진 삶의 형식 안에서 다시 존재할 수도 있는may be 신이 된다. 이러한 신성은 성스러운 삶을 우리에게 '할 수 있는' 것으로 만들어내는 일을 '할 수 있으며', 또한 더 풍부한 존재로의 재탄생을 가능하게 하는 한에서 신적 존재를 비존재로 비워냄으로써 그러한 일을 성취해낸다. 필멸성 가운데서의 탄생을 위한 이 선택지를 위해, 죽음 이전과 이후의 분열은 재형상화될 수 있다. 재신론의 공간은 이 '존재할 수도 있음'이라는 것과 통한다. 하지만 그것은 절대 기정사실이 아닌, 불가능을 넘어서는 자유로운 가능성의 공간이다. 여기서는 어떤 것도 당연하게 여겨질 수 없다. 내기는 다시 또다시 요청된다.

2부 막간

4장 살이 되어 : 성사적 상상

살의 현상학
메를로-퐁티의 성사적 비전
사르트르의 고별사
크리스테바와 감각의 미학

오직 특이성을 통해서만
우리는 신성을 찾을 수 있다.
스피노자

재신론의 세 요소는 항의, 예언, 그리고 성사다. 3장에서 우리는 주로 항의와 예언을 살펴보았다. 특별히 그것은 내세의 전능한 신에게 도전하고 섬김과 탄생의 신의 복원으로 초청한다. 이 장에서 나는 세 번째 요소, 즉 일상의 거룩함에 성사적으로 귀환하는 일에 초점을 맞출 것이다. 이 장과 다음 장에서 살펴볼 현상학적 분석이 성찬례와 에피파니의 형태에 주로 초점을 맞추기 때문에, 나는 복음서 전통의 체화에 대한 몇 가지 언급으로 논의를 시작한다. 하지만 이렇게 한다고 해서, 이 분석을 그리스도교에만 적용하는 것으로 만족하겠다는 것은 절대 아니다.

그리스도교는 처음부터, 순례와 성사적 소명을 모두 공언했고, 전성기에도 그러했다. 그 첫 번째 일은 외인과 이방인을 찾아 나서는 것이었다.[1] 이는 여전히 도래 중인 왕국을 추구하는 일이었는데, 초창기의 이주민 선교사들에서부터 (본회퍼와 리쾨르 같은 "종교 없는 신앙"의 옹호자들을 포함한) 개혁 운동의 대담한 사상가들에게까지 이어졌다.[2] 두 번째 소명, 즉 성사적인 것은 지금 여기에 이방인을 환영하고자 했다. 왕국은 이미 도래한 것이다. 현재의 내재성 안에서의 초월자의 접대 행위hosting는 수도회와 탁발 수도회(가르멜회, 베긴스회, 프란치스코회, 베네딕도회)의 위대한 신비주의자들뿐만 아니라 수많은 종교 예술가와 성인들로 말미암아 전형화되었다.[3] 재신론은 항의와 예언에 대한 순례자의 헌신과 매일의 에피파니로의 성사적 귀환을 결합하려고 노력하면서, 이 두 소명을 끌어낸다. 그것은 바깥으로의 여정과 성스러운 지금 여기에 머무르는 것 사이의 균형을 이루고자 한다.

성사적 귀환은 일상적인 것 안에서 이례적인 것을 되찾는 것이다. 나는 여기서 일상적 실존의 빵과 포도주 안에서 신적인 것이 특별하게 일깨워지는 일을 다루기 위해 의례적인 의미의 '성사'보다 (이를 포함할 수는 있지만) 더 일반적인 의미에서 '성사'라는 말을 사용한다. 아빌라의 데레사는 참된 신비적 경험이 신비적인 명상으로부터 일상적 우주로 되돌아가는 성사적 움직임을 입증한다고 주장했다. 침묵의 관조 속에서 자신을 잊고 소유로부터 스스로 초연해진 후 그녀는 그리스도의 '성스러운 인간성'을 우리에게 상기시키면서 이 세상의 타자들을 섬기는 삶으로 돌아가는 일에 관해 말한다. 신비적인 단념에서 최종적인 단계는 이생에서 우리의 일상적 실존이 성화되는 것이다. "내적으로나 외적으로 당신을 돕고자 주께서 만사pots and pans 가운데 거닐고 계심을 알라."[4] 그녀는 언제나 창조주는 "피조물을 통해 발견되어야 한다"고 주장했다.[5] 세속 세계에서의 섬김의 삶을 향한 이러한 성사적 귀환은 마지막 장들에서 더 상세히 검토될 것이다. 현재로서는, 재신론의 이 제삼의 요소가 탈주술화의 '부정의 길'via negativa 이후의 '긍정의 길'via affirmativa을 신호한다고 말해도 충분하다. 홀로코스트의 참상이건 개별 영혼의 어두운 밤이건 역사의 어두운 중간 휴지기 너머에서, 재신론은 생활-세계의 제2의 축성을 약속한다. 그것은 다음과 같은 리쾨르의 말을 포괄한다. "마지막의 슬픔 속에서 '예'의 기쁨."[6]

다른 말로 설명해보자. 성사적인 것은 '아니요' 다음에 오는 '예'의 힘을 불러일으킨다. 이는 사자가 순종하는 낙타와 율법주의의 용(너는 해야만 한다)에 도전한 후에라야 다시 삶을 긍정할 수 있는 차라투스트라의 '어린아이'의 힘 같은 것이다. 그것은 힘없는 힘이지만, 궁극적으로는 가장 강력한 힘들보다 더 은혜롭고 효과적인 힘이다. 이것이 파문ana-thema 이후 성스러운 것의 귀환을 알리는 재-신ana-theos의 가능성이다. 그리고 파문은 이단에 대한 정죄 — 파문이라는 말이 통상적으로 함의하는 바 — 만이 아니라 거룩한 구별이라는 이중의 의미를 취한다. 이단은 거룩케 함의 선결조건이다. 분리는 성결함의 전주곡이다. 철회는 동의의 전조이다. 이와 같이 우리는 신적인 것에 바쳐진 것이라는 파문의 원래 의미를 복원한다.

파문-재신의 역설에 비추어, 나는 이 장과 다음 장에서, 성사적 귀환이 유신론과 무신론의 이분법 너머에 있는 신적인 것의 낯선 징후들에 대한 경계를 늦추지 않게 하는 어떤 '부정적 역량'을 전제하고 있음을 시사할 것이다. 다시 말해, 내가 이해한 성사적 운동은 형이상학적 충족성을 지닌 첫 번째 신과 분리된 어떤 두 번째 신의 가능성을 암시한다. 그 가능성은 살로 내려온 어떤 신을 향한 개방, 그러한 순간의 성스러운 소환에 대한 우리의 반응에 달려있는 개방의 조짐이다. 이는 성찬례적 사랑과 공유sharing라는 일상적 행위에서 자신을 체화하는 무한성에 각별한 주의를 기울이기를 요구한다. 무한하게 큰 것과 무한하게 작은 것 사이를 끝없이 오가는 것. 최고의 신성은—자기를 비움으로서—"이들 가운데 가장 작은 자"가 되는 것이다. 말은 일상의 살이 된다.[7] 지속적이고 끝없이 이어지는 선물. 성변화transubstantiation. 다음으로 나는 모리스 메를로-퐁티와 쥘리아 크리스테바라는 두 대륙 사상가가 탐구한 감각의 성사적 패러다임을 추적할 것이다. 5장에서 나는 이 탐구를 조이스, 프루스트, 그리고 울프라는 세 명의 현대 소설가에 관한 연구로 확장할 것이다. 그리고 마지막으로, 마지막 두 장에서 나는 현대 윤리와 정치의 '활동적 삶'vita activa에서 성사적 재신론의 살아 있는 예들을 탐구할 것이다.

살의 현상학

우리 시대의 철학이 우리에게 성사적 육화에 관해서 말해줄 수 있는 것은 무엇일까? 그것이 말이 살이 되는 일상의 경탄에 빛을 던져 줄 수 있다면, 어떤 빛을 던질 수 있을까?

에드문트 후설은 생동하는 신체Leib라는 중대한 주제를 꺼낼 때 살의 현상학을 향한 길을 비추어주었다.[8] 후설은 체화라는 도외시된 개념이 생생한 체험에 비추어 다시 논의될 만한 공간이 생기도록 그 유명한 "에포케"를 수행하는 것이 필수적인 일이라고 생각했다. 이것은 이전의 모든 전제들을 괄호에 넣는 일과 관련한다. 이렇게 해서 우리가 생각했던 모든 것이 살에 관한 것임을 알게 된다. 이전에 받아들였던 의견에 대한 판단중지suspension는 형이상학이라는 정점에서부터 상식이라는 가장 기본적인 편견에까지 이어진다. 이것이 바로 후설이 자연적 태도natural attitude라는 호칭 아래 한데 아울러 놓은 가정들의 내용 전반이다. 다시 말해, 후설의 현상학이 벗어나려고 했던 습득된 정신이라는 것은 사변적 체계(실재론이나 관념론)에서부터 물리학과 화학 같은 실증과학이나 수많은 문화적, 사회적, 이데올로기적 태도에 이르기까지, 실제로 '살'이 무엇인지에 관한 다양한 견해를 망라하는 것이다. 그리고 판단을 중지해야 하는 것에는 신체, 성, 욕망, 그리고 죄에 관한 모든 종교적 교리와 교의도 포함된다. 일단 이러한 모든 가정들이 잠정적으로 괄호에 들어가면, 후설은 현상이 나타나는 단순하고 평범한 일상에서 현상 자체가 현상 자신을 보여주는 것이 가능해질 것이라고 단정했다. 이러한 가설은 공인된 합의나 관습들에 관한 "에포케" 이후, 경험의 사태들이, 검열 없이, 있는 그대로의 그 자신으로부터 나오는 바로 그것 자체를, 곧 그것들의 다층적인 거기 있음thereness — 감각적, 정서적, 가지적, 정신적 — 으로부터 나오는 자기 자신을 보여줄 것이라는 기대를 함축했다. 이런 식으로, 서구 정신이 너무 자주 도외시한 살의 경험은 새로우면서도 무편견적인 빛 가운데서 다시

기술될 것이다.[9]

하지만 후설 자신은 이런 생각의 방향만 가리켰을 뿐이다. 그는 그 길을 비추고는 그 길을 따라 몇 걸음 걷기는 했지만, 후설이 그 지형 깊숙이 들어가거나 그 지형을 점유한 것은 아니었다. 후설의 작업이 아무리 선구적이라 해도 그것은 약속어음, 사명 선언문, 반쯤 완성된 차트, 로그, 지도의 상태로 남아 있었다. 후설은 "사태 그 자체"things themselves로 돌아가겠다는 자신의 말에도 불구하고, 초월적 관념론이라는 그물망에 사로잡혀 이론적 인식의 한계를 결코 벗어나지 못했다. 이는 그의 추종자들이 닻을 먼저 내린 다음 소형 선박을 해안가로 끌고 가게끔 하는 결과를 초래했다. 하이데거는 "기분"과 "현사실성"에 관한 자신의 실존론적 분석으로 살의 현상학이라는 기획을 분명 진일보시켰다. 하지만 사실상 하이데거의 현존재는 생동하는 신체의 현실적 의미를 취하지 못한다. 현존재는 먹지도 않고, 잠을 자거나 성관계를 하지도 않는다. 현존재는 또한 '세계 내 존재'에 대한 모든 논의에도 불구하고, 초월적 유혹에 사로잡힌 채로 남겨진다. 후설의 다른 제자들은 더 나아갔다. 막스 셸러와 에디트 슈타인이 동감의 현상학을 제시하고, 사르트르가 수치심과 욕망에 관한 섬세한 통찰을 제시했지만, 우리가 오직 메를로-퐁티에게서만 완전히 성장한 살의 현상학을 볼 수 있다고 생각한다. 여기서 마침내 신체는 더는 단순한 기획, 암호 또는 아이콘으로 취급되지 않고 존재론적 심연 가운데 있는 살 자체로 다루어진다. 형이상학적 관념론의 유령은 잠재워지고, 우리는 그 헤아릴 수 없는 이것임thisness이라는 성격 아래 신체로 귀환한다.

메를로-퐁티의 성사적 비전

내 생각에 메를로-퐁티가 신체의 현상학을 기술하기 위해 성사적 언어를 택했다는 것은 의미심장한 일이다. 이런 술어를 택한 것은 내가 속된profane 지각의 성찬례라고 일컫는 것에 해당한다. 『지각의 현상학』(1945)에서 우리는 다음과 같은 대목을 읽는다.

> 성사는 감각적 종에서 은총의 작용을 상징할 뿐만 아니라 신의 실재적 현전으로 존재하는 것이기도 한데, 그것은 그 현전을 한 공간의 파편에 머무르게 하고, 내면적으로 준비된 이들에게 제공되는 성찬례의 축성된 빵을 먹는 이들과의 소통을 일으킨다. 이와 같은 방식으로 감각적인 것은 운동 및 생명에 관한 의미를 가질 뿐 아니라 어떤 공간의 지점에서 우리에게 제시되는 어떤 세계-에의-존재의 존재 방식, 우리의 신체가 그렇게 할 수 있다면 우리 신체에 떠맡겨지고 우리 신체로 말미암아 행동하게 되는 세계-에의-존재의 어떤 방식 이외의 다른 것이 아니며, 이는 문자 그대로 감각이 교감의 한 형태가 되게 하기 위한 것이다.[10]

여기서 우리가 발견하는 것은 적절한 비례성의 기본 유비이다. 곧 A : B는 C : D라는 논리가 발견된다. 즉, 성변화의 성사가 그에 반응하는 영성체 수용자에 대한 것이듯, 감각적인 것은 지각할 수 있는 지각하는 자에 대한 것이다.

이는 장-폴 사르트르, 시몬 드 보부아르, 알베르 카뮈와 같은 측근들이 전투적 무신론을 필수불가결한 것de rigueur으로 여겼던 1940년대 프랑스의 시대 분위기 속에서의 어느 실존주의자의 글에 담긴 또렷한 유비다. 메를로-퐁티는 계속해서 감각적인 것의 성찬례적 힘을 다음과 같이 기술한다. "나는 외부 존재와 관련해서, 그것이 나 자신에게 열려 있건 닫혀 있건, 한 외부 존재와 관계를 맺는다. 만일 성질들이 그 주위에서 특정한 존재 방식을 발산한다면, 만일 그 성질들이 주문을 거는 힘과 조금 전에 우리가 성사적 가치sacramental value라고 불렀던 것을 가지고 있다면, 그것은 감각하는 주체가 성질들을 대상들로 정립하는 것이 아니라, 그것들과 교감하고 그것들을 자기 것으로 만들며 그것들 속에서 자신의 순간적 법칙을 발견하기 때문이다."[11] 다른 말로 하면, 세계의 낯섦과 각기 감각적으로 마주치는 것은 동감을 통해서 인간 자아와 낯선 세계가 서로를 낳는 '탄생의 협약'으로의 초대이다. 성사적 감각은 감각적인 것이 나를 통해 그 자체로 일어나는, 나 자신과 사태들 사이의 가역적 관계다.

메를로-퐁티가 가장 낮은 단계의 경험(옛 형이상학의 사다리에서는, 감각 경험)에 곧장 내려가 "현상학적 귀환"을 추적할 때, 그가 가장 성사적인 교감의 작용을 발견한다는 점은 이상한 역설이다. 이는 표면적으로 대립하는 것들, 즉 육적인 것 안에 있는 인지적인 것, 내적인 것 안에 있는 외적인 것, 보이는 것 안에 있는 보이지 않는 것이 서로 교차한다는 그의 개념과 밀접하게 관련되어 있다. 여기서 우리는 플라톤주의의 전복을 엿본다. 그것은 가장 내밀한 '요소'인 살로의 귀환이다. 다시 말해, 존재의 수축과 이완systole and diastole으로, 봄과 보여짐으로 우리를 감싸는 살로의 귀환이다. 이와 같이 현상학은 신체와 정신, 현실과 이상, 주체와 대상 간의 전통적 이원론을 뛰어넘게 된다. 이것이 바로 메를로-퐁티가 그의 사후 출간작인 『보이는 것과 보이지 않는 것』(1964)에서 살의 수수께끼를 상호 교차점으로 기술하는 방식이다. "보는 자는 그가 보는 것에 사로잡혀 있다. … 그 자신이 수행하는 것이자 또한 사물들로부터 겪는 것인 봄은, 여러 화가들이 말했듯이, 사물들이 나를 봄으로써 내가 나 자신을 느끼는 것 같은 것이다. 나의 능동성은 수동성이다." 이에 "보는 자와 보이는 자가 서로 주고받아서 어떤 것이 보는 자이며, 어떤 것이 보여지는 자인지를 더 이상 알지 못할 정도로 그러하다. 우리가 살이라고 부르는 것은 바로 이 가시성, 즉 나 자신의 본래의 익명성이며, 전통 철학에는 그것을 지칭하기 위한 이름이 없다는 것을 우리는 알고 있다."[12] 나는 메를로-퐁티가 이 "익명적" 물질의 핵심에 다가가서 — 이전의 모든 환원을 유보하는 최종적 귀환, 마지막 환원에서 — 성육신한 저 "요소"의 영역으로 옮아간 지점이 여기라고 생각한다. "살은, 존재자들을 형성하기 위해 서로를 합하거나 서로에게 이어지는 존재의 소체corpuscles라는 의미에서, 물질이 아니다. 보이는 것(내 신체만이 아니라 사물들)은 사실적으로 존재하고 사실적으로 내 몸에 작용하는 것들에 의해 생기게 되는 — 그렇게 되는 방식은 아무도 모르는 — 어떤 '정신적' 물질도 아니다. 일반적으로, 그것은 '물질적'이거나 '정신적인' 사실도 아니고 그런 사실의 합도 아니다." 그렇다, 메를로-퐁티는 물질이 전혀 다른 것이라고 주장한다. "그것을 지시하기 위해서 우리는 '요소'[원소]라는 고대 용어를 사용해야 했다. 물, 공기, 흙, 불을 말하는 데 사용되었다는 의미에서, 즉 시공간적 개별자와 이데아의 중간쯤에 있는 일반적 사물, 곧 존재의 파편이 있는 곳이면 어디든 존재의 양식을 가져오는 일종의 육화의 원리와 관련된 의미로 말이다."[13] 요컨대, 살의 요소는 존재 전체와 각 개별 존재의 파편, 그 둘 사이에 있다. 그것은 소크라테스 이전 철학의 용어로 표현하자면, 일상적인 세속적인 것 속에서 '발생기 로고스'의 체화를 뜻한다.

그림의 예로 돌아가 보면 『눈과 정신』(1964) — 세잔과 클레 — 에서 메를로-퐁티는 상호 교차적 모형을, 보는 자와 보여지는 것의 서로 간의 성변화로 설명한다. 그는 이것을 살의 "기적"이라고 부른다. 그는 이러한 존재론적 측면에서 그의 입장을 분명하게 규정한다.

> 참으로 존재의 들숨과 날숨이 있고, 능동과 수동이 있는데, 이것이 워낙 분별되지 않기 때문에 우리는 보는 것과 보이는 것을, 그리는 자와 그려지는 것을 더는 구분해낼 수 없다. … 이 순환에는 어떠한 단절도 없다. 자연이 여기서 끝나고 인간이나 표현이 여기서 시작한다고 말하는 것은 불가능하다. 스스로 자기 고유의 의미를 드러내 보이는 것은 침묵하는 존재다.[14]

언어와 예술의 문제를 다루는 논고를 모아 놓은 작품 『기호들』(1960)에서 이미 메를로-퐁티는 예술의 살이 언제나 삶/생명의 빵에 빚지고 있다는 주장을 탐구한 바 있다. 그가 주장하기를, 예술가의 삶에는 그림이나 시에서 '축성'에 부적합할 만큼 대수롭지 않은 것이 없다. 그러나 예술가의 '표현 양식'은 더 높은 수준의 '반복'과 '재창조'에서 자신의 신체적 상황을 성스러운 증인으로 전환시킨다. 예술작품은 그것의 발원지인 생활세계를 여전히 지시하지만, 이차적 지시인 창조적 가능성을 열어둔다. 특히 레오나르도 다 빈치에 대해 말하면서, 그는 이렇게 쓰고 있다.

> 만일 우리가 그 결정적인 순간에 참여하기 위해 화가의 입장에 선다고 가정해보자. 여기서 결정적인 순간이란, 몸의 운명이나 개인적인 모험, 또는 역사적 사건으로부터 주어진 것이 '모티브'(이를테면 표현 양식)에 입각해 결정화하는crystallizes 바로 그 순간이다. 우리가 화가의 처지에서 본다면, 그의 작품은 단순한 결과물이 아니라 항상 그 주어진 것들에 대한 응답이라는 사실을 알게 될 것이고, 또한 신체,

> 삶, 풍경, 학교, 유파들, 채권자들, 경찰, 혁명 등은 회화를 질식시킬 수도 있으나, 다르게 보면 그 작품이 성사에서 축성된 빵이 되기도 한다는 것을 알게 될 것이다.[15]

요컨대, 다름 아닌 작품의 몸에서 축성된 것이다. 여기서 우리는 메를로-퐁티의 현상학적 설명이 어떻게 탈형이상학적 언어로 신학적, 성사적 관용구를 재활성화하는 역할을 하는지 다시금 보게 된다. 우리는 5장에서 세 명의 소설가들에 대해 논의하며 이 성변화의 미학으로 돌아갈 것이다.

하지만 분명히 말하지만, 메를로-퐁티는 신학자가 아니며, 그리스도교의 변증론자도 아니다. 나의 요점은, 철학적으로 불가지론적인 관점에서, 메를로-퐁티가 살 안에서 신적인 것의 회복으로, 초월로부터 세계의 몸의 중심에 오는 자기비움으로, 우리 너머에 있는 신이 아니라 우리 아래에 있는 신이 되는 것으로, 성찬례적 체화를 해석하는 매혹적인 현상학적 해석을 제시하고 있다는 것이다. 이것은 우리를 메를로-퐁티의 성사적 비전의 핵심으로 데려간다. 다음과 같은 그의 말이 표면상으로는 불가지론적이지만, 내 생각에는 중립적이지 않다. 그는 이렇게 적고 있다. "그리스도교의 신은 수직적 종속 관계와는 아무런 상관이 없다."

> 신은 우리가 곧 그의 결과가 되는 원리나 우리가 곧 그 도구가 되는 의지가 아니며, 더구나 인간의 가치는 신의 단순한 반영이 아니다. 우리 없이는 신은 일종의 무능 가운데 있으며, 그리스도는 신이 완전한 인간이 되지 않고는 신이 완전한 신일 리 없음을 입증한다. 클로델은 신이 위가 아니라 우리 아래에 있다고까지 말하는데, 이는 우리가 그

를 초감각적 이념으로가 아니라, 우리의 어둠에 깃들어서 그 어두움을 입증하는 또 다른 우리 자신으로 생각한다는 것을 의미한다. 초월은 더는 인간 위에서 갑자기 내려오는 것이 아니다. 그는, 인간은 낯설게도 초월의 특권적 담지자가 된다.[16]

한 사람의 다른 인간 존재에 대한 사랑을 표현하는 것에 관해서, 메를로-퐁티는 우리가 타자에게 하는 약속에서, 현 순간에 알거나 깨달을 수 있는 것을 넘어서는 이 "초월"의 현전을 엿본다. 사랑하는 사람이 기대하는 우리의 경험을 뛰어넘는 절대적인 것이 그 경험 속에 내포된다. 내가 현전함으로써 시간을 파악하듯이, 나는 타자들을 "경험을 초월하는 경험의 긴장 가운데" 내 개인의 삶을 통해 지각한다. 이런 점에서 메를로-퐁티는 다음과 같이 제안한다.

절대적인 것의 … 파괴란 없으며, 오직 실존으로부터 분리된 절대적인 것의 파괴만이[있을 뿐이다]. 사실대로 말해서, 그리스도교는 분리된 절대적인 것을 인간 안의 절대적인 것으로 대체하는 것으로 이루어져 있다. 신의 죽음이라는 그리스도교의 사상에 이미 신은 죽었다는 니체의 관념이 담겨 있다. 신은 인간의 삶에 뒤섞이기 위해 외부의 대상이 되기를 그치는데, 또한 이런 삶은 단순히 비-시간적 결론으로 복귀하는 것이 아니다.

그는 또 이런 말을 덧붙인다. "신은 인간 역사를 필요로 한다. 말브랑슈가 말했던 것처럼, 세계는 미완이다." 메를로-퐁티는 그 당시의 대부분의 공식적인 그리스도교 교회가 지지하지 않을 것임을 알고 있었음에도, 다음과 같이 제안한다. "일부 그리스도인들은 우리가 거주하는 환경에서 사태의 이면을 이미 볼 수 있었을 것이라는 데 동의할 수 있을 것이다."[17] 그리고 그는 자신이 신학자가 아닌 철학자로서 글을 쓰고 있기에, 신성불가침한 개념들을 현상학적으로 자유롭게 재평가할 수 있었다는 점을 알고 있었다. 그는 교회의 재가nihil obstat를 받을 필요가 없었다.

마지막으로 1956년부터 1960년 사이 콜레주 드 프랑스에서 열린 '자연'에 관해 강의에서, 메를로-퐁티는 자연을 통해 신을 재고할 가능성을 탐구한다. 그는 신을 세계로부터 떨어트리는 어떤 유신론, 즉 전형적으로 존재 전체를 세계 저편의 신과 형이상학적으로 동일시하는 일부 그리스도인의 '무우주론' 또는 반세상성과 연관된 어떤 움직임에 반대한다. 이렇게 자연 세계와 인간 세계로부터 신성을 제거하는 것은 자연이 무의 상태로 빠져들도록 위협한다. 메를로-퐁티는 이것을 자신이 다음과 같이 정의한 "유대-그리스도교 존재론의" 특수한 "문제"와 연결한다. "그런 유일신교는 그것이 매우 엄밀하게 다루어지면 세계가 그렇지 않다는 귀결이 따른다." '우리가 신이 존재다, 라고 말하는 순간부터, 어떤 의미에서 신만이 존재한다는 것임에 틀림없다'〔에티엔 질송을 인용함〕. 유대-그리스도교 사고는 무우주론의 위협에 시달린다."[18] 그런데 유대-그리스도교 신앙의 이러한 무우주론적 표현은 물론 역사적으로 명확한 것이다. 즉, 그것은 신에 대한, 그리고 신과 자연의 관계에 대한 어떤 특정한 형이상학적 설명인데, 이런 설명이 서양 철학과 신학에서 지배적인 것이 되었다. 그 이전의 니체처럼, 메를로-퐁티는 이 정통적 설명을 위장된 허무주의로 여긴다. 그리고 나는 그가 옳다고 생각한다. 신을 그 자신의 자주적 원인이자 자연이나 인간에 대한 욕망이 없는 무시간적이고 저세상적인 존재와 동일시하는 것은, 데카르트와 이성주의자들이 그랬던 것처럼 살의 신성함을 거부하는 것이기 때문이다. "신을 〔형이상학적 의미에서〕 존재로 정립하는 것은 세상에 관한 부정을 불러오는 것이다."[19] 그리고 이것은 또한 육화의 원래 메시지 — 로고스가 살이 되어 고통받고 행동하는 인간성의 중심으로 들어오는 것 — 를 배반하는 것이라는 점을 그는 재빨리 덧붙인다.

이런 식의 형이상학적 유신론에 대한 반응으로, 메를로-퐁티는 그리스도가 성부 앞에서 철저한 버려짐을 경험한 십자가형과 성육신에 관한 그리스도교의 이야기에서 진정으로 무신론적인 순간을 인식할 것을 요구한다. "나의 하느님 나의 하느님 왜 나를 버리시나이까?" 메를로-퐁티는 자신이 성사적 세계 참여와 동일시한 어떤 그리스도교적 대안(비록 무시된 것이지만)과 무우주론적 유신론을 대조함으로써 결론을 내린다. 여기서 성사적 세계 참여는 1950년대 프랑스의 노동자-사제 운동으로 대표되는데, 이는 나중에 해방신학에 나타나고, 또한 그가 "소수자"라고 부른 것에 대한 관심, 곧 주변화되고 거부된 이들에 대한 관심에 나타난다. 비우주론적 유신론에 관한 그의 비판적 진단은 다음과 같이 나타난다. "신은 모든 창조 저편에 존재한다. 유신론은 이 입장에서 비롯되며, 더는 거짓 신들에 대한 비판을 구별하지 못하는 입장으로 나아간다. … 그리고 키에르케고어가 말했듯이, 아무도 그리스도인이라고 불릴 수 없다. 신앙은 불신앙이 되어야만 한다. 그리스도교에는, 인간을 만든 신에 관한 종교에는 어떤 무신론이 있다. 여기에서 그리스도는 신에게서 버림을 받고 죽는다."[20] 하지만 메를로-퐁티는 거기서 끝내지 않는다. 그는 다음과 같은 예견을 첨가한다. "한 찬송가에서는 그리스도의 수난이 헛되지 않을 것이라고 말한다. … 사제-노동자의 모험을 우리가 역사에서 고통받는 인류와 별개로 신을 자리매김할 수 없다는 인식으로 바라보라. 따라서 신이 현실화될 수 있도록 신과 가장 먼 인간을 추려 내는 것〔이 필요하다〕. … 왜냐하면 소수자는 지상의 소금이기 때문이다!"[21]

메를로-퐁티는 여기서 우리가 소수자, 다른 것, 체화된 것에 대해 열려 있는 자연(그리고 신)과 새로운 비교의적 관계를 맺어야 한다는 점을 암시하고 있는 것 같다. 신과 자연에 대한 우리의 이해를 위해 육화의 급진적 결과를 인식하는 것은, 메를로-퐁티에게, 유신론과 무신론 사이의 끝없는 교리적 분쟁에 대한 재신론적 대안이다. 이런 점에서 우리는, 내세적 형이상학에 의해 훼손된 종교 형태를 넘어 행동과 고통의 일상적 삶에서, 타자들에 대한 주목과 섬김에 내속하는 신적 잠재성에 대한 신앙으로 이행하자는 본회퍼와 리쾨르의 제안에 메를로-퐁티가 동의했을 것이라고 말할 수 있다. 그러나 메를로-퐁티가 본회퍼와 리쾨르와 차이 나는 것으로 보이는 지점은 그들의 '예언자적' 항의protest의 목소리(그들의 전쟁 포로 경험으로 형성된)를 자연적 현존에 대한 '성사적' 음향으로 보완하는 것이다. 이 점에서 메를로-퐁티가 본회퍼와 리쾨르의 '개신교'의 우상파괴 작업에 더 '가톨릭'적인 스타일을 부가했다고 할 수 있을 것이다. 그런데 두 사례와 관련해서 우리는 신앙고백적 문화의 탈[이후]종교적 표현에 대해 말하고 있다. 초월성을 자연의 내재성으로 재배치함으로써 메를로-퐁티는 로고스가 세계의 살을 회복하게 하는 작업을 시행했다. 신 즉 자연.

사르트르의 고별사

나는 사르트르가 「살아있는 메를로-퐁티」라는 추모사에서 자기 친구의 사유에 등장하는 초월-내재의 역설을 정확하게 포착하고 있다고 생각한다. 사르트르는 메를로-퐁티가 젊은 시절 가톨릭 공동체에 끌렸지만 20세에 교회를 떠났고, 그럼에도 "그의 말년에 무신론자로 여겨지기를 거부한" 모습을 포착해낸다.[22] 사르트르는 메를로-퐁티가 실존의 어떤 "기적"에 계속 흥미를 느꼈는데, 이 실존의 기적으로써 "존재가 인간을 통해 자신을 표명하기 위해 인간을 고안해낸다"고 말한다.[23] 이 주제에 대한 친구 메를로-퐁티의 생각이 사르트르의 생각과 다르긴 하지만, 사르트르도 우리 앞에 있는 가장 궁핍한 걸인 안의 초월의 부르심/명령을 육화한 익명의 이방인에 대한 놀라운 기술을 제공한다. 무신론자인 사르트르가 자신과 깊이 공명하는 메를로-퐁티의 '은유'와 마주하여 펜을 든 어느 구절이 있다. 그것은 그리스도교의 케노시스, 곧 자기비움을 반향하면서 집도 없이 굶주리는 손님hospes과 신을 동일시하는 독특한 대목이다(마태오의 복음서 25장). 이 대목을 충분히 길게 인용해보면 다음과 같다.

> 이따금씩 메를로는 그가 우리 안의 '내재성 속에 감춰진' 일종의 초월적 명령을 지각했다고 생각하지 않았던가? 어느 글에서 그는 신이 바로 우리 아래에 있다고 쓴 어느 신비주의자를 칭송한 적이 있다. 그리고 분명히 이렇게 덧붙인다. "그렇지 않을까?" 그는 인간을 필요로 하는 이, 각인의 마음에 여전히 의문으로 남을 이, 그럼에도 끊임없이, 한없이 상호주관성이 불러일으킨 총체적 존재로 남을 이, 우리가 우리 존재의 원천에 둘 유일한 이, 인간 모험의 불안을 우리와 함께 나눌 이, 이런 전능자를 꿈꿨다. 물론 그것은 은유적인 지적일 뿐이다. 하지만 그가 이런 은유를 택했다는 사실은 의미가 없는 것이 아니다. 모든 것이 거기에 있다. 즉, 존재의 발견과 위험은 우리 아래 있고, 엄청나게 궁핍한 여인은 넝마를 입고 있으며, 그녀가 우리의 과업이 되기 위해 우리에게 필요한 것은 아주 미세한 변화일 따름이다. 신은

인간의 과업인가? … 가끔씩이라도 이를 꿈꾸지도 않았다는 말은 없다. … 그는 서두르지 않고 계속 탐구했다. 그는 기다리고 있었다.[24]

하지만 이것이 전부는 아니다. 메를로-퐁티는 신의 연약함을 없애려고 한 헤겔적 유혹에 저항했다. 메를로-퐁티의 후기 존재론에서 자기 비움의 비유를 사르트르가 보충적으로 소환해낸 것은 아주 매력적인 만큼 또한 적절한 것이다.

메를로는 내재성 안에 에워싸이고자 했고, 초월적인 것과 충돌했다. 헤겔적 종합에 의존하는 일은 결단코 피해가면서도 … 그는 초월적인 것을 내재성 안으로 흘러 들어가게 하고, 그 미세함으로 무화에 대항하여 초월적인 것을 보호하면서 동시에 초월적인 것을 내재성 안에 용해하게 한다. 그것은 이제 부재와 탄원일 뿐이며 그 무한한 연약함으로부터 모든 것을 아우르는 힘을 이끌어낸다.[25]

하지만 거듭 말하건대, 메를로-퐁티는 변증가도 아니고 종교사가도 아니다. 그는 성사적 살에 관한 '이름 없는' 경험을 표현하기 위해 특정한 현상학적 방법을 사용한 철학자이다. 그리고 최근의 여러 현상학자들이 감각적이고 성애적인 것의 성스러운 차원을 재고할 때 메를로-퐁티의 인도를 따랐다는 점에 주목해야 한다. 우리는 장-뤽 마리옹의 포화된 현상으로서의 '살'에 관한 글이나 장-루이 크레티앙의 성스러운 예술에서의 체화에 관한 설명도 염두에 둘 수 있다.[26] 그러나 메를로-퐁티는 성사적 감각의 유신론/무신론적 함축과 관련해서 방법론적 불가지론을 준수하는데, 이 점에서 그는 마리옹과 크레티앙의 신학적 해석학과는 구별된다. 나는 재신론적 선택에 개방되어 있는 불가지론을 제안한다.

그러니까 비밀 전도자는 없었으며, 메를로-퐁티는 후설을 따라 고백적 진리 주장을 유보했다. 그리고 이것은, 내가 생각하기에, 단어, 소리, 이미지의 성변화의 경이로움에 관한, 예술가들이 즐기는 시적 허용의 철학적 등가물에 해당한다. 이런 점에서 우리는 현상학적 방법 — 주어진 태도들을 괄호 치기 — 이 '마치-처럼의 왕국'kingdom of as-if 으로 폭넓게 진입하기 위해 믿음과 불신을 문학적으로 유보하는 것과 유사하다고 말할 수 있다. 다음 장에서 주장하겠지만, 이러한 판단중지는 '그것 자체', 곧 우리의 살과 피의 현존이 지닌 거룩한 이것임을 더 잘 이해하기 위해, 의심, 증거, 독단, 교리에 관한 물음과 관련하여 한정된 소극적인 능력을 고려에 넣는다. 나는 "상상의 자유 변경"(이는 후설의 말이다)에 이렇게 노출되면서 뒤따르는 순수한 주의의 태도가 몇몇 신비주의자들이 성사적 비전을 위해 중대한 예비적 순간으로 인식했던 것과 그리 멀리 떨어진 것이 아니라고 생각한다. 저 순간은 그들이 "무지의 구름", 박학한 무지, 동양 신비주의에서 네티/네티neti/neti(이것도 아니고 저것도 아닌 것)와 같은 여러 가지 이름으로 불러온 어떤 순간으로, 실재에 관한 가장 깊은 지혜의 길을 도야하는 경험들이다.[27] 참된 믿음은 불신을 가로지른다. 현상학적 방법에서 반드시 수반되는 상상의 자유로운 횡단에서는 모든 것이 허용된다. 배제를 제외하고는 아무것도 배제되지 않는다. 메를로-퐁티는 절대적인 요구사항 없이 우리가 일상의 성사의 기적에 귀 기울이도록 함으로써, 감각적인 것의 성찬례적 성격에 대한 신선한 통찰을 제공한다.

이것은 마지막 말이 아니다. 그것은 다시 시작할 수 있는 맑아진 공간이다.

크리스테바와 감각의 미학

그러나 나는 '성사적' 예술작품을 꼼꼼히 읽기 전에, '성변화'의 미학에 대한 통찰을 제시한 다른 현대 사상가 쥘리아 크리스테바를 언급하고 싶다. 언어학자이자 정신분석가인 크리스테바는 메를로-퐁티의 현상학적 비전에 새로운 관점을 더한다. 특히 그녀는 감각과 감성에 관한 모더니스트적 작품에서 무의식적 비유와 연상의 작용에 관한 풍부한 통찰을 과감히 보여준다. 그리스 정교회 문화에서 자랐고, 소피아의 가톨릭 수녀들에게서 교육받은 크리스테바는 종교적 맥락에서 성사에 관한 예리한 감각을 가지고 있다. 하지만 메를로-퐁티와 마찬가지로, 그녀는 형이상학적 유신론의 신을 거부한다. 크리스테바는 『우리 안의 이방인』에서 순수함과 불순함, 구원과 저주, 토착민과 이방인으로 나누는 신정정치적 이원론을 극복할 것을 권고한다. 왜냐하면, 그녀가 주장하길, 그러한 이원론은 희생양 삼기와 전쟁으로 이어지기 때문이다. 그녀는 "우리 문명의 큰 과제는 신 없이 이 증오와 싸우는 것"이라고 말한다.[28]

그렇지만 우리는 다시금 이렇게 물을 수밖에 없다. 우리 가운데 있는 이방인들을 환대하는 자가 되려면 우리는 어떤 종류의 '신'을 버려야 할까? 경계 지대에 있는 외인만이 아니라 우리 안에 있는 외인들을 수용하기 위해 맞서 싸워야 하는 종교적 배타주의는 무엇인가? 그리고 호전적인 주권성을 지닌 '야만적인 신들'로부터의 그러한 회피를 관찰할 수 있다면 일상의 세속적 우주에서 어떤 종류의 성스러움이 (가능하다면) 다시 긍정되는 일을 희망할 수 있을까? 이러한 재신론적 물음은 우리의 물음임과 동시에 크리스테바의 물음이다.

흥미롭게도, 크리스테바는 그녀가 예술과 문학 작품에서 발견한 모종의 감각의 성사성을 탐구한다. 도스토옙스키와 노발리스가 신의 죽음 이후 성스러움을 복원함에 있어 핵심 인물이긴 하지만, 아마도 프루스트가 그녀에게 가장 특권화된 주제일 것이다. 『시간과 감각』에서, 크리스테바는 프루스트의 비의지적 기억 개념을 작동시키면서 '성변화'의 특정한 문법을 식별해낸다. 그녀는 특히 다음과 같은 예를 제시한다.

> 과거로부터의 감각은 우리 안에 남아 있으며, 현재 연관된 지각이 이전의 감각과 동일한 욕망에 의해 자극을 받을 때 비의지적 기억이 그 감각을 다시 포착한다. 이와 같이 감각의 시공간적 연상은 연결, 구조, 그리고 회상에 의존하면서 수립된다. 감각은 이렇게 얽혀 있는 망에 은신해 있다가 하나의 인상으로 변한다. 이는 감각이 저 홀로의 특수성을 상실한다는 것을 뜻한다.

이렇게 함으로써, 크리스테바는 다음과 같은 점에 주목한다. "이 모든 차이들로부터 유사성이 나타나고, 그것은 결국 이념이나 사유 방식에서 일반법칙의 지위에 이른다. 그러나 '일반법칙'은 추상적인 것이 아니다. 왜냐하면 이 법칙은 감각이 그 안에 내재됨으로써 확립되었기 때문이다. 이 과정은 그 구조가 감각적 토대를 잃지 않도록 한다. 음악은 단어가 되고, 글쓰기는 그로써 '새로운 힘'을 얻는 이들에게 성변화가 된다."[29]

크리스테바는 프루스트와 조이스에게서 발견되는 이 성변화의 미학을 고故 메를로-퐁티의 저술과 다시 연결시킨다. 그녀는 이것들을 "신비스럽게 유의미한" 것이라고 부른다.[30] 사실 이념적 감각에 대한 그녀의 "일반법칙" 개념은 앞서 언급했던 메를로-퐁티가 말한 "순간의 법칙"과 무관하지 않다. 가장 구체적으로, 크리스테바는 성찬례의 미학을 보이는 것과 보이지 않는 것, 내적 느낌과 외적 표현 사이의 교차적 연결 — 메를로-퐁티가 살의 가역적인 상호 침투로 묘사한 연결 — 과 연관시킨다. 정신과 신체를 독립적 실체로 나누는 이원론적 구별을 거부하면서 크리스테바는, 바슐라르의 노선에 서서, 살을 하나의 "요소"로, 즉 "일반적인 존재방식의 구체적 상징"으로 생각하는 조금 더 현상학적인 사유 방식으로 우리를 초청한다.[31] 크리스테바는 조이스를 목록에 추가하고 싶어 했음에도, 이런 점에서 "보이는 것과 보이지 않는 것 간의 관계를 고침에 있어서 프루스트보다 더 멀리 간 사람은 없다"는 메를로-퐁티의 주장을 지지한다.[32] 메를로-퐁티의 가역성 모형을 "성변화"(그녀는 이 용어를 명시적으로 사용한다)라는 개념으로 파악한 결과, 크리스테바는 육적인 것의 기적을 (1) 치료적 치유와 (2) 문학 텍스트 읽기를 모두 보여 주는 전형으로 여긴다.

글쓰기와 치유 양자 모두에서, 말과 살의 가역적 성변화는 카타르시스로 자신을 표현한다.[33] 크리스테바는 더 대담하게 성변화의 미학이 상처받은 정신들을 치유하는 데 도움이 될 뿐만 아니라 프루스트나 조이스 같은 작가들을 언어적 관념론의 감옥을 벗어나게 해준다고 제안하기에 이른다. 그들의 글은 성사적인 것일 뿐만 아니라 기호론적이다. 실제로, 그녀는 프루스트가 결코 "해독"을 멈추지는 않지만, 그의 세계가 일차적으로 "기호들"로 구성된 것은 아님을 지적한다. 어떤 식으로건, 그녀는 그의 세계가 "기호-말 또는 이념-기호, 그리고 확실히 기표와 기의"로 만들어진 것은 아니라고 주장한다.[34] 크리스테바는 프루스트가 "텅 빈 언어적 기호"에 실망하여 체화된 존재로 가득한 생활세계 — "대기 변화"의 유동성, "피가 쏠림", 급작스러운 침묵, "두 가지 정형화되지 않은 생각들 사이에 만들어진 비자발적 연결에서 비롯된 부사"(252) — 를 환기시키는 말들을 사용했다는 점에 주목했다. 크리스테바는 "엄밀한 의미"에 대한 청년기 프루스트의 반감에서 이러한 "실재의 현전"의 미학을 지지할 근거를 발견하여, 『장 상퇴유』(마르셀 프루스트의 미완성 작품)에서, 예술을 "일종의 영구적 명석함의 모호한 본능" 내지 "용암의 흘러넘침"에 — 그뿐만 아니라 "아직 나올 준비가 되지 않은 것"에도 — 초점을 맞춘 "느낌의 작업"(252)으로 파악한 사실을 지적한다. 그녀는 프루스트의 텍스트가 "언어와 체험 사이의 심연에 대항하여" 일어난다고 주장한다. 그것은 "영웅의 문장이 은유와 환유의 대량 축적을 통해 날씨, 마을, 도로, 먼지, 풀, 빗방울을 연관시킴으로써 (언어에 대한 유보에도 불구하고) 전달하고자 분투한 어마어마한 인상들"(252)로 작용한다.

크리스테바는 이 모든 것이 프루스트에게 "언어적 기호들의 약점을 보완해 주는 인상을 위한"(252) 길을 닦아준다고 추정적으로 말했다. 따라서 프루스트에게 말은 우리의 "감성"에 대해 "환기의 힘"을 발휘할 때 유용할 뿐이며, 일종의 "잠재적인 음악"(이 용어들은 전부 프루스트의 말이다. 252)과의 친족 관계를 보여준다(252). 프루스트의 성찬례적 글쓰기는 유명론과 플라톤주의의 유혹에 저항하면서, "문명화된 기호의 수동성에 저항하는 생생한 물리적 표현성"(252)을 지향한다. 그 대신 프루스트의 글은 생동하는 몸이라는 신체적 전례liturgy를 묘사한다. 프루스트는 이것을 "우리의 근육과 욕망, 고통, 부패 또는 살의 꽃핌을 나타내는 활기 넘치는 언어"라고 부른다.[35] 나는 프루스트에 해당하는 것이 조이스와 울프에게도 해당한다고 제안할 것이다. 또한 나는 다음 장에서 이 세 명의 소설가들을 더 꼼꼼하게 읽어낼 것이다. 나의 의도는 비우주적 신으로 죽어가는 것이 어떻게 우주적 현현의 신을 다시 태어나게 하는지를 예시하는 성사적 미학을 스케치하는 것이다. 이 작가들이 미학적 종교에 더 관심을 갖는지 아니면 종교적 미학에 더 관심을 갖는지 여부는 아직 미결상태로 남아 있다.

성사적 미학을 특징짓는 '내재적 초월'의 통찰은 물론 메를로-퐁티나 크리스테바, 내가 성사적 미학을 설명하기 위해 인용할 소설가나 시인들에게만 국한된 것이 아니다. 십자가의 요한으로부터 빙엔의 힐데가르트, 마이스터 에크하르트에 이르는 오랜 세월 동안의 수많은 그리스도교 신비주의자들도 유사한 것을 제정해냈다. 랍비 루리아와 프란츠 로젠츠바이크 같은 유대인 현자들이나 루미와 이븐 아라비 같은 수피의 위대한 선생들이 그랬듯이 말이다. 실제로 나는 여기서 신이 우주를 위에서 내려다보며 지시하는 것이 아니라 그 근저에서 우주를 지탱하며 그 속으로 "자신을 연장한다"는 테이야르 드 샤르댕의 담대한 주장을 상기한다.

또한 우리는 자연 세계에 대한 아시시의 프란치스코의 성사적 비전을 잊지 말아야 한다. 이것은 신체를 비우주적으로 부인한 그리스도교의 이전의 형이상학적 교리를 탈피한 심원한 '마음의 이단'을 나타냈다. 막스 셸러가 체화를 프란치스코적으로 읽은 방식은 그가 현상학과 밀접하다는 점을 고려할 때 여기서 특별한 관련이 있다. 그는 성찬례가 "어떻게 그리스도교의 사랑이 빵과 포도주의 형태 아래서 우리 주님의 몸과 피를 '마법적'으로 식별함으로써 유기적으로 생동하는 발판을 마련할 수 있는지"를 보여준다고 주장한다.[36] 그리고 그는 이것들이 매우 예식화된 성찬의 환경에서 우주와의 합일을 허용한 사실상 유일한 자연적 실체가 되었음을 내비친다 — 즉 프란치스코나 아시시의 클라라 같은 신비주의자들이 자연과 동물과 인간이 살아 있는 우주에 성사성을 복원하여 이 성찬을 일상의 삶에서 구현하게 되기까지 말이다. 프란치스코의 대담한 이단은, 셸러의 관점에서 볼 때, 전통적인 그리스도교 교리가 도입한 인간과 자연 사이의 괴리에 도전한 것으로, — 프란치스코도 말했던 것처럼 — 불과 물, 태양과 달, 동물과 식물 모두가 "형제와 자매"라고 말했다. 주류 형이상학적 그리스도교의 비우주적 경향에 반대하는 프란치스코의 담대한 성취는 신에 대한 사랑과 자연의 존재 및 삶과의 연합에 대한 감각을 결합하는 것이었다.[37] 그의 위대함은 특히 그리스도교적인 성부 신을 향한 사랑의 감정을 확장하여 "자연의 모든 하부 질서"를 포용함과 동시에 자연을 신의 영광으로 끌어올린 것이었다.[38] 프란치스코의 동시대인들 가운데 일부는 그를 파격적이라고 생각했다. 또 다른 사람들은 그가 미쳤다고 생각했다. 왜냐하면 결국 여기서는 그가 "모든 피조물을 자신의 형제라고 부르고, 마치 이미 신의 자녀들의 영광의 자유에 들어간 것처럼, 예리한 마음의 통찰을 가지고서 모든 피조물의 가장 깊은 존재를 살핌으로써, 초월과 내재, 성과 속을 대담하게 결부시키는 신비주의자"였기 때문이다.[39]

이 신비적 범재신론panentheism — 신이 모든 존재자 안에 있다는 견해 — 은 프란치스코 전후의 많은 정통주의 그리스도인들에 의해 신성모독으로 정죄받았다. 그러나 셸러가 이해한 프란치스코에게, 범재신론은 죽은 자의 재ash 속에서 살아 있는 신을 재발견하는 방법, 신을 세상 가운데 복원하는 방법이었다.

내가 생각하기에, 메를로-퐁티와 크리스테바가 신비로운 프란치스코를 명시적으로 언급하지는 않지만, 그들의 감각적 육화에 대한 비전은 내가 생각하기에, 그 정신에 있어 너무나도 프란치스코적 — 또는 재ana-프란치스코적 — 이다.

5장 텍스트에서 : 조이스, 프루스트, 울프

조이스

프루스트

울프

텍스트적 횡단

나는 왕 중의 왕을 위한 거대한 맥주 호수를 원한다.
나는 천국의 가족들이 맥주를 들이키는 모습을 바라보고 싶다.
영원히

킬데어의 성 비르지타

이 장에서 나는 현대의 몇몇 작가들이 재신론의 패러다임을 어떻게 예시하는지 살펴볼 것이다.[1] 나는 성스러운 것의 귀환을 목격했던 모더니즘 소설의 선구자 세 사람 — 조이스, 프루스트, 울프 — 에 초점을 맞출 것이다. 이들 가운데 정통적인 신앙고백적 의미에서의 믿음을 가진 이는 없다. 물론 세 사람 모두 종교 교육과 종교적 양육에 깊이 연관되어 있는 것은 사실이다. 조이스는 가톨릭, 울프는 개신교, 프루스트는 그리스도교와 유대교가 혼합된 배경을 갖고 있다. 그러나 그들 중 어느 누구도 노골적으로 유신론적 입장을 개진하지 않았다. 일반적인 평가는 심지어 조이스를 반항적 배교자, 프루스트를 세속적 관능주의자, 그리고 울프는 인본주의적 탐미주의자(T. S. 엘리엇이 1928년에 개종했다는 소식을 듣고 울프가 보인 "난로 앞에 앉아 시간 보내며 멀쩡하게 살아있는 그 친구가 신을 믿는다고 한 것에 왠지 모를 불쾌감이 들었어."라고 한 반응을 어찌 달리 이해할 수 있겠는가?)였다는 점에서 그들이 유신론과 무관하다는 정반대의 견해를 내놓는 것처럼 보인다.

그러므로 언뜻 보기에 이 세 작가들은 다른 많은 동시대 문예가들과 마찬가지로 종교보다는 미학을 선택한 것 같다. 근대적 지식인들 사이에는 이전까지 교회가 독점하던 것으로 여겨졌던 실존론적 심원함과 종교의 가장 깊은 궁극적 문제들이 적어도 서구 문화에서는 예술이라는 새로운 안식처로 옮겨졌다는 관념이 공유되었다. 세속적 근대성에 관한 이런 견해에는 분명 일말의 진리가 있지만, 이는 종종 적지 않은 작가들이 유신론과 무신론 사이에서의 이것이냐 저것이냐의 양자택일을 거부하고 성사적 상상에 깊이 몰두했던 차원을 놓치기도 한다. 유신론과 무신론 사이의 입장들을 불가지론이라는 말로 대충 넘겨버리기도 하는데, 나는 그러한 중립 명사도 결국에는 많은 근대 문학의 급진적인 신비적 성격을 포착하는 데는 실패한다고 생각한다. 따라서 나는 신의 사라짐 이후 성스러운 것으로 귀환하는 재신론이야말로 복잡한 역설과 양가성이 작동하는 차원을 더 정확하게 전달한다고 주장한다. 이 세 작가는 폴 엘뤼아르와 마찬가지로, 실제로 또 다른 세계가 있지만 그 세계는 바로 이 세계 안에 있다고 믿는다. 나는 그들의 작품에 초월의 의미가 살아 있다고 주장할 것인데, 다만 그것은 일상의 내재성에 새겨져 있다. 신비는 교회론적 교의가 아니라 육화된 실존에 관한 신비적 긍정으로 보존되고 심지어는 기념되고 칭송되기까지 한다. 일상적인 세상 속에서 말씀Word이 살Flesh이 되는 것이다.

다시 말해, 나는 이 세 명의 저자들이 감각적인 것으로부터 성사적인 것을 복원함으로써, 성과 속, 종교적인 것과 세속적인 것, 초월과 내재 사이를 분열시키는 일반적 견해를 피하려고 했다고 주장할 것이다. 4장에서 메를로-퐁티와 크리스테바가 기술한 성찬례의 상상은 이제 고교회 전례가 배타적으로 독점하는 영역이 아니고, 무한하게 작고 사소한 것이 무한성을 횡단하는 일상적 경험의 행위로 확장되기에 이른다. 모더니즘 소설에서 성과 속의 상호적 횡단이 세속적인 것을 성스럽게 하는 것인가 성스러운 것을 세속화하는 것인가 하는 문제도 역시 우리 논의의 중심에 있다. 내가 여기서 내기를 걸며 분명하게 말하고자 하는 것은 재신론적 패러다임이 이 양자를 단번에 가능하게 할 수 있다는 것이다. 예술로서의 종교와 종교로서의 예술 모두를 말이다. 이것이냐 저것이냐의 양자택일만 있는 것이 아니다. 물론 신앙과 소설의 관계가 여기서도 여전히 복잡하게 얽혀 있으리라는 점을 나는 잘 알고 있다.

서문에서 나는 작품에 대한 나의 주된 해석학적 모형이 이야기라는 점을 언급했다. 따라서 내가 선택한 '성사적 미학'의 인물들이 소설가라는 것은 매우 적합한 것이다. 나는 프루스트, 조이스, 울프가 일상적 실존의 빵과 포도주를 송축하는 성사적 상상을 전형적으로 묘사한다고 주장할 것이다. 조이스의 『율리시스』에서 이것은 소설 전반에 걸쳐 다양한 형태로 나타나며, 이야기의 마지막 장면에 호우드 언덕에서 몰리의 입으로 블룸에게 씨앗 과자가 전달되는 데서 절정을 이룬다. 또 나는 프루스트의 위대한 소설에는 이러한 성사적 상상이 에피파니의 소나타라는 모습으로, 곧 가장 유명한 장면 가운데 하나인 『되찾은 시간』에서 파리 게르망트 대공의 저택에서의 파티 장면에서 나타난다고 가정한다. 버지니아 울프의 『등대로』에서 성찬례의 비전은 릴리 브리스코의 사후에 만들어진 그림에서 회상된 바와 같이 램지 부인이 주재한 뵈프 앙 도브[2]의 마법적인 만찬에서 그 자체로 표현된다. 이 소설가들이 제시한 이야기들, 동시에 그들이 한 말들이 성스러운 것의 귀환을 예시한다.

우리는 세 사람에게서 일상적인 살과 피의 순간들이 낯선 방식으로 지속하는 어떤 것으로서의 개체성thisness을 목격한다. 조이스를 따라서 내가 에피파니라고 부르는 이 변화의 작용들은 형이상학적 형태의 내세성otherworldliness과는 거리가 먼 체화된 공간과 시간 안에서 일어난다. 이어지는 나의 작업가설은 메를로-퐁티와 크리스테바가 개괄해준 육화에 관한 재신론적 해석학이 이러한 성사적 장면의 이야기 속에 있는 성변화의 문법을 식별하는 작업에 도움을 줄 수 있다는 것이다. 이를 위해 나는 각 소설에 나오는 어떤 특정한 '성찬례적' 사건들에 초점을 맞출 것인데, 그 사건들이 어떻게 우연 속에서의 신성함이라는 재신론적 재발견을 암시하는지를 나타낼 것이다.

조이스

글쓰기 과정에 대해 설명하기 위해 조이스는 성변화를 연상시키는 관용구를 명시적으로 활용한다. 이미 『젊은 예술가의 초상』에서 스티븐 데덜러스는 스스로를 "영원한 상상의 사제"라고 묘사하며, 자신의 목표가 예술이라는 "자궁" 속에서 "일상에서의 경험의 빵"을 변형시키는 것이라고 말한다. 여기에는 아이러니 이상의 어떤 것이 존재한다. 조이스는 그 전례적 형식에서의 성변화의 성사적 작용으로부터 힌트를 얻어 글쓰기의 변형적 사건을 "새로운 기호들과 신체의 도래"로 다룬다.[3] 조이스의 동생 스타니슬라스는 이 주제에 대해 다음과 같은 대화를 전해 준다. "형은 단어를 신중하게 고르며 이런 생각을 나눠주곤 했다. '시를 쓴다는 것과 미사의 신비 사이에 어떤 유사성이 있다고 생각하지 않니? 시를 통해 내가 하려는 것도 일상이라는 빵을 변형시키고 거기에 고유의 예술적 생명을 부여해서 사람들에게 지적, 영적 즐거움을 주는 것이니까 말이야.'"[4]

이러한 삶의 텍스트로의 전환은 조이스 텍스트의 몇 가지 핵심 대목에서 목격된다. 그것들은 종종 에피파니라는 이름으로, 내가 다른 곳에서 보여주었던 것처럼, 텍스트의 "반복" 작용을 일컫는데, 여기서 저자는 기억된 사건을 (시간별로 분리된) 과거와 (순간의 현현 가운데 기적적으로 되찾은) 현재로 다룬다.[5] 그런데 조이스의 성사적 암시에는 깊은 해체구성적 안감lining이 있다. 실제로 『율리시스』는 그 자체로 일련의 반anti-성찬례나 유사pseudo-성찬례로 읽힐 수 있다. 하지만 그것이 전부는 아니다. 조이스의 등장인물 스티븐 데덜러스는 자칭 "이교의 창시자"다. 그런데 그가 어머니에 대한 임종 기도나 젊었을 때 소중히 여겼던 가톨릭 성찬식에 참여하여 기도하기를 거부한다고 할 때, 이것이 그의 신성모독적 분신인 벅 멀리건이 집전하는 검은 미사를 무비판적으로 포용함을 뜻하지는 않는다.(첫 장과 성 홀리스 병원 장면, 국립 도서관 장면을 다시 참조하라.) 스티븐에게는 소박한 유신론의 스킬라—그의 어머니의 신앙—와 냉소적 무신론의 카립디스—멀리건의 반反신앙—사이의 또 다른 공간이 있다.[6] 소설이 전개됨에 따라, 스티븐은 블룸과 몰리가 그에게 제공한 일상의 성찬례의 새로운 개방성을 향해 흔들리는 몸짓을 취한다. 그리고 이러한 귀환의 운동은 몰리의 독백에서의 마지막 성찬례적 에피파니에서 절정을 이루게 된다. 그런데 그러한 절정은 단순히 유년기의 믿음의 첫 번째 유신론으로 순전하게 되돌아가는 것이 아니다. 블룸과 몰리에 의해 서로 다른 방식으로 나타나는 것처럼 성사의 귀환은 유신론도 무신론도 아니다. 그것은 재신론이다. 그것은 종결된 것이 아니라 새로운 서곡으로, 어떤 종합이 아니라 육화의 새로운 가능성을 타진하는 것으로, 승리주의적 교의의 어떤 장엄한 피날레가 아니라, "거리에서의 울부짖음"cries in the street으로서 이방인의 부름에 더 깊은 주의를 기울이는 것이 된다. 요컨대, 우리는 여기서 변증론이 아니라 낯선 것의 소환에 유아론적 자아를 열어주는 '자신의 삶에 대한 변호'apologia pro sua vita에 관여하고 있다. 성-속의 현존에 대한 몰리의 "예"는 이 재신론적 운동을 전형적으로 보여준다.

소설의 첫 장면을 보자. 이 소설은, 의미심장하게도, 벅 멀리건이 마텔로탑 층층대 꼭대기에서 미사 의식을 흉내내는 장면으로 시작한다. 그는 성배 대신 면도 종지를 들고서는 '하느님의 제대로 나아가리다'Introibo ad altare Dei라는 전례 대사를 조롱하듯 읊조리며 앞으로 나간다. "오, 사랑하는 이들이여, 이것이야말로, 진짜 성찬례요. 육체와 영혼과 피와 창상ouns이오. 느린 음악을 틀고, 눈을 감으시오, 여러분. 잠깐만. 백혈구 때문에 문제가 좀 생겼네요. 모두 침묵하시오." 멀리건의 가톨릭 성찬례 패러디가 있은 다음, 다음 장에는 블룸이 아침에 팬에 튀긴 콩팥으로 만찬을 갖는 장면이 이어진다. 몰리가 나중에 회상하듯이 블룸은 팬 바닥을 태우기에 앞서 "육화라는 발음하기 힘든 말"을 스스로 전한다. 소설에서 밤마을에서 스티븐의 패러디 미사와 끝에서 두 번째 장인 「이타카」 장에서 코코아 한 잔을 가지고 행한 블룸과 스티븐의 실패한 미사가 등장한다. 태양신의 황소들 에피소드와 스킬라와 카립디스 에피소드에서의 성변화에 대한 여러 가지 조롱조의 암시mock-allusions는 더 말할 것도 없다.

이 일련의 유사-성찬례들은 결국 마지막 장에서 호우드 언덕 위에서 씨앗 과자의 "키스"를 위한 공간을 열어주는 기나긴 부정의 길via negativa로 읽힐 수 있다. 블룸이 몰리에게 처음 구애했던 그 시절, 즉 몰리가 독백으로 상기한 이 "긴 키스"는 성사적 연합을 강조한다. 예를 들어, 이는 아가서에서 술람미 여성이 칭송한 "입맞춤"만이 아니라 유대-그리스도교의 유월절 약속도 재연하는 것이라고도 할 수 있다. 몰리가 블룸에게 입으로 "씨앗 과자"를 전해준 "긴 키스"에 대한 기억은 실패하거나 패러디된 성찬례들 — 과 사랑 — 의 다양한 오류가 이야기 내내 반복된 후에 비로소 참된 사랑의 성찬례적 선물을 되찾은 것으로 볼 수 있다. 그리고 이 키스는 진정 카이로스적인 방식으로 몰리라는 젊은 여성의 첫 키스에 대한 이전의 기억을 촉발시킨다. 바로 소설에서 절정에 이르는 유명한 대목, 소설의 마지막 키스가 된 첫 키스 장면에서. "그이는 내게 무어의 성벽 아래에서 어떻게 키스했던가… 그리고 나는 그이에게로 눈으로 요구했지 다시 한 번 내게 요구하도록 말이야 그래 그러자 그이는 내게 요구했어 내가 그러세요 라고 말하겠는가 그래요 나의 야산의 꽃이여 그리고 처음으로 나는 나의 팔로 그이의 몸을 감았지 그렇지 그리고 그이를 내게 끌어당겼어 그이가 온갖 향내를 풍기는 나의 앞가슴을 느낄 수 있도록 그래 그러자 그이의 심장은 미칠 듯이 팔딱거렸어 그리하여 그렇지 나는 그러세요 라고 말했어 그렇게 하겠어요 그래요Yes."[7]

물론 이렇게 기억 속에 아로새겨진 키스는 1904년 6월 16일 조이스가 처음 노라 바너클과 첫 데이트를 하며 느꼈던 그 기쁨의 순간의 에피파니에 대한 반복으로 읽힐 수도 있다. 바로 그날 조이스는 자신의 위대한 소설을 쓰기로 결정했고, 그 이후 그날은 블룸의 날Blooms-day로 기념된다. 조이스의 기억의 중층적 의미가 형성된 것이다. 조이스의 노트에 의하면 몰리가 과거 (그리고 미래의) 시간을 기억하는 마지막 에피소드가 "살"에 전념하고 있음을 잊어서는 안 된다. 조이스는 그가 "몸의 서사시"라고 묘사한 이야기를 완성한 것이다.

과거의 순간을 반복하면서, 에피파니는 과거에 미래를 부과한다. 그것은 특수한, 체험된 사건의 경험적 개별성을 성스럽고 종말론적인 어떤 것으로 성변화시킨다.[8] 그래서 몰리가 젊은 여성으로서 첫 키스를 회상할 때, 그녀는 미래 시제로 이렇게 강하게 말한다. "그래, 그렇게 하겠어요." 그리고 우리는 몰리의 약속의 "그래"yes라는 말이 미래로의 열림으로서의 벤야민의 "메시아적 시간" 개념을 묘사하고 있다고 암시하고 싶은 유혹을 받게 될 것이다. 이는 요컨대, 순간의 변형으로 이해되는 에피파니다. 평범한 세속적 순간chronos을 성스러운 시간kairos으로 전환하는 것 말이다. 에피파니는 영원한 현재성, 즉 벤야민의 메시아적 지금시간Jetztzeit이 역사의 연속체와 선형적 시간성을 폭파시키고 난 곳에 생기는 간극과 균열을 통해 발생한다.

또한 에피파니는, 성서의 근원적 의미에서, 먼 곳에서부터 이방인들로 우리에게 다가오는 증인들과 연관되어 있음에 주목할 필요가 있다. 나는 여기서 연약하고, 헐벗은 살이 된 말씀을 보고 듣기 위해 이국땅으로 여정을 떠난 동방박사 세 사람을 언급하고 있다. 이것은, 성사적 해석학을 통해서, 저자, 서술자, 그리고 독자 간의 텍스트적 마주함을 통해서 새롭고, 낯선 미증유의 의미들에 대한 텍스트적 열림의 사건으로 읽힐 수 있다. 이러한 성사적 읽기는 "예측할 수 없는 효과, 다시 말해서 타자에게 글을 열어주고 싶어 하는 욕망"의 전형이라고 할 수 있을 것이다. 그리고, 이러한 읽기는 "글쓰기로 타인을 위한 자리를 내고, 타인의 부름이나 요구에 예yes라고 말하며, 반응을 일으키는, 타인을 위한 책임의 기능"을 하게 된다.[9]

폴 리쾨르는 "줄거리 구성의 과정, 형상화의 과정은 텍스트에서가 아니라 독자에게서 완성되며, 이 조건 아래서, 이야기를 통한 삶의 재형상화가 가능해진다"고 하면서, 이 성사적 해석학 개념에 대한 흥미로운 해설을 제공한다. 그는, 더 정확하게 말해서, "이야기의 의미나 의미화는 저자의 세계를 통해 이미 '전형상화된' 텍스트의 세계와 독자의 세계의 교차점에서 비롯한다"고 주장한다.[10] 리쾨르는 이제 한 걸음 더 나아가 (1) 저자가 상정된 저자(또는 서술자)에게, 그리고 (2) 상정된 저자가 독자에게 굴복하는 이중 굴복을 결국에는 저자가 독자로 성변화하는 데 이르는 타자를 향한 케노시스적 섬김의 작용으로 해석하는 데까지 나아간다. "실제 저자가 상정된 저자 안에서 사라진다면, 상정된 독자는 실제 독자 속에서 구체화된다."[11] 요컨대, 저자가 죽어야만 독자가 태어날 수 있다.

우리는 또한 여기서 데리다의 ― 레오폴드 블룸도 마찬가지로 가장 좋아하는 ― 일라이자에 대한 탄원을 독자에 대한 메시아적 패러다임으로도 상기해볼 수 있을 것이다. 곧, 텍스트를 불러내고 텍스트에 의해 호출되는 예측할 수 없는 탁월한 타자로 말이다. 내가 보기에, 독자의 '재형상화', 곧 열린 텍스트로 우리를 초대하는 『율리시스』라는 이 관념은 조이스가 자신의 텍스트에 응답해줄 독자에 대한 갈망을 반복적으로 호소했다는 사실로 확증된다. 그래서 조이스는 "나를 이해하는 사람이 있는가?"라는 말을 자주 반복한다. 즉, 조이스는 (프루스트와 마찬가지로) 텍스트 구성과 수용의 기적을 전달하기 위해 성변화의 성사적 관용구에 호소한다. 우리는 리쾨르와 조이스에게서 과거를 앞으로 소환시키는 반복의 기적과 마주하게 된다. 이것이 바로 연대기적 시간관을 파열시키는 에피파니다.[12]

그런데 우리는 이 소설의 반복들을 어떻게 읽어내야 하는가? 먼저 내가 반복이라는 용어를 사용할 때, 이는 지나간 것을 회상하는 것이라기보다 미래로 반복하기라는 키에르케고어적 의미를 가진다는 점을 분명히 해두겠다.[13] 이러한 실존론적 해석은 키에르케고어 자신도 고백한 것처럼, 영원성이 깨지고 과거와 미래의 연대기적 시제를 가로지르는 도치가 일어날 수 있는 은총의 순간을 발견한 것, 곧 바울의 카이로스 개념을 철학적으로 재발견한 것이다. 바울의 카이로스 개념에 대한 철학적 발견이다. 그리고 이러한 개념은 다음과 같은 여러 대륙사상가들, 하이데거(『존재와 시간』에서 반복Wiederholung 개념), 데리다(『마르크스의 유령들』에서 다시 돌아온 유령, 메시아주의, 그리고 기억에 관한 반성), 그리고 조르조 아감벤의 『남겨진 시간』에서의 메시아적 순간에 관한 독해를 통해 재포착된다(하지만 여기서 데리다와 아감벤 모두에게 심대한 영향을 준 벤야민을 다시 소환해내려는 것은 아니다).

하지만 우리가 이러한 제스처를 수행하는 특수한 양식이 무엇인지 물어볼 수 있지는 않을까? 나는 2장에서 우리가 논의한 재신론자의 내기를 상기할 때 그것이 '희극적인'comic 것이라는 점을 암시했다. 아니면, 조이스에게서 직접 한 구절을 빌리자면 '익살스러운 심각함'joco-serious이라고 부를 수도 있겠다. 왜냐하면 그것은 우리를 대지(후무스humus)로 돌아오게 하는 시간의 틈새에서 영원한 것을 송축하는 독특하게 유머러스한 방법이기 때문이다. 예를 들어, 몰리는 고상하고 귀족적인 페넬로페를 모방한 것이다. 그녀는 새로운 재기입 방식을 일으키며 호메로스적 원형을 반복해간다. 이를 알아보기 위해서 우리는 몰리의 너무나도 세속적인 사색을 호메로스의 『오뒷세이아』 마지막 장면에 나오는 페넬로페에 대한 다음과 같은 기술과 비교한다. "자신과 혼인한 남편 오뒷세우스를 진심으로 잊지 않았던 이카리오스의 딸, 나무랄 데 없는 페넬로페는 얼마나 착한 심성을 지녔던가! 그러니 그녀의 덕의 명성은 결코 사라지지 않을 것이고 불사신들은 사려 깊은 페넬로페를 위해 이 땅의 인간들에게 사랑스러운 노래를 지어주실 것이오." 이는 몰리의 마지막 외침과는 거리가 먼 것이다. 확실히 페넬로페는 몰리가 그녀의 연인에 대해 말하는 것처럼 그렇게 "그와 또 다른 인간으로서의" 연인 오뒷세우스에게 말할 수는 없었다. 그럼에도 불구하고 호메로스의 서사시의 영웅주의를 뒤집어서 그 서사시의 등장인물들이 창조적으로 반복되도록 이야기의 진리를 상기시키는 것은 조이스 아이러니의 전형이다. 블룸은 그의 아내와 함께 (그녀가 외도를 하긴 했지만) 묘하게도 축복을 받고, 그의 라이벌인 보일런과 시티즌을 (다만 간접적으로만) 물리친다. 몰리는 블룸을 잊지 않고 있으며, 그녀의 궁극적인 긍정은 수많은 "이 땅의 거주민들"에 의해 "기념된다!" 요컨대 페넬로페와 오뒷세우스를 몰리와 블룸으로 번역한 조이스는 성찬례적 희극을 상연한다. 그는 서사시를 일상으로 바꾸고 속된 존재의 빵과 포도주에서 성스러운 것을 재발견한다. 그래서 그는 "영웅주의의 구조는 저주받은 거짓말이며 개인의 열정을 대신할 수 없다"는 확신을 증명해낸다.[14]

나는 몰리의 페넬로페 다시 쓰기가 아리스토텔레스와 베르그손이 적은 것으로 많은 것을 담아내는 것이라고 요약한 희극의 기본 특징, 즉, 대체로 형이상학적인 것과 자연학적인 것의 결합, 영웅적인 것과 악마적인 것의 결합이라는 특징에 부합한다고 생각한다. 우리가 성사적 관용구를 사용해서 말한다면, 이는 말과 살의 결합이다. 또한 우리는 희극의 핵심 모티브를 염두에 두면, 죽음과 사랑의 병합을 첨가할 수도 있을 것이다. (『율리시스』가 수많은 죽은 자들, 즉 패디 디그넘, 스티븐의 어머니, 블룸의 아들 루디에 대한 많은 암시를 담고 있으며, 이는 사랑에 대한 부름, 타나토스의 가시에 대항하는 에로스라는 것을 상기해보라.) 몰리의 타나토스에서 에로스로의 궁극적 전환은 그녀의 다음과 같은 마지막 독백에 이르는 동안, 땅에 묻히는 환상에서부터 – 내가 죽어서 무덤 속에 몸을 쭉 뻗고 드러누우면 난 정말 평안하겠지 잠시 좀 일어나고 싶어 … 오 예수님! … 나를 이 망할 죄의 달콤함에서 구해 주소서 – 종말론적 지복의 절정에 이른 외침까지, 여러 차례 전형상화된prefigured 것이다. "그래, 그렇게 하겠어요." 그리고 블룸 자신이 "태내의 아이"로 묘사되는 것처럼 몰리 자신도 죽음과 재탄생에 대한 환상을 기록하기 때문에 (남편의 것이 아닌) "씨앗으로 가득 차 있다"고 한 것은 분명 중요한 대목이다. 여기에는 두 번째 탄생성에 대한 풍부한 암시가 있다.

그러나 여기서 다시 말하지만, 환멸의 무-신론적a-theistic 순간을 지나치지 않고서는 재탄생의 재-신론적ana-theistic 순간도 있을 수 없다. 첫 번째 삶의 상실 없는 두 번째 삶은 없다. 스티븐은 "분리되지 않으면 일치도 없다"는 사실을 깨닫고 멀리건과의 동맹으로 대표되는 부풀려진 문학적 환영illusions에 빠져 죽는다. 블룸은 잃어버린 아들을 대신하는 부성적 환영에 빠져 죽는다. 그의 마지막 태도는 "평정심보다 덜한 시기심"으로 묘사된다. 몰리는 자신의 역할로 존중받아야 할 강박적 욕구를 단념하고, 그 대신 평범한 사랑의 순간을 재발견한다.

그래서 우리는 마침내 키스의 순간으로 돌아온다. 몰리는 클라이맥스 부분에서 키스에 관해 회상하면서 술람미 여인이 아가서에서 야생화를 송축하던 태도를 되풀이하고 있다. 그녀는 "우리들은 꽃 모두 여자의 몸이야"라고 단언한다. 사실 감각적 황홀감과 과잉의 최고조에 달하는 무어리시 양식과 지중해 표현 양식은 술람미 찬가 — 유대계 바빌로니아의 결혼시 또는 결혼 축가에서 따온 것 — 를 깊이 연상시킨다. 그리고 이러한 인상은 씨앗, 나무, 물, 산, 그리고 남성과 여성 사이의 억누를 수 없는 정념에 대한 다양한 암시를 따라 증폭된다고 나는 생각한다. "우리가 그런 모든 욕망을 가지게 된 이유는 무엇인가?"라고 몰리는 묻는다. 이 아가서의 재연에서 뭔가 심원할 정도로 유머러스한 어떤 것이 있다면, 심각한 것도 있다. 조이스에게서는 늘 그렇듯이 외설적인 것the scatological과 종말론적인 것the eschatological이 맞닿아 있다. 그리스와 유대, 남자와 여자, 죽음과 삶도 그렇다. 그리고 이것은 총체화하는 종합에 굴복하지 않으면서 어우러진다. 데리다의 추궁에도 불구하고, 조이스의 희극적 성변화는 헤겔적 지양Aufhebungen에 이르지 않는다.[15] 조이스는 형이상학적인 폐쇄의 유혹을 뿌리치고 끝까지 변증법의 끝자락에서 더 넘어가지 않고 버티고 버틴다. 죽음과 재탄생의 성찬례적 변형은 이 땅에서 행해지는 것이다. 말씀은 언제나 우리 육신의 살이 된다.

다른 데서 나는 조이스에게서 에피파니가 갖는 중요성에 대한 글을 셨다.[16] 에피파니는 — 그리고 조이스가 클롱고스의 예수회 학교에서, 특별히 달링톤 신부와의 연구를 통해 깨달았던 것처럼 — 동방박사를 함축한다. 나는 의미의 텍스트적 에피파니를 증언하는 동방박사 세 사람이 각각 스티븐, 블룸, 몰리(각각은 작가의 생애에서 중요한 순간을 재육화한다)라고 제안하고 있다. 그러나 동방박사 또한 저자, 배우, 독자로 한 층 더 텍스트적으로textually 해석될 수 있다. 따라서 우리는 (1) 조이스의 세계의 살아있는 행위가 텍스트를 '전형상화'하고, (2) 이야기된 행위자들(스티븐-블룸-몰리)의 목소리, 스타일, 줄거리가 텍스트를 '형상화'하며, (3) 체험으로 돌아가면서 텍스트의 세계를 '재형상화'하는 제3의 증인이 됨으로써 이야기 호narrative arc를 완성하는 것은 독자라고 할 수 있다. 독자로서의 우리 고유의 세계는 따라서 텍스트에서 제안한 새로운 의미들을 따라 확장된다.[17]

에피파니에 관한 삼중의 모형 — 말이-살이-됨word-made-flesh — 은 언제나 재탄생을 내포한다. 그것은 불가능한 것을 새롭게 가능한 것으로 변모시키는 의미론적 재창조의 사건을 구성한다. 그리고 여기서 우리는 세 이방인들이 "불가능한" 아이인 이삭의 탄생을 알리기 위해 아브라함에게 나타나는 저 유명한 성서적 에피파니biblical epiphanies를 상기해볼 수도 있다. 또는 그리스도교 문학에서 동방박사 세 사람이 '불가능한' 아이 예수의 탄생을 증언하는 순간, 또는 그리스도교의 삼위일체의 세 인격들이 안드레이 루블레프의 삼위일체 이콘[아이콘]에서 "불가능한" 왕국의 탄생을 예고한 경우를 상기해볼 수 있다. 실제로 성찬의 성배 주위에 둘러앉아 있는 삼위일체의 세 위격에 대한 루블레프의 범례적 묘사는 열린 텍스트의 틈새에서 저자/서술자/독자의 창조적 만남으로 읽힐 수 있었다. 더 나아가 이것은 에피파니의 삼중적 모형이 네 번째 차원 — 새로운 것의 도래라는 빈 공간(이삭, 예수, 신성의 충만Pleroma) — 을 함축한다. 따라서 성찬례적 에피파니는 살이 된 말과 말이 된 살이라는 가역적인 의미론적 혁신의 기적을 알리는 것이라고 할 수 있다. 그런데 여기서 다시 나는 우리가 빈 공간을 채우도록 초대하는 열린 텍스트의 틈새와 무규정성 속에서 재신론적 복원의 순간이 나타난다고 주장하고 싶다. 『율리시스』가 바로 이러한 텍스트다.

세 페르소나의 목격은 언제나 축하의 "예"(창세기 18장 12절의 사라의 웃음, 복음서에서의 마리아의 "아멘", 몰리 블룸의 최후의 "그래요 그럴게요")를 만난다. 왜냐하면, 이것은 내가 생각하기에, 카이로스적 시간이 어떻게 전통적 시간을 가로지르고, 예상되지 않거나 알려지지 않은 가능한 의미의 과잉을 일으키는지를 보여주기 때문이다. 따라서 에피파니의 사건은 (이미 여기에 있는) 의미의 사건을 동시에 (아직은 여기 있지 않은) 여전히 오고 있는 도래의 사건으로 증언하는 것으로 간주될 수 있다. 그리고 이런 방식으로 그 사건은 ("예수가 올 때까지") 미래를 선취하면서 동시에 구원의 순간을 기억하는 유월절/성찬례의 팔레스타인적 정식을 재연한다.[18]

이에 나는 반복해서 강조한다. 몰리의 마지막 외침은 과거와 미래의 시제를 혼합하고 전형적인 카이로스적 방식으로 그 균형을 맞춘다. "나는 그러세요 라고 말했어요 예 그럴게요." 블룸이 그녀 옆에서 웅크린 채 에클레스가의 그녀 침대에 누웠을 때, 너무나 인간적인 에로스에 대한 그녀의 섬뜩한 기억은 종말론적 시간의 리듬으로 앞으로 반복된다. 제가 말했어요. 그럴게요. 그래요. 육신이 말이 되는 것처럼 말이 육신이 된다. 세속적인 것과 성스러운 것이 서로 교차한다.

『율리시스』의 도입부에는 다음과 같은 물음이 나온다. "신은 무엇인가?" 이에 대한 스티븐의 대답은 "거리에서 울부짖는 소리"이다. 아마도 그 외침은 몰리의 외침일까? 어쩌면 그 거리가 에클레스가일까?

프루스트

성사적 관용구는 마르셀 프루스트 작품의 핵심이기도 하다. '성변화', '부활', '계시'에 관한 비유들이 『잃어버린 시간을 찾아서』의 몇몇 주요 구절에서 나타난다. 그 비유들은 일반적으로 널리 알려진 마들렌 과자 에피소드에서처럼 시간 안에서 잊어버린 시간을 되찾기 위한 문법을 표시한다. 그런데 그것들은 『되찾은 시간』의 글쓰기 과정에서의 마지막 대목이 보여주듯이, 예술적 변혁의 과정을 언급하고 있다. 만약 음식과 맛이 첫 번째 종류의 본질적인 에피파니를 만들어내는 감각적인 관용구라면, 나는 프루스트의 성사적 비전의 두 번째 양상을 증폭시키는 미로와도 같은 이야기의 끝자락에 또 다른 에피파니가 있음을 시사하고 싶다. 나는 식전 음악회가 거행되는 가운데 마르셀이 도서관에서 기다리며 머물고 있을 때를 보여주는 게르망트 대공의 저택이 등장하는 끝에서 두 번째 장면을 염두에 두고 있다. 뒤늦게 도착한 마르셀은 게르망트의 살롱에 들어가기 직전에 일군의 에피파니를 경험한다. 이 남겨진 시간이라는 대기실에 어떤 비연대기적인 순간들이 그에게로 돌아온다. 여기서 우리는 환멸과 죽음을 민감하게 받아들임으로 말미암아 속된 것 속에서의 성스러운 것의 재신론적 귀환이 먼저 일어나고 있음에 주목한다.

마르셀의 첫 번째 비자발적 기억은 베네치아에 있는 산 마르코 성당에 들어가는 것이다. 이곳은 성례의 전형적 장소다. 기억의 섬광은 마르셀이 파리의 게르망트 저택 안마당을 가로질러 들어갈 때 울퉁불퉁한 자갈길에 걸려 넘어지면서 촉발된다. 비록 그는 그 당시 그러한 경험의 성스러운 성질을 받아들일 수 없었지만(그의 어머니와 함께 베네치아를 처음 방문했을 시기), 몇 년 후인 지금 이곳 파리에서 그것을 다시 체험한다. 그 사건 이후, 두 번째 사건의 렌즈를 거치게 됨으로써 말이다. '경험되지 않았던' 이전의 경험은 마침내 시간의 간격을 넘어 다시 경험된다.

이 '안마당의 기적'은 식당 종업원이 연회 식사를 준비하면서 접시에 부딪히는 수저 소리가 들려오는 또 다른 비자발적 기억으로 이어진다. 그 후 우리는 마르셀이 풀이 먹은 식탁 냅킨으로 입술을 닦은 데서 세 번째 유사-성찬례적 에피파니를 갖게 되는데, 그 감성은 마르셀이 발베크의 그랑드 호텔 식당에 앉아 있던 어린 시절의 찬란한 순간을 떠올리게 했다. 그리고 마지막으로 마르셀은 (잊히고 말지만) 어린 시절 자기를 형성한 중요한 순간을 경험한다. 게르망트 대공 부인의 서재 책꽂이에서 조지 샌드의 소설 『프랑수아 르 샹피』*François le Champi*를 가져오면서, 마르셀은 어머니가 콩브레에서 잠잘 때 이 책을 그에게 읽어주던 어느 저녁의 사건을 갑자기 떠올린다. 그리고 책의 첫 장면에서 알 수 있듯이, 그의 어머니가 마르셀의 아버지와 스완과 함께 저녁 식탁 자리에서 일어나 마르셀에게 굿나잇 키스를 하러 온 첫 순간과 동시에 일어난 것은 이 한밤중의 독서였다. 따라서 독서와 저녁 식사는 어머니의 키스와 밀접하게 관련되어 있다. 마르셀이 잃어버린 시간을 찾도록 만드는 키스는 결국 그 이름의 소설에서 절정에 달한다.[19]

사뮈엘 베케트는 이 일군의 에피파니를 "단일한 수태고지"라고 묘사했는데, 나는 여기서 육화의 기적에 대한 암시에 심오한 뜻이 있다고 생각한다. 왜냐하면 이 장면에서 마르셀은 다시 살로 돌아오기 때문이다. 그는 게르망트 파티에서 그가 사랑하는 사람들 대부분(로베르 드 생-루, 할머니, 스완)이 사망했다는 것과 샤를뤼스가 죽어가고 있다는 것, 그리고 그 자신(마르셀)이 방금 요양소에서의 죽음을 면했다는 것을 상기한다. 마르셀은 다시 지상으로 돌아오게 되고 파리의 허영과 속물근성의 가면 뒤에서 인간의 살벌함, 과도기, 그리고 죽음에 이르는 고통을 본다. 그때서야 작가는 마르셀이 자신의 젊은 시절의 낭만적인 가식을 버리고 진정한 예술은 삶의 예술이라는 것을 인정하게 될 것임을 암시한다. 즉, 우리의 의식이 망각하는 그 우발적이고, 연약하고, 육적인, 겉으로 보기에는 그리 중요하지 않은 순간들을 문학적으로 성변화시킨 것이다.(우리는 여기서 메를로-퐁티의 다빈치 언급을 상기해볼 수 있다.) 그리하여 마르셀은 마침내 "콩브레와 그 주변이 내 찻잔에서 그 형체와 견고함을 얻는" 비전을 상정한다.[20] 예술가가 번성하기 위해서는 탐미주의자가 사라져야 한다.

크리스테바는 이 소설의 앞부분과 어머니와 베네치아를 방문했을 때의 마르셀의 생애 전 순간을 떠올리며 산 마르코의 에피파니에 특별한 강조점을 둔다. 그녀는 이 중요한 사건을 프루스트의 성찬례적 미학 이해에 핵심적인 것으로 해석하고 있는데, 그 해석은 책을 읽어준 어머니, 마들렌, 그리고 걸림돌에 관한 여러 가지 에피파니를 결합한다. 프루스트의 소설 초안과 존 러스킨에 관한 – '종교 미학'에 큰 영향을 미친 – 여러 노트를 검토하면서, 크리스테바는 성변화, 실재적 현전, 그리고 체화된 시간과 부활한 시간의 육화적 신비에 프루스트가 점점 더 매료되어 갔음을 추적한다.[21] 그녀는 이러한 성찬례 의식의 용어를 사용하여 프루스트의 등장인물들이 그들 스스로 서로 연관되는 방식을 기술하고, 그리고 시제가 신비적으로 교차하는 사태에 주목하여 소설의 텍스트적 양식을 기술한다. "등장인물들은 과거와 현재의 인상의 결합으로 서로를 뒤섞으면서 그들의 윤곽을 융합시킨다. 비밀스러운 깊이가 그들을 끌어당긴다. 차에 적신 마들렌처럼, 등장인물들은 프루스트의 양식으로 스스로 흡수되어 버린다. 이러한 프루스트적 주인공들과 비전은 결국 우리에게 강렬한 활력을 주는 특이하고 기이한 향미를 남길 것이다. 그것은 시간 감각의 향미, 즉 성변화로서의 글쓰기의 향미이다"(23).

비록 크리스테바가 신학적 관점보다는 정신분석을 전개하지만, 나는 프루스트에 대한 그녀의 독서가 우리의 재신론적 논증과 깊은 관련을 맺는다고 믿는다. 크리스테바는 번역, 육화, 은유, 그리고 중첩 등의 측면에서 성변화의 성사적 절차를 상세히 기술하는 많은 장면들을 인용한다(102, 106, 108, 133). 그녀는 프루스트가 "우리 삶의 매시간"이 숨겨져 있는 대상을 어떻게 찾아 나섰는지, 그리고 그가 어떻게 해서 문학이 그러한 숨겨진 순간들을 에피파니의 형태로 소생시킬 수 있다고 믿었는지를 보여준다. 예를 들어, 러스킨과 남성의 미학에 관한 그의 글에서 프루스트는 "마들렌"이 될 약간의 토스트와 베네치아의 포석paving stone이라는 두 가지 특별한 순간들을 발견했다. 즉, 그것은 『잃어버린 시간을 찾아서』에서의 중요한 두 가지 에피파니였다. 산 마르코에 있는 포석의 예를 언급하면서 크리스테바는 이렇게 쓰고 있다. "돌에 걸려 넘어지는 것은 따라서 신성한 것에 대한 믿음을 갖는 방법이 될 것이다. 실제로 그 성스러운 것은 돌로 만들어졌다. '사람에게는 버린 바가 되었으나 하느님에게는 택하심을 입은 보배로운 산 돌'(베드로의 첫째 편지 2:4~5)." 그리고 그녀는 모퉁이의 머릿돌은 다음과 같은 것이라고 첨언한다. "프루스트의 글에 나타난 것과 더불어, 그것은 본질의 실재적 현전으로서의 예수를 예찬하는 기호로 제시된다. 모퉁이의 머릿돌은 성당과 미사 사이에 있는 프루스트의 기본 모티브가 되는 것으로 나타나고 … 프루스트는 성변화의 신비를 가늠하고자 했다"(강조는 카니). 크리스테바는 프루스트가 "일상적인 감각을 통해 자신의 길을 개척하고 미래의 서술자의 무의식적 기억에 영향을 주면서 점점 더 압도하는 에로티시즘을 인정함으로써"(106) 그렇게 할 수 있었다고 추정했다. 또는 다시 "산living 돌"과 접촉하여 마르셀 자신도 "성변화"에서 성스러운 것에 참여하는 "한 줄기의 광선"(108)이 된다.[22]

프루스트 자신은 서로 다른 시간적 장면의 결합을 은유와 부활로 묘사한다. 그리고 프루스트에게 이 용어들은 똑같지는 않더라도 이상한 방식으로 제휴되어 있다. 은유와 부활 모두 하나의 사물을 다른 사물의 관점으로 번역하는 것을 포함한다. 참된 예술은 일련의 대상이나 사건들을 점진적으로 묘사하는 것("특수한 장소에 등장하던 사물들을 묘사 속에 한없이 연속적으로 늘어놓는 것")이 아니라 작가가 "두 개의 다른 사물들"과 "그것들 사이의 연관성을 진술하는" 때에만 발생한다.[23] 그리고 여기서 우리는 메를로-퐁티의 성사적 지각의 논리로 되돌아간다. 왜냐하면 그것은 작가가 삶의 책("우리 각자의 내면에 이미 존재하는 것")을 예술의 책으로 번역할 수 있게 해주는 "특이한 연결"과 이것과 다른 것 사이의 숨겨진 연결을 확인하는 것이기 때문이다.[24] 마르셀은 이렇게 말한다. "진리, 그리고 삶은 두 감각에 공통된 성질을 비교함으로써, 또한 사물들이 시간의 우연성으로부터 벗어나게 해주기 위해 그것들을 하나의 은유 속에 재결집시킴으로써, 그 공통의 본질을 추출하는 순간에야 획득될 것이다."[25] 마르셀이 이 은유의 작업에서 부활과 성변화의 형태를 특권화하고 있다는 것은 내가 — 프루스트에게서나 조이스에게서나 다를바 없이 — 성사적 미학이라고 부르는 것을 다시금 확증한다. 그리고 두 경우 모두 성사의 행위로서의 은유의 텍스트적 전개는 세속적인 것 안에서 성스러운 것을 새로이 회복하려고 하기 전에 불가지론적인 '근대성의 탈주술화'를 거치며 경험되는 예술적 상상력을 분명하게 표현한다.

"베네치아 여행" 에피소드를 좀 더 자세히 보자. 이것은 알베르틴의 죽음에 뒤이은 것으로, 어떤 "기쁨"을 "선포하는" 산 마르코 종탑에서 금빛 천사와 함께 시작된다. 프루스트의 "성변화로서의 예술"(Kristeva, *Time and Sense*, 112) 개념을 재확인하는 이 짧은 장은 몇 가지 주제들로 촘촘하게 짜여 있다. 콩브레와 베네치아, 유년기와 성인기, 프랑스와 이탈리아, 그리고 과거와 현재에 대한 두 판명한 시간적 감각은 "은유로 응축된다." 그 장면은 죽음과 다시 태어남의 꿈을 상연한다. "죽음이 이 응축에서 한 가지 역할을 한다. 할머니의 죽음에 대한 언급은 알베르틴의 근래의 실종을 반향한다. 알베르틴은 이제 내면화되어 글쓰기의 가장 깊은 곳으로 변형될 준비가 되어 있다"(112). 창 밑에 비친 어머니의 존재를 상기하며, 해설자는 "어떤 비밀의 본질에 점점 더 가까워지고 있다"(112)는 인상을 고백한다. 크리스테바는 이 산 마르코로의 방문이 소설의 전체 발전에서 중추적인 역할을 하는 것으로 읽어낸다. 그것은, 그녀가 말하는 "살아있는 의미를 향한 여정"(113)으로 구성된 "대성당들의 죽음" 장과 마지막 권 『되찾은 시간』 사이의 최초의 여행의 중요한 정거장이라는 것이다. 다음 구절에 그녀가 해당 장면을 해석하는 방식이 잘 나타나 있다.

> 어머니의 현전 가운데 육화된 베네치아라는 신비 … 이 낯선 융합은 어머니의 신체와 베네치아의 신체 사이에서 수립된다. 첨예한 아치가 있는 창문의 뾰족한 아치 밑에 앉아서 책을 읽으면서 어머니는 성 마가의 아름다운 돌에 자신을 기입한다. 창은 "그녀의 열성적인 시선의 표면에서, 더 이상 지탱할 수 있는 신체적 물질이 없는 곳에서만 멈춰

버린 사랑"과 동일시된다. "그것은 나에게 이 세상의 그 어떤 것보다 도 나를 감동시키는 것을 말한다. '나는 너의 어머니를 너무 잘 기억하고 있어.' " 이 침투의 마법을 통해 베네치아 창문은 바로 그 창문이 된다. 모성애를 유지하는 물질 — 창문은 어머니에 대한 사랑이다. 카르파치오의 그림에서 바로 빼낸 것으로 보이는 헌신적인 여성들이 등장하는 세례에도 같은 과정이 적용된다. "그녀(어머니)는 모자이크처럼 변함없이 그곳에 자신의 자리를 남겨 놓았다."(113)

여기서 융합fusion이라는 단어는 프랑스어에서 양조 음료와의 연관성을 볼 때, 예를 들어, 민들레 에피소드에서 린덴차의 첫 잎을 [찻잔 속 물] 안에 우려내는 것infusion과 같은 것을 말한다. 그래서 우리는 신비로운 융합과 액체 융합이 기억과 시간에 걸쳐 함께 나타난다고 말할 수 있다. 마르셀이 게르망트 저택의 포석의 에피파니에서 베네치아 세례식을 회상하여 되찾아낸 것이 프랑수아 르 샹피와 그의 양어머니 마들렌 블랑셰의 이야기를 읽어주는 어머니의 관련 회상(3~22, 116)과 일치한다는 것은 중요한 대목이다. 그것은 크리스테바가 강조한 신비와 모성의 연합이다.[26] 크리스테바는 베네치아 장면이 "아들과 그의 어머니의 사랑을 바탕으로 만들어진 육화"(114)로 이해되는 것이 제일 좋다고 제안함으로써 그녀의 정신분석적 독해를 마무리한다. 그녀는 이 성모 마리아와 아이 이미지가 지닌 가톨릭적 마리아 함축을 잘 알고 있으며, 마지막까지 프루스트가 이 장을 여러 번 재작성한 것이 매우 중요하다고 생각한다. 그가 셀레스트 알바레에게 보낸 임종 메모에서 "내가 베네치아에 도착하기 전에 일어난 모든 일은 지우라"고 한 데서 보듯이 말이다. 죽음의 코앞에 있던 프루스트는 이 중요한 에피소드에서 자신의 미학적 신조를 전달하는 데 주력했다. 즉, 그 신조는

"베네치아를 송축하며 어머니에 대한 사랑을 담아내는 감각적인 주제와 영적 주제의 통합"(115)과 연루된다.

프루스트는 궁극적으로 그의 어머니와 베네치아 사이의 상호 작용, 신체와 천사의 빛 사이의 상호활성화를 강조하기로 결정한다. 이 결정은 마지막 타이프 기록에도 남아 있는데, 거기서 그는 베네치아 여행을 "마들렌과 포장석 에피소드의 전형"(115)으로 생각하도록 우리를 안내한다. 따라서 크리스테바에게 베네치아는 "어머니가 되어 자신의 육화를 강조하는 도시"(116)인 "감각적이고 상징적인 오리엔트"의 신비적 역할을 강력하게 떠맡는다. (울프에 대한 논의에서 우리는 그러한 "오리엔탈"에 대한 암시로 돌아갈 것이다.) 이것은 프루스트의 모든 성찬례 행위의 "시금석"이며, 베네치아를 (프루스트 자신의 말대로) "세계 내의 세계"로, "체화된 시간"의 성격 자체로 취급하고 있다. 이런 식으로 성 마가의 세례당을 방문한 것은 어머니와 질베르트부터 알베르틴에 이르기까지 이어지는 에로틱한 성장소설과 소설 마지막 페이지의 에피파니의 고지 사이의 중요한 연결고리로 읽힐 수 있다. 하지만 다시금 중요한 것은, 이전의 성사적 순간들 — 베네치아에 앉아 있는 어머니나 콩브레에서 어린 시절의 그에게 책을 읽어주는 것 — 이 시간의 틈을 가로질러 회복되었을 때, 마르셀은 바로 그 사건 이후에 최종적인 에피파니를 경험할 수 있다는 것이다. 곧 '사후적으로'Après coup. Nachträglich 말이다. 마르셀이 어머니와 함께 베네치아 성당과 성당 세례소를 방문한 것이 크리스테바가 시사한 것처럼 소설의 중추적 역할을 한다면, 이는 바로 이 장소에서 마르셀이 에피파니를 성취하고 마침내 성찬 작가가 되기 때문이 아니다. 아니, 만약 그렇다면 그 소설은 논리적으로 그 장에서 끝날 것이다. 그런데 그렇지 않다. 오히려 마르셀이 "대성당들의 죽음"을 경험하고, 교제와 유예를 통해 어머니들의 죽음(어머니, 마들렌 블랑셰, 그리고 대리적인 상상에 의거한 대리적인 사랑의 대상 알베르틴)을 경험하고 나서야 비로소 그는 자신의 궁극적 각성 즉 연대기적 시간에서 상실된 돌이킬 수 없는 잃어버린 카이로스의 시간의 회복을 스스로 예비할 수 있다. 요컨대, 첫 번째 성스러운 융합이 포기되어야 두 번째 에피파니가 회복될 수 있다. 이 시간은 승리의 바실리카가 아니라 자신을 걸려 넘어지게 만든 포석의 시간이다. 베네치아는 파리의 한 마당에서 회복된다.

다시 말해서, 베네치아는 마르셀의 여정의 종착역이 아니며, 어머니는 그의 애정의 마지막 대상이 아니다. 반대로 소설이 끝날 무렵에는 어머니가 마침내 '잃어버린 대상'으로 받아들여져 마르셀이 우울의 미학에서 애도의 미학으로 나아가게 되는 것처럼 보인다. 소설이 진행됨에 따라, 나는 마르셀이 점점 더 다양한 성애적 욕구의 전이를 넘어 다음과 같은 일상적 세계의 마돈나로 돌아간다고 믿는다. 이것이 바로 프랑수아즈다. 첫 장에 등장하는 이 하녀는 이제 "우리 주방의 미켈란젤로"로 다시 등장한다(그녀는 농장의 닭을 맛있는 구운 닭요리poulet rôti의 가족 식사로 바꿀 수 있는 평범한 일상인이다).[27] 나는 심지어 이 소설의 마지막 권 『되찾은 시간』을 살펴보면서, 프랑수아즈가 일상의 요리사이자 재봉사로 마르셀의 소설 집필 모델이 되었다고 제안하고 싶다. 그녀는 그의 일상의 뮤즈인 것이다. 이야기하는 자는 결국, 이제 그가 "그녀 곁에서 그리고 거의 그녀처럼 작업을 할 것"이라고 고백한다.[28]

만일 우리가 프랑수아즈Françoise가 첫째 권(스완네 집 쪽으로)에서 지오토의 『자비』와 그녀의 존재만이 아니라 외모와 관련해서 어떻게 비교되는지를 상기해보면, 나는 이 추측이 확증될 수 있을 것이라고 생각한다.[29] 규정하기 힘든 환유적인 사랑의 대상 — 어머니와 질베르트에서 게르망트의 밀과 알베르틴에 이르기까지—에 관한 끝없는 이야기를 대체하면서 프랑수아즈는 일상의 소우주의 여주인으로 재등장한다. 지극히 가볍고 여린 천상의 알베르틴은 이를테면 살과 피의 프랑수아즈로 다시 옮겨온다. 마르셀의 이국적인 판타지적 사랑의 대상의 죽음은 기억에서 잊힌 주방 담당 하녀가 부활할 기회다. 흥미롭게도, 발터 벤야민이 그 유명한 자신의 프루스트 소품에서 높이 평가한 것이 바로 유한한 지상의 삶과 자연의 소박함에 대한 예리한 감각을 바탕으로 한 프랑수아즈의 인내 어린 기예와 참을성 있는 자질이다. "미켈란젤로가 고개를 뒤로 젖히고 시스티나 성당의 천장에 천지창조를 그릴 때 디뎠던 사다리 장치와 같은 것이 다시 한번 프루스트에게서 등장하고 있는데, 그가… 육필로 써넣은 셀 수 없이 많은 원고를 가지고 그의 소우주 창조에 몰두했던 병상이 바로 프루스트가 축성한consecrate 것이다."[30] 주방과 성당. 죽어가면서 창조하기. 예술의 관문으로서의 대지가 지닌 연약함. 게다가 요리하는 재봉사 프랑수아즈를 염두에 두건 두지 않건 간에, "영원한 것은 어쨌든 어떤 이념이라기보다는 옷의 주름 장식이다"라는 점을 관찰한 이도 벤야민이다.[31]

그럼 이것은 어머니를 어디에 남겨두는가? 마르셀이 베네치아와 프랑수아 르 샹피의 비자발적인 기억을 촉발시킨 파리에서의 최후의 에피파니에서 어머니를 떠올릴 때쯤이면 그것은 융합fusion보다 옮겨넣기transfusion의 문제가 될 것이라고 나는 추정한다. 또는 프루스트 자신이 되찾은 시간에 관한 마르셀의 최종 사색에서 그 말을 사용했던 것처럼, 이는 가로지르기trasversal에 관한 것이다. 즉, 프루스트는 직접적이고 마술적 결합의 형태를 수용하기보다는, 시간상에서의 동일성과 차이의 의미를 포착하기 위해 trans라는 이행에 관한 표현을 도입한다. 옮겨넣기Transfusion, 가로지르기transversal, 번역translation, 전이transfer, 성변화transubstantiation.

마지막으로 프랑수아즈에 대해 한마디만 더 덧붙이자. 프랑수아즈가 정말로 마르셀의 궁극의 안내자라면, 이 소설이 종국에 이르고(헤겔적인 이념으로) 전체적으로 되는 것처럼 보일 때, 『되찾은 시간』에서 소설이 여러 가지 다른 방향으로 파편화되는 것이 아마도 우연은 아닐 것이다. 프루스트는 헤겔의 유혹에 저항한다. 그의 책은 마르셀의 투사된 소설이 실제로 그 저자가 쓴 『잃어버린 시간을 찾아서』인가 아닌가 하는 문제는 해결하지 않은 채로 남겨둔다. 이것은 독자가 결정할 일이다. 사실, 프루스트에 관한 각각의 철학적 독해는 모든 경우에 있어서 — 리쾨르, 들뢰즈, 레비나스, 벤야민, 주네, 베케트, 드 만, 블랑쇼, 크리스테바, 누스바움, 머독, 지라르 — 어떻게 그 소설을 자신만의 해석학으로 번역해내는가를 보는 것은 매우 흥미로운 것이 아닐 수 없다! 아마도 이것이 열린 텍스트의 결정적 정의가 될 것이다. 또는 우리가 — 메를로-퐁티의 성찬례적 가역성에서 힌트를 얻어 말해보자면 — 성사적 텍스트라고 부른 것의 정의가 될지도 모르겠다. 다시 말해 이는 저자가 각각의 독자들이 재형성된 존재를 — 재신론적으로 — 되찾게 하기 위해 자신을 텍스트에 희생시키는 일과 관련하는 물음이다.

그래서 우리는 소외된 몰리가 결국 『율리시스』에서 스티븐의 약속의 멘토로 돌아오듯이, 한때 조롱받았던 프랑수아즈도 마르셀의 가장 신뢰할 수 있는 안내자로 복원된다고 결론지을 수 있을 것이다. 마르셀이 순수문학에서 삶의 문학의 방향으로 넘어가도록 한 이가 이 가정부였던 것을 우리는 상기한다. 그녀는 "가식 없는 모든 사람들처럼" 문학적 허영심에 상식적으로 접근하고, 마르셀의 경쟁자들을 그저 "표절꾼들"로 보는 이 땅의 노예였다.[32] 마르셀은 "〔마르셀의〕 행복감을 직감하고

〔그의〕 수고를 존중"할 수 있는 "문학 작품에 대한 일종의 본능적 이해력"(509[512])을 가졌던 사람이 프랑수아즈였다는 것을 이제야 갑작스레 깨달았다. 그래서 마르셀은 결국 그녀가 했던 것처럼, 바느질하고, 헝겊 조각으로 붙이고 꿰매는 것처럼 일하기로 작정한다. "감히 대성당처럼이라는 야심에 찬 말은 아니하겠으나 드레스 하나를 깃듯이 나의 책을 축조할 것이라고는 할 수 있다"(509[511]). 마르셀의 고통스러운 질투심과 기만의 주요 원천인 알베르틴이라는 환상의 페르소나는 마침내 현실의 재봉사로 대체된다. 신비적인 것이 하녀로 말미암아 그 가면을 벗게 된다.

이런 점에서, 몰리와 유사한 프랑수아즈는 페넬로페의 변형으로 보여질 수 있다. 왜냐하면 프루스트는 영웅적 방랑을 떠나 와서 일상의 직조 작업으로 돌아가는 항해를 시행하기 때문이다. 문학의 경이로움은 웅장한 디자인을 갖춘 기념비적인 바실리카 양식[33]에서는 더는 찾아볼 수 없고, 일상적 실존의 복잡한 씨실과 날실에서 찾아볼 수 있는 것이 된다. 그리고 글을 직조하는 것으로서의 이러한 포용 속에서 우리는 '은유'의 문학적 비유가 '환유'의 문학적 비유와 제휴하고 있음을 발견한다. 우연성을 본질로 바꾸는 은유의 변형적이고 종합적 힘은 여기서 두 번째 순간을 통해 보충되는데, 이는 치환과 대체, 보잘것없는 바느질과 재처리의 과정으로서, 실존의 일상적 놀이 속에서 자신을 다른 것으로 이양시키는 일로 나타난다. 이 은유-환유의 이중 비유가 우리가 성변화라고 부른 것이다. 말씀을 살로 살을 말씀으로 가역적으로 번역해내는 일이 바로 그것이다.

글쓰기를 뭔가를 꿰매는 일 — 망, 태피스트리, 직물, 텍스트들 — 로 이해하는 것은 마르셀이 자신에게 "맡겨진" 작품의 "운반자"이며, 시간이 지나면 다른 손으로 그것이 "전달"될 것이라는 통찰로 그를 안내한다. 임신과 출산의 함축이 여기서 뚜렷하게 드러난다. 글쓰기의 기본적인 상호텍스트성에 대한 이러한 인식은 마르셀에게 죽음에 대한 자신의 오랜 두려움으로부터의 일종의 구원으로 다가온다. 진정한 문학은 메시아적 "반복"이나 앞으로 기억해내는 일의 한 형태임 — 탄생에서 필명성으로 그리고 다시 탄생에 이르는 것 — 을 긍정하면서, 마르셀은 갑자기 자신이 "죽음의 관념에 개의치 않게 됨"(509 [516])을 발견하게 된다. 소멸에 대해 배우는 것은 다시 사는 법을 배우는 것이다. "반복에 의해서"라고 그가 말한 데서 보듯, "이 두려움은 점차 침착한 자신감으로 바뀌었다. 죽음에 대한 상념이 그 시절, 우리가 이미 본 바와 같이 사랑 위에 그늘을 던졌다면, … 사랑의 기억은 내가 죽음을 두려워하지 않게 해주었다. 왜냐하면 죽는다는 것은 새로운 것이 아니고, 어린 시절부터 내가 이미 여러 번 죽었음을 깨닫고 있었기 때문이다"(509 [517]).[34] 꽃을 피우기 위해서는 한 알의 밀알이 죽어야 한다는 성서의 고전적인 가르침을 환기하면서, 마르셀의 작가적 자아는 이제 밀 드 생-루, 또는 더 일반적으로는 그의 미래 독자들에 의해 전형화되는 많은 새로운 삶의 전조들 가운데 하나로서 사후에posthumously 다시 태어날 가능성에 직면한다. 따라서 제2의 탄생은 죽음에서 다시 나타난다. 그리하여 죽은 알베르틴과 죽어가는 샤를뤼스를 회상하는 이 소설의 마지막 구절은 우리를 성당들의 돌덩이보다 더 높은, 아찔하고 무시무시한 정상으로 향해 왔다가, "거대한 심연으로 내려가는" 시간의 초월적 운동을 불러일으키면서, 결국 우리를 다시 대지로 돌아오게 한다.

요컨대, 만일 시간이 필멸하는 인간들을 "갑자기 떨어질 수밖에 없는 봉우리"로 늘상 오르게 하는 것이라면,[35] 우리는 이러한 낙하야말로 일상적 세계로 받아들이는 것 자체가 두려움이 사랑이 되고 문학적 망상이 참된 글쓰기가 되는 일을 가능하게 하는 것이라고 말할 수 있지 않을까?

울프

성사적 미학의 세 번째 사례는 버지니아 울프의 『등대로』라는 작품이다. 조이스와 프루스트가 일반적으로 배교자나 불가지론자로 간주되는 반면, 울프는 자신이 무신론자임을 스스럼없이 밝혔다. 세련된 형태의 완고한 무신론은 그녀가 소속되고 이끌었던 블룸즈버리 그룹의 인물들에겐 거의 필수적으로 요구되는 사항이었다. 그런데 울프가 세속적 삶의 바로 한복판에서 성스러운 것의 의미를 재발견하지 못하도록 한 것은 어린 시절의 전통적 신을 거부하는 데서 비롯한 것이 아니었다. 나는 『등대로』가 유신론에서 무신론으로의 이행을 수행한다고 주장하려고 한다. 그리고 이것은 소설의 3부 – 그 유명한 죽음과 유기 사이의 막간 – 에서 비존재의 핵심에 자리한 '실재'에 대해 두 번째로 긍정의 '예'라고 말하는 가능성으로서의 재신론적 선택지를 다시 열어주는 것으로 이어진다. 여기서 나는 믿음에서 불신unbelief으로 넘어가고 그다음에 두 번째 동의로 넘어가는 이행을 목격한다. 이는 울프가 단순하게 그리고 신비롭게 "그것"이라고 부르는 것에 대한 긍정이다.

소설의 주인공 램지 부인은 연회/잔치의 또 다른 안주인으로 그려진다. 프랑수아즈의 도시적 형상이라고 해도 좋을 램지 부인은 소설 1부에서 음식과 바느질에 모두 뛰어난 인물로 소개된다. 그녀는 사람들을 먹이고, 입히는 사람이다. 램지 부인은 "사람들을 한데 불러 모으고", 커플을 연결시켜 주고, 여덟 명의 자녀를 모성적인 관계로 키워

내고 남편을 혼인 관계 속에 붙잡아두는 데 특별한 재능을 가진 인물이다. 소설에서 우리가 그녀를 만나게 되면, 우리는 그녀에게 두 가지 임무가 있는 것을 보게 된다. 첫째, 아들 제임스에게 등대로 항해할 수 있다는 희망을 주는 것이며, 둘째, 저녁에 가족과 손님들을 위해 뵈프 앙 도브boeuf en daube를 만찬으로 준비한다.

그러나 이것은 평범한 보트 여행도 아니고 평범한 식사도 아니다. 울프는 종종 신비로운 말로 램지 부인을 묘사한다. 울프가 다양한 등장인물들의 마음속에서 일어나는 일을 전달하기 위해 간접 화법 양식 — 자유간접화법le style indirect libre — 을 사용하는 것은 처음부터 독자들에게 램지 부인의 영혼이 어떤 식으로건 주위 사람들의 흩어진 영혼들과 하나로 묶여서 연결되어 있다는 인상을 준다. 또 이 신비로운 상호존재의 감각은 이 책의 마지막 부분에 이르러, 램지 부인의 생각과 성격을 똑같이 떠올리게 하는 그녀의 헌신적인 화가 친구 릴리 브리스코를 만날 때 확증된다(예를 들어, 측량할 수 없을 정도로 깊은unfathomably deep이란 말이 두 사람의 마음속에서 다시 떠오르는데, 그것은 충만한 공허에 관한 기묘하면서도 성스러운 감성의 반복, 또는 램지 부인이 생각하는 등대 빛줄기의 세 번의 획이 하얀 캔버스에 릴리의 붓의 세 번의 획으로 반복되는 것과 같다). 울프는 자신의 일기에서 이런 이야기의 목소리가 그녀가 고안한 등장인물들의 마음 속 깊숙이 들어가는 "터널링 과정"을 어떻게 활용했는지 적고 있다. 이 과정에서 등장인물들의 정신은 서로 모두 연결되고, 비슷한 생각을 가지고, 동일한 깊은 "리듬"으로 이동하는 한 지점에 이를 수 있다.[36] 그녀가 묘사한 이 리듬은 "공명을 일으키는 다공적인resonant and porous 것이면서, 아무런 방해도 받지 않고 감정을 전달하는… 창조적이고, 빛을 발하며, 분열되지 않는" 것이다.[37] 자유간접화법을 통해, 울프는 "의식의 다-인격적multi-personal 표상"을 실험하는데, 이 표상은 "통합적 의식을 이루려 하는 것"이다.[38]

마침내 저녁 식사 시간에 이르러, 그 어조는 미묘하게도 성사적인 분위기를 보여준다. 우리는 징gong이 어떤 식으로 엄숙하고도 권위 있게 그 집과 정원에 흩어져 있는 모든 이에게 "저녁 만찬을 위해 식당에 모여야 한다"는 것을 엄숙하게 고지하는 것을 보게 된다.[39] 그 식사는 유사-성찬례적 의식으로 전개된다. 램지 부인은 테이블의 상석에 자리를 잡고 각자 자리를 배정해 준다. 그녀는 "모든 것을 지나왔고, 모든 것을 통과했으며, 모든 것에서 벗어났다는 느낌"(83 [121])을 가지는 유사-신비적 의미를 지니는 모임을 주재한다. 모인 손님과 가족들은 촛불이 켜진 식탁을 중심으로 회합한다.

> 이제 촛불이 모두 밝혀지자, 식탁 양쪽의 얼굴들이 촛불 빛으로 더욱 가까워졌고, 어둑했을 때와는 달리 식탁을 둘러싸고 한 무리를 이루었다. 이제 유리창이 바깥의 어둠을 차단했고, 바깥 세계를 정확히 보여주기는커녕 그 세계에 너무나 기묘한 파문을 일으켜서, 여기 방 안은 질서정연하고 마른 땅 같았고, 저기 바깥은 물에 젖어 너울거리다가 사라지는 사물들의 그림자처럼 보였다. 이내 어떤 변화가 실제로 일어난 듯이 그들 모두를 뚫고 지나갔다. 그들은 어떤 섬의 동굴에서 함께 일행을 이루고 있는 느낌으로 저 바깥 세계의 유동성에 맞서 공동 전선을 폈다.(97 [139])

식탁에 있는 다른 사람들 사이에는 큰 적대감과 경쟁심이 도사리고 있다. 하지만 램지 부인은 각자가 개별적 목소리를 가지게 해주고 여러 손님을 위한 여러 가지 결혼 계획을 세우면서 협상을 통해 서로의 마찰을 완화하려고 한다. 그래서 식사가 끝날 무렵에는 모두가 성찬례에 합심해 있는 것 같다. 메시아적인 램지 부인은 그 모임에서 우아한 마법을 부렸다. 종말론적 잔치가 곧 나타날 것 같다.

> 모든 일이 잘 들어맞는 것 같았다.… 그녀는 안정감에 도달한 것이다. 그녀는 공중에 떠 있는 매처럼, 온몸의 신경을 소란스럽지 않고 다소 엄숙하게, 충만하고 달콤하게 채운 기쁨의 대기에 떠 있는 깃발처럼 들떠 있었다. 남편과 아이들과 친구들이 식사하는 것을 바라보면서 이 기쁨은 그들에게서 솟아났다고 그녀는 생각했다. 이 모든 기쁨은 이 깊은 정적 속에서 솟아올라(그녀는 윌리엄 뱅크스에게 아주 작은 고기 조각을 더 떠 주고 그 토기의 바닥을 들여다보았다.) 연무처럼, 연기처럼 지금 특별한 이유도 없이 그곳에 머무르며 그들을 모두 안전하게 묶어 준 것 같다고 그녀는 생각했다. 아무 말도 할 필요가 없었다. 어떤 말도 할 수 없었다. 거기에 기쁨이 그들 주위를 감돌고 있었다. 그녀는 뱅크스 씨에게 특히 연한 조각을 조심스럽게 떠 주면서 그 기쁨이 영원성을 띠고 있다고 느꼈다.… 응집성과 영속성이… 변화를 초월한 어떤 것이 루비처럼 빛을 발한다는 뜻이었다.… 그녀는… 평화로움과 평안함을 느꼈다.… 지속되는 것은 이런 순간들로 이루어진다고 그녀는 생각했다. 이 순간이 남을 것이다. 뵈프-앙-도브는 완벽한 성공작이었다.(104~105 [148])

릴리가 소설 마지막 부분에서 기억하는 대로 램지 부인의 신조credo는 "계시의 본질을 드러내는" 것이었다. "혼돈chaos 가운데 형체가 있었다.… 삶은 여전히 거기에 있다고 램지 부인이 말했다."[232]

하지만 그렇지 않았다. 삶은 계속되었고 그 식사에 참여한 많은 이들은 앞으로 몇 년 동안 전쟁 가운데서 벌어지는 끔찍한 상실로 인해 고통받을 것이다. 그래서 이 모임을 시작하는 장면은 아이러니로 뒤덮여 있다. 비탄한 운명의 의미가 일련의 순서 가운데 맴돈다. 실제로 이미 생각에 잠겨 있는 램지 부인은 "이것이 지속될 리 없다"는 깨달음에 사로잡힌다. 그녀는 "그 순간부터 분리된"(104~105[148]) 자신을 발견한다. 그리고 우리에게도, 독자들에게도 마찬가지로 삶은 짧다. 램지 부인은 이내 사망하고 소설은 중간 부분인 "시간의 흐름"에 이르러서 제어되지 않고 드러나는 무상함과 몰락에 대한 설명으로 이어진다. 우리는 또한 램지 부인의 이상적인 결혼 생활이 망가지고 그녀의 가장 아름다운 두 자녀가 전쟁 중에 사망했다는 사실을 알게 된다. 돌이켜 보면, 저녁 식탁에서 피어오르는 '연기'는 제물을 함의한다. 부활절 잔치는 유월절이라기보다는 사멸에 대한 것으로 보인다.

그러나 이것이 이야기의 끝은 아니다. 그리고 우리는 여전히, 소설의 3부에서 램지 부인이 "이 순간이 남을 것이다"라는 말을 했을 때 이것이 대체 무엇을 의미했는지를 묻는다. 그녀는 사건이 있은 후after the event, 그녀를 따라다니다가 마침내 등대로 돌아가는 사람들에 의해 기억되는 "완벽한" 식사를 생각하고 있었을까? 아니면 그녀는 릴리가 램지 부인을 "완성된" 초상화 속에서 부활시켜 지속 가능한 것으로 만들어주는, 예술작품을 생각하고 있었을까? 아니면 소설 자체가, 독자들을 읽는 행위 자체로 램지 부인의 성찬례적 성취를 재생하도록 초대하고 있는 것 아닌가? 이는 재신론적 반복의 개가feat로서의 읽기인가?

체험된 것과 만들어진 것 간의 연결은 우리를 문제의 핵심, 즉 램지 부인과 릴리 브리스코의 관계 문제로 데려간다. 여기서 우리는 작품에서 복잡하게 작동하는 횡단 작용과 마주한다. 신비한 친밀감이 넘쳐난다. 그 두 영혼은 여러 가지 방법으로 상호작용한다. 주요한 예는 다음과 같다. 3부에서 릴리의 마지막 붓 "터치"는 언급했듯이 램지 부인이 내밀하게 식별해내는 등대 "보기"의 반복이다. 후자의 장면은 어느 날 늦은 밤 램지 부인이 아이들이 침대에 누워 있을 때 뜨개질할 것을 꺼내오고, 이내 창문 밖의 세상과 연결되면서 느끼는 묘한 평화를 묘사한 소설의 첫 부분에 있다. 우리는 그녀 내면의 깊은 곳에 있는 "쐐기 모양을 한 어둠의 핵심"이 바다 멀리 등대가 내뿜는 빛의 광선과 합쳐진다고 말하기에 이른다. 물에 비친 세 번째 빛의 비춤에서, 그녀 자신의 "알 수 없는 내면 깊은 곳"은 바다의 심연과 뒤섞인다. 우리는 이런 구절을 읽는다. "종종 그녀는 앉아서, 일감을 들고 앉아서 바라보다가 마침내 자신이 바라보는 것, 곧 그 빛과 하나가 되었다"(62 [92]).[40] 그녀는 간직하던 물건에서 자신을 잃어버리고, 불안한 자신의 "초조함, 분주함, 소란스러움"을 뒤로 하며, 그녀 입술에는 "모든 것이 이 평화, 이 휴식, 이 영원 가운데서 함께 하나가 될 때 삶에 대한 어떤 승리의 외침"이 떠오른다. 그리고 램지 부인이 덧붙이는 것은, 깊은 심연에서 불러낸 것 같은, 주위 세계와의 유사-신비적 연합의 순간이다. "우리는 주님의 손에 있습니다."

그런데 그녀는 이 기도를 취소하기 무섭게 이렇게 말했다. "그러나 그녀는 즉시 그 말을 한 자신에게 짜증이 났다. 누가 그런 말을 했나?" 과연 누구일까? 그런데 이것은 공동 기도의 일부일 뿐인데 왜 그렇게 부끄러워하는가? 왜냐하면, 분명, 그것은 어떤 면에서는 얻어낼 수 없는 것이기 때문이다. 너무 쉽고, 너무 빠르고, 너무 값싼 것이다. "그녀는 자신이 한 의도하지 않은 말에 갇혀 있었다." 램지 부인은 이를 "거짓"이라고 하면서, 내세적인 신의 유혹, 어떤 최고 전능한 원인이라는 신을 분명하게 언급하는 가운데, 그런 것은 우리의 운명을 심판하면서 삶의 세계로부터 멀어지고 분리되게 하는 것이라고 본다. 내가 보기에, 램지 부인은 그렇게 편하게 신의 손으로 달아나고 싶은 유혹을 억누르며, 또 다른 방식의 신비주의, 곧 한 사람이 (우파니샤드의 말처럼) "저 홀로만 있음"으로 말미암아 평범한 사물의 자연적 우주를 단념하기보다 사랑하게 되어, 그렇게 더 깊은 신성한 공간과 시간을 포용한다.

> 사람이 혼자 있으면 나무, 개울, 꽃 같은 사물이나 무생물에 감정이 쏠리고, 그것들이 자신을 알며 어떤 의미에서는 바로 자기 자신이라고 느끼고, 자신에 대해서 느끼듯이 그렇게(그녀는 그 길고 견고한 빛줄기를 바라보았다) 설명할 수 없는 애정을 느끼는 건 참 묘한 일이라고 생각했다. 그녀는 바늘을 멈춘 채 바라보고 또 바라보았다. 거기 마음의 밑마닥에서, 존재의 호수에서, 안개가, 연인을 만나려는 신부가 일어, 소용돌이치며 피어올랐다.[41]

그러면 램지 부인이 육화해낸 이 탈post유신론적 신비주의는 무엇인가? 버지니아 울프는 죽기 직전, 갑작스러운 충격과 놀라움을 "겉모습 뒤에 숨겨진 실재"의 징표라고 말했다. 그녀는 "면직물 뒤에는 패턴이 숨겨져 있다"고 말했고, 모든 인간은 어떻게든 이것과 "연결되어 있다"고 말했다. 간단히 말해 울프는 "세계 전체가 예술작품"이라는 견해를 밝혔다. "셰익스피어도 없고, 베토벤도 없으며, 결코 신도 없다."[42] 요컨대 그녀의 무신론은 이보다 더 뚜렷할 수 없다. 그런데 우리는 어떤 무신론을 말하는가? 그녀의 세 번의 부정, 세 번의 '아니요'는 정확히 무엇을 의미하는가? 울프는 "실재"인 "패턴"은 만들어지는made 것이 아니라 주어지는given 것임을 암시하고 있는 것 같다. 그것은 — 인간적 혹은 신적 — 창조자의 산물이 아니라, 모든 존재자를 행위자성과 책략의 출현 배후에서, 그리고 그 기저에서 연결하는 어떤 깊은 불가해한 사랑의 암시이다.

여기서 우리는 특히 릴리가 램지 부인을 그림으로 포착하려는 시도로 표상되는, 이 소설에 나오는 예술의 문제적 역할과 마주한다. 어떻게 예술은 릴리의 그림, 카마이클의 시, 혹은 울프의 소설이 그런 것처럼, 평범한 삶의 기적을 표현하기를 소망할 수 있을까? 어떻게 "만들어진 것"과 "주어진 것"을 기록할 수 있으며 상상적인 것이 실재적인 것을 반영할 수 있는가? 우리가 말한 대로, 릴리는 캔버스를 마주하고 있는 동안 자신이 아닌 어떤 것, 즉 "진리"나 "실재"라는 것을, 램프 그늘에 있는 어떤 것을, 그리고 그 속에서 시간 없이 추상화되는 것을, 즉 "겉모습의 배후"에 나타나는 것을 알아차린다. 릴리는 예술에는 삶의 우연성과 과도기를 "아름다운 그림"과 "아름다운 문구"로 축소하려는 시도를 의심하는 무언가가 있다는 것을 깨달았다. 릴리가 포착하고자 한 것은 "신경에 거슬리는 것, 무언가 만들어지기 전의 것"이다. 그녀는 "반대되는 두 힘, 즉 예술과 삶의 균형점"에 이르고자 한다.[43] 문제는 이렇게 발생한다. 어떻게 예술이 살의 신비를 배반하지 않으면서 그것을 상상할 수 있을까? 어떻게 그렇게도 매혹적인 울프의 노트가 성스러운 베단타 텍스트가 권하는 첨예한 평정심에 이를 수 있을까? 우리는 이번에는 동양적 원천의 자양분을 먹고 자란 또 다른 방식의 재신론적 내기의 문턱에 서 있는 것일까?

릴리의 마지막 몸짓을 자세히 살펴보자. 이 책의 마지막 장면에서 릴리는 예술과 삶의 틈새에 '빠져' 그녀의 탐험을 완성할 붓놀림을 모색하고 있다. 그녀는 어떻게든 예술과 삶을 한데 모아 불가능한 것을 가능하게 하려고 애쓴다. 램지 부인이 밤에 등대에서 비치는 그 특별한 '빛의 획'에서 발견한 것은, 릴리가 색을 칠할 때 발견할 다음과 같은 어떤 것이다. 곧, 반복의 순간에 연결되는 어떤 것. 릴리는 결국 자신의 '비전'을 성취한다. 그녀는 평범한 것들의 예술을 위해, '흔적들'을 절대자의 살아있는 몸짓으로 인식하는 예술을 위해, 어떤 순수하고 초월적인 미학의 목적을 단념한다. 사실, 램지 부인의 초상화가 완성되고 있는 것에서 보듯, —첫 번째 작품에서 이룰 수 없었던 그림을 소설의 3부에서 그녀가 반복하면서— 릴리가 매일의 경이로움을 떠올리는 바로 그 순간, 즉 재창조, 상기, 두 번째 깨달음의 바로 그 순간이 등장한다. "내가 원하는 건 일상적 경험의 차원에서 이건 의자고 저건 식탁일 뿐이라고 느끼는 동시에 이건 기적이고 저건 희열이라고 느끼는 거야. 그녀는 신중하게 붓을 물감에 담그면서 생각했다."[44]

모든 것은, 더 높은, 또 더 낮은 경우의 그것/그것It/it의 이 가역성과 관련해서 전개된다. 기적은 높은 곳에서 낮은 곳으로, 이례적인 상태에서 평범한 상태로, 초월성에서 내재성으로의 성변화로 나타난다. 그리고 그 역도 성립한다. 그것은 자기비움(말씀을 살 속으로 비워내는 것)과 성찬례(일상적 경험의 유한한 빵과 포도주에서 무한성을 기념하는 것), 이 둘 모두에 해당하는 순간이다.

울프는 1926년 2월, 런던의 러셀 광장을 가로질러 갈 때 경험한 '그것'을 기록했다. 그때 그녀는 마침 소설의 이 부분을 쓰고 있었다. 그녀의 일기에는 "하늘에 있는 산들을 보고, 큰 구름과 페르시아 위에 뜬 달을 본다. 거기에 무엇인가가 있다는 엄청나고 놀라운 느낌을 받는데, 그것이 바로 '그것'이다"고 쓰여 있다.[45] 이 "그것"은, 그녀가 말하는 것처럼, 자신의 의지와 성격을 넘어선 어떤 "다른 것"이다. 그것 —"신"

이라는 신인동형론적 이름을 포함하여 – 은 우리의 주관적인 투사와 명칭을 통해 인간화되기를 거부하기 때문에 "무섭고도 흥미롭다"고 한다.[46] 그러나 릴리 브리스코가 이 미학적 "비전"을 성취하기 위해, 마지막 붓놀림을 위해, 캔버스 "중앙에 있는 선"을 그려서 마침내 "끝났어, 끝났어"라고 말할 수 있게끔, 그렇게 마무리하기 위해 그녀는 먼저 램지 부인의 죽음이라는 현실을 인정해야 한다. 그녀는 자신의 이상적 형상을 포기하고, 필멸성의 단절을 받아들이면서 그 틈으로 뛰어들어야 한다.[47]

소설의 성격과 관련해서, 이것은 무엇보다도 램지 씨의 무신론이 램지 부인의 신비주의, 즉 전형적으로 재신론적인 그녀의 움직임에 길을 내는 것을 가능하게 한다는 것을 의미한다. 릴리는 "아 램지 부인, 램지 부인!"이라고 하면서 자신의 위안과 부인을 다시 연결하려고 그녀가 소환해낸 아이콘을 단념하면서, 기억과는 '다른', 향수에 젖은 기억에 포섭되지 않은 어떤 것이 있음을 인정해야 했다. 부인의 남편인 램지 씨는 릴리가 램지 부인을 다시 수용하는 것을 거부하며, "무화의 바닷속으로 … 완전히 홀로, 바다 위 좁은 판자"로부터 뛰어내리길 강요하는 "반대편의 힘"이다. 그림을 완성하기에 앞서 릴리는 램지 부인이 떠났다는 것을, 죽었다는 것을, 이 돌이킬 수 없는 부재를 수용해야만 한다. 그제서야 그녀는 무신론의 틈을 통해, 분리의 중간 지대를 가로질러, 다시금 이어지더라도 일단 검의 날처럼 베어버리는 마지막 붓의 획으로 그녀를 떠올릴 수 있게 된다.

그러면 무엇이 다시 연결되는가? 잃어버린 순간을 앞으로 반복하는 것은 릴리의 투사를 기억과 연결하고, 또 그녀의 현재를 과거와 연결하게 한다. 이 과거가 미래를 해방하는 방식으로 말이다. 또는, 다른 말로 하면, 램지 부인은 '잃어버린 대상'이다. 만약 그녀가 강박적인 우울로부터 현실을 받아들이고 새로운 삶으로 해방되는 애도로 옮겨가려면, 그녀는 릴리가 포기해야만 하는 죽은 친구이자 구원자다. 릴리에게 현실 원리reality principle의 단면을 대표하는 사람은 — 무신론자이자 경험주의자, 비상하면서도 모난 인물 — 램지 씨다. 램지 씨는 그녀의 세계에서 외인이고, 사태에 대한 그녀의 시야 아래 있는 이 사태에 대해서는 이방인이다. 마틴 코너는 이를 다음과 같이 능숙하게 고찰해낸다. "램지 씨는 세계의 비인간성에 대한 확고부동한 증인이다. 따라서 그는 그것이 거짓이 아니라면 어떻게든 상picture으로 담아내야 하는 타자성을 릴리에게 표상한다."[48] 램지 씨는 요컨대 (뜨개질, 요리, 그림, 꿈, 허구화를 통해) "어떤 것을 만들어내기 전의 사태 그 자체"를 예시하고 있다. 또 이것은 발생한 일이면서, 아무것도 아닌 일이다. 그것은 램지 부인과 릴리 모두의 상상을 괴롭히는 "불가해한 심연의" 비어 있음, 공허함이다. 그것이 완전히 채워질 수 있기 전에 직면하고 인식해야 하는 것은 "쐐기 모양의 어둠"이며 이를 두고 릴리는 이렇게 말할 수 있게 된다. "비어있기는커녕 넘치도록 가득 차 있었다."[49] 위대한 계시의 환상에 대한 단념이 있다. 단념되는 이 위대한 계시는 예술, 형이상학, 또는 종교의 계시를 모두 포함한다. 살과 피의 세계를 압도하고 작은 것들의 우주를 부정하는 어떤 거대한 체계를 거부하기. 우리는 다음 구절을 의미심장한 것으로 이해한다. "위대한 계시가 찾아오는 일은 결코 없을 것이다. 대신에 사소한 일상의 기적이나 등불, 어둠 속에서 뜻밖에 켜진 성냥불이 있을 뿐이었다."[50]

릴리가 타자성 — "신경을 거슬리게 하는 것", "어둠의 쐐기", 특이한 것의 "경이로움" — 을 통합하려는 시도는 조르주 디디-위베르만의 "이야기와 광학적 해결책이 지닌 고유한 힘을 억제하는 표현"을 고집하는 신비주의 미학에 대한 흥미로운 설명을 반향하고 있다. "신의 현전은 표상의 성공이 아니라 실패에서 느껴지고 알려진다"고 하는 "성스러운 무지"를 입증한다.[51] 이 증언에서 이미지의 변형이나 문제화는 무의식적이고 실현할 수 없는 '밑바닥'underside의 신호를 보내는데, 이는 미메시스적 미학이라기보다 성사적인 것을 전형화하는 운동이다. 디디-위베르만은 이것을 읽어내기 쉬운 표상(기호, 우화, 중재, 반영 등)이 아닌 직접적인 '실재적 현전'을 강조하는 그리스도교의 육화에 관한 특수한 도상학iconography과 연결한다. 그가 말하길, 그것은 어떤 "성스러운 무지"나 부정을 통해 말하기라는 역설에 충실한, 보이지 않는 것의 파괴적인 신비적 표지로서 기능하기보다, 이미 알려진 보이는 세계의 세계의 모방 아이콘으로 기능하는 자기-부정적이고 자기-초월적 이미지의 기예를 요구한다. 역설적으로 (부재로) 상실된 것은 (표상 너머의 현전으로) 다시 획득된다. 부적절한 기대에 대한 단념이 성스러운 것의 예상치 못한 귀환을 가능하게 한다.

릴리의 마지막 단념하기letting go에서, 나는 우리가 신비적 미학의 사례에 직면한다고 생각한다. 그런데 이것은 우파니샤드의 현자들과 유대교와 그리스도교의 특정 신비주의자들이 찬탄하는 대립자들 사이의 '날카로운 칼날' 같은 균형의 승리주의적 평형상태라기보다 일종의 융합적 신비주의이다. 이런 점에서, 우리가 릴리의 — 그리고 울프의 — 신비적 재신론이라고 부를 수 있는 것은, 릴리의 안색에 드러나는 아시아적 특징(이야기 서술자가 자주 언급하는 "중국인의 눈")이 형성되어 있는 것을 상기해보았을 때, 또 다른 가치가 드러난다. 램지 부인을 놓아주는 일, 예를 들어 처음 식사의 조화로운 기억은 또한 우리를 '구원해 주는' 전능한 신, 즉 서구 신화와 형이상학의 신인동형론적 신 개념을 버리는 것이다. 릴리가 램지 부인의 아들 제임스와 그녀의 딸

캠을 등대로 데려오려는 꿈을 실현하는 바로 그 순간에 그녀의 그림을 완성할 수 있었던 것은 오직 놓아주기 — 신성을 비우는 일 자체의 '진리'의 케노시스 — 를 통해서였다. 이것이 바로 재신론적 귀환의 순간이다. 특히 이 구절은 다음과 같이 말하고 있다. "그〔램지 씨〕는 일어서서 몸을 꼿꼿이 세우고 뱃머리에 우뚝 섰다. 마치 그가 온 세상이 '신은 존재하지 않는다'라고 말하는 듯하다고 제임스는 생각했고, 캠은 그가 허공으로 뛰어오르려는 것 같다고 생각했다. 그가 꾸러미를 들고 청년처럼 가볍게 바위에 뛰어올랐을 때, 그들 둘 다 일어서서 그 뒤를 따랐다."[52] 해안에서 지켜보던 릴리가 마지막 획을 긋고 마치 고통받던 노예가 죽음에 이르러 굴복하는 듯이 "끝났다"고 말하는 순간이 바로 이 대지와의 접촉의 순간이다. 다 이루었도다.Consummatum est. 지금은 죽음과 재탄생의 순간, 놓아주고 되찾는 순간이다. 마침내 "공허한 장식 무늬들이 형태를 만들어 낼" 때인 것이다.[53]

마지막 단락에서의 울프의 신비로운 암시는 깊은 공명을 자아낸다. 그리고 나는 그것들이 일상적인 것 가운데서 신의 에피파니를 성취하기 위해 신 너머로 나아가는 실재에 대한, 울프의 자서전적 글에 나오는 수많은 암시를 확증한다고 믿는다. 그러한 언급은 내재성과는 무관한 초월을 생각하기를 거부하는 불이일원론Advaita과 불교 신비주의를 떠올리게 한다. 마이스터 에크하르트의 초탈Abgeschiedenheit이라는 개념에서 반향되고 있는 거부의 태도는 신을 넘어 신을 되찾기 위한 신에 대한 포기였다. 이러한 신 이후의 신비주의는, 내가 제안하는 일상의 성찬례, 공통 "실재"의 성사, 울프의 봄의 핵심에 있는 "그것/그것"It/it의 에피파니를 긍정하는 것이다. 릴리 브리스코는 결국 자신의 기적이 "평범한 경험과 같은 차원"에 있음을 발견하게 되는데, 이 세계는 그와 동시에 울프가 "다른 질서의 현실"이라고 부르는 것으로 변형하게 된다transfigured.[54] 대립하는 것들이 동일자로 몰락하지 않고 균형을 이루는 날카로운 칼날 끝에 선 세계. 재신론의 세계.

텍스트적 횡단

성사적 상상의 세 증인 — 조이스, 프루스트, 그리고 울프 — 이 적어도 표면상 불가지론자라는 것이 중요한 점일까? 또한 이 성사적 미학을 제일 잘 구체화하는 세 인물이 모두 여성(몰리, 프랑수아즈, 그리고 릴리)이라는 것은 무엇을 의미하는가? 이것은 (수 세기 동안 여성이 등장하지 않았던) 우리의 전통적인 남성 주도적인 전례들로 알려진 것과는 다른 부류의 성찬례적 언어가 아닐까? 이는 확실히 새로운 종류의 성사적 비전, 오래된 성사적 비전의 재발견이다. 이는 성변화의 '자유 변경', 즉 살이 말이 되고 말이 살이 되는 가역적 '기적'을 제공하기 위해서, 공인받은 교리를 유보하는 소설의 시적 자질을 효과적으로 활용한 것이다.

'한 실체를 다른 실체로 변형시키는 것'이라는 성변화에 관한 표준적 정의를 상기하면서, 우리가 결론적으로 우리의 독해 작업에서 세 가지 주요 해석학적 양태로 확인한 것은 다음과 같은 것들이라고 할 수 있다. (1) 텍스트 내적인 것intratextual, (2) 상호 텍스트적인 것intertextual, 그리고 (3) 초-텍스트적인 것trans-textual.

첫 번째 종류의 사례로서 우리는 (1) 한 등장인물이 다른 등장인물에게로 주입되는 수많은 예(릴리는 램지 부인, 어머니는 프랑수아즈로, 페넬로페는 몰리로)를 들 수 있고, 또는 (2) 한 시공간적 순간이 다른 시공간적 순간으로 번역되는 다른 많은 사례들(마들렌의 에피파니, 콩브레에서 어머니의 비의지적 기억과 베네치아가 수년 후 게르망트 저택 서재에서 회상했던 것)을 들 수 있다.

두 번째 형태의 (상호 텍스트적) 성변화의 예로서 우리는 (1) 한 이야기가 다른 이야기로 바뀌는 것(조이스의 『율리시스』에서 호메로스의 오뒷세이아가, 블룸과 데덜러스의 이야기에서 성서의 엘리야와 성스데반 이야기가, 프루스트의 소설에서 조르주 상드의 소설이 나오는 것)을 언급할 수 있다. 혹은 (2) 각 에피파니에서 램지 부인, 몰리, 또는 마르셀에게서 비롯하는 성사적 재연으로의 성찬례 전례의 음조변경transliteration을 언급할 수 있다.

그리고, 세 번째로, 우리는 **초텍스트적** 성변화의 수많은 예를 들 수 있다. (1) 저자가 상정된 서술자로 허구적 인물로 전환되는 것과 (2) 이러한 텍스트 창작이, 순차적으로, 암시적이고 실제적인 독자로 전환되는 것. 이러한 세 번째 방식은 – 글쓰기와 읽기, 곧 형상화와 재형상화의 과정 자체와 연관되는 것 – 메를로-퐁티, 크리스테바, 리쾨르의 현상학적 분석에서 강조된 것이다. 그리고 이 최종적인 양태와 더불어 우리는 텍스트의 세계를 텍스트 자체 너머로 개방하는 것, 즉 독자의 텍스트 이후의 세계posttextual world로 전진하고 (등장인물에서 이야기 서술자에게, 또 저자에게 이르는 암묵적 회귀를 통해서) 작가의 전텍스트적 세계로 물러나는 것, 이 양자 모두와 마주치게 된다. 이러한, 아무리 잠정적이고 매개적이라고 하더라도, 텍스트 앞과 그 너머의 행동의 삶을 암시하는 어떤 **텍스트 외적**extratextual 요소에 대한 인식은, 내가 제안해 온, 텍스트의 몸체와 몸체의 텍스트 사이의 끊을 수 없는 관계, 즉 성화된 삶의 빵을 입증하는 패러다임과 일치한다. 또는 이것은 에피파니의 언어를 배치하는 것, 또 말씀과 육신 사이의 연결을 입증한다.

우리 세 명의 소설가들은 불가지론자, 변절자, 무신론자일 수도 있지만, 나는 이 사실이 그들이 사물에 대한 독특한 신비적 시각에 시달리는 것을 막지는 못했다는 것을 보여주었기를 희망한다. 역설적인 의미에서, 그것은 심지어 그들을 여러 공식적 종교 관습의 손이 미치지 않는 무언가에 빠뜨림으로써 그러한 통찰에 이바지하게 할 수 있었을지 모른다. (종교의 역사는 이미 알려진 바와 같이 신비주의와 소위 무신론 사이의 깊은 공모관계를 낳았다). 이 작가들은 범속한 것의 중심에 있는 매우 특별한 성스러움을 목격한다. 그러나 각각의 경우에서 물질적인 빵과 신비적인 몸체의 상호 변화는 '희생적인' 것이 아니다. 그것은 죄를 사하는 전능한 아버지를 달래기 위해 제물로 바쳐진 희생자들에 대한 것도 아니다. 우리의 세 저자의 성사적 미학은 처벌과 보상의 경제와는 거리가 멀다. 반대로, 그것은 급진적 자기비움의 문학적 에피파니를 드러내며, 성스러운 것이 유한한 살의 심장으로 내려오기 위해 지배자로서의 신(바울의 표현대로, "성부와 동등한 이")으로부터 스스로 벗어나는 비워냄을 드러낸다. 따라서 육화한 존재로서의 아이의 탄생은 부동의 군주의 몰락을 입증한다. 신적 씨앗이 죽지 않는 한 성찬례적 재탄생은 있을 수 없다. 또는 이를 젊은 유대인 신비주의자 에티 힐레숨의 말로 표현하자면, "자신의 삶에서 죽음을 배제함으로써 우리는 완전한 삶의 가능성을 스스로 부정하고 만다."

나는 여기서 고찰된 세 편의 소설이 '이방인'에 대한 깊은 재신론적 개방성을 에피파니의 서막으로 묘사하고 있다고 보며, 이것이 우연이라고 여기지 않는다. 조이스에게서 블룸과 스티븐의 만남, 프루스트에게서 마르셀에 의한 프랑수아즈의 인식, 울프에게서는 릴리를 통해 램지 씨를 맞이한 것. 초대받지 않은 손님에 대한 이러한 기본적인 환대가 없다면 자기와 타자 사이의 성변화는 있을 수 없을 것이다.

우리의 세 소설가에게서 두 번째 소박함second naïveté을 회복하기 위한 첫 번째 소박함first naïveté의 단념을 본다. 이것은 죽음과 무의 경험 후에, 새로운 종류의 '기적', '부활', '은총'을 나타내는 재신론의 계기를 제공한다. 조이스와 프루스트에게는 이렇게 되돌아온 성스러운 기억의 순간들이 그들의 문학 영웅인 스티븐과 마르셀이 그들의 위대한 기대를 포기하고 궁극적으로 작품의 주인공인 일상의 뮤즈(각기 몰리와 프랑수아즈)를 인식했을 때 일어났다. 울프에게 그것은 릴리가 마침내 (소설의 첫 부분에서 램지 부인과 제임스를 묘사하려고 한) "보라색 삼각형"의 실패한 그림을 떠올렸을 때 일어났다. 마치 그녀가 사후적으로 뒤늦게 램지 부인을 나타낼 수 있게 마지막 획을 그은 것처럼 그렇게 말이다. 오직 그때만 그녀는 자신의 '봄'을 가질 수 있고, 그림을 '완성했다'고 선언할 수 있다.

따라서 일상적 존재의 빵과 포도주는 다음과 같은 것을 통해 성찬례의 에피파니로 기념된다. 몰리와 블룸 사이의 씨앗 케이크의 키스, 마르셀을 위한 테이블 냅킨의 손길, 램지 부인의 빈 장갑(빈 장례식 복장 같은 것). 지금까지 무시된 순간들은 죽음을 가정하고 잠재우는 삶으로 흘러가면서 새로운 세대의 생존자들(제임스와 캠, 밀 드 생-루, 스티븐)을 위해 불가능하게 복원된다. 그것은 각각의 새로운 독자 또는 독자들의 공동체에게 여기 그리고 지금, 다시 또다시 부활하게 된다. 씨앗이 죽지 않는 한, 밀알은 자랄 수 없고 빵을 나눌 수 없다.

물론 내가 여기서 우리의 세 소설가가 종교적 변증가라고 주장하는 것은 아니다. 그들은 그리스도교 전례와 성사를 결단코 옹호하지 않는다. 그런 범주에 부합하는 다른 신앙고백적 작가들이 있다. 맨리 홉킨스, 클로델, 베르나노스, 엘리엇, 수 세기에 걸쳐 등장한 단테 등 다른 많은 종교적 작가들은 더 말할 것도 없다. 하지만 여기서 나의 목적은 신앙을 고백하거나 우리의 세 작가를 미완의 비밀스러운 유신론자들이라고 선언하는 것이 아니다. 아니, 내 과업은 세속적인 것과 성스러운 것이 결합하고 교차하는 어떤 재신론적 미학의 가능성을 탐구하는 것이다. 그러므로 신앙고백적 작가들을 그런 미학에 대한 천착한 집단에서 배제하는 것은 결코 아니지만, 나는 이 세속 시대에 어떤 비신앙고백적 작가들이 신-이후의-신God-after-God의 신비주의를 탐구하기 위해 성변화를 어떤 식으로 전개하는가를 고찰하는 것이 유의미한 일이라고 생각한다.

나는 이 시적인 신앙-이후의-신앙이 메를로-퐁티나 크리스테바 같은 사상가들이 진전시킨 살의 현상학을 적용함으로써 분명해질 수 있다고 제안해 왔다. 그러나 반복해서 말하지만, 재신론의 '이후'after가 부정적인 것으로 읽혀서는 안 되는데, 이는 곧 잃어버린 것을 새로운 방법으로 되찾는 데 있어서, 그것이 사후적으로 새로운 방식으로 발견되는 재ana의 긍정적 기능으로 읽혀야 한다는 말이다.[55] 그것은 유비analogy, 비의anagogy, 상기anamnesis, 재포착anakaphaleosis에서 쓰인 ana의 의미처럼 읽혀야 한다. 요컨대 나는 종교의 신앙의 내용을 제거함으로써 종교를 미학화하는 공허한 세속주의를 지지하고 싶지 않다. 종교를 예술의 영역으로 옮겨버릴 때 우리는 실제로 신으로서의 신에 대한 첫 번째 믿음을 유사quasi 신에 대한 유사 믿음과 결부되는 신으로 대체한다. 그러나 우리가 소설의 세계로 들어섬으로써 이 일차적 믿음의 유보는 최종적인 결정이 되지 못한다. 그것은 오히려 재신론적 선택이 새롭게 만들어질 수 있는 상상의 공간을 여는 것이다. 그리고 그것은 우리가 선택한다면, 소설의 독자들이, 우리가 신으로서의 신과 유사 신, 이 양자를 넘어 신으로 귀환하기 위한, 신앙에 자유롭게 다시 헌신하게 해주는 것이다. 즉, 우리가 여기서 시도하고 있는 모더니즘 소설에 대한 재신론적 분석은 성스러운 순간을 인본주의적인 것과 동등한 것으로 여기는—모든 성인들의 날All Hallows을 할로윈Halloween으로, 성 니콜라St. Nicholas를 산타클로스Santa Claus로, 크리스마스 미사Mass of Christ를 크리스마스라는 상업적 휴일commercial holiday of Christmas로 여기는 것—세속주의적 환원과는 아무런 관련이 없다.

재신론에서 일어나는 종교에서 예술로의 이행은 일방통행이 아니다. 우리가 반복적으로 텍스트에서 삶으로의 해석학적 귀환을 강조한 것처럼, 그 재신론의 내기는 독자들이 속된 존재 가운데 성사적인 것의 의미를 회복하기 위해 허구적인 텍스트의 '낯설게 하기'를 환영하는 순간, 저자로부터 독자로 이행하여 벌어지는 이 재형성의 순간과 관련이 있다. 따라서 텍스트적 에피파니는 각 독자의 삶에서 텍스트 너머의 지점에서 말해질 수 있다. 성사적인 것은 기의들의 놀이에 국한되지 않는다. 텍스트에서 살이 말이 되는 것처럼 독자에게서 말이 살이 되기 때문이다. 그것이 바로 예술과 신앙, 신앙과 예술을 연관시키는 성변화의 경이로움이다. 만일 소설의 구성이 성스러운 것을 미학화하는 데 이바지할 수 있다면, 읽기는 우리의 일상 세계에서 미학을 재성사화하는resacramentalize 데 도움이 될 수 있다. 다만 나는 바로 그 할 수 있음the *can*을 강조한다. 그것은 선택의 문제다. 삶에서 텍스트로 이행하는 것은 항상 텍스트에서 삶으로의 귀환으로 보충될 수 있다.

요컨대, 재신론은 성스러운 것에서 세속적인 것을 쫓아내는 것이 아니라 세속적인 것 속에서 성스러운 것을 되찾는 것이다.

3부 후주곡

6장 세상으로 : 세속적인 것과 성스러운 것 사이?

자기비움의 윤리를 향하여

적대에서 환대로 나아가기

성스러운 세속성

이슬람의 물음

범위를 확장하기

성사적 시학을 통해 해석학적 우회를 거친 다음 우리는 마침내 성사적 윤리의 물음으로 귀환한다. 여기서 우리는 다음과 같은 재신론적 내기의 핵심 관심사로 다시 진입한다. 성스러운 이방인을 세속적 우주 속으로 받아들인다는 것은 무엇을 의미하는가? 초월의 에피파니를 일상적 행위의 내재성으로 번역하는 것과 관련된 일은 무엇인가? 성스러운 상상으로부터 평화와 정의의 성스러운 실천으로 이행하는 일의 실제적 함의는 무엇인가? 다른 식으로 말하자면, 우리는 세속 시대의 재신론자들은 다음과 같은 물음에 어떻게 응답해야 하는지는 묻는다. 무엇을 행해야 하는가?

자기비움Kenosis의 윤리를 향하여

3장에서 보았듯이, 본회퍼는 이미 1944년 사형수의 감옥에서 다음과 같은 답변을 암시했다. "세속적인 것과 성스러운 것은 대립되는 것이 아니라 그리스도 안에서 통일성을 찾는다. … 그것은 그리스도교적인 것이 오직 자연적인 것 안에서만 발견되어야 한다는 것, 거룩한 것은 범속한 것 안에서 발견되어야 한다는 것을 뜻한다."[1] 더 최근에는, 많은 탈[이후]종교적 그리스도교 사상가들이, 사실상 신의 죽음을 통해 세상을 위한 성스러운 사랑의 갱신으로 나아가자고 제안할 때(세상에 대한 사랑amor mundi), 그들의 작품은 이따금씩 무신론적인 허무주의라는 비난을 받으면서 이 논지를 더욱 진전시키고 있다. 여기서 나는 특별히 프랑스 예수고난회French Passionist 소속 신부인 스타니슬라스 브르통과 이탈리아 철학자 쟌니 바티모가 제시한 케노시스(신적 자기-비움)에 관한 재신론적 해석을 염두에 두고 있다. 두 사람 모두 '무'와 '비어있음'의 케노시스적 순간이 어떻게 탈형이상학적 신의 핵심에서 야기되는지를 보여주었다. 다만 양자 모두 이를 최종적인 것으로 보지는 않는다. 포기는 행동으로 이어지며, 굴복은 섬김으로 다시 솟아난다.

브르통은 2차 세계대전의 포로가 된 본회퍼나 리쾨르처럼, 신앙이 "세계 내에 거주해야 하며 신이 갖지 못한 것을 신에게 돌려주어야 한다"고 주장한다. 그는 그리스도교적 케노시스를 구체적으로 언급하면서 "신성을 인간의 형태로 격하하고, 죽음에 복종하며, 십자가의 치욕"을 따르는 과정을 이야기한다. "그런데 이 비하의 역설이 무nothingness의 심연에 닿는 바로 그 순간, 그 역설적인 힘의 부정의 충격이 기원의 지점을 향해 환희에 찬 상승을 명한다."[2] 브르통의 경우, 옛 신의 잿더미에서 비롯된 이러한 부흥은 사회의 방치된 "보잘것없는 이"nobodies와의 성찬례적 나눔에 대한 갱신된 헌신을 시사하는 것이었다. 사제-노동자와 해방신학운동뿐 아니라 신분을 증명할 수 없는sans papiers 이민자들의 열렬한 지지자인 브르통은 사회정치적 섬김부터 "이 땅의 비참함"에 이르기까지 이 모든 것으로부터 성사성에 대한 자신의 이해를 분리할 수 없었다. 그의 관조적 삶vita contemplativa에 대한 헌신은 항의와 투쟁의 활동적 삶vita activa에 대한 헌신과 불가분의 관계에 있었다. 성찬례의 빵은 배고프고 억압받는 사람들의 빵이었다. 신은 다시 말해서 인간 번영의 충만함 속에서 생명이 부활할 수 있도록 자신을 비운 것이었다. 이방인hospes에게 주는 시원한 물과 소외된 사마리아 여인에게 주어진 생명의 물은, 브르통에게는 똑같은 물이다. 그리고 케노시스적인 자신을-내어줌self-giving이라는 메시지는 신앙고백의 게토들의 한계를 넘어 "영과 진리로"in spirit and truth 함께 경배하도록 우리를 초대하는 것이다.[3] 교회와 국가의 문제들과 관련한 그의 모든 정치적 급진주의에도 불구하고, 스타니슬라스 브르통은 프랑스에서 예수 수난회 일원으로 남아 있으면서 매일 성사를 집전했다. 마치 매일 아침이면 신을 단념했다가 저녁이면 신에게로 돌아가는 것처럼 말이다.

우리 시대의 사상가이자 활동가인 잔니 바티모에 의하면, 케노시스는 육화를 모든 세속적 질서로 전회시키기 위해 신이 가진 모든 힘을 포기하는 것으로 간주하는 (사랑을 다루는) 코린토인에게 보낸 첫째 편지에 대한 독해를 수반한다. 이는 일상적 존재의 신성화를 야기하기 위한 것이다. 다시 말해 일상의 존재를 신에게 바치듯, 모든 것을 세속적 질서에 넘기는 것을 말한다. 바티모는 "신의 자기-비움과 사랑을 유일한 법으로 생각하려는 인간의 시도"를 동전의 양면이라고 생각한다. 그리고 많은 전통주의 유신론자들을 경악하게 만드는 바티모의 "약한 해석학"pensiero debole의 결론은, 세속화가 "진정한 종교적 경험의 구성적 특색"이라는 것이다.[4] 이에 대해 코페르니쿠스, 프로이트, 니체는 더 이상 성스러운 것의 적으로 간주될 필요가 없으며, "사랑의 작업을 운반하는 것"으로 고찰될 필요가 있다.[5] 나는 브르통과 크게 다르지 않은 바티모가 "자기-비움의 신성"의 육화의 과정을 해방의 행위를 가리키는 것으로 본 것이 매우 유의미한 대목이라고 생각한다. 이탈리아의 가장 저명한 공적 지식인이 된 바티모는 진보적인 정치 조직에서 지도적 위치의 활동가로 일했고 유럽 의회에서는 영향력 있는 의원으로 활동하면서 언제나 목소리 없는 이민자들과 외부자들에게 목소리를 부여해 주는 역할을 했다.

우리는 W. H. 오든이 프로이트, 블레이크, 그리고 맑스의 케리그마를 모두 "그리스도교의 이단"이라고 가정했을 때 비슷한 뜻을 나타냈음을 떠올려볼 수 있다. 즉, "종교적으로, 말씀은 우리 가운데 있고, 그 말씀은 살이 되었으며, 결과적으로, 물질, 자연적 질서는 현실적이면서 구원 가능한 것이 되는데, 그것들은 그늘진 나타남이나 악의 원인이 아니며, 역사적 시간은 실재적이고 유의미한 것으로, 이런 믿음을 기반으로 삼아 형성된 문명과 무관한 것으로 도래하는 것"에 대해서는 딱히 상상해볼 수 있는 게 없다는 의미에서 "그리스도교의 이단"이라는 말을 사용했던 것이다.[6] 오든은 실제로 심리학과 정신분석학의 요점이 "복음을 증명하는 것"이라고 주장했다. 왜냐하면 부모의 권위에서 벗어나고자 하는 자연적 요구는 "부모에게 복종하듯 우리를 복종시켰던 초자아를 단념하길 권한 그리스도를 따라 거기에서 해방되는" 일을 수반하기 때문이다. 프로이트가 자신의 작품에 미친 영향에 대해 한 번 물었을 때, 그는 그것이 에덴동산에서의 고통에서 배운 것과 같다고 대답했다(10). 오든은 이렇게 생각한다. 최고의 세속적인 해방의 철학자들에게 아가페(하나님과 이웃의 사랑)는 에로스의 거부가 아니다. 그들은 아가페가 에로스의 지속적 변형이라는 기본 메시지에 살을 붙였다. 고통과 행복은 필연적으로 대립하지 않고 영혼과 육체가 육화 가운데 묶여 있는 것처럼 말이다(82). 그는 "신을 사랑하라는 메시지와 행복하라는 메시지는 같은 것"이라고 했다. 그것은 고통을 부정하는 것이 아니라, 존재하는 것에 대해 항상 감사하는 것이다(16). 오든은 그리스도교 성찬례의 체화된 성격을 급진적으로 주장했다. "최후의 만찬에서 〔그리스도는〕 가장 기본적인 행위, 일차적인 자기애의 행위인 먹기가 인간에게만이 아니라 모든 생명체가 종species, 성sex, 인종race, 믿음belief과 무관하게 시행해야 하는 유일한 일이 된다고 보았고, 그것을 보편적 사랑의 상징으로 삼았다"(27). 그는 이웃을 자기 자신처럼 사랑하는 것이란 "신체적으로, 피를 나누는 관계"(27)를 맺는 것이라고 덧붙인다. 오든은 신의 법이 지금 그리고 여기서 작동하며, 참된 신앙은 세상을 부정하는 것과는 정반대라고 결론지었다. "예수는 자신의 왕국이 이 세상에 속하지 않는다고 했다. 그가 세상 자체를 부정한 것은 아니다"(20~21).

오든 자신의 그리스도교로의 재신론적 귀환은 두 가지 중요한 요인으로 이루어진 것이었다. (1) 전례의 잔치에서 상대적으로 이방인인 집단과 연대하게 되는 신비적 경험. (2) 약자를 향한 나치의 정죄 행위는 이방인에 대한 환대라는 초월적 법칙을 따라 극복되어야 한다는 확신. 오든은 이렇게 쓰고 있다. "나는 모든 인본주의적 가치에 대한 〔나치의〕 부정에 대해 내가 왜 그렇게 반응했는지" 스스로 "의구심을 가지게 되었다. 그 대답은 나를 교회로 다시 인도했다"(22).

케노시스적 신앙의 다른 영향력 있는 지지자로는 존 카푸토가 있는데, 그는 (레비나스와 데리다의 유대교 메시아성에 대한 주장에서 영향을 받아) 『신의 약함』에서 종교-너머의-종교religion-beyond-religion에 대한 완전히 새로운 논쟁을 일으켰고, 또한 르네 지라르는 비폭력적 그리스도교의 이름으로 "이방인을 희생양으로 삼는" "희생제의적" 종교를 비판하며 그런 비판을 추동했다. 카푸토는 해체구성적 코라 개념(모든 형이상학적 이분법에 선행하는 급진적 타자성) 및 우리의 고유한 성사적 프락시스 개념과 유사한 '일상주의'quotidianism[7] 윤리학으로 문제화된 약한 신의 해석학을 탐구한다. 지라르는 매우 기초적인 그리스 신화인 오이디푸스 신화와 성서의 욥 이야기에서의 "탁발 이방인"mendicant stranger 희생양 삼기를 희생양 삼기 의식의 핵심과 같은 것으로 간주한다. 그리고, 『희생양』에서, 지라르는 이것과 싸우는 유일한 방법은 이방인을 죽이는 것이 아니라 우리의 자연적인 폭력 본능을 억제하고 이방인을 환영하는 것이라고 주장한다. 즉, 반복적인 피흘림 본능에 대한 해독제는 우리의 죄를 인정하고 적대의 순환보다 은혜의 환대를 위한 급진적 선택을 하는 것이다.[8] 나는 질 들뢰즈가 승리주의적 그리스도교 왕국triumphal Christendom에 너무나도 크게 문제를 일으켰던 외인들을 희생시키는 옛 희생적 본능을 버리고, 그 어린양의 해방적 메시지를 발견해야 한다고 할 때 다소 유사한 주장을 하고 있지 않은가 추측해본다. "사자처럼, 피의 희생을 부여받은 신God은 반드시 뒤로 밀쳐나야 하고, 희생된 신이 전경을 차지해야 한다. … 신은 살육을 하는 동물 대신 살해당한 동물이 되었다."[9]

이러한 우리 시대의 사상가들은 전부 다 뚜렷한 자신만의 방식으로 희생을 넘어서는 성스러움에 대한 재신론적 선택에 이바지한다. 그리고 각각의 경우에 자기비움에 대한 이해가 불가피하게 가난한 이들과 억압받는 이들을 위한 선택으로 이어진다는 것은 흥미로운 대목이다. 마치 신을 "보잘것없는 아무것도 아닌 자"ta me onta처럼 인식하는 것은 사랑의 반란 운동에서 이 세상의 보잘것없는 것들 및 보잘것없는 이들과 우리를 동일시할 수 있게 해준다. 이사야가 메시아를 '부러진 갈대'로 확인하고 백성들에게 과부, 고아, 이방인 등에 대한 환대를 실천할 것을 요구했던 데서 보듯 말이다. 또 예수가 자신을 이방인들과 동일시하고 사마리아인, 나병 환자, 죄인에게 마음을 열어 그들을 배제된 삶에서 더 풍요로운 삶으로 끌어들였을 때 그랬던 것처럼 말이다. 또는 프란치스코가 행했던 것, 곧 모든 살아있는 자연, 동물, 그리고 인간을 사랑하는 자로 다시 태어나기 전에 십자가에 달린 그리스도의 죽음과 동일시되는 성스러운 치욕stigmatic[10]의 지점에 이르기까지 그리스도의 자기비움의 길을 따랐을 때도 그러한 것을 볼 수 있다.[11]

죽음과 생명의 신의 부활에 대한 직간접적인 목격을 했기 때문에, 인간은 이 거룩한 자들에게서 이질적인 존재가 아니었다. 이레네오가 말했듯이, 우리에게 충만하게 살아 숨 쉬고 있지 않다면, 이 신은 대체 어떤 분일까? 이것은 무한한 것을 유한한 것으로 인간학적으로 환원하는 것이 아니라, 무한한 것은 각각의 유한의 핵심에서 지금 발견되어야 한다는 것을 인식하는 것이며, 신적인 말이 고통과 행위 가운데 세계의 살로 거주한다는 것을 인식하는 것이다. 죽음을 넘어선 새로운 삶에 대한 이 재신론적 선택은 히친스, 데닛, 도킨스와 같은 최근의 전투적 무신론자들이 신자들에게 대항하여 내놓은 수많은 반론에 대한 답변인 것처럼 보인다. 하지만 나는 결론에 가서 이 논점으로 돌아갈 것이다.

신적 케노시스에 대한 인식, 부활의 신비적 에피파니로 돌파해 들어가기 전에 일어나는 신비적인 무의 계기에 대한 공감은 결코 그리스도교에만 국한된 것이 아니다. 아이작 벤 솔로몬 루리아와 도브 바에르와 같은 위대한 유대교 신비주의자들은 신의 물러남과 비움(랍비 루리아Luria의 침춤zimzum 개념)이 새로운 창조의 결정적 계기라는 통찰을 충분히 인지했다. 이븐 아라비, 하피즈 같은 이슬람 신비주의자들이 성스러운 비워냄fan'fi'llah 개념을 성스러운 궁극성을 향한 서곡으로 받아들인 것처럼 말이다(무함마드의 한 밤의 기행mi'raj이나 빈 동굴 속에서 꾸란을 받은 것을 다시금 생각해보자). 수피 신비주의자들은 자기-무화fana의 패러다임에 대한 시적 증언으로 잘 알려져 있는데, 그러한 무화의 뒤를 이어 매일의 삶의 영광스러운 "바카"baqa로의 귀환이 일어난다.[12] 그리고 나는 이와 유사한 개념이, 신비로운 마음의 굴heart-cave, guha에 대한 힌두교의 가르침과 성스러운 공sunyata과 열반nirvana에 대한 불교의 가르침에서도 발견될 것이라고 믿는다. 그러나 이러한 재신론의 논증이 자신의 전통(나의 경우, 아브라함)을 넘어 외부의 신들과 현자들에게 환대를 베풀도록 초대한다고 하더라도, 그러한 재신론의 확장은 이 작품의 한계를 넘어서는 것이다. 이것은 앞으로 나올 작품에서 시행될 작업이다.

적대에서 환대로 나아가기

다음으로 나는 어떻게 재신론의 태도가 실제적 실천으로 옮겨질지 탐구할 것을 제안한다. 문을 두드리는 실제 이방인들, 음식과 쉴 곳을 찾는 실제 이주민들, 우리의 삶의 방식, 그리고 어쩌면 우리의 생명에도 도전하는 진정한 적대자들에 대해 어떻게 환대의 공간을 열어둘 수 있을까? 여기서 우리는 다음과 같은 궁극적인, 극복 불가능한 딜레마로 돌아간다. 무엇을 해야 하는가?

먼저 하지 말아야 할 것을 말하는 것으로 시작하겠다. 어떤 희생을 치르더라도 피해야 할 것은 종교를 이용해 정치를 지배하려는 파멸적인 유혹이다. 우리는 종교전쟁, 십자군, 악한 적에 대한 종교재판, 이 표적으로 승리하리라in hoc signo는 식의 종교학살 파문 등, 수 세기 동안 이런 참상의 결과를 보아왔다. 이것도 먼 옛날의 일이 아니다. 미르치아 엘리아데가 이해한 바와 같이 스탈린주의와 나치즘은 도착적 메시아주의의 사례이며, 북아일랜드, 발칸, 중동의 더 최근의 예들은 전부 다 작금의 종교 폭력에 관한 애석한 교훈을 담고 있다. 사실, 비록 공식적 차원에서는 격렬하게 부인되기는 하지만, 계몽주의 시대 이후 새로운 세계 질서에 대한 모든 담론에도 불구하고, 우리 시대 대부분의 전쟁은, 근본적으로, 병적인 종교적 열정에 의해 촉발된 것이다.

이론의 여지는 있지만 가장 주제적인 사례는 이라크인데, 이곳에서 수니파와 시아파들은 종교적 내전을 벌여왔다. 그러나 병적인 종교는 그 갈등의 시작점으로 거슬러 올라간다. 조지 부시가 “악의 축”이라는 악마화에서 어떤 식으로 노골적인 복음주의적 언어를 사용했는지, 어떤 식으로 십자군과 무한한 정의의 캠페인과 같은 종교 용어가 적재된 말을 선택했는지, 그리고 심지어 '신'이 그의 안내자이자 보호자였다고 털어놓은 사례도 우리는 너무 쉽게 잊어버린다. 이러한 묵시론적 사고방식은 주요 TV 다큐멘터리(〈프론트라인〉, 2004년 4월) 〈지저스 팩터〉The Jesus Factor에서 소름 끼칠 정도로 잘 증명되었는데, 이는 부시의 그리스도교에 대한 견해가 개인 구원의 문제가 아니라 선과 악에 관한 전 세계의 새천년을 여는 전투라는 것을 확인시켜 주었다. 실제로 펜타곤의 대표적인 인물 중 하나인 윌리엄 G. 보드킨 중장은 이슬람 적국의 신보다 미국 그리스도교 신의 형이상학적 우월성을 공개적으로 옹호하기까지 했다. "나의 신은 그의 신보다 크고… 나의 신이 실재하는 신이며, 그의 신은 우상이었다는 것을 알게 되었다."[13] 다른 이들은 폭탄이 떨어질 때까지 침묵했다.

알 카에다의 쌍둥이 빌딩 공격과 그에 따른 서구에 대항한 지하드의 지원은 훨씬 더 분명한 종파적 언어로 행해졌다. 알라와 꾸란은 미국이라는 '큰 사탄'과 이스라엘이라는 '작은 사탄'에 대항하는 캠페인을 정당화하기 위해 호출되었다. 이교도인 서방세계에 대항하는 성전이 선포되었고, 알 카에다와 탈레반에 대한 미국의 전투는 '그리스도교 테러리스트 십자군'이라는 비난을 받게 된다. 즉, 여기서 새천년의 초창기에 우리는 여전히 [선한] 신과 악한 신 사이에, 또 선택받은 자의 주님과 가증스러운 적 사이에 벌어지는 종교전쟁의 한복판에 있음을 알게 되었다.

그렇다면 살해하는 신앙과 생명을 주는 신앙 사이에서 어떤 선택을 할 것인가? 공포의 신과 환대의 신 사이에서?

성스러운 세속성

세속적인 것에 성스러운 것을 도입하자는 주장을 했지만, 이것은 양면적인 과정이다. 세속적인 것의 신성화는 성스러운 것의 세속화에 의해 보완될 필요가 있다. 성사적인 것은 비판적인 것을 필요로 하고, 그 역도 마찬가지다. 세속적인 것-성스러운 것의 교차적 배열에서, 말은 살을 불러오고 살은 말을 불러온다. 그렇지 않으면 무신론자들이 우리에게 상기시켜 주듯이 우리가 기억할 수 있는 한 인류 역사를 망가뜨린 적대감으로 순환되는 치명적인 악화를 피할 길을 알 수 없다. 우리의 과제는 거룩한 것과 속된 것 사이의 관계를 재정비하여 우리가 신정정치와 신정론의 함정을 피하면서 신적 에피파니로부터 실천으로 이행할 수 있게 하는 것이다.

그런데 나는 재신론의 맥락에서 세속성이 무엇을 의미하는지 더 명확히 해두고자 한다. 가장 관례적인 의미에서, 세속주의는 근대의 과학적 태도의 출현과 더불어 서구 문화에서 지배적 세계관으로 도래하게 된다. 이는 산업혁명, 자본주의의 대두, 자연에 대한 기술 지배, 이성주의적 계몽주의, 유럽과 신세계의 다양한 부르주아 혁명의 복합적 요인에 의해 초래된 현대사회의 "탈주술화"Entzauberung에 대한 막스 베버의 진단과 일치한다. 이런 실증주의적 관점에서 볼 때, 종교는 세속 이성의 시대에 확실히 사라질 제도화된 미신의 한 형태로서 원시 과거의 잔여물로 여겨진다.[14] 『종교의 미래』의 저자는 다음과 같이 말한다. "적어도 계몽주의 이후 대부분의 서구 지식인들은 종교의 죽음을 예상해 왔다. … 사회학, 인류학, 심리학 분야에서 가장 저명한 인물들은 만장일치로 그들의 자녀들, 혹은 그들의 손주 세대에서는 확실하게, 프로이트의 말을 비유하자면, 종교에 대한 유년기적 환상으로부터 벗어날 새로운 시대의 여명을 보게 될 것이라는 자신감을 표명했다."[15] 이러한 세속 철학은 콩트, 뒤르켐, 그리고 베버에서부터 샘 해리스, 앤서니 그레일링과 같은 지식인들이 벌이는 종교의 후진성에 반대하는 최근의 캠페인에 이르기까지 종교에 대한 표준적 관점이 되었다. 그리고 이는 우리가 종교로부터 종교를 쓸모없게 만들도록 사회적 기능이 분화되는 방향으로 진화해 왔다는, 탈콧 파슨스가 처음으로 제안한, 그의 영향력 있는 '기능주의' 논지를 지지한다.

이 설명에 의하면, 우리의 현대 서구 민주주의에는 이제 성스러운 것을 위한 자리가 없다. 기껏해야 성스러운 것은 공적인 영역으로부터 사적인 것으로 분리된 채로 있어야 하고, 시민적 영역으로부터도 철저하게 분리되어야 한다. 찰스 라이트 밀스는 성스러운 것에서 세속적 우주로 진화하는 과정을 다음과 같이 요약한다. "한때 세계는 사유, 실천과 제도적 형태에서 성스러운 것으로 가득 차 있었다. 종교개혁과 르네상스 이후 근대화의 세력은 전 세계를 휩쓸었고 공동의 역사적 과정인 세속화는 성스러운 것의 지배를 느슨하게 만들었다. 적절한 시기에, 아마도 사적인 영역을 제외하고는 성스러움이 완전히 사라질 것이다."[16] 근대 프랑스 공화국의 '세속주의'laïcité 개념은 이런 세속주의의 태도가 어떻게 공적 업무라는 중립적 공간에서 성스러운 것을 포용하는 일을 근본적으로 반대하는 정치로 전환되는지를 보여주는 좋은 사례다. 그것은 찰스 테일러가 『세속의 시대』에서 비판적으로 언급하는 "배타적 인본주의"에 해당한다.[17] 나는 결론에서 이 논쟁으로 돌아올 것이다.

지금 나는 세속적인 것에 관한 두 가지 다른 이해를 고찰해 보려고 한다. 하나는 소극적 이해고, 다른 하나는 적극적 이해다. 존 메이어가 소극적 의미의 세속주의로 지칭하는 것은 공공 기관의 기능에 영향을 미쳐서는 안 되는 것이 무엇인지를 결정하는 부정적 개념과 관련한다. 긍정의 방식으로 사용되는 세속화는 특수한 세기나 시대를 가리키는 말인 라틴어 새쿨룸saeculum에 대한 더 적극적인 인식을 수반한다. 이것은 시간화하기temporalization의 특정한 형태 또는 현세로의 전환을 의미하는 것으로서, 성숙한 신앙의 경험을 배제하지 않고 단지 시간의 거부를 함축하는 종교 양태들만 배제하면 된다고 본다. 두 번째 의미에서의 세속성은 세상으로 선회하는 것이라는 훨씬 더 포괄적인 의미를 지닌다. 그러므로 세속적 태도는 행위의 영역과 고통의 영역에 주의를 기울이는 신앙의 가능성을 부인할 필요가 없으며, 다만 그것은 살아 있는 경험에서 벗어나 사적 내면성이나 내세라는 추상적 영역으로 옮겨갈 뿐이다. 따라서 세속화는 원칙적으로 여기 그리고 지금의 세계 내의 성스러운 것의 현존을 인정하는 데 별다른 어려움을 갖지 않는다. 그래서 이러한 좀 더 적극적인 관점에서는, 세속성과 성사성이 서로 적이 될 필요가 없다.

레이몬 파니카는 세속적인 것과 성스러운 것 사이의 창조적 관계라는 선택지를 제안한 우리 시대의 철학자다. 그의 입장은 다음과 같다. 오직 세속화만이 성스러운 것이 삶에 대한 부정을 생성시키는 일을 막을 수 있고, 반면 오직 신성화sacralization만이 세속적인 것이 진부해지는 것을 막아낼 수 있다. 일단 우리가 세속적인 것을 본래적인 의미인 saeculum[현세] 내지 aion[시대]—즉, 특수한 시간에 우리의 주의를 집중시키는 '에포케'epoché—로 해석하면, 우리는 삶의 성스러움에 충실할 수 있도록 세속적인 것을 해방시킴으로써, 종교를 종교 자체로부터 구제할 수 있는 특권적 위치에 자리하게 된다. 파니카는 우리의 고유한 시간이 세속적인 것에 깃든 성스러운 성질을 발견할 독특한 기회를 제공한다고 믿는다. "현재 카이로스의 인간 성좌에서 독특한 것은 이제껏 긍정적인 가치가 부여된 성스러운 것과 비시간적인 것의 동일시를 붕괴시킨다는 점이다. 시간적인 것은 오늘날 긍정적인 것으로, 어떤 의미에서는 성스러운 것으로 여겨진다."[18]

이것은 세속적인 것과 성스러운 것이 동일하다고 말하는 게 아니다. 세속적인 것은 유한한 시간에서의 인간 질서를 수반하는 반면, 성스러운 것은 – 우리가 그것을 맞이할 용의가 있다면 – 우리 가운데 와서 거주할 것을 약속하는 무한성, 타자성, 그리고 초월성의 질서를 지시한다. 내가 제안하는 재신론의 과제는 (1) 세속적인 것과 성스러운 것을 대립시키는 이원론과 (2) 양자를 하나로 뭉개버리는 일원론을 모두 피하는 것이다. 재신론은 양자 사이의 비옥한 긴장감을 인정하는 가운데 상호 귀속성cobelonging과 (칼 야스퍼스의 말을 빌리자면) "사랑의 쟁투"를 벼리어내는 시도이다. 재신론에서, 성스러운 것은 세속적인 것 안에 있지만, 그 자체로 세속적인 것에 속하지는 않는다. 문제는 일차원적 융합이 아닌 서로 간의 상호의존성이다. 그리고 이러한 교차적 공존은 민주적 정치와 성숙한 신앙의 상호활성화를 위한 모형 역할을 할지도 모른다. "신과 세계는 두 가지 실재가 아니며, 동일한 것도 아니다. 더구나 … 정치와 종교는 두 가지 독립된 활동도 아니고, 또한 하나의 무차별적인 활동인 것도 아니다. … 신적 성막은 인간들 사이에서 발견되는 것이며, 지상의 도시는 신성한 사건이다."[19] 역사가 보여주는 바와 같이 정치와 종교를 하나로 이끌어 몰락시키는 것은 성전holy war, 신정정치theocracy, 그리고 교권의 제국주의로 이끈다. 세속적 자아와 성스러운 이방인 사이의 엄청난 긴장을 보존해야 할 필요가 있을 때, 이들 간의 (융합 없는) 교차는 혼종 – 재신론 – 을 낳는다.

파니카는 이 세속적이고 성스러운 소산이 변혁의 정치와 육화의 종교 사이의 새로운 형태의 제휴로 인식될 수 있다고 말한다. 우리는 이 제휴에서 "세속적인 참여의 성스러운 성격과 종교적 삶의 정치적 양상"(195)을 발견할 수 있다. 이러한 재신론의 성좌에서, 세속적인 것과 성스러운 것은 구별되지만 대립적으로 인식되지 않으며, 상이하지만 상반된 것으로 인식되지는 않는다. 파니카는 이에 따라 "성스러운 세속성"을 말한다. 그것은 어떤 초월적인 다른 세계에 헌신하는 신앙이 아니라, 인간과 자연 세계 속으로 더욱 더 육화되어 가는 소명으로의 가능성의 씨앗처럼 신적인 것이 거주하는 심원한 시간성에 헌신하는 신앙이 되도록 세속적인 것을 재해석하게 해준다. 여기서 파니카는 생동하는 생태cosmos에서의 인간anthropos과 신theos의 창조적 동거를 암시하기 위해 우주신인론cosmotheandrism이란 말을 주조해낸다. 내가 보기에, 그는 바로 이것을, 곧 다음 두 가지 모두에 대해 대안적인 '중간적'middle 목소리로 보고 있다. (1) 성스러운 것으로부터 세속적인 것을 분리하는 자율성과 (2) 양자 사이에 이원론의 쐐기를 박는 타율성. 따라서 그는 환원적 인간주의(극단적 자율성)와 독단적 근본주의(극단적 타율성)의 두 가지 위험을 피하기를 희망한다.

「종교의 미래」라는 제목의 논고에서, 파니카는 공식적 제도 종교가 사람들의 실제적 신앙의 실천에 점점 뒤처지고 있다는 사실에서 비롯하는 중차대한 위기를 보여준다. 그는 오늘날 사람들이 신앙을 "신전에서 거리로, 제도적 복종에서 양심의 주도로"(199) 이행시킴으로써 신을 다시 세상으로 불러들이고 있다고 지적했다. 교회와 세계 사이의 교리 논쟁을 무시한 채, 사람들 대부분이 신앙의 절박한 문제들을 "굶주림, 불의, 인간과 지구에 대한 착취, 불관용, 전체주의 운동, 전쟁, 인권의 부정, 식민주의와 신-식민지주의"(199)로 이해한다. 파니카는 분파적 배타주의를 극복하고 타종교 및 무신앙과 대화를 시작할 것을 전통 교파들에 권면한다. 그는 종교간 상호 교류의 중요성을 강조함과 동시에 특징 없는 절충주의나 뉴에이지적 혼합주의에 빠지지 않으면서 "세계의 다양한 — 세속적이고 현대적인 전통을 포함한 — 인간적 전통들의 상호 수태 작용mutual fecundation"을 절박하게 호소한다. "성스러운 세속성"에 대한 이러한 이해는, 획일성을 배제하고, 전 세계적으로 상호 연결된 시대에 서로 다른 사람들과의 화해로 이어져야 한다. 그는 이것이 "같은 언어를 말하거나 같은 종교를 실천하는 것"이 아니라 "깨어 있는 의식을 가지고 우리가 같은 교향곡 안에서 다른 음을 읊조리고 있으며, 같은 봉우리를 향한 여정에서 다른 경로로 나아가고 있다는 것을 인지하는 문제"라고 결론짓는다. "그렇다면 이것은 신앙이다. 즉 교향곡에서의 경험, 정상의 섬광을 포착하는 경험과 함께 우리가 따라가는 경로에 주의를 기울이며, 그 도상에서 걸려 넘어지지 않으려고 노력하는 것이다"(200, n. 20).

여기서 다시 우리는 '신'을 버린 후에야 비로소 신에게 돌아갈 수 있다는 재신론의 역설과 마주한다. 세속적인 것은 낡아빠진 죽음과 공포의 신에게서 벗어나 우리의 주의의 방향을 근본적으로 다시 설정하는 일을 수반한다. 왜냐하면 그러한 전-환con-version 없이는 우리가 우리의 육화된 현세적 실존의 중심에 있는 생명의 신을 재발견할 수 없기 때문이다. 내가 제안하는바, 이것은 내가 항상 속해 있던 곳에서 세속적인 것과 성스러운 것 사이에 하이픈을 다시 끼워 넣음을 의미한다. 이러한 성-속의 재형상화가 재신론의 슬로건이다.

이슬람의 물음

지금까지 세속적인 것-성스러운 것에 대한 논쟁을 고찰했는데, 이것이 주로 유대-그리스도교적 경험에 초점을 맞춘 것이기 때문에 우리는 이제 이슬람의 지적 문화의 일부 목소리를 재고해야 한다. 이슬람은 이 책에서 논의된 아브라함 유산의 세 번째 형제자매일 뿐만 아니라, 종교의 횡포에 대항하는 '세속주의'의 격론에서 가장 극적으로 소환되는 종교이기도 하다.

무슬림이 아닌 이들은 종종 다음과 같이 딜레마를 제기한다. 이슬람은 현대의 세속 민주주의와 양립할 수 있는가? 혹은 다르게 말해서, 우리가 자유롭고 합당한 토론을 뛰어넘어 정부나 권력의 원칙을 세우지 않는 시민적 공간으로 세속 민주주의를 이해한다면, 역사적으로 신정정치를 지향해 온 이슬람의 지배적인 형태의 성향은 문제가 되지 않을까? 요컨대 이슬람은 본래 호전적이고 불관용적인 것이 아닐까? 하지만 첫 장에서 언급된 바와 같이, 이슬람의 지적 문화권 내에는 다른 식의 주장을 하는 선도적인 사상가들이 있고, 나는 이제 그들의 주장을 다시 한번 검토하고자 한다.

이란 정치 사상가 압둘카림 소루쉬는 이런 상황을 다음과 같이 묘사하고 있다. "세속의 시대 이전에는 정치적, 경제적, 사회적 실재론 안에 형이상학적 사상의 헤게모니가 각인되어 있는" 반면 현대 세속의 시대는 "모든 가치와 규칙을 인간의 평가와 검증으로 국한시키는" 체제를 위해 세속의 시대 이전의 총괄적 전제들을 뒤흔들어 놓는다. 이는 모든 것이 비판에 열려 있음을 의미한다.[20] 그래서 우리는 이슬람이 어떤 유의 신에 대해 말하고 있는지 물으면서 다음과 같은 물음을 던져야 한다. 이슬람에서 신의 존재를 믿는다는 사실은 그 자체로 현대 세속 민주주의와 양립할 수 없는가? 통속적인 반이슬람 편견에 맞서, 소루쉬는 이슬람의 핵심에서 우리가 "억눌린 자들의 주님"al-Rahman, al-Rahim, and Raab al-mustaz 'afin을 발견한다고 주장한다. 그런 이름을 가진 신의 신성은 민주적인 사회-경제적 발전과 표현의 자유에 대한 전망을 승인할 뿐 아니라, 이를 격렬하게 포용하는 방식으로 존재한다. "흑인과 백인"에게 와서 원주민과 이방인을 막론하고 동등성을 상정하는 신에 비추어 볼 때, 민주적 해방은 "영적 목표를 추구할 뿐만 아니라, 자유로운 공적 생활과 정치적 실천을 육성하는 데 유익한" 것으로 간주된다.[21] 사실 꾸란에 언급된 소외되고 추방당한 사람들의 신은 신정정치 형태든, 전체주의 형태든 모든 형태의 폭정에 맞서 그러한 자유를 보증하는 존재로 간주되어야 한다. 소루쉬는 이에 따라 민주주의를 절차적인 것(중립적 법률적 방법)과 실질적인 것(정의와 진리 같은 선에 대한 헌신)으로 나눠 해석한다.

그러나 우리는 다시 물을 수 있다. 어떤 종류의 진리가 있는가? 그리고 우리는 누구의 진리를 이야기하고 있는가? 만약 우리가 성스러운 '외부자'의 진리를 포함할 준비가 되어 있다면, 그것은 언제나 문제가 되는 권력을 의문시하는 비판적 진리가 되어야 한다고 그는 주장한다. 예를 들어, 이는 민주주의가 반드시 자유주의적 자본주의나 기술 진보의 필연성에 대한 맹목적인 믿음에 얽매여 있는 것은 아니라는 점을 시사해줄 것이다. 비판적인 항의의 목소리가 다음과 같은 물음을 던진다. 생계를 유지할 수 없는 장애를 안고 있는 시민은 어떻게 되는가? 기업의 산업적 탐욕 앞에서 자연과 환경은 어떻게 되는가? 다시 말해, 사람들은 정부를 권좌에 앉히는 것이 아니라 도리어 의문시하는 이방인의 성스러움을 불러내는 것이다. 그리고 이것은 부자와 가난한 자, 인간과 자연, 종교인과 비종교인을 막론하고 모든 존재자의 시민적 공간을 보장하는 것을 의미한다. 그러한 '외부로부터'의 관점은, 말 그대로, 성스러운 것이 순전히 수단과 목적, 손익의 공리주의적 계산법에 굴복하는 것을 막음으로써 어떻게 세속적인 것을 보호할 수 있는지를 보여준다. 여기서, 간단히 말해서, 신은 인간의 보증자가 된다. 이방인은, 우리에게 친숙한 민족이나 국가의 한계 저편에서, 우리에게 현재의 법 규정을 충족시키는 것 그 이상의more 정의가 항상 존재한다는 것을 우리에게 상기시켜 준다. 우리의 법은 언제나 더more 정의로울 수 있고, 민주주의는 이미 세계 각지에 존재하지만, 여전히 어느 정도는 도래할 것으로 남아 있다. 물론 이 특정한 관점은 '메시아적 정의'에 관한 유대교 및 그리스도교 사상가 — 벤야민, 데리다, 그리고 카푸토 같은 이 — 들 못지 않게 소루쉬와 같은 이슬람 사상가들이 촉진하는 것이다.

소루쉬는 궁극적으로는 도덕적으로 중립적이고 순전히 기술지배적인 자유주의로부터 민주주의를 분리할 것을 요구한다. 그리고 그는 심지어 "민주적인 종교적 사회"의 가능성을 시사하기까지 한다. 이것은 우리가 종교와 교조주의를 분리하고 민주주의와 비도덕적인 무관심을 분리시킬 것을 요구한다. 이는 또한 열린 민주적 경쟁과 숙의를 위반하여 특정 종교 운동에 따라 공권력을 조작하는 일을 막기 위해 시민사회로부터 정부를 극명하게 구별해내는 것을 의미한다. 이를 재신론의 의미에서 이해한다면, 종교는 인권, 다원주의 논쟁, 배제된 사람들의 필요에 대한 도덕적 감수성의 버팀목이 될 수 있다. 소루쉬는 법적 보호가 윤리적 공감과 영적 헌신으로 뒷받침될 필요가 있다고 주장한다. 실제로, 실질적인 도덕적 선함goodness에 대한 물음에 대해 완전히 중립적이라고 주장하는 민주주의는 타자들의 권리를 옹호하기 위한, 다수파의 권리를 언급하기 위한 논제를 상정할 수 없다. 왜냐하면 그러한 권리 옹호 작업에는 이방인을 향한 실질적인 정의감, 권리를 박탈당한 사람들에 대한, 국외자에 대한 실질적인 신뢰가 요구되기 때문이다. 이 맥락에서 세속적 의무감은 덕에 대한 성스러운 감각의 도움을 받으면 받았지 방해를 받지는 않을 것이다. 이런 점에서, 만일 세속 민주주의가 가장 상처 입기 쉬운 이들을 포함한 모든 시민의 필요와 권리를 돌보는 일에 자부심을 품는 사상이라면, 상호인격적 경험 속에서 신의 '얼굴'을 마주하는 것 — 우리가 각기 서로에게 성스러운 친구wali가 될 수 있고 종이 될 수 있는 공간 — 에 대해 말하는 수피 이슬람의 가장 존경할 만한 전통 중 하나를 상기하는 것은 분명 적절한 일이 될 것이다.[22]

그러나 절대주의와 종교의 재앙과도 같은 통폐합을 피해야만 성스러운 것이 민주주의의 보증자 역할을 할 수 있다. 그리고 여기서 신성한 텍스트와 가르침에 관한 엄밀한 해석학이 경전의 모든 교리를 "해석과 재해석의 분투Ijtihād[23] 과정을 거치는 지속적이고 철저한 검토"에 붙일 준비가 되어 있어야 한다.[24] 소루쉬는 그의 이슬람 대화 상대자를 상기하며, 이렇게 말한다. "믿음의 영역에서의 관용은 전통 교의를 잠식한 인식 영역의 오류 가능성과 상관관계를 이룬다"(189, n. 18). 따라서 민주적 관용은 그것이 이슬람적이건 다른 어떤 것이건 믿음에 대한 전면적인 거부를 요구하는 것이 아니라 자신의 믿음을 (다른 사람들과 대화할 때) 끊임없는 검토하는 일에 스스로 노출하는 겸손한 의지를 요구한다. 이것은 프레드 달마이어가 우리에게 상기시켜 주듯이 상대주의relativism가 아니라 관계주의relationalism다. 그것은 민주주의라는 이름의 가치에 부합하는 관점들의 다원성과 관련해서in relation 성스러운 삶을 살아감을 의미한다. 다른 말로, 성스러운 것은 세속적인 것과 관련해서 존재한다. 하지만 그것과 완전히 동일한 것은 아니다. 그러한 동일시는 이방인을 동일자로, 타자를 자기로, '너'를 '나'로 붕괴시키는 것을 의미할 것이다.

이와는 대조적으로, 성스러운 것은 세속적인 것을 긴장시키고, 결코 성스러운 것 자체만으로 만족하지 않으며, 항상 더 정의롭고, 더 창조적이며, 환대를 더 가능하게 하는, 생동하는 민주주의의 새로운 방식을 상상하고, 다시 상상하도록 몰아세우는 잠재력을 가지고 있다. 그리고 세속적인 것은 그 자체로, 유신론적 근본주의자들이 성스러운 것을 강탈하는 것을 막아내는 데 유익한 역할을 할 수 있다. 성스러운 것을 세속화한다는 것은 살아 있는 존재자가 행동하고 고통받는 시간의 몸으로 그것을 다시 불러들이는 것이다. 세속적인 것을 성스럽게 만든다는 것은 소외된 이방인들이 자유민주주의로 진입하는 관문에만 존재하는 것이 아니라 자유민주주의 한복판에도 언제나 존재한다는 점을 상기하는 것이다.

소루쉬는 진정한 관용이란 어떤 것이든지 다 좋다anything that goes는 식의 비도덕적인 개방성이 아니라(예를 들어 불관용까지 용납하는 것은 아니다) 자신의 무오류성에 대한 "불완전하고 미성숙한" 애착을 극복하기 위한 준비라고 결론짓는다. 그리고 종교를 민주적 삶의 공적 영역과 연관시키는 것의 이점은, 종교가 합당하고 개방적인 마음으로 토론하는 일에 믿음을 드러내면서, 참된 이성aql과 신의 계시shar' 사이의 대화를 촉진하는 것이라고 그는 말한다. 세속적인 민주주의 국가들은 종교에 완전히 등을 돌릴 필요가 없다. 그들은 그저 이성, 존중, 그리고 상식에 대한 비종교적인 관점을 가지고 종교와 공개적인 공적 토론에 참여할 필요가 있을 뿐이다. 종교를 잘 이해한 민주주의라면, 종교적이든 그렇지 않든 간에, 신정 권력의 유혹으로부터 해방되고 근본적으로 믿음의 다원주의에 헌신할 것이라고 소루쉬는 주장한다. 실제로 이것은 종교적 목소리를 공적 영역에서 완전히 추방하기를 더 선호하는 편협한 자유주의적 세속주의 모형보다 더 다원주의적인 민주주의가 될 수 있을 것이다.

하지만 소루쉬는 순진하지 않다. 오늘날 많은 이슬람 사회에서의, 특히 와하비즘의 확산으로 인해 널리 알려진 비민주적 정신을 잘 알고 있는 소루쉬는 이슬람 체제 순응주의와 순수주의의 수호자들에게 이렇게 말한다. "당신은 획일성, 본받음, 종교법학자에 대한 복종을 존중한다. 〔그러나〕 나는 당신에게 믿음의 복잡성과 다채로움, 신앙과 자유의지의 미묘함과 경쾌함의 진가를 알아봐 주기를 간청한다." 이는 믿음의 다원성이 그 자체로 "영혼의 규정하기 힘든 다원성"(181)의 상징이기 때문이라고 그는 주장한다. 이를 위해 소루쉬는 "영혼의 이질성과 마음의 방랑"에 대한 계몽된 수피 신앙에서 영감을 얻은 성-속 민주주의에 호소한다. 그는 교조주의 너머의 신을 불러내며, 다음과 같은 결론을 내린다. "믿음은 불신앙보다 백 배는 더 다양하고 다채롭다. 세속주의의 다원주의가 민주주의에 적합하게 형성된다면, 신앙 공동체는 민주주의에 천 배는 더 적합한 것이다"(181).

소루쉬의 견해는 물론 그 혼자만의 것이 아니다. 이슬람이 현대 민주주의에 적응할 방법을 논의한 다른 이슬람 지식인으로 무함마드 알-자브리, 무하메드 아쿤, 그리고 하산 하나피 같은 사상가들이 있다. 그리고 그들이 신앙과 이성의 관계에 다시 개입함에 있어, 1장에서 지적한 바와 같이, 안달루시아인 이븐 루시드와 같은 철학자들이 주권자인 신이라는 절대주의적 개념에 의문을 제기하고 종교 텍스트에 관한 비판적 해석을 요구한 고귀한 유산으로부터 변함없이 도움을 받고 있다는 점은 주목할 만한 일이다.

신을 이방인이라기보다는 통치자로 이해하는 것은 신적인 힘을 너무 쉽게 신정정치 세력에 양도하는 것이다. 따라서 이는 교권과 국가의 신뢰할 수 없는 융합이다. 이븐 루시드는 당대의 근본주의자들과의 지적 논쟁에서 재량권에 호소하는 가운데, 모든 비판적 질문을 제거한 채로 신의 무한한 권력만을 절대주의인 방식으로 숭배하는 그들에게 도전했다. 그는 근본주의자들이 신에 대한 신인동형론적 견해를 세계의 최고 통치자로서의 신 관념에 투영하여 모든 형태의 독재적 신정정치를 정당화한다고 비난했다. 즉, 먼저 이 자의적인 신적 힘의 모형을 다시 정치적 차원으로 재도입함으로써, 근본주의자들은 "정치적 전제주의 – 예언자의 자비롭고 공정한 통치와 첨예하게 대립하는 전제주의 – 와 폭정의 동맹군이자 선두 주자"(115)가 되고 만다. 그러나 절대적인 신적 주권을 지상의 정치적 통치자의 형태로, 억제되지 않은 인간 주권으로 이전시키는 것은, "백인과 흑인", 곧 모든 사람들에게 동일하게 "보냄받았다"(135, n. 21)고 주장한 예언자의 주장에서 진술된, 모든 무슬림의 평등이라는 이슬람의 근본 신앙을 배반하는 것이다. 즉, 모든 인간과 마찬가지로, 모든 정치 지도자가 덕을 쌓기 위해서는 다른 사람들을 필요로 하기에 자신을 주권적으로 자기충족적인 자로 간주할 수 없다. 마찬가지로, 정치적 지배자들의 가르침도 신의 가르침 못지않게 맹목적으로 받아들여서는 절대로 안 된다. 그들의 가르침은 은유적 언어bayan와 논쟁적 추론burhan과 같은 서로 다른 추론 유형 간의 구별에 관한 비판적 평가와 더불어, 논쟁의 대상이 되어야 한다.

철학적으로 말해서, 이븐 루시드는 한편으로 이슬람의 계시에 이성을 적용하는 것이 중요하다고 주장하고, 다른 한편으로 "시민"과 "야만인"(당시의 이방인) 간의 그리스적 분리에 도전하기 위해 이슬람의 평등에 호소하면서 창조적인 방식으로 철학적 관점과 이슬람적 관점을 서로 겨루게 했다(136~137).

이슬람 해석학의 위대한 옹호자는 때때로 이성과 예언자의 공감을 모두 인용하기를 주저하지 않았는데 이는 자의적이고 의지적인 명령의 문제로 신의 통치를 절대화하려는 성직자들에 반대하기 위함이었다. 그런 — 홉스의 『리바이어던』을 선취한 — 신은 사랑과 정의에 대한 고려에도 아랑곳하지 않고 단지 그가 할 수 있는 힘을 가지고 있기에 그가 하고자 하는 모든 일을 한다. 이븐 루시드는 신에 대한 이런 주의주의-절대주의 개념에 반대하면서, 그것이 실천적 판단과 실천적 지혜phronesis에 대한 아리스토텔레스의 가르침만이 아니라 정의로운 통치라는 예언자의 원칙을 위반했다고 주장했다. 그는 전제적인 신학이 전제적인 신정정치로 직결된다는 것을 알고 있었다. 폭력적인 신은 폭정적 인간을 낳는다. 그리고 그 역도 성립한다.

이븐 루시드는 이성과 신앙의 중간 길을 모색함으로써 그의 추종자들 가운데 많은 이들이 '신과 세계'를 화해시킬 수 있는 비판적 해석학을 탐구할 것으로 기대했다. 놀랍지 않게도 그는 코르도바 및 그보다 더 멀리 떨어진 곳에서 동시대 수많은 무슬림의 극렬한 비판을 받았다. 그러나 프레드 달마이어가 보여준 것처럼, 하산 하나피와 알-자브리부터 소루쉬 등에 이르기까지 완전히 새로운 세대의 현대 이슬람 지식인들이 있는데, 이들은 이븐 루시드의 해석학적 사고의 해방적 빛 가운데서 이슬람 움마[25]의 진정한 복원을 꾀하고 있다(145 이하).[26] 이슬람의 지적 전통에 대한 이러한 창조적 재전유는 현대 민주주의 세계로의 적응을 위해 이슬람 종교를 다원적 담론의 공적 공간에 드러낸다. 따라서 이븐 루시드의 이름과 유산은 "관용적으로 열려 있긴 한지만 도덕적으로는 책임을 지는 사회, 이성과 신앙, 인간에 대한 존경, 그리고 신에 대한 존경이 세심하게 조정하는 방식으로 (무너지지 않고) 균형을 이루는 사회에 대한" 이슬람의 오랜 "갈망"을 대리해서 옹호하는 것으로 받아들여질 수 있다.[27]

요컨대, 우리가 "통치자들은 신의 통치의 거울이다"라는 그 옛날 속설에 주의를 기울여보면, 이는 인간에 대한 의무가 없는 추상적인 권리의 담지자로서의 신에 대한 절대주의적 모형이 인간 통치자들이 똑같이 행동하는 것을 정당화하는 것으로 이어지게 된다. 이러한 권위의 모형을 지닌 권력의 방정식은 폭정으로 이어진다. 신정정치의 옹호자들은 세속적 자유의 폐해를 비난하지만 절대 권력의 폐해는 결코 비난하지 않는다는 유감스러운 사실을 상기하라.[28] 그리고 한나 아렌트가 우리의 정치적 담론과 실천에서 '주권'의 중지를 요구한 것도 바로 이런 이유에서였다. 왜냐하면 서구 사회와 비서구 사회 모두에서, 그것은 너무 쉽게 불관용과 전쟁을 초래했기 때문이다. 아렌트는 "국가의 독립과 국가 주권, 즉 외교문제에서 통제받지 않는 무제한적 권력에 대한 요구와 관련되는 한"에서, "전쟁 문제에 대한 이론적 해결조차도 생객할 수 없고, 또한 보장된 지구 평화는 둥근사각형을 만드는 것만큼이나 유토피아적이다"라고 쓰고 있다.[29]

그러나 서구 민주주의의 장점 중 하나는 주권에 대한 모든 개념을 전적으로 배제하지는 않지만, 최소한 정부가 신성한 권위를 인간 사회 속에 변환시켜 실현한 것이라는 생각을 버렸다는 점이다. 18세기부터 근대 혁명과 공화국의 출현과 더불어 왕권신수설은 다행히 사라졌다. 현대 민주주의는 선출된 지도자가 무제한의 권력을 가진 신과 같은 황제처럼 행동한다는 관념에 근본적으로 반대한다. 이것은 가장 소중히 여겨져야 할 덕목 중 하나다.

민주주의의 그러한 세속적 이점은, 신을 이방인의 보호자, 그리고 모두를 위한 평등의 보증자로 보는 이슬람 신앙의 특정한 전통과 결코 양립 불가능한 것이 아니라는 점이라고 나는 제안해 왔다. 이 존경할 만한 전통은 이데올로기적 이슬람의 식민시기 이후의 역사에서 푸대접을 받아왔다. 그리고 라후아리 아디Lahouari Adi와 같은 무슬림 이론가가 이슬람 종교가 '탈정치화'될 필요가 있다고 주장하는 것은 (일부 주목할 만한 예외가 있기는 하지만) 불행한 이 최근의 역사 때문이다. 그러나 아디가 탈정치화한 이슬람에 관해 말할 때, 그가 종교를 완전히 폐지하거나 종교를 순수하게 사적인 영역으로 할당하기를 의도한 것은 아니다. 그는 신정정치적 정치로부터 종교를 제거하고 시민사회의 공공 영역에서 — 이론에서나 실천에서 — 종교를 더 적절한 자리에 다시 할당하는 것을 의미한다.[30] 현대의 민주적 논쟁의 영역에서 (주권자로서의 신에서 이방인으로서 신에 이르는 방식으로) 신 관념을 절대화하지 않는 것이 가능하다면, 서양 문화뿐만 아니라 이슬람에서 세속적인 것과 성스러운 것을 재형상화하는 무신론자가 나오지 않을 이유는 없다. 아디는 "아랍-이슬람 문화를 통해 이런 식의 모더니즘을 창조하는 것은 이론적으로 가능하다"는 견해를 피력하면서, 이는 "민주주의가 태생적으로 서구적이어야 하고 절대주의가 태생적으로 이슬람적이어야 할 이유가 없기 때문"이라고 했다.[31] 다시 말해, 우리는 이슬람 재신론자는 원리상 유대교나 그리스도교 재신론자에 상응한다는 상상을 해볼 수 있다. 재신론은 모든 아브라함 신앙에 내장된 선택지다. 그것은 이방인 앞에서의 신의 에피파니로 시작하고 또 끝나기 때문이다.

범위를 확장하기

그럼 비-아브라함 종교는 어떤가? 다른 종교의 낯선 신들에게 개방되지 않은 채로 아브라함 전통에서 이방인에 대한 개방성을 정말로 말할 수 있을까? 타자는 성서적 유일신론에서만 특권화되지 않는다. 실제로, 내가 첫 장에서 주장했듯이, 진정으로 환대하기 위해서는 언약의 세 가계(유대인, 그리스도인, 무슬림) 바깥에 있는 다른 타인들 other Others에게 관심을 기울여야 한다. 재신론의 핵심은 자신의 신앙에 외인으로 남아 있는 사람들과 대화할 수 있는 자유다. (그리고 여기에는 무신론자들만이 아니라 다른 종교의 구성원들도 포함된다.) 이런 '다른 타인들'을 포용하는 환대에 대한 물음은 세상에 얼마나 많은 타자들이 있는지가 전 세계적인 소통을 통해 더 많이 알려지고 있는 이 시대에 특히나 더 중요하게 제기되는 쟁점이 되고 있는 것 같다. 탈근대적 표현으로 말하자면, 우리는 모두 상호의존적이다. 그런데 우리는 모두 (단순히 '우리 자신과 같은 타자들'이 아닌) 타자들로서 타자들과 실질적인 대화를 행하고 있는가? 전 지구적인 범위에서 종교적 차이에 관한 이런 물음은, 세계의 차원에서, 재신론이 급진적 환대라는 의도에 충실해지기 위해서는 피할 수 없는 물음이 되었다. 그리고 나는 이론적인 관심에서만이 아니라 실천적인 관심 가운데 이 사안을 논한다. 이방인을 환영하거나 거부하는 내기는 종종 전쟁이나 평화에 관한 문제가 된다.

종교간의 의무는, 내가 제안했듯이, 재신론의 필요불가결한 차원이다. 이는 단순히 (칸트식의) 도덕적 이성의 정언명법이 아니라 자신의 종교와 타인의 종교 사이를 번역하는 문화적 상상의 소집 명령이다. 이는, 우리 논쟁의 맥락에서, 종교간 의무가 단지 하나의 아브라함 전통과 다른 하나의 아브라함 전통 사이에 있는 것이 아니라, 아브라함 종교와 비 아브라함 종교 사이에 있음을 의미한다. 즉, 이것은 서구와 동구, 남과 북의 방면을 모두 포함하는 번역의 문제다.[32] 이러한 종교간 대화에 참여하는 사람들 대부분은 모든 지혜 전통에 나오는 공유된 일련의 원칙들을 열망한다. 이러한 것들은 한스 큉 및 다른 교회일치론자들ecumenist이 전 지구적 공감 윤리라고 부른 것을 구성한다. 곧 이방인을 환대하는 황금률에 자연스럽게 이끌리는 일종의 보편 윤리다. 우리의 첫 장에서 논의된 아브라함 전통의 예시 이외에도, 다양한 종교에서 인용된 타자에 대한 공감의 전형적인 공식의 표본이 여기 이렇게 존재한다.

조로아스터교 : "자신에게 해가 되는 것은 다른 사람에게 하지 말라"(샤이스트-나-샤이스트Shayast-na-Shayast, 13 : 29).

불교 : "자신이 상처를 받는 방식으로 남을 대하지 말라"(우다나-바르가Udana-Varga 5 : 18).

자이나교 : "세상의 모든 생명체를 대접받고 싶은 대로 대해야 한다"(마하비라Mahavira, 수트라크르탱가Sutrakrtanga).

시크교 : "나는 어느 누구에게도 이방인이 아니며, 어느 누구도 나에게 이방인이 아니다. 참으로 나는 모든 사람에게 친구다"(구루 그란트 사히브Guru Granth Sahib).

유교 : "한마디의 말로 평생토록 행할 만한 것 … 서恕, 자신이 하고 싶지 않은 일을 남에게 행하지 말라"(논어, 15 : 23).

힌두교 : "이것이 의무의 총체이다 : 만약 당신에게 행해진다면 고통을 줄 수 있는 일은 타인에게 하지 말라"(마하바라타Mahabharata 5 : 1517).

도교 : "이웃의 이익을 자신의 이익으로 삼고, 이웃의 손해를 자신의 손해로 삼으라"(태상감응편T'ai Shang Kan Ying P'ien, 213~218).

그리고 대부분의 다른 세계종교에서 발견되는 자기와 타자(인간, 자

연 또는 신) 사이의 공감 윤리에 대해서도 유사한 말을 덧붙일 수 있을 것이다.[33]

이 세상의 서로 다른 영적 전통들 사이의 그러한 이런 교환가능성은 종교간 대화의 본질적인 지점, 즉 신앙고백의 차이를 가로지르는 모든 종교의 공통점들 가운데 하나를 포착한다. 그러므로 당신이 신조의 차이를 통과해서 공유된 실천과 신비적 연합에 이르게 될 때, 당신은 고대인들이 말했던 것, 곧 "우리는 모두 하나다"라는 말의 의미를 깨닫게 된다.[34] 나는 이러한 태도가, 얼마나 많은 전쟁이 도착적인 교파적 정념 때문에 발발하게 되는지를 고려할 때, 세계 평화에 결정적으로 이바지할 수 있다고 믿는다. 그러나 이방인에 대한 재신론적 환대는, 이미 주목했듯이, (이것이 모든 세계 평화 윤리에 결정적인 것이긴 해도) 그저 타자를 우리 자신과 동일한 자로 인식하는 것이 아니다. 그것은 또한 타자를 우리 자신과는 다른 자로 인식하게 하는데, 이는 우리의 익숙한 지평에 대해 근본적으로 낯설고 환원할 수 없는 자로 인식하게 한다. 여기 재신론의 진정한 도전이 놓여 있다. 손님에게 그/녀 자신을 노출시키는 주인. 주인에게 자신을 그/녀 자신으로 드러내는 손님. 왜냐하면 모든 종교가 진리를 주장할 권리에서 평등하다고 말할 수는 있어도 그것들이 모두 동일한 것은 아니기 때문이다. 여기서 환대는 우리가 평등과 동일성 사이를 구별할 것을 요구한다. 그것은 그들이 (황금률처럼) 어떤 결정적인 측면에서는 같을 수도 있고 다른 측면에서는 상이한 것으로 머무를 수도 있다는 것을 잠시라도 부정하려는 것은 아니다.

우리가 본 바와 같이, 그러한 상호 노출은, 잠정적으로라도, 알려지지 않은 것의 외재성에 우리 자신을 노출하기 위해 익숙한 신들을 버리는 내기를 나타낸다. 재신론의 내기는, 타자의 타자성에 대한 이런 노출이 있은 다음, 무지의 구름 가운데 우리 자신을 멈춰 있게 하면서, 우리 자신과는 다른 타자들이 그 자체로 성스럽고, 더 나아가 영적으로 사는 삶의 다양한 방식이 있음을 아는 데 이르게 한다. 이것이 바로 공통성만이 아니라 차이의 인정으로서의 재신론적 보충이다. 따라서 새로운 세계 윤리 — 무엇보다도 종교적 차이와 비종교적 차이 — 를 추구하는 것에 더하여, 이러한 특이성이 황금률의 보편성만큼이나 매우 신성할 수 있다는 것을 인식하면서 각 신앙의 단일한 독특성을 동등하게 인정하는 것이 필수적으로 이루어져야 한다. 재신론은 자기와 이방인의 해석학으로부터 그에 못지않은 어떤 것을 요구한다. 하지만 나는 결론부에 이르러서 폴 리쾨르와 한스 큉의 '전지구적 윤리'planetary ethic에 대한 논쟁을 고려하는 가운데 이 논점으로 돌아올 것이다.

여기서는 종파간 환대의 윤리에 적용되는 것이 다양한 문화, 국가, 공동체 간의 구체적인 교류, 즉 (무신론자와 인간주의자를 포함하는) 자기와 이방인에 관한 우리 시대의 정치에도 적용된다고만 말해두자. 나는, 주인 언어와 손님 언어의 구별을 붕괴시키지 않으면서, 우리 자신과 이방인 사이를 오갈 수 있도록 하는 번역의 작업을 준비하는 것이 비폭력을 증진하고 전쟁을 막는 최상의 비결 중 하나라고 제안한다.

7장 행동으로 : 말과 삶 사이

도로시 데이
장 바니에
간디

만일 당신에게 이것을 볼 혜안이 있다면,
세상 자체가 성사입니다.
아우구스티누스

재신론의 세 가지 호arcs, 곧 우상파괴, 예언, 성사는 성스러운 것이 세상에 있지만, 세상에 속하지는 않는 방식을 입증한다. 성스러운 것이 세속적인 것 가운데 있지만, 그것과 똑같은 것은 아니다. 재신론에 있어 자기가 이방인을 필요로 하는 것처럼 그렇게 서로를 필요로 한다고 하더라도 한다고 하더라도 성스러운 것과 세속적인 것은 동일한 것이 아니다. 만약 그 성스러운 이방인이 자기와 동일하다면, 그 사람은 성스럽지도 낯설지도 않을 것이다. 이방인은 항상 자신이 파악하거나 담을 수 있는 것 이외의 다른 것, 그 이상의 것, 그 밖의 것을 구체화한다는 점에서 성스럽다. 이 점은 서양 문화에서 처음부터 인정되어왔다. 아브라함의 환영에서 사막의 방랑자에 이르기까지, 그리고 『소피스테스』에 나오는 동일자와 타자 사이의 관계를 논하는 이방인과의 대화에서 볼 수 있는 것처럼 말이다. 이러한 성서와 그리스적 시발점에서부터, 이방인은 불가능을 가능하게 하고, 동일자와 타자성을 생산력 가득한 회합 속으로 가져다 줄 수 있는 이로 인식되고 있다. 그리고 의심의 여지 없이 비-서구 문화에 대해서도 비슷한 논점이 만들어질 것이다.

현대에는 "혐의의 해석학"이라는 주제 아래 비분강해하며 시행한 종교 비판 속에 우상파괴의 목소리가 들려 왔다. 모든 종교는 어떤 시점에서는 뒤에서 부정을 저지르는데, 나는 이에 대한 항의신호가 그릇된 우상을 해체구성한다는 점에서 환영할 만한 것으로 인정했다. 이는 비록 유익하지만, 그러한 움직임은 신앙의 전체적 삶을 설명하기에 충분하지 않다. 그것은 (충분히 납득할 만한 이유로) '부정적' 측면에 집중하지만, 종종 사회역사적인 종교의 도착을 능가하는 의미의 '긍정적' 과잉surplus은 무시한다. 극단적 세속주의는 최고 권력Suprema Potestas으로서의 신에게 배타적으로 집중하면서 이방인으로서의 신을 무시하는 경향이 있다. 이런 의미에서, 전투적 극단주의에 사로잡힌 세속적 무신론은 부정에 집착하게 된다. 우리는 '부정의 부정'이 종교적 환상을 탈신화화하는 데 필요한 위상을 지닌다는 것을 여러 국면에서 인정했지만, 그것만으로는 충분하지 않다. 세속적 배타주의는 성스러운 것을 충분히 정당하게 다루지 않는다. 그것은 인간-신의 관계의 깊고 미묘한 복잡성에 관여하지 않는다.

이 때문에 나는 거짓된 환영적 우상들을 벗겨내는 우상파괴의 최초의 순간을 예언의 순간인 재신론의 두 번째 순간으로 보완할 필요가 있다고 제안했다. 이 두 번째 순간은 상징들이 여전히 도래할 새로운 것들에 대해 말하는 것을 허용하는 순간이다. 그것은 출애굽기와 예언자 이사야에서부터 산상수훈, 또는 미라바이와 카비르의 황홀한 노래에 이르는 치유와 해방에 관한 이야기를 회복시킨다. 3장에서 보았던 것처럼 그러한 예언의 순간들은 또한 유럽대륙의 철학자인 레비나스, 본회퍼, 리쾨르에게서 강력하게 입증되는 것인데, 이는 혐의의 해석학을 넘어 긍정의 해석학으로 한 걸음 더 나아가는 것을 의미한다. 또는 아마도 우리는 재긍정reaffirmation의 해석학을 말해야 할 것이다. 왜냐하면 우리는 여기서 환영적illusory 신을 버리고 살아있는 신을 되찾는 것에 관심을 두고 있기 때문이다. 아무리 유익한 것이라도, '아니요'라고 말하는 것은 다시 한번 '예'라는 말로 답해져야 한다.

그런데, 나는 여전히, 재신론적 여정의 또 다른 순간을 보여주려고 노력해 왔다. 그것은 두 번째 신앙을 회복하기 위해 앞으로 나아갈 때 항의와 예언 둘 다로 지펴지는 세 번째 단계, 즉 고통과 행위가 있는 살아있는 세계 내에서의 성스러운 것의 회복이다. 이것은 내가 제안해 온 체화된 신성에 구체적으로 주목함으로써 약속의 예언을 보완하는 것이다. 그것은 기다림의 메시아성과 우리 앞에 서 있는 육화한 이방인과의 교섭을 결합한 것이다. 이것이 바로 내가 일상의 성찬례를 향한 재신론의 귀환이라고 부르는 것이다. 그것은 우리를 둘러싸고 있으며 (쥘리아 크리스테바가 상기시켜준 대로) 우리 내부에 있는 타자들 및 외인들과 빵을 나누는 일과 관련한다.[1] 왜냐하면, 만일 타자들이 우리에게 이방인이라면, 우리는 타자들과 우리 자신에게 똑같이 이방인이기 때문이다.

재신론의 성사적 순간은 우리가 성스러운 것과 세속적인 것 사이의 하이픈을 마침내 복원해내는 때이다. 이는 비판적 해석의 영역에서 일상적 실천과 변혁의 세계로, 텍스트에서 행위로 되돌아가는 순간이기도 하다. 이러한 말에서 살로의 이행은 목마른 이방인에게 시원한 물 한 잔을 주는 곳마다 매일 목격된다. 왜냐하면 이러한 상황에서 이방인으로서의 신을 믿는 일은 이론이나 이념의 문제가 아니라 말이 살이 되었다는 것을 증언하는 산 증인의 살아있는 증인의 문제이기 때문이다. 모든 경계, 길모퉁이, 또는 문턱마다 토착민이 외국인을 만나 우리 가운데 있는 메시아의 문을 여는 예는 수없이 많다. 이제 나는 세 가지 현대적인 성사적 행동을 고찰할 것이다.

도로시 데이

도로시 데이는 그리스도인으로서 신이 도심 빈민가의 노숙자들 가운데 거한다고 믿었다. 그녀는 매일 그들과 함께 일했다. 그녀는 그들에게 빵과 물, 피난처와 보살핌을 주었다. 그녀는 정치적이었지만 (부시 시절의 그리스도교 연합처럼) 정부를 조종하거나 (그리스도교-카이사르주의로 알려진 교회-국가 결탁에서처럼) 정부를 운영한다는 의미에서 정치적이지는 않았다. 데이의 정치는 고통과 행위의 몸의 정치였다. 그것은 세속적인 세계에서의 사랑과 정의의 일상적인 행동에 관련되어 있었고, 비참함을 돌봄으로, 적대를 환대로 변모시켜냈다. 이 점에서 그녀는 라틴아메리카의 유명한 해방신학자들이 진척시킨 해방의 정치와 닮은 데가 있는데, 그녀의 정치는 국가권력이나 정당 이데올로기에 관한 것이 아니라 여기 그리고 지금의 성사적 삶에 관한 것이다. 그녀의 뉴욕 친구들은 반전 운동가 베리건 형제 신부들, 시민권 운동가들, 그리고 할렘의 집 없는 이들이었다. 『기나긴 외로움』[2]과 다른 글에서 우리는 한 여성 그리스도인이 자본주의의 무한한 탐욕으로 촉진된 죽음의 원리로 본 것에 대항하여 가난한 사람들의 삶에서 해방이 실현되는 데 헌신하는 것을 목격한다.

도로시 데이는 세상을 사랑했고 세상을 개선시키기로 결심했다. 그녀는 어린 나이에 국제노동자연맹과 반-징병제연맹에 가입함으로써 보수적인 가족의 분노를 샀다. 그녀는 참정권 신장론자, 성매매 여성, 그리고 평화주의자들과 함께 수감되었다. 데이는 정의를 위해 끊임없이 항의하고 단식 투쟁을 벌였다. 데이는 핵무기와 매카시즘에 반대하여 단식으로 맞서고 피켓을 들어 격렬하게 반대했다. 그녀는 또한 소설 한 편과 두 권의 자서전을 썼다. 마을의 문학적 삶을 사랑했으며 그녀의 친구이자 극작가인 유진 오닐의 바다의 신비주의에 찬사를 보냈다. 그녀는 뉴욕에 몇 명의 연인을 두었고 그들의 몸에 대해 사랑스러운 글을 썼다. 그녀는 딸인 타마르를 낳은 한때의 동반자 포스터 배터햄을 이렇게 묘사했다. “그는 늦도록 앉아 방파제에서 낚시를 하다가 들어왔다. 그의 몸에서 해초 냄새와 갯내가 났다. … 나는 그의 스웨터 주머니에서 잡동사니를 끄집어낼 때도 그가 낚시하며 묻혀 들어온 모래와 조개껍데기를 치울 때도 사랑했다. 바다 냄새를 풍기며 이불 속으로 들어오는 그의 차고 야윈 몸을 나는 사랑했다. 그의 고결함과 굽힘 없는 자존심을 나는 사랑했다.”[3]

도로시 데이는 복음서의 성스러운 메시지를 구체화했다. 그녀는 이차 바티칸 공의회 이전의 가톨릭교회의 관료 집단과는 노선을 달리하여, 한 노동자 잡지 — 『가톨릭 일꾼』*Catholic Worker* — 를 통하여 그리스도교의 지적, 정치적 갱신을 해내고 전국에 수십 채의 '환대의 집'을 건립하는 데 삶의 대부분을 바쳤다.(이 신문과 거주공간 모두 여전히 존재한다). 데이는 가난한 사람들에게 '의무'를 행하는 데 있어 시혜적 용어인 자선이라는 용어 대신에 환대라는 용어를 사용하는 논점을 만들었다. 그리고 샌프란시스코 지진, 대공황, 수감, 두 세계대전의 사상자, 인종 차별주의 억압, 극심한 도시 빈곤, 그리고 조금 더 개인적인 차원에서 낙태의 고통을 그녀는 직접적으로 알고 있었다. 그녀가 할렘과 리틀 이탈리아[4]에 그녀의 첫 번째 '환대의 집'을 세우기 위해 애쓰면서 그녀의 선구적인 노동자 신문이 데이의 식탁 위에 처음으로 모습을 드러냈다. 데이는 이러한 급진적인 활동을 공감의 매개체로 보았고 자신의 항의 캠페인을 "사랑을 통한 분노"로 보았다. 몇 년 만에 열두 곳이 넘는 미국의 도시들에서 노숙자들을 대피시키고 음식을 제공하는 역할을 담당하는 집이 지어졌다.

데이는 항상 교회에서의 그녀의 역할을 "손님"으로 보았고, 결국 세속적인 세계에서 다른 "손님들"을 수용할 수 있는 성스러운 공간을 제공하기를 원했다. 그러나 그녀는 순진하지 않았다. 그녀는 가까이 있는 술주정뱅이, 중독자, 도둑, 변태들이 집에 들어오도록 문을 열어두는 것이 얼마나 위험한지 잘 알고 있었다. 그녀가 말했듯이, 손님이 예수인지 약탈자인 재키인지 어떻게 알 수 있을까? 그녀는 이론상 죄를 미워하고 죄인을 사랑하지만 실제적으로는 또 그것이 매우 다른 일이라는 것을 전부 잘 알고 있었다. 그러나 그녀는 항상 그렇게 하려고 애썼다. 게리 윌스의 표현대로, "이 여성은 가난한 사람들을 유인물이 아닌 그들에게 그녀 자신의 삶을 그들에게 내어주는 방식으로 그들을 먹여 살렸다. … 그녀는 그녀가 부탁하고 사랑을 준 방식에 있어서 누구보다도 급진적이었다."[5]

데이의 좌우명은 성찬례적이었고 단순했다. "우리가 서로 사랑하지 않으면서 신을 사랑할 수 없으며, 사랑하려면 서로 알아야 한다. 우리는 빵을 떼어 주는 행위 가운데 신을 알기에, 더는 혼자가 아니다. 천국은, 심지어 그 겉껍질까지도, 교제로 가득한 잔치이다."[6] 여기서 데이는 요한의 복음서 6장 51절의 성육신의 말을 급진적으로 되울린다. "내가 줄 빵은 세상의 생명을 위한 나의 살이다." 살은 배고픔과 갈증을 겪는 사람들을 위한 육체의 보살핌과 영양섭취를 위한 선물로 이해되고 있다. 그녀는 또한 엠마오 도상의 이방인처럼 빵을 떼면서 신이 알려지게 되는 재신론의 성사적 내기를 되풀이한다. 그리고 이러한 성스러운 몸과 물질적 자양분 간에 일어나는 상호 변형transfiguration은 그 자체로 주인(우리에게 빵을 주는 이)이자 손님(우리로부터 빵을 받는 이방인)이 되는 신의 상호 변형으로 인해 수반되는 것이다. 『간추린 옥스퍼드 영어 사전』의 host(호스트)라는 단어는 환대하는 자(우리의 통상적 의미의 주인이나 접대자의 의미)와 환대받는 자를 모두 의미한다고 말하고 있다. "Host : 손님이 되는 것 또는 손님을 맞이하는 것."[7] 간단히 말해서, host는 손님을 의미할 수 있고, 그 반대도 의미할 수 있다. 그리고 성찬례 용어 host(hostia) 자체는 다음과 같은 이중의 의미를 지닌다. 인간과 신의 교류가 주는 자와 받는 자로서의 역할을 하는 그리스도의 몸으로 축성된 빵.

이 이중의 성찬례적 에피파니는, 데이의 성사적 에토스의 핵심으로, 캘커타의 데레사가 다음과 같이 말한 것이 반향되어 있다. "우리 삶의 각각에서 예수는 우리에게 먹히고 소화될 생명의 빵으로 오십니다.

그러면 예수는 배고픈 사람, 다른 사람으로서 우리 삶의 빵을 먹기를 바라시며 우리 인간의 삶 속에 들어오십니다."[8] 이 모티브는 말과 살의 되울림과 가역적 어구로 끝나는 유명한 부활절 찬가 『입을 열어 노래하세』에서 다음과 같이 아름답게 포착된다. "살이 되신 말씀께서, 빵을 당신의 성체로 내어주시고."Verbum caro, panem verum verbo carnem efficit. 도로시 데이에게 이 말과 살의 가역성은, 메를로-퐁티에게서처럼, 우리를 주인이자 손님으로 만드는 "미묘한 매듭"이다. 그것은 고교회 전례에만 국한된 것이 아니라 전 세계에서 일상의 감각과 세상에서의 섬김의 순간으로까지 확장된다. 데이는 그리스도가 "섬김을 받으려고 한 것이 아니라 섬기려고"(마태오의 복음서 20 : 28) 왔다는 구절을 마음에 새긴다.

물론 이것은 새로운 것이 아니다. 이미 프란치스코와 클라라 같은 혁명적인 성도들과 신적인 것이 우리에게 현시되는 실체로서의 물질에 찬사를 보낸 다마스쿠스의 요한 같은 교부들이 살과 자연에 거주하는 신적 이방인에게 찬사를 보낸 바 있다. 그는 이렇게 적고 있다. "나를 위하여 물질이 되셨고, 물질을 통하여 나의 구원을 이루셨던 분을 경배한다." 또한 이렇게 말한다. "내게 구원을 가져다주신 그 물질을 공경하기를 나는 결코 그치지 않을 것이다."[9] 데이의 성사적 윤리는 또한 성찬례에서 "실체적으로" 또는 "본질적으로" 신적인 것이 현전할 수 있다고 주장한 2차 니케아공의회(787년)의 급진적인 발전으로 볼 수도 있다. 그리스도는 "물질적으로 의미하는 것을 현전하게 만드는 상징으로 육화될 수 있다. 즉, 물, 빵, 그리고 포도주 같은 물질에서는 말의 물질성과 기호로서의 물질성이 결합되는데, "그 안에서 기의와 기표과 일치한다고 가정된다."[10]

여기에 물론 데이는 (주인으로서) 삶/생명의 빵bread of life을 주거나 (손님으로서) 그것을 받는 인간의 성찬례적 이콘을 덧붙인다. 그녀에게 있어서 인간의 환대는 성찬례적이고 이콘적인 경배와 마찬가지로 "신에게 바치되 신이 우리 가운데로 내려오는" 과정이다. 환대는 자연과 은총의 만남과 시간과 영원의 만남을 증언한다. 그리고 이것은 다시 필립비인들에게 보낸 편지 2:5~11의 렌즈를 통해 읽힐 수 있다. "신의 형상으로 있었지만, 신과 동등한 존재가 되려 하지 않고 오히려 자신을 비워, 종의 형상을 취하고, 인간과 같은 모양으로en homoiomati anthropou로 태어난" 자로서의 그리스도의 육화를 송축하는 결정적인 자기비움의 텍스트이다. 여기서 우리는 창세기 1:26의 술어를 참조하게 되는데, 그것은 "신을 닮음homoiosis"으로 만들어진 최초의 사람에 관해 말하고 있다. 그것이 시사하는 바는 신이 "완전히 살아 있는 사람"을 반영한다는 것이다.

다시 말해서, 자기비움을 통해, 신은 인간 위에 서서 전능한 가부장적 원인으로 존재하기를 단념하고, 인간 존재들 중 가장 작은 자에 대한 사랑으로 자신을 비워내는 인자Son of Man로 자신을 비워낸 사랑의 선물의 형태를 취한다. 마치 주인Master으로서의 신이 종servant으로서의 신을 탄생시키기 위해 자신을 떠나야만 하는 것처럼 말이다. 또한 그 종도 인간이 그의 "형상과 닮음"image and likeness 가운데 다시 태어나도록 떠나야만 한다. 이런 식으로, 도로시 데이의 가난한 자들과 함께 삶을 살아가는 성찬례적 실천은 요한의 복음서 14장에 나오는 케노시스적 내주kenotic indwelling를 대담하게 재연한 것이다. "나는 아버지 안에 있고 아버지는 내 안에 있다. 내 안에 사는 아버지는 아버지의 일을 하는 것이다. 누구든지 나를 믿는 사람은 내가 하는 일을 할 것이며 이보다 더 큰 일도 할 것이다." 여기서 데이가 강건하게 증언하는 메시지는 아들이 지상에서 아버지를 모시고 있는 것과 마찬가지로 우리도 "이들 중 가장 작은 자"를 향한 모든 돌봄의 사역에 아들을 초대할 수 있다는 것이다. 성부와 성자에서 인간으로 자기를 비워 내려온 것은 인간들이 성찬례적 환대를 통해 번영하고 상승할 수 있게 해줄 귀환의 여정으로 우리를 초대한다.

더 정치적인 용어로 표현된, 데이의 성사적 실천은 프레드 달마이어가 성스러운 비주권성이라고 부른 것을 증언했다. 그것은 권력 정치와의 경쟁이 아니라 근본적인 변형에 바탕을 둔 살의 정치와 관련한다. 데이는 그리스도로부터 치유하는 종의 영감을 받았다. 그리고 그녀는 거룩한 이방인에 대한 사역을 "(세속적인 초강대국을 세워서) 세계를 정복하고, (천년왕국주의의 노선을 따라) 이 세계를 파괴하거나 절멸시키는 것이 아닌", 오히려 은총을 통해 세상을 변모시키는 것을 지향하는 것으로 보았다. 그런 사역은 "반정치도 아니고 초정치도 아니며 오히려 다른 방식의 정치와 연루된다"고 하면서 달마이어는 이를 "성스러운 정치나 구원적인redemptive 비주권의 정치"라고 부른다.[11] 주인-손님으로서의 그리스도, 그리고 도로시 데이에 이르는 여러 세기에 걸친 그리스도의 추종자들이 지켜온 이 '다른' 정치는 신앙이 전적으로 주관적인 문제라는 일반적인 현대 관점에 의문을 제기한다. "사회에서의 삶에 영향을 미치지 않는 한에서 당신이 좋아하는 것을 믿으라"는 식의 관점 말이다. 데이에게, 신앙은 특이한 것 그 이상의 것이다. 또 그것은 영혼의 프라이버시 속으로 들어가는 개인적 여정 그 이상의 것이다. 신앙은 예언자들과 예수가, 공적 사역을 수행한 것과 같은 것을 수반한다. "나는 세상 사람들에게 공개적으로 말해 왔다. … 내가 숨어서 말한 것이라고는 하나도 없다"(요한의 복음서 18:20). 사실, 데이는 예수의 가장 논쟁적인 공적 발언 중 하나가 타자들에 대한 비주권적 섬김의 메시지를 제자들에게 가르친 것이었음을 잘 알고 있었다.

그래서 그의 제자들 가운데 두 사람이 주님의 오른편에 앉을 것이라는 확신을 갖고자 했을 때, 그는 전혀 다른 사회적 실존의 모형인 성사적 섬김으로 그들에게 응답했다. "너희도 알다시피 이방인들의 통치자로 자처하는 사람들은 백성을 강제로 지배하고 또 높은 사람들은 백성을 권력으로 내리누른다. 그러나 너희는 그래서는 안 된다. … 너희 사이에서 누구든지 높은 사람이 되고자 하는 사람은 남을 섬기는 사람이 되어야 하고 으뜸이 되고자 하는 사람은 모든 사람의 종이 되어야 한다"(마르코의 복음서 10 : 37~44).

도로시 데이도, 달마이어가 이해했던 것처럼, 그리스도교의 한 가지 가장 큰 비극은 그리스도의 비주권성에 대한 가르침이 대부분 무시되는 것이라고 보았다. 오늘날에도 교회 주권에 대한 중독은 줄어들지 않고 있다. 사실, 절대적인 "신의 주권"에 민주주의가 도전한다는 것이 종교적 "근본주의자"가 민주주의에 대해 가지는 공통적인 불만이라는 점은 매우 아이러니한 일이다.[12] 데이는 정치적 죄인들의 지배를 받는 타락한 세계에 주인으로서의 신이 거하는 초자연적인 영역이 대립하고 있다는 이원론을 거부했다. 그녀는 "순수한" 사후 세계가 만연할 마지막 아마겟돈에서 "이" 악한 세계의 필연적인 파괴를 설파하는 마니교적 극단에 개탄을 금치 못했다. 이 묵시론적 시나리오는 9·11 테러 이후의 (부시 대통령과 빈 라덴이 "신적인" 지지를 받았다고 주장하는) 레토릭이 보여주듯이 우리의 지정학적 지형에서 사라지지 않고 있다. 이와는 대조적으로, 데이가 행하는 성사적 정치에는 성스러운 것과 세속적인 것을 다시 접촉하게 하는 구체적인 섬김의 행위가 수반되어 초월을 몸과 피로 바꾸어 놓았다.

그러나 나는 성사적 정치와 종교적 정치를 구별하는 것이 중요하다고 생각한다. 그리고 여기서 우리는 16세기 이후 어떤 종교도 정치

영역에 종교 그 자체로 부과되는 권리를 갖지 못한다는 『세속의 시대』에서의 찰스 테일러의 주장을 유용하게 환기할 수 있다. 세속성의 가장 긍정적인 이점 중 하나는 더 이상 정치적 신정정치에 호소하지 못하게 하는 것이다. 황제들 및 국가들과 신학을 융합시킨 그리스도교 왕국은 사라졌다. 그리고 (테일러가 세속주의 1이라고 부르는) 이러한 교회와 국가의 건전한 분리는 영예로운 것으로 여겨져야 한다. 그러나 이 세속적인 공간은 다른 해석을 열어놓기 때문에 추가적인 차별화가 요구된다. 우리는 한편으로 순수한 인간의 질서를 넘어서 의미 또는 초월을 부정하는 (테일러가 세속주의 2라고 부르는) "배타적 인본주의"를 가지고 있다. 반면에 우리는 서로 다른 견해와 신념, 종교적인 것과 다른 것의 공존을 육성하는 관용적 다원주의(테일러는 세속주의 3이라고 부른 것)를 가지고 있다.[13] 도로시 데이의 성사적 정치는 첫 번째 세속주의를 전제하고, 두 번째 세속주의를 거부하고, 세 번째 세속주의를 포용한다. 그러나 내 관점에서 가장 중요한 것은, 성사적 정치가 신-자본주의 시뮬레이션이라는 우리 세계에서의 탈-육화의 증가 경향에 대항하여, 동료 인간들의 신체적 안녕을 촉진하는, 존재하는 이들 중 가장 작은 자들로의 신적 육화라는 메시지를 증언한다는 점이다.[14] 성사적 행위에 대한 데이의 헌신은 우리 시대의 유물론이 물질의 영광을 무시한다는 것을 강력하게 상기시켜 주었다.

장 바니에[15]

성사적 행위에 관한 나의 두 번째 예는 장 바니에다. 젊은 시절 2차 세계대전의 여파를 경험한 캐나다의 철학자 바니에는 차후 세상의 상처 입은 자로 불리는 버려진 사람들에게 자신의 일생을 바치기 위해 대학에서의 삶을 포기했다. 파리 북쪽에 있는 작은 마을 트로슬리-브뢰이으에 거처를 마련한 바니에는 일군의 장애인들을 초대해 그 거처에 합류케 했다. 그는 소외당하고 거부당한 이들을 위해 그 거처를 라르슈L'Arche라고 불렀다. 라르슈는 보통 두려움과 의심의 태도로 대해지거나 정신병원에 갇혀 있는 사람들을 수용했다. 소위 정상인과 비정상인들이 함께 삶을 공유하는 집단으로 시작하여, 라르슈는 전 세계로 퍼져나갔다. 2008년에는 6개 대륙 33개국에 130개 이상의 공동체가 퍼져 있었다.

바니에는 "안전한 사회"의 문을 "소외된 이"에게 열면서, 우리가 다른 사람들뿐만 아니라 우리 자신의 상처를 받아들임으로써 성장하는 법을 배운다고 믿는다. 불확실성에 우리 자신을 노출하면서, 우리는 우리가 가르치기로 한 이방인들로부터 교훈을 얻는다. 우리 가운데 있는 성스러운 이방인을 환영하는 이 과정에서 주권적 권력과 원자적 자아의 지배 패러다임은 성사적 주인과 손님이라는 역패러다임counterparadigm으로 전도된다. 따라서 우리는 바니에가 말하는 위계적 피라미드의 시각에서 공유된 몸shared *body*의 시각으로 이행한다. 그는 "약자와 가난한 이와 함께하는 공동체 속에서 우리의 삶을 공유하는 것"에 관해 말한다. "우리 자신의 한계와 고통, 망가짐과 접촉한다. 우리는 우리 역시 힘에 대한 욕구와 우리의 가치가 힘 — 종종 다른 사람들을 억누르는 경향을 띠는 힘 — 을 가지는 데 있다는 느낌에서 비롯하는 핸디캡을 가지고 있음을 깨닫는다." 따라서 우리는 사회의 두 가지 비전에 직면하게 되는데, 그것은 "정상을 향해 가기 위해서는 점점 더 많은 힘을 가져야 하는 피라미드의 비전", 아니면 모든 사람이 자기 자리를 가지는 한 몸a body의 비전이다.[16] 그것은 종종 몰락, 상실, 그리고 무의 순간을 통해 우리가 신 이후의 신으로 귀환하는 것을 발견한다.

지배의 가식에서 벗어나, 소외된 손님과 마주치면서, 우리는 마침내 타자를 돌보는 삶으로 자유케 된다. 왜냐하면 우리가 알고 있는 삶이 그 의미를 상실할 때 우리가 공포와 불안을 극복하면서 낯섦을 친구삼아 삶의 새로운 깊이를 재발견하기 전까지는 소원해짐을 느낄 때가 많기 때문이다. 이에 익숙한 실존을 놓아줄 때, 우리는 "우리 자신의 소명을" 발견하게 되는데, "그것은 우리의 삶을 내어주고 사람들이 자신이 누구인지를 발견할 수 있도록 돕는 것이다. 그렇게 사람들은 차례로 자신의 삶을 타자들에게 내어주게 된다."[17]

그러므로 이방인의 등장은 우리를 주권에서 섬김으로, 힘에의 의지에서 삶의 끝없는 재탄생의 경이로움으로, 즉 언어와 행위에서의 필멸성보다 더 무한한 탄생성의 과잉으로 변하게 한다. 라르슈에서 (전통적으로는 정신병원에 감금된) 소외된 이들을 환영한 것은 우리의 방어 기제를 포기하고 육화한 타인들의 얼굴 앞에서 자신을 육화하도록 도전한다. 그리고 어떤 위장도 속임수도 없는 체화된 타자라는 살아있는 존재가 – 얼굴 대 얼굴로 – 요구하는 이 성사적 환대는 함께 모임의 사태를 만들어낸다. "여기서는 약자들이 매우 중요한 타고난 자질gift을 가지고 있다. 왜냐하면 우리 모두를 점진적인 몸의 탄생으로 불러 모으는 이들이 바로 약자들이기 때문이다." 바니에가 말하길, 그들과 함께 "우리는 장벽을 낮추고 힘에 대한 요구에 등을 돌릴 수 있다. 우리는 약한 자와 강한 자가 함께 춤출 수 있는 삶을 발견하게 된다."[18]

나는 캘커타의 데레사도 그녀가 고통에 직면했을 때 반발에서 환영으로 이행한 것에 관해 말할 때 비슷한 것을 염두에 둔다고 추정한다. 그녀는 이렇게 주장한다. 우리가 고통스러워하거나 죽어가는 사람을 만날 때, "당신의 첫 반응은 종종 거부반응 가운데 하나에 속합니다. 그러나 그 사람에게 가까이 다가가 고통 가운데 있는 그 사람의 몸을 돌보아 주면 공감하는 마음을 일으키는 것이고, 그 관계에서 조금만 더 나아가면 경이로움에 빠지게 되는 것입니다."[19] 바니에는, 데레사처럼, 존재의 낯섦 앞에 불안과 함께 살기를 권한다. 그 낯섦을 부정하거나 이득을 취하는 것이 아니라 새로운 삶의 돌파구로서의 깨어짐에 응답하는 방식으로 그렇게 살기를 권한다. 이 순간은 바니에가 말하는 "무한과 현전에 대한 울부짖음"이다. 그리고 이 울부짖음이 육체의 현전에 대한 성사로서의 육화의 가장 핵심에 있다는 것이 그의 담대한 믿음이다. "우리는 살이 된 신을 발견하고 알고 싶어 한다. 자신의 능력을 나타내기 위해 온 것이 아니라, 오히려 사랑과 유대와 온화함을 나타내기 위해 온 신 말이다."[20] (어쩌면 이는 제임스 조이스의 "거리에서의 울부짖음"과도 관련있지 않을까?)

여기서 다시 한번 말하지만, 우리는 환대와 적대 사이의 재신론적 선택에 직면한다. 우리가 인간성의 한 부분으로 목격하는 내기는 더 많이 지배하기 위해 각고의 노력을 기울이는 것이다. 하지만 그에 반해 비주권적 이방인에 대한 성사적 돌봄이라는 선택을 하는 이들도 있다. 이것은 어떤 변증법적인 운명의 일부가 아니라 각각의 운명에 관한 결정이다. 우리 가운데 소외된 이를 긍정할 것인가 아니면 부정할 것인가, 초대받지 않은 손님에게 문을 열 것인가 아니면 닫을 것인가 사이의 결정. 그리고 역사의 드넓은 단계에서만이 아니라 우리 각자 내부에서도 재신론적 내기는 이루어진다.

바니에와 데레사의 이러한 동시대의 실례를 통해, 나는 첫 장에서 언급된, 이방인을 돌보는 성서의 이야기로 돌아가는 환대의 오랜 전통이 있다고 믿는다. 이 전통은 바로 유럽을 통과하는 유명한 순례길의 동료 환대자들frères hospitaliers로 이어지는데, 이들은 다른 지역에서 산티아고 데 콤 포스텔라, 로마, 예루살렘과 같은 성지로 가는 길에 병들고 상처입은 이주자들을 돌본 숙박업자들hostelers이다. 이 전통은 차례로 호스텔[쉼터]hostels, 호텔hotels, 호스피스hospices 등의 후속 개념으로 이어졌고, 주인인 호스트들은 요양이나 치유가 필요한 여행객들을 맞이했다. 실제로 파리의 유명한 병원인 '발 드 그라스 병원'이 어떻게 생겨났는지를 알려주는 이야기가 있다. 1789년 혁명수비대가 파괴하겠다고 위협한 파리의 여러 수녀원 중 한 곳의 수녀들은 문을 열고 원래 그들을 처형하러 온 부상당한 '적대자'들을 돌보기로 결정했다. 적군은 일거에 손님이 되고, 포위된 자는 현직 호스트가 되었다. 봉쇄된 수도원은 부상병들을 위해 개방된 공공병원으로 탈바꿈되었다. 발 드 그라스는 외인에 대한 은혜로운 개방을 나타낸다. 기근, 대량학살, 재난 희생자들을 위한 다양한 자원병원은 말할 것도 없고, 세실리 썬더스나 테레즈 바니에 같은 사람들이 개척한 우리 시대에 죽어가는 사람들을 위한 호스피스 운동은 이방인에 대한 환대와 유사한 정신에 영감을 받았다고 나는 생각한다. 그들은 공포를 돌봄으로 변모시키는 훌륭한 본보기다.

간디

내가 제안하는 마지막 인물은 마하트마 간디다. 여기서도 우리는 고통과 행동을 통해 항의와 예언에서 성사적 증인의 삶으로 이행하는 운동을 목도한다. 우리는 내가 성사적이라고 불렀던 '다른' 종류의 사회 정치적 참여의 설득력 있는 예를 예를 간디에게서 발견하게 되는데, 그것은 내가 재신론적 귀환의 핵심에 위치시킨 것이다. 아브라함 전통 밖에 있는 이를 선택한 것은 적지 않은 의미를 가진다.

간디 자신은 유럽과 아프리카에서 여러 해 동안 망명 생활을 한

후 인도에서 정치적 행동의 삶으로 돌아왔다. 사실 그는 자신의 민중his people을 위해 봉사하고 투쟁하는 삶에 마침내 전념하기 전에 이중의 소외를 횡단했다고 말할 수 있을 것이다. 첫째, 간디가 망명 학자의 신분으로 서구의 제국 정치의 통치 방식에 마주하게 된 경험은 그가 세속 사회의 이성적 원리 — 이는 그에게 근대적 정치 방식을 가르쳐줌과 동시에 어떤 환멸감을 동시에 불러일으켰다 — 라고 부른 것에 그를 여과 없이 노출시켰다. 그러나 힌두교에서 필수 불가결한 자신의 영적 여정에서 간디는 두 번째로, 아주 다른 소외를 경험하게 된다. 즉, 그것은 그가 베단타의 금욕인 단념과 사리捨離, brahmacharya를 견디는 와중에 일어난 자기의 자아로부터 소외였다. 외적이든 내적이든 익숙하지 않은 이 이중적 노출은 간디가 카르마 요가를 "자기-초월 내지는 자신에 대한 집착에서 벗어나는 실천"으로 받아들이게 해주었다. 그것은 그에게 해방[해탈]의 통로가 되는 것이었다.

신에 대한 신인동형론 관념에서 멀어지면서, 내면의 어둠의 마음의 굴guha로 물러났을 때, 간디는 결국 행위의 세계로 돌아왔다. 따라서 그는 개인적, 정치적 자유에 대한 그의 비전이 "철학적이고 종교적인 가정"에 근거하고 있다고 선언했는데, 이는 각 개인이 "신 안에 존속되고" 해탈moksha의 도상에서 성스러운 나그네로 대해져야 한다는 것이었다. 이 도상은 영혼 내부에서Atman 신적 이방인을 발견하기 위하여 익숙한 자아를 벗어나는 자기-실현self-realization의 길이다. 고통받으면서 행동했던 인간들은 실로 "자기 자신의 운명을 스스로 만드는 자" — 이는 그가 현대 민주주의 정치로부터 배운 것이다 — 였다. 그러나 간디는 이것이 "모든 존재자의 성스러운 관계성"과 상충하는 자기중심적 개인주의나 민족주의로 이어질 필요가 없다고 믿었다.[21]

간디는 세속성과 성스러움 사이의 미묘한 균형을 추구했다. 그는 자신이 서구 문명에서 환원적 유물론으로 본 것에 대해서는 비판적이었다(그는 이것은 단지 "이름뿐인"에 불과하다고 선언했다). 인도에 관한 한, 그는 그 대신 해방된 자치自治, swaraj [22]의 새로운 형태로서 성스러운 것과 세속적인 것의 결합을 주장하였다. 그의 선언문 「힌두 스와라지」에서 간디는 서구 세속주의에 대한 묘사를 통해 자신이 상당히 우상파괴주의적인 인물임을 증명했다. 그는 "이 문명은 도덕niti도 종교dharma도 주목하지 않는다"고 썼다. "그 신봉자들은 그들의 일이 종교를 가르치는 것이 아니라고 차분히 진술하고 있다. 어떤 사람들은 심지어 그것을 미신적인 성장이라고 생각한다. … 문명은 신체적인 편안함을 증가시키려고 노력한다. 그리고 그렇게 하는 것조차도 비참하게 실패한다. 이 문명은 비종교적adharma이며, 그것은 그 문명 속에 있는 사람들이 반쯤 미친 것처럼 보일 정도로 유럽 사람을 사로잡았다."[23] 간디는 작품 후반에 이 주제로 돌아와 다음과 같은 말을 솔직하게 덧붙였다. "나는 영국이나 미국을 자유 국가로 생각하지 않는다. 그들은 그들의 시인과 선생님들이 묘사한 그 자유에 〔무지하다〕."[24] 간디는 여기서, 간디 자신이 그랬던 것처럼, 개인의 자유에 대한 감각과 공적 행위에 대한 치열한 헌신을 결합하기를 추구했던 소로Thoreau와 같은 작가들을 생각하고 있었다. 서구에서의 따돌림을 느끼면서, 간디는 인도로 돌아와 동양에서 따돌림당한 이들, 즉 하층 카스트의 불가촉천민을 포용하려고 했다.

간디는 중간 길을 그려냈다. 전통적인 인도 문화가 세속적인 것을 희생하여 너무 성스러운 것이 되었다면 현대 서구 사회는 성스러운 것을 희생하여 너무 세속적인 것이 되었다. 간디의 목적은 세속성과 성스러움 사이의 하이픈을 다시 도입할 중간 경로를 찾는 것이었다. 간디는 그렇게 해야만 자신이 직접 체험한 서구의 근대 유물론과 동양에서의 퇴행적 정신주의의 양 극단을 없앨 수 있다고 보았다. 간디에게 참된 문명이랑 자신의 공적 행동에 성사적 신애bhakti [25]의 감각을 부여하는 (다르마dharma [26]의 중심이 되는) 영적, 도덕적 올바름의 감각을 전제로 삼는 문명이다. 이것은 간디가 바가바드 기타로부터 견지한 카르마 요가의 핵심 가르침이었다. 참된 종교는 자유주의적 근대성이 시사하는 바와 같이 내면성의 어떤 사적 영역에만 국한될 수 없다고 그는 주장했다. 스와라지는 내면세계의 자치와 외부세계의 자치를 모두 요구했는데, 이는 각각 초월적 관조와 세상에서의 공적 행위를 의미한다.[27] 간디가 "종교는 정치와 무관하다고 말하는 사람들은 종교가 무엇을 의미하는지 모른다"고 말한 것은 이런 뜻이었다.[28] 종교는 그가 이해한 대로 세상과 단절된 사적 신앙의 문제가 아니라 신의 이름으로 인간을 지배하는 신정정치이기 때문이다.

종교에 관한 한, 간디는 대담하게도 상호종교적interreligious이었다. 그는 각 종교의 지혜 전통이 타인에 대한 섬김의 삶을 가리키고 있다고 주장했다. 그는 모든 영적인 길을 "다른 길이 같은 지점에 모여드는 것"이라고 보았다.[29] 그리고, 이것을 염두에 두면, 그가 힌두교도면서 또한 "무슬림, 그리스도인, 유대교 신자, 시크교도"라고 선언하는 데는 아무런 어려움이 없었다. 인도의 여러 종교에 대한 그의 헌신이 그의 "자유롭게 개방된 힌두교"open source Hindusism에 의해 관대하게 수용된 것을 볼 때 이것은 그리 놀랄 만한 일이 아니다.[30] 그가 옹호한 섬김의 삶은 근본적으로 '희생'의 삶이었는데, 속죄를 위해 피를 뽑아낸다는 의미가 아닌, 성스러운 의무라는 점에서, 다시 말해 행위의 생활세계로의 성사적 참여의 의미로 이해되는 것이었다. 여기서 희생은 성스러운 것을 만들기sacer-facere, 곧 성스러우면서도 특별한 것으로 일상적 삶을 성별해내는 것을 의미했다. 이는 생산과 소비라는 전형적인 경제를 넘어서는 것으로서, 이익, 효용, 그리고 교환의 논리 그 이상의 것으로서의 선물의 사태를 인정한다는 의미였다.[31] 간단히 말해서, 간디에게 카르마 요가의 영적인 길은 일상에서의 성화의 길이었다. 일상에서의 성화의 길은 희생제의yajna의 행위, 즉 성스러운 의무로서의 행위의 수행과 동등한 것이었다. 그리고 이러한 관점에서 간디는 자신의 "성스러운 의무가 타자의 유익, 즉 섬김에 자신을 쏟는 데 있다"고 주장했다.[32]

간디가 자신의 이력에서 핵심 목표로 삼은 것은 영적인 것과 사회적인 것을 나누는 이분법과 싸우는 것이었다. 그에게 핵심적인 스와라지 개념은 (1) (각자 자신을 위해 스스로가 경험하게 되는) 자기-절제의 개인적 실천[33]과 (2) 정치적 해방에 대한 공적 헌신("인종, 색, 또는 신조의 구별 없이 … 진리와 비폭력을 통한 완전한 독립")을 수반했다.[34] 따라서 스와라지는 "이 세상에서 실현되어야"만 하는 "초월적 의미에서의 자기-실현의 자유"로 이해되었다.[35] 내적 해방[해탈]과 외적 해방에 대한 이러한 이중적이고 동시적인 충실성과 무관하게, 인도의 독립운동은 편협한 민족주의로 몰락할 위험에 처해 있었고, 그렇지 않으면 영혼의 삶이 인권과 정의로부터 분리시켰던 카스트 제도와 같은 원시적인 체제로 다시 추락할 위협에 처해 있었다. 이에 간디는 영적 자유를 향한 여정과 사회 변혁을 향한 여정 사이에서의 "상호적인 힘들의 자유로운 운용"을 변호했다. 그는 "인간은 고립된 채 살기 위해 태어난 것이 아니라 본질상 독립적이고 상호의존적인 사회적 동물"이며, "그 누구도 다른 이의 등에 올라타서는 안 된다"라고 선언했다.[36] 따라서 간디의 성스러운 행위의 정치는 인간적인 것dehin과 신적인 것atman의 성사적 결합으로 인식되었다. 바이슈나바 바크타Vaishnava bhakta[의] 신실한 추종자가 착안한 사랑의 헌신으로서의 신애

bhakti의 길이었다. 그리고 간디는 이 방법에 위대한 지혜의 전통 중 거룩한 자들이 모범을 보이는 특별한 종류의 영혼의 힘이나 사랑의 힘satyagraha 37이 포함되어 있다고 믿었다. 기타에서의 크리슈타에 못지않은 이가 산상수훈의 그리스도이다. 간디는 이런 가르침을 기반으로 삼아 전쟁에 비폭력으로 맞서는 급진적 선택을 시행했다. 또한 거듭 말하지만, 그것은 기정사실이 아니라 오뒷세이로, 이념이라기보다는 순례, 교의라기보다는 모험으로 항상 파악된다.

카스트, 피부색, 또는 신조를 가로질러 나가는 이방인에 대한 섬김은 일상적 삶의 성사적 변형을 요구한다. 그것은 옛 힌두교의 명언인 아디티 데보 바바aditi devo bhavah('손님은 신이다')에서 비롯되는 실천적 삶을 의미했다. 스와라지는 추상적인 이념이나 유토피아가 아니라 지상에서, 거리에서, 지역 마을이나 마을 회관에서부터 시작되었고, 이후에라야 사람들의 증언과 결사체에 따라 일련의 "대양의 원"oceanic circles의 연쇄로 [동심원을 그리며] 더 큰 공동체로 확장되어 갔다. 이것이 바로 간디가 고대 힌두교의 카르마 요가의 가르침을 해석한 방법이다. 그리스도교의 사랑charity과 세속적 정의에 대한 서구적 관념과 다르마와 스와라지의 토착적 관념을 결합한 간디는 문화적으로나 역사적으로나 대립하는 이 두 철학이 서로 횡단하는 것을 허용했다. 그리고, 이러한 문화 간 환대를 통해, 간디는 전통적인 이방인들이 자유를 향한 공동의 길에서, ─ 재신론적으로 ─ 협력자들이 될 수 있다는 것에 내기를 걸었다.

간디는 자유가 그 성스러운 차원과 세속적 차원에서 한 사람의 삶 전체와 연관된다는 결론을 내렸다. 푸자puja 38에서 브라만에게 드리는 기도는 굶주린 사람들을 먹이거나 외인 카스트들을 환영하는 다르마에서 분리될 수 없었다. 성스러운 것은 구체적인 실천이 일어나는 일상세계에서 모범이 되어야 했다. 그렇지 않으면 거룩한 것이 아니었다. 스와라지는 교리 이상의 것이었는데, 그것은 참여하는 삶의 증거였다. 종교를 브라만에게 맡기는 것처럼, 그렇게 정치를 정치인들에게 맡겨두지 말아야 한다. 세속적인 것은 성스러운 것이 세속적인 것을 필요로 하는 바로 그만큼 성스러운 것을 필요로 했다. 왜냐하면 간디가 보기에 사회적 삶은 성사적 삶이었기 때문이다.

성사적인 것의 세 가지 예시인 데이, 바니에, 그리고 간디는 권력의 신보다 환대의 신에 대한 선택지를 공유했다. 이야기 해석학hermaneutics of narrative을 따르면서, 나는 그들의 이야기를 행위의 재신론의 본보기로 말하려고 노력했다. 나는 이야기들이 내적인 것과 외적인 것, 사적인 것과 공적인 것, 인간적인 것과 신적인 것을 대립시키는 경향에 도전하면서, 성과 속의 유대를 구체적으로 어떻게 회복시켰는지를 보여주려고 노력해 왔다. 나는 이 선구자들이 양극 사이의 차이를 부인하지 않고, 그 사이에서 생산적인 긴장을 살아냈다고 생각한다. 그들의 삶은 세상의 살로의 신성의 육화를 증언했다. 또한 이렇게 함으로써 그들은 손님으로서의 신을 통해 통치자로서의 신에게 저항했다. 데이에게 이 손님은 억압받는 도시 빈민층이고, 바니에한테는 장애가 있는 상처 입은 사람이었으며, 간디에게는 인도의 투쟁하는 다중들multitudes이었다.

항의에서 예언, 성사에 이르는 재신론의 여정에서의 이 최종 단계는, 내가 제안해온 대로, '신의 죽음' 이후의 '삶[생명]의 신'으로의 귀환이다(여기서 죽음의 의미는 위조된 신의 소멸을 의미한다).[39] 그런데 만일 재신론의 여정이 실제로 귀환의 여정이라면, 그것은 끝없는 여정이다. 또한 그것은 순례자의 길, 여러 우여곡절을 겪어야 갈 수 있는 길, 몇 번이고 다시 가야 할 길이다.

결론 : 이방신들을 환영하기

I
II
III
IV
V
VI
VII

하느님도 여정 중에 계심을 느낍니다.

아빌라의 데레사

내가 논증해온 재신론은 종식이 아니라 도정이다. 교의적 유신론과 전투적 무신론의 극단에 앞서고 이를 초과하는 제3의 길이다. 그것은 어떤 새로운 종교가 아니라 세상 가운데 우리 앞에 서 있는 이방인 안의 신성을 주목하는 것이다. 재신론은 살과 피로 이뤄진 성스러운 것의 현전에 조율된 새로운 음향을 요구한다. 그것은 세상애amor mundi, 곧 유한에서 무한을, 내재성에서 초월을, 현재 속에서 종말론을 구체화하는, 생활세계에 대한 사랑이다.

I

재신론은 세속적인 것을 통해 신성한 것을 거부하면서 신의 세계를 없애기를 바라는 무신론이 아니다. 결국 세속적인 것과 성스러운 것을 하나로 붕괴시켜 초월과 내재의 어떠한 구별도 부정하는 것은 (고대 또는 뉴에이지) 범신론pantheism일 것이다. 재신론은 성스러운 것이 세속적인 것이다, 라고 말하지 않는다. 다시 말해 재신론은 성스러운 것이 세속적인 것 안에, 세속적인 것을 통해, 세속적인 것을 향해 존재한다고 말한다. 나는 심지어 성스러운 것과 세속적인 것은 구별되기는 하지만, 분리될 수는 없는 것이라고 말하고 싶다. 재신론은 성스러운 것과 세속적인 것 사이의 '상호활성화'를 말하지만, 이는 융합이나 혼동이 아니다. 그것들은 불가분의 관계에 있지만, 절대 같은 것이 아니다.

그러므로 재신론을 헤겔의 변증법과 혼동하지 말아야 한다. 그것은 어떤 대단원Grand Finale으로 특이한 인격들과 사건들을 종합해내려는 유혹을 거부한다. 그런데 재신론이 총체성의 유혹에 저항한다면, 그것은 또한 피할 수 없는 진보의 목적론에도 저항한다. 나는 신앙이 서양의 자유주의적 세속주의의 틀을 통과해야만 참된 것이 된다고 제안하는 게 아니다. 그것과는 거리가 멀다. 재신론이 지향하는 신앙은 과거에도, 그리고 서구 이외의 문화와 사회에도 항상 존재해 왔다. 그것은 어떤 한 인격에게 익숙한 신에 대한 확실성을 유보하고 이방인에게 문을 열어주는 곳에 존재했다. 그리고 우리는 이런 환대의 몸짓을 목격하지 못한 종교가 지구상 어디에 있었느냐고 물을 수도 있을 것이다. 재신론은 변증법적 목적론이 시사하는 것처럼, 역사의 종말에만 도래하는 것이 아니다. 그것은 시간의 영원한 교차를 나타낸다. 그것은 처음부터 거기 있었고 이방인이 통치자를 따돌리는 매 순간 되풀이된다.

이때 재신론이 무신론은 아니지만, 신정론의 신은 죽었다고 한 점에서는 계몽주의 무신론과 일치한다. 구체적으로 서양의 맥락으로 다시 돌아가기 위해, 재신론은 자신의 피조물을 지배하고 처벌과 칭찬을 배당하는 승리의 신에 대한 계몽주의의 비판을 수용한다. 그것은 우리가 3장에서 보았듯이, 니체, 프로이트, 그리고 전후의 종교 없는 신앙에 의해 수행된 종교의 소멸과 결부된다. 그리고 4장에서 지적한 바와 같이, 재신론은 현상학적 에포케 — 전승된 신앙고백과 가정들을 잠정적으로 유보하는 것 — 의 정신이 어떤 실증주의적인 가치 중립적 지대에 들어가는 것이 아니라 삶의 한가운데 있는 성스러운 '사태 그 자체에' 더 신실하게 가담하는 정신이라는 점을 시인한다. 왜냐하면, 현상학자들이 우리에게 상기시켜 주듯이, 우리가 판단중지의 괄호 바깥에 남겨둔 것은 우리가 다시 돌아온 후 백 배로 다시 얻을 수 있는 것들이기 때문이다.

재신론은 새로운 신, 새로운 믿음, 새로운 종교를 제안하지 않는다. 그것은 단지 우리에게 항상 거기 있었던 것을 다시 또 재차 — ana —

보라고 초대한다. 여기서 우리는 재신론적 오뒷세이아에서 유익한 무신론의 순간을 포용하는 것을 명확히 하는 것이 중요하다. 우리는 이것이 (이반 일리치가 종종 인용한) 다음 격언을 따라 종교 권력의 도착증을 몰아내는 데 필수적인 것이라고 생각한다. 코룹티오 옵티미 에스트 페씨마corruptio optimi est pessima. 곧, 최선이 타락하면 최악이 된다. 나는 '신의 이름으로' 고문, 정복, 지배를 정당화하는 것은, 모든 것 가운데 가장 나쁜 죄라고 믿는다.

이 지점에서 최근 히친스, 도킨스, 데닛과 같은 자유주의적 비평가들이 벌인 종교 반대 운동을 심각하게 받아들이는 것이 중요하다. 그들 분노의 상당 부분은 유신론의 유해한 망상을 겨냥한 것이며, 그런 망상은 너무나 많이 존재해 왔다. 종교라는 원인으로부터 행해진 그 기나긴 기만과 지배의 이야기들은 너무 많다. 또 나는 우리의 행동을 통제하고 결정하는, 천상에서 우주를 '관장하는 자'라는 신 관념이 지닌 오류를 즉각 폭로할 필요가 있다고 한 도킨스의 생각에 동의한다. 이러한 종교의 이상에 대해 '아니요'라고 말하는 것은 필연적이다. 그러나 이것만으로는 충분치 않다. 고발자를 고발하고 부정적인 것을 부정하는 것을 결코 넘어서지 못한다면, 그 사람은 여전히 부정하는 수준에 머물러 있게 된다. 리쾨르는 니체가 폭로하고자 하는 바로 그 니힐리즘의 정신으로, 어떻게 니체가 싸우기로 결의한 원한감정의 희생자가 되고 말았는지 – 예라는 긍정을 무시하게 되었는지 – 주목했다. 그리고 막스 셸러는 그가 부인하려고 노력한 바로 그 병폐에 오염되어버린 호전적 배교자에 대해서 리쾨르가 했던 것과 비슷한 말을 하고 있다. "그는 옛 믿음에 대한 투쟁에 의욕을 느끼고 오직 그에 대한 부정만을 위해 살아간다. … 그는 자신의 새로운 확신을 그 자신을 위해 긍정하지 않고", 그저 "자신의 영적 과거에 대한 복수의 연쇄 사슬에 얽매여 있다."[1] 셸러는 계속해서 "창조적 힘을 단지 부정과 비판의 탓으로 돌리는 모든 사고방식 아래에는 비밀스러운 원한감정이 깔려 있다"고 주장한다.[2] 대상 자체와의 직접적 접촉이 아닌 "타자들의 의견을 비판함으로써" 간접적으로 확신을 얻게 될 때마다, "사유의 과정에 원한감정이 스며든다."[3]

II

이 점은 이른바 반-신 진영anti-God squad의 최근 작업들을 고려할 때 참고할 가치가 있다. 도킨스, 데닛, 히친스는 신앙의 복잡성을 인정하지 않고 신자들의 질병을 비난하는 데 많은 시간을 보낸다. 그들은 참된 신앙은 결코 그 자체로 확실하게 표현되지 않음을 인정하지 않고, 단지 무지의 구름을 관통하여 신앙의 거짓에 대항하는 과학의 확실성에 호소한다. 소크라테스가 가르쳤듯이 현명한 사람은 정확히 "자신이 모른다는 것을 알기" 때문에 진리를 추구하는 사람이다. 우리는 니콜라우스 쿠사누스의 저 유명한 박학한 무지에서 재신론과 동일한 어떤 것을 발견한다. 그러나 종교 비판자들이 채택한 과학적 부정의 실천에 더하여, 때때로 편견을 공격하기 위해 편견을 의심스러운 방식으로 사용하는 일이 발견된다. 모든 유신론자들을 무차별적으로 지칭하기 위해 바이러스 같은 생물학적 용어를 사용하는 것은, 유신론자를 흑인이나 유대인이나 이주민으로 대체했을 때 이것이 어떻게 들릴지를 생각해보면, 이런 식의 규정은 내가 보기에 교활한 것이다. 대체로 유도할 수 있는 경험적 관점이라는 명분으로 세계 인구의 약 90%를 질병 보균자로 치부하는 것은 진지한 대화를 거부하는 것이다. 편견 가득한 언어로는 편견에 맞서 싸울 수 없다. 해로운 언어는 편견을 퇴치하는 방법이 아니다. 신앙을 신앙의 남용들로 환원하는 것은, 또 다른 남용이라고 말할 수 있을 것이다. 그것은 과학의 관대함과 엄밀함에 위해를 가하는 해석의 폭력이다.[4]

대니얼 데닛이 종교의 병리학을 특징짓기 위해 우리의 재신론적 설명의 핵심에 있는 주인(기주생물host)과 손님(기생생물guest)이라는 용어에 주목하는 것은 흥미로운 일이다. 그는 종교와 특정 기생충 사이의 유비를 제시하는데, "기주생물이 아니라 기생생물의 이익을 위해서 엉뚱한 행동을 하게 만들고 심지어 자살까지 하게 만드는" 특정 기생충 간의 유비를 제시한다.[5] 좀 더 정확히 말하면 데닛은 "신의 말"을 "개미의 뇌에 침입한 기생충(창형 흡충)"과 같이 "인간 뇌를 점령한" 어떤 것에 비유한다. 기생충의 침략은 다음과 같은 터무니없는 행동으로 이어진다. 개미는 신자가 성스러운 산을 오르내리는 것과 마찬가지로 ─ 아무 이유 없이 ─ 풀잎을 타고 오르락내리락한다.[6] 따라서 재신론은 성스러운 것을 주인(기주생물)이 받아들인 생명을 주는 손님(기생생물)으로 보는데, 데닛은 이를 죽음을 다루는 침입자로 이해한다.

모든 것은 물론 해석의 문제다. 하지만 어느 쪽이 더 폭력적인가? 우리는 재신론자 내지 반유신론자 두 경우 모두에서 해석학적 내기를 다룬다. 그리고 이러한 해석학적 갈등은 분명 문명화된 토론의 가치를 갖는다. 이는 비방이 아니다. 비트겐슈타인의 말처럼 과학적 이성과 종교적인 신앙은 별개의 언어 게임일 수도 있지만 그렇다고 해서 이것이 양자가 서로 존중하는 청력을 가질 수 없고 어떤 '합리적' 공통 근거를 지향할 수도 없다는 것을 뜻하지는 않는다. 예를 들어 과학과 신앙을 옹호하는 사람들도, 이 세계에서 관용, 정의, 사랑으로 이어지는 것이면 어떤 것이든, 그것들이 칭찬받을 만한 것이라는 점에 동의하고자 손님과 주인의 언어를 번역할 수 있지 않은가?[7] 그들은 이

고귀한 목표를 공유하지 않는가?

반유신론자들이 보기에, 성서를 과학적 논문의 방식으로 세계를 설명하는 것을 가장한 한 권의 매끄러운 '책'으로 보는 것은 핵심을 비켜가는 행위다. 성서는 대부분의 영적 텍스트와 마찬가지로 필연적으로 원시적인 편견과 오류를 담고 있을 뿐만 아니라 우화, 역사, 연대기, 논쟁, 서신, 그리고 도덕적인 가르침의 집합체이기도 하다. 해석학은 처음부터 이를 깨닫고 있었다. 왜냐하면, 반복해서 말하건대, 태초에 말씀이 있었다면, 마찬가지로 태초에 해석학이 있었기 때문이다. 해석되지 않는 말은 없다. 이는 토라의 모든 행간에는 열 가지 의미가 있다고 가르친 탈무드 연구자들에 의해 잘 알려진 바이자, 이븐 루시드나 아우구스티누스 같은 다른 타고난 해석가들에 의해서도 공유되는 견해이다. 그래서 히친스와 같은 전투적 무신론자들이 신자들이 경전에서 "자신의 구미에 맞는 것만 취한다"고 비난할 때, 그들은 실제로 신자들이 책임져야 할 것이 있기에 비난하고 있는 것이다. 그 책임이란 바로 신앙이다. 곧 사랑과 혐오, 정의와 불의에 관한 최선의 결정을 하기 위해 선택하고, 내기를 시도하고, 경쟁적 해석을 구별하는 신앙 말이다. 재신론적 신앙은, 이냐시오의 말을 빌리자면, 환대와 적대의 "영들 사이를 분별하는 일"과 관련한다. 그리고 이것이 바로 우리가 재신론이 첫 번째 믿음 이후 두 번째 믿음을 고수한다는 점을 내내 주장한 이유다. (도킨스가 그리스도인 자녀 같은 것은 없고 오직 그리스도인 부모만 있다고 말하는 것은 일리가 있다.) 우리가 상속받은 조건들이 진정한 무지로 벗겨졌을 때 비로소 우리는 신앙으로 새롭게 다시ana 귀환할 수 있게 된다. 신앙이란 절대적인 것들에 관해 절대적으로 무지無知의 지知를 취함을 의미하기 때문이다. 이에 우리는 한밤중에 우리에게 오는 이방인들에게 인사하듯이 성스러운 경전을 주의 깊게 읽어내야 한다. 그렇게 해야 우리는 현명하게 분별할 수 있다. 그리고 가능한 한, 그러한 분별은, 철학적으로, 찰스 테일러가 말하는 "가용한 최상의 설명" — 실천이성을 끝없이 실행하기 — 을 요구한다.

재신론은 종교가 세계를 과학적으로 설명하려고 하는 "범주 오류"를 범하는 곳(예 : 창조론)이라면 그곳이 어디건 이러한 종교에 대한 옹골찬 비판을 환영한다. 역사와 이야기에는 차이가 있으며, 성스러운 텍스트들을 마치 검증할 수 있거나 위조할 수 있는 '사실'의 기록처럼 읽는 것은 그 텍스트들을 잘못 읽는 것이다. 아브라함의 추종자들은 — 토마스 만이 『요셉과 그 형제들』에서 훌륭하게 묘사한 것처럼 — 일대기들stories을 전해준 것이지, 이 거룩한 이야기들holy narratives이 결코 문자적, 과학적 설명으로 다뤄지기를 바란 것이 아니다. 이 과오와 관련해서는 무신론적 근본주의자들만큼이나 유신론적 근본주의자들이 지은 죄가 크다. 왜냐하면 둘 다 진리 주장의 해석학적 복잡성을 거부하기 때문이다. 그러나 경전이 이야기들로 이루어져 있다고 말하는 것은 단지 지어낸 것이라고 말하는 것이 아니다! 그것이 바로 반유신론자들이 종교가 사실을 조작했다고 비난할 때 말하는 것이다. 아리스토텔레스가 『시학』에서 말한 것처럼, 이야기는 종종 단순한 사건의 순서를 기록한 역사보다 더 본질적이고 심오한 진리를 드러낼 수 있다. 그리고 소위 어떤 역사는 사실상 최악의 이데올로기적 왜곡을 낳았다는 것을 잊어서는 안 된다. 스탈린과 히틀러, 이 둘 다 자신을 위대한 역사가로 간주했다.

요컨대, 모든 영적 믿음을 광신주의의 한 가방 속에 욱여넣는 것 자체가 광신적이다. 이는 모든 과학이 핵무장 때문에 위험하다고 주장하거나 정신질환자에게 한때 브롬화물bromides을 투여했기 때문에 모든 정신의학이 나쁘다고 주장하는 것만큼 불공정한 처사다. 어떤 것의 오용이 올바른 사용을 판단하는 건전한 근거가 되는 것은 아니다. 이런 점에서 전투적 반유신론자들이 우파 근본주의자, 교조적 창조론자, 종파주의적 청교도, 또는 반동적 도덕주의자들 외에도 헤아릴 수 없는 수없는 선량한 이들—거룩한 경전의 상징적이고 언어적인 성격을 절대로 의심하지 않는 리쾨르, 본회퍼, 레비나스 같은 미묘한 철학자들까지도—도 다 비판의 대상에 집어넣는다는 사실을 상기해보면 좋을 것이다. 절대적인 과학 이데올로기에 대한 열성적인 믿음 속에서, 반유신론자들은 때때로 절대적인 종교 이데올로기로 똘똘 뭉친 광적인 신앙인들과 똑같은 모습을 똑같이 반사해내고 있다. 참된 과학은 참된 신앙이 그런 것처럼, 절대지를 주장하지 않는다. 서로가 허수아비를 취하고 있음을 알고 있다. 허수아비를 제거하는 것은 과학과 신앙이 대립할 필요가 없는 삶의 과정임을 깨닫게 해준다.

재신론은 유신론-무신론 논쟁에 대한 합리적인 해석학적 고찰을 도입하고자 한다. 재신론은 종교의 이름으로 저질러진 여러 참상을 오롯이 인정하지만, 거기서 그치지 않는다. 그것은 더 나아가 참된 신앙, 소망, 그리고 사랑이 인도한 종교가 어떻게 도착적 종교의 합보다 훨씬 더 큰지를 고찰한다. 그래서 무신론적 비판을 경유하는 해석학적 우회가 있은 다음, 재신론은 종교를 재해석할 기회를 제공한다. 이에 우리는 결론적으로 독단적 종교에 뒤이어 종교의 수많은 재정의를 인용할 수 있다. 예를 들어, 우리는 우리 시대 유대교의 신을 되찾아 온 레비나스, 이슬람의 신을 되찾아 온 소루쉬, 그리스도교의 신을 되찾아 온 본회퍼 등을 이미 주목한 바 있다. 그러나 우리는 또한 여기서 크리스토퍼 래쉬가 우리의 욕망을 정화시키고 우리를 우상으로부터 해방시키는 종교로서 최근에 기술한 탈-계몽주의적 종교, 사랑caritas의 이름으로 희생양을 거부하는 르네 지라르의 희생 이후의 신, 또는 윌리엄 제임스가 "어떤 사람이 그가 신이라고 생각하는 존재와 어떤 관계를 맺고 있다고 생각할 때 개인들이 독립된 한 개인으로서 가지게 되는 느낌, 행위, 그리고 경험"으로 종교를 정의한 바를 덧붙일 수도 있다.[8] 그리고 조금 더 상호종교적 맥락에서 우리는 여기에 (카스트 차별을 넘어서는) 간디의 [인도 육파의 하나인] 베단타학파에 대한 비판적 개정이나 모든 종교가 비판적으로 상호 연관된 세 가지 부분들—신화, 의례, 철학—을 가진다는 비베카난다의 관련 주장을 포함할 수도 있다.[9] (철학이 이 셋 가운데 가장 작은 부분을 차지하는 것은 아니다.)

나는 나의 논증의 이 마지막 단계에서 그런 다양한 정의를 종합하거나 분류하자고 제안하지 않는다. 나는 종교 이후의 종교의 중대한 회복이 얼마나 많은 원천으로부터 도출될 수 있는지를 나타내기 위해 이 표본들을 언급할 뿐이다. 그리고 나는 회복recovery이라는 단어를 강조한다. 왜냐하면 이것은 새로운 무언가를 발명하는 문제가 아니라 종교적인 소외와 남용 이전에 항상 존재했던 것을 재발견하는 것이기 때문이다. 그런 의미에서 리쾨르와 본회퍼의 "종교 없는 신앙"은 권력, 속죄, 탈출이라는 환영을 제거한 신앙으로 이해될 것이다. 그리고 이처럼 회복은 의례, 전례, 또는 전통을 포기하는 것을 의미할 필요가 없다. 나는 이 모든 것들이 재신론적 귀환으로 재해석될 수 있다고 주장하고 싶다. 각각의 것들은 두 번째로 생명을 얻었다. 말하자면, 처음의 것이 '낯설면서도 소중한'strange and precious 어떤 것으로 성변화되었다.

III

이론의 여지는 있지만 종교와 세속성의 역할에 대한 우리 시대의 논쟁에 가장 강력하게 기여한 것 중 하나는 데리다와 라칭거(베네딕도 16세) 같은 이들과 논쟁한 위르겐 하버마스에게서 비롯한다. 흥미롭게도, 재신론의 목적과 관련해서, 하버마스와 데리다 모두 현대 세계에서 '환대'가 지니는 핵심적인 중요성에 대해서 동의를 표한다. 데리다에게 그것은, 레오 스트라우스, 프랜시스 후쿠야마, 새뮤얼 헌팅턴과 같은 인물에게까지 널리 통용되고 있는 "악의 축"의 양쪽 편에 선 정치적 인사들이 위협적으로 제정한 친구-적 구별에 대한 최선의 대안이다.[10] "우리는 자신의 적수가 누구인지를 알 때만 내가 누구인지를 알게 된다"는 헌팅턴의 논지에 직면하여,[11] 환대의 윤리는 이방인이란 바로 — 적이 아닌 주인host으로서 — 자기self라는 존재가 결코 자율적인 동일성이 아니고, 주인에게 자애롭게 인질로 잡혀 있는 손님이라는 것을 우리에게 상기시켜주는 이라고 답한다. 따라서 실제적인 차원에서 환대의 윤리는 9·11 이후 부시와 빈 라덴이, 그리고 그 이후 신에 미쳐버린 몇몇 다른 지도자들이 주장하는 종말론적인 순수/불순의 이원론에 반대한다. 재신론의 환대는 신은 언제나 나의 동맹이고 이방인이 나의 적군이라는 친구와 적 사이의 영지주의적 분열을 반대한다.

하버마스는, 자신의 입장에서, 상호 존중을 기반으로 삼아 자연상태를 극복하기 위해 환대의 윤리를 인용한다.[12] 데리다가 환대의 심오한 "메시아적" 구조를 "불가능한" 것에 대한 긍정으로 이해하고 있는 반면, 하버마스는 환대의 종교적 뿌리를 이성적 규범과 보편화 가능한 법률의 담론 윤리로 승화시키고 유동화시키는 것을 선호한다. 그는 "삶 전체를 구성한다고 주장하는 포괄적인 세계관"으로 정의되는 종교는 세속사회의 언어로 번역되어야 하고, 그렇게 세속의 사회에서 판정되고 협의가 가능해질 수 있어야 한다고 주장한다. 그러나 하버마스는 정치적 자유주의가 세속 이성만이 공적 영역에서 중요하다는 것을 주장하는 것이라면 그것은 너무 멀리 나간 것이라는 점을 인정한다. 그는 종교적 동일성이 사회 규범적 존재와 다른 어떤 것임을 잘 알고 있다.[13] 하버마스는 "자유주의 국가"가 "종교와 정치의 필수적인 제도적 분리를 신앙을 따르는 시민들에 대한 과도한 정신적, 심리적 부담으로 변형시키지 말아야 한다"(9~10)는 점을 명확히 한다. 그리고 여기서 하버마스는 자신이 "제도적 번역의 단서"라고 부른 것을 도입한다. 이를 통해 "세속적 이성만이 제도적 한계를 넘어선다"는 것을 받아들이는 종교 신자들은 "자신들을 위한 세속적 번역"(9~10)을 발견하면 자신의 믿음을 구체적으로 고백의 언어로 표현할 수 있다. 따라서 번역할 수 없는 종교적 확신(하버마스가 사적 이성이라고 부르는 것)도 기능적이고 추론적인 목적을 위해서는 공적 영역에서 용인될 수 있다. 이러한 용인은 사적인 것(종교적 신앙)과 공적인 것(정치적 이성)의 충돌을 피하기 위한 것으로, 종교적 믿음이 더 많은 번역과 동화 가능성에 열려 있다는 단서를 수반하고 있음을 나는 반복해서 강조한다. 일단 그것이 인정되면 신앙고백의 언어 아래 있는 "종교적 의식이 반성적인 것이 되고 세속적 의식이 상호 학습의 과정에서 그 한계를 넘어서도록"(18) 장려하는 것이 민주적인 자유주의 사회의 과제로 남게 된다.[14]

이것이 공정한 책임의 조각처럼 보이지만, 나는 이를 실질적으로는 일방통행의 해법이라고 생각한다. 꼼꼼하게 읽어보면 하버마스에게 있어서 그러한 "상호" 학습의 목표가 종교를 — 세속 이성으로 "그 한계를 넘어서기 위함이 아니라" — 합리적인 규범적 교육 과정으로 더 잘 번역할 수 있게 하기 위함이라는 것을 보여준다. 교육의 과정은 분명 경탄할 만한 것이지만, 내가 제안컨대, 그것은 동시에 양방향으로 작용해야 한다. 다시 말해 세속성은 규범적 합리성의 한계를 뛰어넘는 의미의 과잉인, 어떤 번역할 수 없는 잔여의 가능성을 인정할 만큼 겸손해야 한다. 하버마스에게 있어서, 민주 사회의 궁극적인 목표는 신앙과 문화의 다원성을 숙의적 의사결정과 일반적으로 접근 가능한 언어의 제도화된 담론으로 통합하는 것이다(10). 그리고 여기서 그는 유대-그리스도교를 그러한 진보적인 교육에 적합한 후보라고 명시적으로 인용하는데, 이는 유대-그리스도교의 여러 종교적 유산들이 이미 민주적 계몽주의의 핵심 원리로 번역되었기 때문이다.

하버마스는 이렇게 말한다. "근대성의 규범적 자기-이해에 대해서 그리스도교는 단순한 선도자 또는 촉매제 그 이상의 기능을 해왔다. 연대성 안에서의 자유와 집단적 삶이라는 이상을 싹트게 한 보편주의적 평등주의, 삶과 해방의 자율적 품행, 양심의 개별적 도덕성, 인권과 민주주의는 유대교적 정의의 윤리와 그리스도교의 사랑의 윤리의 직접적 유산이다." 하버마스는 "이 유산"에 대해 그것은 "지속해서 비판적인 재전유와 재해석의 대상이 되어왔다"라는 말을 보태면서, 이렇게 말한다. "오늘날까지 이 유산을 대체할 만한 대안은 나오지 않았다. 그리고 탈민족국가적 성좌라는 작금의 도전에 비추어 볼 때, 우리는 과거에서처럼, 이 실체로부터 지속 가능한 현재를 끌어내야 한다. 이것 이외의 다른 모든 것은 나태한 탈근대 담론에 불과하다."[15]

그러나 여기서 난점은 (이슬람의 유산을 무시하는 것과는 별개로) 다음과 같다. 우리는 근본적으로 새로운 것과 놀라운 것에 대해 어떻게 반응할 것인가? 우리는 이방인을 우리의 용어로 번역하려 하지 않고서 어떤 식으로 존중할 것인가? 재신론적 내기라고 불러온 것(그리고 데리다와 벤야민이 메시아적인 것이라고 부르는 것)에 대해 어떻게 응답해야 하는가? 요컨대 에두아르도 멘디에타의 표현대로 하버마스에게 철학적 이성과 정치적 이성의 최종 목표는 "모든 바람직한 종교적 내용을 완전히 동화, 번역, 재작업 및 지양하는" 것으로 보일 것이다.[16] 그렇다면 신적인 것은 어떻게 우리에게 오는 초월적 타인으로 남을 수 있을까? 우리 집 밖에서unheimlich 온 방문자가 새로운 사건의 문을 열고 우리를 호레이쇼나 하버마스의 "철학에서는 절대 꿈도 꾸지 못했던" 에피파니로 우리를 초대하고 있는 것은 아닐까? 한마디로, 세속적 이성은 우리의 규범적이거나 규범화하는 파악 작용으로는 언제나 흡수 불가능하고 접근 불가능한 — 바로 이질적이고 성스러운 — 타자성의 양상을 어떻게 설명해내야 하는가? 타인들은 그들의 독특함을 포기하는 한에서만 용납되는tolerated 외국인 노동자Gastarbeiter와 같은 손님들이 될 수 있을 뿐인가? 하버마스의 공적 영역이 실질적으로 이방인 신들을 환영할 수 있는지가 불분명하다. 내가 보기에, 그는 벤야민이 모든 손님 언어의 핵심에 자리한 "번역 불가능한 핵"이라고 부른 것[17]에 응답할 손님 언어를 가지고 있지는 않은 것 같다. 여기서 문제가 되는 "번역 불가능한 핵"은, 곧 모방할 수 없는 초월성을 의미하는 것으로, 이 초월성이 자기-안전성을 깨트리고, 우리 안으로 들어오는 타인에게 우리를 개방시킨다.

나는 하버마스의 "보편적인 이성적 번역 가능성"이라는 텔로스의 또 다른 난점이 유대-그리스도교 인간주의라는 유럽의 전통에 속하지 않은 다른 종교에 응답할 때 일어난다고 생각한다. 서구의 "탈민족국가적 성좌"의 경계 안팎에 자리한 동양의 종교, 또는 서구에 더 가까이 있는 이슬람에 대해서는 뭐라고 할 것인가? 신앙을 이성으로 번역하는 것을 수용한 이들만 "의회 이전의 영역 즉 공적 정치의 영역 자체에서 이미 존재해 왔다"고 할 것인가?[18] 이 점에서, 나는 로비사 버그달이 하버마스가 친숙하지 않은 종교적 이방인보다 친숙한 종교적 이방인을 더 선호하고, 다소 제한적인 유럽 중심적 종교 다원주의 개념을 견지하고 있다고 말한 것은 옳은 지적이라고 생각한다. 벤야민과 버그달이 주목한 것처럼, 번역의 실질적 과제는 이방인의 이중적인 부름 ― 나를 번역하라/하지 말라! ― 을 인정하는 것이다. 왜냐하면 이 시험대는 우리가 할 수 있는 한 최대한의 의미를 파헤치면서도 의미의 "파악할 수 없는, 신비한, 시적" 과잉을 존중하는 것이기 때문이다.[19] 요컨대, 번역자에게 있어서 가장 큰 유혹은 ― 시학 못지않게 정치학에서도 ― 주인의 언어가 손님 언어의 이질성에 의해 변형되지 못하게 막으면서 자기 주인 언어의 상태를 보존하는 것이다.[20] 그런 유혹에 굴복하는 것은 외인에 대해 문을 닫아버리는 것이다. 이는 상호언어적 환대와 종파간 환대를 거부하는 것과 다름없다.

IV

만약 종교가 세 번째 천년으로 치달으면서도 어떤 의미를 갖는다면, 나는 종교가 공통 규범 그 이상의 것을 의미해야 한다고 생각한다. 공통 규범은 필요한 것이긴 하지만 충분한 것은 아니다. 종교의 공유된 '본질'이나 '보편적 구조'를 찾으면서, 각 신앙에서 가장 낯설고 이질적인 어떤 것을 무시하는 것은 어리석은 일이 될 것이다. 종파간 환대는 모든 사람에게 공통적인 어떤 것을 인정하는 바로 그만큼 서로의 다른 면을 존중하는 것을 의미한다. 왜냐하면 이질적인 것이 없으면 초대받을 손님도 없고 맞이할 주인도 없기 때문이다. 즉, 위대한 종교들에서 중첩되는 증류소에서 하나로 통합해버리는 것으로는 충분치 않다. 또한 각 지혜의 전통이 공유된 윤리적 비전에 도달하기 위해 취하는 매우 판명하게 구별되는 길들을 인정하는 것이 중요하다. 이러한 심도 있는 신앙고백과 문화적 다양성에 대한 평가 없이는 종교들 사이에 작동하는 진정한 환대의 감각은 존재할 수 없다. 거듭 말하지만, 타자성에 대한 인정 없이는 이방인에 대한 경험도 있을 수 없고, 그래서 우리 자신이 아닌 다른 이에 대한 개방도 존재하지 않는다.

하지만 서둘러 덧붙이자면, 타자성이 언제나 천사의 편인 것은 아니다. 종교적 차이가 외인을 환영할 잠재력을 지니고 있다면, 그것은 또한 포위하고 배제하고 추방하는 반대편 잠재력을 지니고 있다. 환대와 적대의 이중 플롯은 다양성의 뿌리에 도달하면서 분해되는 것이 아니라 두터워진다.

이를 다른 방식으로 표현해 보자. 모든 종교가 동일한 것으로 환원된다면, 각 종교에 내재한 사랑과 증오에 대한 동등한 선천적인 잠재력을 인식할 방법이 없다. 이것이 바로 모든 종교가 진정으로 관용적이고 해방적인 것을 구하려면 자신의 폭력적인 경향에 대한 급진적인 자기비판을 계속해야 하는 이유다. 요컨대, 모든 신앙은 타자들에게 자신의 고유한 절대자에 대한 관점을 폭력적으로 부과하려는 본연의 유혹을 스스로 몰아낼 준비를 해야만 한다. 오직 그렇게 할 때만 자신만의 신앙이 아닌 다른 신앙들 가운데 있는 말씀을 다양하게 수용하는 일을 용인할 수 있다. 앤서니 스타인박의 표현대로 인간의 언어를 능가하는 말에 복종하는 것은 "수직적인" 그리고 "우상숭배적인" 해석의 원천이 된다.[21] 따라서 항복, 복종, 희생과 같은 종교적 용어에는 깊은 양면성이 있다. 거기에는 언제나 해석학적인 내기가 있다. 그리고 어떤 사람이 환대의 길을, 타자들을 듣는 길을 택한다면, 그 사람은 자기가 가진 것에서는 아직 발견되지 않은 ― 혹은 아직 충분히 발견되지 않은 ― 어떤 것을 발견할 가능성에 열려 있어야 한다. 예를 들어, 성서를 믿는 이들은 불교를 통해 아브라함 종교에서는 아직 휴지

상태거나 제대로 발전되지 않은 "모든 지각 있는 존재자들"에 대한 무조건적 연민을 발견할 수 있을 것이다. 마찬가지로 불교 신자들은 성서 종교에서 역사 속에서의 정의의 왕국의 현실화나 신적 욕망이 지닌 해방의 힘에 더 많이 주목할 수 있을 것이다.[22]

비베카난다, 타고레, 라마크리슈나 같은 힌두교 현자들이 아브라함 신앙과 실천에 노출되면서 베단타 종교에 대한 이해가 증폭되었다고 고백한 것도 여기서 언급할 수 있을 것이다. (우리는 7장의 간디에 대한 논의에서 힌두교의 원천에 대한 이러한 해방적 재해석에 주목했다.) 그리고 이러한 동서의 종파간 대화 교환의 몸짓은 순차적으로 힌두교 전통인 아드바이타Advaita(불이일원론 : 둘이 아니라 하나임)에 노출됨으로써 자신들의 그리스도교적 확신이 크게 심화(그리고 때로는 비판적으로 수정)되었다고 믿는 아비시크타난다, 베데 그리피스, 그리고 사라 그랜트와 같은 선구적인 인물들의 화답을 얻게 된다.[23]

V

모든 종교에서 공통분모를 분별 증류하는 데는 목적이 있다. 이것의 인상적인 예가 있는데, 다른 모든 이들을 우리 자신처럼 대해야 한다는 황금률을 기반으로 삼아 전 지구적 평화 윤리를 발전시키고자 1992년에 소집된 '세계종교회의'의 기획이 바로 그것이다. 이 기획은 1986년 '스노우매스 회의'와 1990년대의 '스코보로 종파간 운동'처럼 종교간 대화의 원리들을 수립하려는 유사한 다른 시도를 반향한다. 이러한 것들은 우리 세계에서 경쟁적이고 종종 충돌하는 종교들의 화해를 위한 중요한 단계들이다. 하지만 재신론은 다시 한번 보편적 원리들을 향한 움직임을 보완하는 또 다른 단계가 있음을 시사한다. 그리고 이 두 번째 단계는 각 영적 전통의 특성으로 철저히 내려가는 것 ― 각 종교의 뿌리에 자리하는, 우리를 능가하는 말씀에, 조용히 말없이 개방되기를 추구하는 (하나됨을 향한 상승에 더하여) 차이성으로 내려가는 것 ― 과 관련한다. 그러므로 재신론의 내기는 신앙에 대한 독특한 확신에 깊이 소속되면서, 관대한 주의력을 가지고서 배타성의 폭력에 대항하는 겸허함을 일깨울 수 있다. 왜냐하면, 모든 종교가 우리의 유한한 언어를 넘어 말씀에 대한 복종이라는 특별한 음감을 수반하는 것이 사실이라면, 이것은 우리 종교만이 절대자를 절대적으로 장악하고 있다는 주장에 귀를 기울이는 것 못지않게 타자성에 귀를 기울이는 겸손한 능력으로 이어질 수 있기 때문이다. 재신론적으로 이해해보자면, 수직성은 위도로 이어진다 할 것이다.

다시 한번 말하지만, 이 책의 결론에 이른 지금에도 나는 대부분 종교가 다른 종교에 대한 우월성을 증명하기 위해 신조적 당파성에 호소했다는 점을 부정하고 싶지 않다. 이 표지 그대로 승리하리. 신은 우리 편이다. 우리의 땅을 제외한 다른 그 어떤 땅에도 신은 존재하지 않는다. 이는 과거의 표어가 아니다. 카쉬미르에서 힌두교도와 이슬람교 신자들 사이의, 스리랑카의 싱할라족 불교와 힌두교 타밀 사이의, 예루살렘의 무슬림과 유대인 사이의, 코소보의 그리스도인과 무슬림 사이의 전쟁, 그리고 북아일랜드, 이라크, 북아프리카와 같은 곳에서 벌어지고 있는 무차별적인 전쟁의 수많은 예가 있다. 이것들은 유감스럽게도 실제로 일어나는 일이며, 우리의 세속적인 계몽주의 이후 세계가 이러한 격세유전atavisms을 몰아냈다고 가장하는 것은 무의미하다. (불교와 자이나교와 같은 가능한 예외와 더불어) 거의 모든 종교의 “첫 시작의 에너지”에는 어떤 형태의 배타주의, 예외주의, 또는 절대주의로 향하는 경향이 있는 것처럼 보인다.[24] 그것은 종교라는 야누스 얼굴의 한 면이다. 그러나 나는 또 다른 면이 있다고 주장한다. 그 다른 면이란 각 고백이 자신의 숨겨진 토대를 파고들어 거기서 무엇인가를 발견하는 능력, 즉 대담한 자기비판의 순간에 환대와 치유를 향한 길항적 추진력을 발견하는 능력이다.

그러한 환대가 이러한 심도를 뛰어넘어 나오는 것이 아니라 각 종교의 고유한 심도에서 출현한다는 것이 역설적으로 보일지도 모르겠다. 그것은 믿음이 제공할 수 있는 가장 최악의 것에 대항하여 무엇이 최선인지를 다시 찾는 것을 나타낸다. 차이는 두 가지 상반된 효과를 나타낸다는 것이다. 또 이것이 내가 종교 이전의 종교의 재신론적 회복—안전한 토대 없는 토대, 즉 자신과는 다른 어떤 것에 기초한 토대에서 유래하는 회복—이라고 부르고자 하는 것이다. 내가 제안하는바, 그것은 궁극적으로, 외인이 우리 자신만이 찾아낼 수 있는 것보다 더 많은 것을 우리에 줄 수 있다는 내기를 초래하는 토대 없는 토대fond sans fond의 신비다. 이런 점에서 재신론은 종교 이후에 도래하는 것이면서 또한 종교 이전에 도래하는 것이다.

VI

그래서 우리는 마침내 자기 자신으로부터 시작하여 자기 자신에게로 가는 가장 짧은 길은 타자를 통하는 것이라는 해석학적 준칙으로 돌아온다. 언어 번역에서와 마찬가지로, 우리는 우리의 '주인' 언어로는 한 번도 말한 적이 없는 어떤 것을 '손님' 언어에서 발견하고, 또한 신앙고백의 번역에서도 우리는 한 다른 신앙에서 우리 자신 안에서는 꿈꾸지 못한 어떤 것을 발견할 수 있다. 방금 본 바와 같이, 기본적으로 우리 자신이 아닌 타자로서, 새로운 것으로서 그러한 열어 밝힘을 인식할 수 있으려면, 우리 자신의 신앙에 깊이 거해야 한다. 이방인의 지혜를 발견하는 것은 자아가 이방인과 다른 자로서 자신을 인식한다는 점을 전제한다. 따라서 자신의 신앙에 담긴 어떤 메시지 – 그리스도인의 경우 산상수훈에서 설파된 지혜로운 떨어져 있음detachment과 같은 메시지 – 는 그와 전혀 다른 전통의 가르침, 이를테면 불교의 연민compassion, 분리, 공sunyata(자기비움)이라는 개념에 있는 이 전혀 다른 '불가능한' 메시지의 긍정으로 발견될 수 있다. 실제로, 이런 예시를 더 찾기 위해서, 나는 자기비움에 관한 성서의 메시지와 카발라적 침춤zimzum 개념이 그 개념들을 그 자체로 더 잘 이해하기 위해서 반야심경(공즉시색空卽是色, 색즉시공色卽是空)과 같은 그들의 외인의 가르침에 노출될 필요가 있다고 말하고 싶다.

재신론은 종교들이 타자들에 대한 상호 노출을 통해 자기들만의 독특한 비밀을 가장 잘 회복해낼 수 있다고 제안한다(가령 통찰력 가득한 틱낫한의 복음서 읽기나 토마스 머튼의 동양 문헌 읽기를 다시금 생각해보라). 여기서는 상호성이 핵심이다. 사랑에서처럼 신앙에서도 그러하다. 당신은 사랑하는 사람으로 말미암아 당신에게 새롭게 드러난 자아 속에서 당신의 참된 자아를 발견한다. 자기 발견은 자기의 타자에 대한 발견을 전제로 한다(그 역도 마찬가지다). 이 타자는 아주 저 멀리 떨어져 있을 수도 있고 또는 우리 가운데 있을 수도 있다. 이는 카뮈가 "한 여인의 친근한 얼굴 속에서 여러 달 혹은 여러 해 전에 사랑했던 여인을 마치 낯모르는 여인처럼 다시 만나게 되는 때가 있다. 그와 마찬가지로 우리는 갑자기 우리를 그토록 고독하게 만드는 것을 갈망하게 될지도 모른다"며 어떤 한 순간을 기술할 때,[25] 은연중에 포착하고 있는 역설이다.

이것이 바로 재신론이 타자들의 유신론에 대한 감탄만이 아니라 두말할 나위 없이tout court 무신론에 대한 감탄으로 귀환하는 지점이다. 왜냐하면, (모든 것을 알고 있는 반유신론자와는 달리) 그녀가 모른다는 것을 아는 무신론자의 타자성에서, 우리는 (1) 자기비판을 이루면서, (2) 응답과 회복의 운동 속에서 우리의 가장 깊은 내면의 확신을 드러내는 낯설게 하기와 몰아내기의 도전에 직면하기 때문이다. 그래서 너무 빠르게, 곧 하나의 세계 종교나 도덕의 이름으로, 우리 각각의 확신을 포기하기보다는, 우리를 차별화하는 것을 인정하는 것이 현명하지 않을까? 그러므로 타자성의 존재를 서로 인식함에 있어서, 우리는 우리의 모든 다른 믿음을 초과하는 의미의 과잉을 상호 증명해 보일 수 있다. 모든 타자보다 더 타자인 과잉, 모든 이방인보다 더 이방적인 것 말이다. 이것은 인간이 불가능한 일을 할 수 있게 해주고, 조건 지어진 사유와 행동 유형을 깨트리게 해주는 것이다. (〈익명의 알콜중독자 모임〉Alcoholics Anonymous에 참여해본 사람이라면 누구든 이를 입증해줄 것이다.) 나는 이 '다른'different, '이면'ulterior, '그 이상'more이라는 것의 발견은, 어떤 추상적인 신의 관점으로 말미암아 외부에서 부과되는 때보다 내부에서 각각의 확신이 만들어질 때 더 강력해진다고 주장한다. 요컨대, 재신론은 전 지구적 규범의 영적 국제어를 섣불리 지지하기보다 복잡성, 다양성, 그리고 애매성을 포용하는 도전적인 경로를 제안한다. 재신론에서 보편적인 것은 특이한 타자들 — 즉, 각 타자에게 타자인 타자들 — 을 통해서만 접근될 수 있다.

그렇다면 종교 갈등에 대한 해답은 어떤 공통의 '본질'을 기반으로 삼는 비교 종교의 사회학 이상의 것을 요구한다는 뜻이다. 또한 각 종교의 말해지지 않은 침묵하는 뿌리로의 내적 여정을 취할 필요가 있다. 이런 점에서 우리는, 비록 그것에 결코 반대하는 것은 아니지만, 보편적 원리의 집합이라는 것보다 더 깊은 곳에 자리한 상이한 근본 확신들 사이를 번역하는 환대를 실천하는 것이 더 나은 입장에 서는 것일 수 있다. 우리의 믿음 체계에 앞서면서 그것을 초월하는 궁극적 실재로 가는 길은 이러한 각각의 믿음을 통과한다.

이에 이 재신론의 내기로 돌아가 보자면, 우리는 우리가 상호고백적으로 번역의 행위를 할 때, 우리 자신을 이방인에게 전달하고 이방인을 우리 자신에게 도입한다고도 말할 수 있을 것이다. 그리고 경계를 넘나드는 번역에 임하면서, 우리는 번역 가능성의 한계에 부딪힌다. 이것은 앙투안 베르만의 "낯선 것으로부터 오는 시련"l'épreuve de l'étranger이라는 구절에서 적절하게 표현된 것처럼 위험을 내포한다.[26] 내가 추적해 온 종교간 환대의 과정은 저 높은 데서 경쟁하는 주장들을 심판하는 초신학적인 정상 회담이라기보다 다른 종교들의 비밀스러운 시작 순간들에 대한 순례로 우리를 소환한다. 폴 리쾨르가 주장하듯이, 심연 가운데서, 우리는 "말해지지 않은 어떤 것을 만진다. … 그것은 각 종교에서 가장 근본적인 것이며 언어로 쉽게 번역될 수 없는, 오히려 공통의 심원한 침묵에 접해 있는 하나의 신비로운 토대다."[27] 다시 말해, 종교적 확신에서 폭력적인 경향에 대처하는 가장 좋은 길은 종교가 정복하지 못하고 독단적인 공식이나 이념적 선언으로 만들어지는 것을 거부하는 원천으로까지 내려가는 것이다. 각 종교는 불교 신자를 위한 깨달음의 작업, 그리스도인을 위한 추수감사절 기도, 무슬림이나 유대인을 위한 경전에 대한 학습된 명상, 힌두교를 위한 요가의 실천으로 불가사의한 발생지점에 대해 독특한 접근을 하게 될 것이다. 각각의 경우에, 원천을 인식하는 특정한 방법은 입회하거나 통제하는 것이 아니라 약간의 경계심을 가지고 주의를 기울이는 것이다. 또한 그것은 자기 자신 너머와 자신 아래 있는 원천에 귀를 기울이는 가운데 존재한다. 우리가 소유하거나 조작하지 못하는 차고 넘쳐남superfluity에서 비폭력 저항과 평화를 위한 새로운 원천을 찾을 수 있다.

그러므로 근본주의자의 도착에 대한 가장 효과적인 해독제는 어떤 종교도 완전히 전유할 수 없는 '깊숙한 근거지'deep ground에 주목하는 것일지도 모른다. 모든 종교는 교의적인 결단에 대항하는 이러한 행동을 취할 수 있고, 병리적인 것을 제거하여 그것을 넘어설 뿐만 아니라 아예 해제시키는 침묵의 근원에 도달할 수 있다.[28] 이것은 마음의 회심을 내포한다. 이를 통해 각 종교는 자기들의 믿음의 형언할 수 없는 속살에 절대적 진리를 지배하기 위한 종교적 주장을 전파하려는 폭력적 충동을 되돌릴 수단을 발견한다. 그것은 비판적이고 치료적인 자기-회복의 재신론적 순간과 관련한다(리쾨르가 말한, "확신의 폭력을 구성하는 것에 반하는 전환의 운동").[29] 정확히 여기서 우리는 말할 수 없는 신비로의 내적 운동과 계몽된 자각으로의 외적 운동 사이의 상호보완적 파트너십을 발견한다. 또한 나는 이것이 유신론과 무신론이 다시금 제휴할 수 있는 이러한 재신론적 교차 배열 가운데 있다고 주장하고 싶다.[30]

나는 종교 권력의 자기비판은, 이러한 방식으로 안팎으로부터 이중의 도움을 얻는 것이라고 본다. 그리고 이러한 쌍방적 제스처에서 중요한 것은 종교의 비판적 자기-극복self-surpassion이다. 이방 신들을 만나면서 우리는 우리 자신의 신의 숨겨진 면을 발견하도록 초청받는다. 반면에 그러한 숨겨진 기원의 회복은 우리를 낯선[이방] 신들에게 더더욱 개방되도록 한다. 그러나 이 쌍방향 만남이 어떤 모든 것을 포괄하는 총체성으로의 지양을 암시하는 것은 아니다. 우리는 여기서 통합의 필수적 한계에 대해 다시 한번 상기한다. 자기와 이방인 사이의 모든 연결의 가장자리에는 '번역 불가능한 핵'이 남아있기 때문에, 그 환원할 수 없는 수수께끼는 문이 확실히 닫힐 수 있는 집으로 완전히 동화되기를 거부한다. 이러한 근본적 타자성은 단번에 종교를 화해시키는 것을 필연적이면서도 부적합한 일로 만든다. 언제나 더 말해져야 하고 이해되어야 할 그 이상의 어떤 것이 있고, 소진될 수 없는 어떤 잔여가 절대 알려지지 않은 채로 남는다. 그리고 이방인이 (적어도 부분적으로) 우리에게 항상 낯설게 남을 수 있도록 해주는 것이 바로 이 — 많은 종교들이 신이라고 부르는 — '그 이상의' 것이다. 이런 점에서 진정한 모든 종교 체험은 다시-읽어내는re-legere(다시-묶어내는) 것이며, 과잉에서 의미로 의미에서 과잉으로 다시 돌아가는 것이다. 번역을 추동하는 지속적인 읽기의 오뒷세이아에는 끝이 없다.[31]

모든 위대한 윤리적 가르침은 일련의 교훈 — 죽이지 말라, 진실을 말하라, 정의로워라, 약자를 돌보라 — 을 공유한다. 인간 정의의 세계 헌장에 새겨진 것처럼 종교가 그러한 공유된 원리에 첨가할 수 있는 것은 우리의 유한한 인간 존재와는 다른 어떤 타인에 대한 심원한 신비적 경외감을 재신론적으로 되찾는 것이다. 여기서 어떤 타인이란 우리가 공포 트라우마에 관한 자연스러운 반응을 극복할 수 있을 때 환영할 수 있는 이방인을 말한다. 법률적, 윤리적, 정치적 평화의 필수불가결한 조항을 넘어, 평화의 회담장에 여분의 요소 — 이방인의 경이로움, 믿음·희망·자애로운 사랑의 은혜로운 과잉 — 를 가져올 수 있는 심원한 영적 원천들이 있다.[32]

VII

그러면 요약해보자. 만약 우리 지구상에서 평화가 이루어진다면, 나는 세계의 정치인과 합법적 변호인들에 의해서만 평화가 중개되지는 않을 것이라고 본다. 칼 야스퍼스가 서로 다른 신앙과 비신앙 사이의 "사랑의 쟁투"liebender Kampf라고 부른 것도 평화를 가져올 것이다. 재신론은 갈등을 일으키는 확신들이 실재함을 무시하는 손쉬운 합의에 관한 것이 아니다. 그것은 각 믿음이 시작되는 장면에서의 이방인을 향한 독특한 환대를 되찾기 위한 노력이다. 그러므로 우리 자신을 다른 전통의 신들에게 노출함으로써 우리는 우리 자신의 것에서는 죽는 위험을 무릅쓴다. 그리고 이러한 케노시스적 환대의 순간에서, 우리는 우리의 신과 다른 신을 — 때로는 우리가 그 순간에 대해 알지 못하면서 — 교환하게 되고, 우리는 우리의 신을 다시 되돌려 받는 은혜로운 가능성을 우리 자신에게 열어준다. 다만 이는 타자에게서 비롯한 선물로서의 시간, 죽음 저편의 삶의 신으로서의 시간이다. 우리의 신앙을 잃는 가운데, 우리는 그것을 다시 얻을 수가 있다. 첫 번째 신앙은 이방인의 이름으로 두 번째 신앙에 자신을 넘겨준다. 이것이 재신론의 내기이다. 그리고 위험도 상존한다. 이방 신에게 우리의 고유한 신을 넘겨줌에 있어 신이 다시 돌아오지 못할 수도 있기 때문이다. 아니면 돌아온 신은 우리를 놀라게 하는 방식으로 돌아올지도 모르는 일이다.

에필로그

신의 영광은 우리 각자가 충만하게 살아 숨 쉬는 것이다.

이레네오, AD 185

마지막에 이르러서야 갑자기 든 생각l'esprit de l'escalier – 미처 말하지 못한 것이 기억나는 것처럼, 일이 다 지나간 후에 비로소 든 생각 – 을 나누고 싶다.

그중 첫 번째 생각은 인간주의humanism에 대한 물음이다. 혹자는 이렇게 물을 수 있다. 왜 이방인이 신적 타자가 되어야 하는가? 왜 인간이 그저 인간이 될 수는 없는 것일까? 혹은 자연이면 안 되는가? 왜 재신론은 너의 이웃을 친절하게 대하는 일 이상의 것을 말하는가? 무신론자들도 분명 유신론자들이나 재신론자들과 똑같은 어떤 것을 행하지 않는가? 이것이 신과 무슨 상관이 있는가?

이는 무신론자 동료 및 친구들과의 토론에서 나오는 공통 쟁점이다. 그리고 그것은 공정한 것이다. 존중을 담은 나의 답변은 이러하다. 이방인에게서 인간 그 '이상의 것'을 인식하는 것이, 곧 타자에게서의 초월의 차원을 인식하는 방식이고, 이것이야말로 – 적어도 부분적으로 – 내 앞의 인격의 유한한 현전을 초과한다. 다만 나는 여기서 인간성을 축소하는 것이 아니라, 인간성을 확대하는 것으로, 내재성 안에서의 초월 및 내재성을 통한 초월에 관해 이야기하고 있다. 만일 신적 이방인이 더 나은 것, 즉 더 정의롭고, 사랑스럽고, 창조적인 존재 방식에 초대함으로써 인간의 인간성을 향상시키지 못한다면, 그것은 신적이라는 이름에 걸맞지 않다. 요점은 다음과 같다. 타자로서의 타인은 더 풍요로운 삶을 가져오는가 가져오지 못하는가? 우리가 눈에 보이는 것 너머에 있는 더 높고 깊은 어떤 것에 응답하지 않으면, 타자는 우리가 보통 소유할 수 있는 것 너머의 희망, 사람 – 그리고 행복 – 으로 안내해 줄까? 순수하게 인본주의적인 또는 자연주의적인 차원에서 가용한 것 그 이상의 거대한 지고함과 심연으로 우리를 소환해내는 것은 무엇일까? 이것이 내가 타자에 있어서 '이방인'의 부름이라고 한 것이며, 이것이 바로 불가능한 것을 가능하게 하는 믿음으로 초대하는 타자성의 한 차원이다. 즉 그것은 신뢰할 수 없는 것을 신뢰하는 상상이자 전대미문의 놀라운 것을 환영하는 용기이다. 그래서 나는 (사라와 마리아가 '불가능한' 아이의 도래에 대해 예라고 응한) 첫 번째 탄생과 (야곱, 예수, 그리고 예언자가 예라고 응한) 두 번째 탄생의 장면을 선택적으로 도입했다. 불가능한 것을 가능하게 하는 사건들은 성서에 국한된 것이 아니다. 그것들은 모든 종류의 일상의 수준에서 일어날 수 있다. 예를 들어 '나 자신의 힘으로는' 중독을 끊을 수 없음을 인정함으로써 더는 중독 상태에 있지 않게 된 약물 중독자와 알코올 중독자들을 생각해보라. 중독 지원 그룹에 속한 많은 이에게 치유는 자신의 중독이 인간의 의지력을 넘어 '통제할 수 없다'고 인정하는 때에만 도래하며, '더 높은 힘'(이것을 무엇으로 이해하든)에 항복해야만 극복될 수 있다. 인간의 능력을 넘어선 이 '더 높은 힘'은 초월의 또 다른 이름이다. 그리고 나는 토마스 머튼이 〈익명의 알콜 중독자들의 모임〉을 20세기의 가장 중요한 영적 운동 중 하나로 묘사한 것도 이런 이유 때문이라고 생각한다.

사회적이고 윤리적인 실천의 관점에서, 나는 바니에, 데이, 간디와 다른 선각자들의 삶에서 비슷한 것을 보여주려고 했다. 이런 이들이 성스러움에 충실하고자 한 것, 즉 자신들보다 더 훌륭하고 위대한 것을 소중하게 여기는 그 마음은 불의를 정의로 변형시키는 대담함과 어려움에 직면한 타자들을 섬길 담대함을 선사해주었다. 그것은 다양한 종교들이 신이라고 부르는 그 이상의 어떤 것, 곧 이면의, 여분의, 예기치 못한 어떤 것의 이런 급진적이고 재생적인 의미다.

이 책은 신의 존재에 대한 과학적 가설에는 관심을 두지 않는다. 내가 이전에 내놓은 책 『존재할 수도 있는 신』을 따라서, 본서는 어떤 천상에 거하면서 세계를 관리하는 초자연적 존재의 형이상학적 지위를 증명하는 것을 목표로 하지 않는다. 재신론은 이러한 형이상학적 (또는 유사과학적) 주장을 넘어서고 그 대신 우리의 윤리적이고 시학적인 실존을 위해 – 첫 시작의 신Alpha-God이라는 환영illusions을 거부한 이후 – 성스러운 것의 의미에 초점을 맞춘다. 유한한 타자들 안에 육화하는 무한한 타자로서의 이방인에 대한 내기는 계산이나 확률의 논리(파스칼)가 아니라 선함에 관한 현상학적 증언을 기반으로 삼는 내기이다.

도킨스나 히친스 같은 반유신론자들은 신이 선하지 않고 신앙이 없으면 세상이 더 나은 곳이 될 것이라는 주장을 편다. 만일 그들이 옳다면, 우리는 신 담론에서 완전히 손을 떼야 한다. 하지만 내가 이 책에서 주장해 온 것은, 이 재신론의 내기가 그와 정반대의 것, 곧 선함을 증진하는 것을 약속하는 두 번째 신앙의 선택지를 열어준다는 것이다. 이것은 어떻게 가능한가? "세상에서 보잘것없는 사람들과 멸시받는 사람들, 곧 아무것도 아닌 사람들을"(고린토인들에게 보낸 첫째 편지 1:28) 선택함으로써 가능하고, 이방인에게 시원한 물 한 잔 주기를 선택함으로써 가능하다. 왜냐하면 이방인이 나 '그 이상의 존재'이고, 타자는 내가 알 수 있고, 파악할 수 있고, 통제할 수 있고, 소유할 수 있는 모든 것과 다른 자이며, 또 외인은 인간주의와 자연주의의 한계를 능가하고 감사의 답례와 은총의 공간을 해방하는 초월과 궁극성의 차원을 암시하기 때문이다. 이는 다음과 같은 또 다른 공간과 시간에서 일어난다. 통상 아브라함 전통에서, 어떤 경우 도래로 묘사되는 시간. 우리에게서 나오는 시간이 아닌 우리에게 다가오는 순간. 이는, 재신론자의 내기가 두 번째 신앙을 되찾는 형태를 취하기는 하지만, 그 내기가 미래로부터 이루어지고, 과거에 미래를 부여함으로써 이루어지며, 또 메시아적 순간마다 우리를 놀라게 만들면서 이루어지는 데서 비롯하기 때문이다. 이런 점에서 나는 재신론의 시간을 극소-종말론micro-eschatology의 시간이라고 말한다. 이는 이방인이 역사의 연속체를 관통할 때 일어나는 시간의 에피파니다.

이는 재신론이 무신론에 반대한다는 것을 의미하는가? 아니, 그것은 단지 두 종류의 무신론과 두 종류의 유신론 사이를 선별함을 의미할 뿐이다. 다시 말해 한편으로 나는 여기서 재신론적 무신론과 반유신론적 무신론을, 다른 한편으로는 재신론적 유신론과 교조적 유신론을 구별한다. 이런 의미에서 재신론은 명사보다는 형용사(또는 부사)로서의 역할을 더 자주 한다고 말할 수 있을 것이다. 왜냐하면 그것은 무신론과 자유롭게 대화하는 중간적 공간을 표시하기 때문이다. 내가 서둘러 첨언하고 싶은 것은, 이 세 번째 공간이 교조주의를 초래할 수 있는 정적 위상을 점하는 게 아니라는 점이다. 그 공간은 결코 완전히 정지하지 않는 믿음과 불신 사이에서 벌어지는 내기가 열리는 곳이다.(내가 거듭 지적한 바와 같이 그리스도조차도 십자가상에서의 마지막 순간에 단념과 동의 사이의 내기를 걸었다). 이 재신론의 내기는 미적지근한 침묵의 영역을 알리기보다, 언제나 참여와 비판, 회복과 상실, 슬픔과 기쁨 사이를 거침없이 움직이면서 역동적으로 주의를 기울인다. 재신론은 결코 마음을 정하지 않은 채로 있는 것이 아니라, 언제나 마음을 정하는 도정에 있는 것이다. 궁극적인 사태의 복잡성을 절실히 깨닫고 있기에, 이 재신론적 순간은 충만하게 살아 숨쉬고 있는 인간성을 입증한다. 그리고 이러한 재신론의 순간이 위대한 종교의 시발점이 되는 장면에만 국한되는 것이 아니라 잠재적으로 우리 일상적 삶의 어느 순간에 일어나는 것이라는 점을 상기하는 게 중요하다.

만약 일부 무신론자들이 재신론에서 무엇을 얻을 수 있을지 궁금해 한다면, 나는 그 무신론자들이 적어도 여러 전통에서 비롯하는 풍부한 문법, 어휘, 그리고 급진적인 환대의 상상을 되찾을 가능성을 찾을 수 있을 것이라고 제안한다. 이런 것들은 배타적인 세속 담론에서는 찾을 수 없는 것들이다. 마음을 열어두는 것이 주는 이점에 대해서는 더 강조할 필요가 없을 것이다.

재신론은 신앙에 대한 물음 그 이상의 것이다. 재신론은 (일부에게는 선택이라는 단어가 지닌 주의주의적 함의를 가지는) 믿음에 더하여, 소망, 사랑, 그리고 경이의 문제다. 우리는 이방인이 우리가 기대하는 것 그 이상의 존재이기를 희망하고, 무한한 타자로서의 이방인을 사랑하며, 이방인의 그 모든 낯섦 자체에 경이로워한다. 경이로움으로 끝나는 것이 실로 적합할 것 같다. 왜냐하면 경이야말로 영적인 것, 철학적인 것, 시적인 것이 공유하는 기초적 경험이기 때문이다 — 곧, 환영이라는 영적 에피파니, 물음이라는 철학적 경이thaumazein, 상상의 시적 전율이라는 경이 말이다. 이 책은 이 세 가지로부터 핵심적인 것을 끌어내고자 했지만, 다음과 같은 네 번째 경이의 경험을 망각하지 않는다. 곧, 세상이 성스러워지는 것을 지켜보며 이방인을 돌봄으로써 이 세상을 변화시키는 윤리적 행위로서의 경이.

:: 감사의 말

나는 이 책의 초안을 읽고 논평해 주어 나에게 큰 도움을 준 많은 동료들과 친구들에게 진심 어린 감사의 뜻을 전하고 싶다. 그들의 넉넉한 학식과 자상한 배려는 때때로 매우 특별하게 다가왔으며 나는 그들에게 매우 큰 빚을 졌다. 이 가운데 조셉 오리어리, 마크 게드니, 존 마누사키스, 제프리 블뢰츨, 에일린 리조-패트론, 폴 프레이니, 로비사 버그달, 윌리엄 데스몬드, 닐 데루, 옌스 짐머맨, 브라이언 그레고르, 또 특별히 처음부터 끝까지 이 기획 전반에 걸쳐 나를 안내해준 카샤 세모노비치, 패니 하우, 크리스토퍼 예이츠에게 감사한다.

나는 또한 여러 해 동안 신에 관한 물음에 대한 나의 생각에 영향을 준 여러 멘토들에게 큰 빚을 지고 있다. 억압하는 신들의 죽음 이후에 등장하는 성스러운 신들의 경이로움을 10대 시절 나에게 소개해준 두 명의 글렌스탈 수도원(아일랜드)의 수도사 마크 패트릭 헤더만과 앤드루 누젠트, 그리고 메를로-퐁티를 가르쳐주고, 자신의 책 『무신론과 소외』를 통해 지속적으로 영향을 끼친 나의 첫 번째 철학 스승 패트릭 매스터슨 교수가 바로 그 멘토들이다. 또한 내 석사논문 지도교수인 맥길대학교의 찰스 테일러는 창조적 상상력과 영적 믿음이 서로 배타적이지 않다는 것을 깨닫게 해주었다. 프레드 달마이어는 이 책의 마지막 장에 나오는 문명 간 대화 문제로 들어갈 수 있게 나를 안내해 주었다. 마지막으로 파리에서 만난 멘토들, 폴 리쾨르와 에마뉘엘 레비나스에게 깊은 감사의 말을 전한다. 이들은 나에게 가장 철저한 형태의 현상학과 해석학이 신적인 것의 사라짐과 재출현을 시의적절하게 말해줄 어떤 것을 담고 있음을 가르쳐 주었다.

나는 또한 컬럼비아대학교 출판부의 시리즈 편집자 크레스튼 데이비스와 웬디 로크너와 크리스틴 모틀록이 보여준 편집 작업, 인내심, 전문지식과 관련한 헌신적 노력에 대해 감사의 말을 전하고 싶다. 그리고 늘 그렇듯 그리고 항상 그랬듯이 이 책의 원고를 붙들고 고투하며 안절부절못하던 나를 참고 견뎌준 아내 앤, 그리고 내 딸 시몬과 사라에게 감사의 말을 전한다.

이 책은 미국 보스턴대학교 철학과에 찰스 시릭Charles B. Seelig 석좌 교수로 재직 중인 리처드 카니의 *Anatheism : Returning to God After God* (New York : Columbia University Press, 2010 ; 2011)을 번역한 것이다. 카니 교수의 책은 그의 또 다른 주저 가운데 하나인 『이방인, 신, 괴물』(개마고원)과 『현대 사상가들과의 대화』(한나래), 『현대 유럽철학의 흐름』(한울)이 이미 우리말로 오래전 출간된 바 있다. 『이방인, 신, 괴물』의 출간 전후부터 그는 자신만의 고유한 사유를 펼치면서 뛰어난 여러 학술적 성과를 보여주고 있는데, 안타깝게도 그간 그런 다양한 성과들은 우리 학계에 그다지 알려지지 못했으며, 심지어 그의 이름조차 카니가 아닌 커니로 잘못 알려져 있는 형편이다. 본서의 출간을 통해 실제로 저자의 고향인 아일랜드 및 다른 서양어권에서 호명되는 방식에 맞춰 그의 이름을 표기할 수 있게 된 것 — 논란의 여지를 없애기 위해 나는 카니 선생에게 직접 이름 표기 방식을 물어보았다 — 도 다행스러운 일이다. 무엇보다도 신의 죽음 이후의 신과 신앙을 다시 사유하려고 하는 '재신론'이라는 매력적인 기획을 이제라도 우리말로 함께 읽고 연구할 수 있게 된 것은 독자들뿐만 아니라 나 자신에게도 크게 다행스러운 일이다.

이 책을 번역하게 된 동기는 크게 두 가지다. 첫 번째 동기는 내가 여러 해 전부터 집중적으로 공부하고 있는 폴 리쾨르 이후의 현상학, 해석학, 그리고 비교적 최근 현격하게 발전하고 있는 해석학적 종교철학에 대한 관심에서 비롯한다. 카니는 폴 리쾨르의 가장 가까운 제자 중 한 사람으로서, 그의 지도 아래 해석학을 충실하게 배웠음은 물론이고, 리쾨르의 해석학을 발전시켜 이중판별의 해석학diacritical hermeneutics, 육의 해석학carnal hermeneutics 등, 새로운 다양한 해석학적 기획을 개진하고 있는 독창적인 사상가다. 여기에 더하여 카니는 리쾨르가 다소 조심스럽게 접근했던 종교적 주제를 매우 노골적으로 다루면서, 전통 형이상학의 신, 전통 그리스도교 교리에서 전지전능한 자로 규정한 모든-것을 주관하고 관장하는 신(카니의 표현을 따르자면, Omni-God), 더 현실적으로는 아우슈비츠와 같은 비극적 상황에서 침묵했으면서도 여전히 신정론의 변증 대상으로 추앙받는 신 등, 인간의 삶과 무관한 것처럼 보이는 이러한 신들 이후의after 신과 신앙을 해석학적으로 탐구한다.

특별히 카니는 이렇게 종교철학적 맥락에서 자신이 사용하는 해석학을 이야기 해석학hermeneutics of narrative이라고 부르는데, 이는 신-담론을 신의 현존이나 부재를 입증하는 교리 중심적 형이상학의 신 존재 증명이나 신을 교리적 신조의 대상으로 다루는 전통 신학의 탐구 방식을 지양하고, 세계의 주요 종교들이 꾸준하게 전승시킨 '이야기들'을 해석함으로써 신과 신앙을 새롭게 이해하고 되찾는 해석학적 방법이라고 할 수 있다. 나는 이처럼 리쾨르가 처음 제안했으나 종교철학의 영역에서는 제한적으로 적용되었던 이야기 해석학을 가장 급진적으로 신-담론과 신앙론에 적용한 카니의 기획을 통해서 통상적으로 교회와 신학대학에서 논의되는 교리-중심적 사유 방식과는 다르게 신과 종교를 탐구하는 우리 시대의 중요한 한 기획을 소개하고 싶었다.

두 번째 번역 동기는 조금 더 실천적인 관심에서 비롯하는데, 이 점에 대해서는 내가 경험한 이야기를 첨가하여 좀 길게 서술하고자 한다. 코로나바이러스 창궐 원년인 2020년을 거쳐 오늘에 이르는 팬데믹pandemic 상황 아래, 우리는 전 세계의 불안정한 현실, 그중에서 특히나 소위 선진국으로 호명되어 왔던 서구 사회의 불안 ― 그리고 아시아에서 가장 서구적인 나라라고 해도 좋은 한국 사회의 불안 ― 을 여러 소식을 통해 접하고 동시에 직접적으로 경험하고 있다. 이러한 불안한 현실 앞에, 이제는 새로운 삶의 방식에 대한 여러 실제적 고민이 필요하다는 목소리가 여기저기서 들려온다. 그런데 나는 새로운 삶의 방식을 형성하는 것은 또 다른 대안적인 (또 다소간 근대적인) 거대 담론을 만들어서 환원될 문제가 아니라고 생각한다. 그보다는 오늘날 사회, 정치, 경제, 문화 등의 각 영역에서 드러난 아픔이나 모순을 분석하되, 각 영역의 고유성에 주목하여, 각각의 영역에 적절한 새로운 삶의 상상력을 발휘하는 것이 필요하다. 왜냐하면 우리가 사는 21세기는 한 가지 거대담론으로 해결될 수 없는 다양한 목소리들이 교차하고 있는 다원화된 시대이기 때문이다.

그리고 이런 분석력과 상상력을 필요로 하는 영역에는 종교도 포함된다. 팬데믹 이전부터 한국과 서구 사회, 특별히 내가 경험했던 우리 사회와 서유럽 사회는 종교의 퇴행적 모습이나 종교간 갈등의 문제로 인해 큰 홍역을 앓아 왔다. 우리는 지금도 팬데믹 상황에서 수행해야 할 사회적 거리두기를 무시한 채 자신이 속한 교파의 정체성과 행동 방식을 최우선적인 것으로 여기는 종교 집단들이 미치는 부정적 영향을 몸소 경험하고 있다. 다만 여기서 비롯하는 갈등을 해소하기 위해서는 특정 종파에 대한 단적인 비난을 넘어, 더 근본적인 차원에서, 종교와 신앙에 대한 새로운 상상력이 확산되어야 한다고 나는 믿는다.

또한 우리는 이슬람 문화권에서 온 이주민이나 난민들과의 공존

문제가 큰 사회적 문제로 대두되고 있는 현실을 목도하고 있다. 사실 유럽에서는 꽤 오래전부터 무슬림 난민 및 그리스도교 이외의 여타 종교 문화권에서 건너와 정착한 이주민들과 원주민들의 공존을 둘러싼 갈등이 만연해 있었다. 내가 잠시 유학하며 거주했던 벨기에와 네덜란드에도 이는 매우 중요한 쟁점이었다. 이에 그곳의 대학들은 종교간 공존과 대화의 문제, 이슬람과 그리스도교를 비롯한 여러 종교간 화해와 연대를 위한 대화의 장을 매우 자주 마련하면서 이 난국을 타개하기 위한 지혜를 모았다. 반면에 이런 대화의 노력을 무색하게 만들겠다는 듯이, 종교 투쟁을 표방하거나 서구 사회에 대한 불신을 폭력을 통해 표현하는 끔찍한 테러의 사건들도 있었다. 특별히 2015년 프랑스 파리 테러나 2016년 브뤼셀 국제공항 폭탄 테러는 내가 근거리에서 경험한 끔찍한 사건이다. 무척이나 허무한 표현을 쓰자면, 나 같은 이들은 그저 운이 좋아 그런 사건들을 피했을 뿐, 이런 테러의 위험은 언제 어디서 다시 일어날지 모르는 공포였다.

그런데 내 시각에 더 의아하게 보였던 것은 이런 종교적 동기를 가진 분쟁이나 이주민들의 불만, 테러 등에 대한 유럽 사회의 대응이었다. 앞서 언급했던 것처럼, 그나마 대학들은 학술적인 차원에서라도 대화와 환대의 이야기를 쓰기 위해 이런저런 애를 쓰는 것처럼 보였지만, 전술한 문제들에 대한 정부 차원의 대응은 매우 안일한 수준에 머물러 있었고, 사회, 문화적 분위기는 혐오와 배제로 점철되기 일쑤였다. 이와 관련해서, 2018년 어느 날 내 눈을 의심케 했던 뉴스를 접한 기억이 있다. 그것은 프랑스 마크롱 정부의 대학개혁에 반대하는 인터뷰를 하던 좌파 학생 단체의 대변인이 히잡 차림으로 인터뷰에 나선 일과 관련한다. 당시 뉴스의 전후 상황을 돌아보면, 정부의 교육 정책을 신랄하게 비판했던 그 대변인의 메시지는 사라지고, 그녀의 히잡 차림이 프랑스 사회의 세속주의 원리laïcité를 위반했다는 지적만 기이하게 부각되었다. 이 사건을 접하며 내게는 '과연 이것이 프랑스의 똘레랑스인가?'라는 의문이 크게 자리 잡기 시작했다. 하나의 예에 불과하지만, 이런 웃지 못할 사례가 유럽 사회에서 그 당시 매우 자주 일어났다. 나는 이런 상황을 감안하여, 종교간 대화와 공존, 무신론과 유신론의 소통을 촉진하는 카니의 사유를 우리 사회와 학계에 도입하기 위해 본서를 번역하기로 결심했다.

사실 따지고 보면, 유럽 사회의 종교적, 이념적 분쟁은 그저 그들만의 문제가 아니다. 2018년 예멘 내전의 풍파를 피해 제주도로 건너온 예멘 난민들에게 가해진 혐오에는, 외국인 일반을 넘어 무슬림에 대한 혐오가 뒤섞여 있었다. 이처럼 한국 사회 역시 이방인 혐오를 극복하고 이슬람 문화와의 공존을 모색해야 할 시기에 이르렀지만, 현실은 이런 중요한 문제를 그저 '나중의' 과제로 미루고 있는 실정이다.

특별히 정치의 영역에서는 상이한 이념을 표방하지만, 보수 진영이나 진보 진영 모두 세속 사회 이후의 사회post-secular society에 대한 전망이나 종교적 소수자에 대한 포용이나 환대를 위한 제안을 내놓지 못하고 있다. 오히려 완고한 종교 교리를 고수하면서 이방인과 소수자를 배제하고 몰아내기를 추구하는 근본주의적 종교 집단이 여전히 사회 주류의 한 축을 담당하고 있고, 그런 집단의 비호 아래 정치적 이익을 도모하는 세력이 여전히 존재하고 있다. 반면에 혁신과 진보를 추구한다고 하지만, 종교에 대한 이해가 현저하게 떨어져서 앞서 언급한 문제에 대해서는 별다른 이론이나 대안을 선보이지 못하는 집단도 존재하는 게 사실이다. 근본주의적 종교계의 배타성은 어제 오늘의 일이 아니지만, 종교 자체에 대해 배타적인 진보적 담론도, 그 태도면에 있어서는 근본주의 종교 집단과 궤를 같이하는 면이 있다. 계몽적인 언어나 다소간 폭력적인 언어를 가지고서 종교 자체의 무용함을 지적하는 것은, 근본주의적 종교인들과 마찬가지로 종교간 갈등이나 우리 시대의 종교의 적절한 지위와 방향을 논하는 데 아무런 도움을 주지 못한다. 극단적인 경우, 가능하지도 않은 종교 소멸까지 주장하는 시각도 있는데, 이런 입장은 이슬람 문화권 등에서 건너온—우리 사회 기준으로—종교적 소수자들마저 억압하는 효과를 초래할 수도 있다. 한 예로 우리는 리처드 도킨스류의 종교 폐기 운동이 정말 우리 시대에 얼마나 유익한 영향을 미쳤는지 생각해볼 수 있다. 물론 그들의 주장 안에는 종교의 맹점에 대한 정확한 지적이 있지만, 계몽주의적이고 과학 근본주의적인 언어로 상대방을 무시하는 전략은 사회적 연대나 평화에 그다지 도움되지 않는다는 게 내 생각이다.

이러한 우리 시대의 상황 속에서, 아일랜드 출신으로서 그 스스로 남북 아일랜드의 종교 분쟁을 깊이 경험한 카니의 문제의식과 사유의 실천은 종교와 신앙의 자리를 다시 묻고자 하는 이들에게 한 가지 유의미한 대안적 사유를 제시하는데, 그것이 바로 본서의 제목이기도 한 재신론Anatheism이다. 여기서 재신론의 접두어 재Ana-는 다시, 반복, 이후 등의 뜻을 담고 있다. 전통 신학의 한계 이후, 하지만 전통과 단절하는 것이 아니라 전통 종교와 신앙의 이야기를 재해석하여 낡고, 무익한 신의 죽음 이후의 신을 다시 사유하는 것이 재신론의 주요 골자다. 특별히 카니의 재신론은 낡고 무익한 신앙을 비판적으로 반성한 이후의 새로운 신앙의 이야기를 내놓는 것을 가장 중요한 작업으로 삼는다.

그러면 그리스도교, 이슬람교, 유대교, 불교 등의 이야기를 다시 해석할 때, 우리에게는 어떤 신앙의 이야기가 주어질까? 카니가 제시하는 것은 다름 아닌 이방인에 대한 환대의 이야기다. 그에 의하면, 이방인에 대한 환대는 어느 종교에서나 예외 없이 등장하는 이야기다. 이런 이야기를 수립하는 가운데 우리는 우리 삶에 다시 도래하는 새로운 신(들)을 기대할 수 있고, 그런 신에 대한 새로운 신앙도 기대할 수 있다. 신학자 미로슬라브 볼프의 표현을 빌리자면, 종교간 '환대의 해석학'이 이 책 전체를 관통하고 있다고 말할 수 있겠다.

특별히 카니는 이러한 형태의 신앙을 일종의 내기wager로 이해한다. 이 내기는 구원론의 맥락에서 구원과 관련한 기대 이익을 확률적으로 계산하는 파스칼적 내기가 아니라 신적 이방인과의 환대의 만남과 화해의 미래를 기대하지만, 결단하는 우리는 이방인과의 만남에서 어떤 결과가 도래할지 알 수 없는 실존론적 결단의 모험과 도전을 뜻한다. 이는 본서가 잘 해명하고 있는 것처럼, 아브라함이 알지 못하는 이방인들에 대해, 성모 마리아가 이방인이 전해준 비상식적 수태고지에 대해 '예'라는 내기를 걸었던 것과 같은 것이다. 이 내기 앞에서는 전통 신학의 변치 않는 체계로서의 교리나 신앙고백도, 종교인들의 무지를 지적하는 무신론자의 계몽 운동도 큰 의미를 발산하지 못한다. 이방인의 모습을 하고 도래하는 신적 이방인과의 만남/외면은 어떤 거대한 목적론적 담론이 아닌 개별자인 나의 실존적 결단이다. 바로 이런 맥락에서, 카니는 자신이 자란 그리스도교 – 특별히 가톨릭 – 전통만이 아니라 유대교와 이슬람교의 환대의 이야기를 모아내고, 그 이야기가 어떻게 오늘날 나와 우리의 환대와 신앙의 내기로 전유될 수 있는지 보여준다.

특별히 환대는 반드시 타자와의 관계에 관한 문제를 불러온다는 점에서, 재신론은 종교와 신앙의 문제만이 아닌 윤리와 정치의 문제까지 함축한다. 더 나아가 재신론의 이방인 환대를 향한 내기는 신자와 비신자를 가리지 않고 삶의 다양한 방면에 일어나는 일이다. 실제로, 우리는 여러 문학과 예술작품을 통해 이방인과 마주하는 사태를 색다른 방식으로 목격한다. 이런 점에서 재신론은 종교, 윤리, 정치, 예술과 관련하는 기획이기도 하다. 이 모든 영역에서 일어날 수 있는 환대의 파노라마는 때로 우리의 삶에 까다로운 신비를 선사하며 이전과는 다른, 이방인과의 만남 '이후'의 또 다른 삶으로 우리를 안내한다.

카니는 이런 재신론적 기획이 특정 종교의 전유물이 아닌 일상 안에서의 초월을 내다보는 기획이라는 점을 입증하기 위해 세속적인 것 안에서 낯선 것의 성스러움의 의미를 찾고자 했던 여러 소설가들의 텍스트를 재해석하고, 사회-정치적 운동에서 나타나는 환대의 이야기를 발견하고자 한다. 이것이 바로 카니가 종교 경전에 대한 해석이나 개념에 대한 분석 및 논증을 넘어 제임스 조이스, 버지니아 울프, 마르셀 프루스트 등 세속적인 것 안에서 성스러움을 추구했던 위대한 소설가 및 도로시 데이나 마하트마 간디 같은 실천가에게 관심을 두는 이유다. 아마도 이렇게 이론적인 것을 거쳐 실천적인 장으로 이행하는 이러한 사유의 모험이 이 책이 지닌 가장 큰 이점 중 하나일 것이다. 왜냐하면 이런 재기 넘치는 시도를 통해 이 기획은 이론적 삶과 실천적 삶의 통합을 꾀하고 있기 때문이다.

이렇게 본서는 종교와 신학을 넘어 철학, 문학, 정치를 가로지르는 폭넓은 사유의 실험을 보여주기 때문에, 종교인만이 아니라 철학, 문학, 그리고 비평에 관심을 둔 이, 더 나아가 정치적 실천과 실제 일상 안에서 지속가능한 새로운 삶을 기획하는 이들에게까지 적지 않은 통찰을 줄 것이다. 이런 점에서 나는 일상 안에서 성스러운 것을 찾고자 하는 이들, 내재성 안에서 초월을 추구하는 모든 이들이 본서를 통해 환대를 향한 자기-초월의 단초를 발견하길 기대한다.

이와 더불어, 본서의 동시대적인 학술적 의의를 다소간 전망론적인 시각에서 언급하고 싶다. 서양철학사를 돌아보면 종교철학의 전기를 마련한 고전들이 있다. 신학과 철학이 첨예하게 분리되지 않았던 중세철학의 기라성같은 여러 작품을 필두로, 근대철학에는 데이비드 흄의 『자연종교에 관한 대화』나 칸트의 『이성의 한계 내에서의 종교』, 슐라이어마허의 『종교론』 등이 그런 전기를 마련한 책으로 꼽힐 것이다. 20세기 이후로 보자면, 현상학, 해석학, 분석철학의 발전 아래 장-뤽 마리옹의 『존재 없는 신』이나 앨빈 플랜팅가의 『보증된 그리스도교의 믿음』 등이 종교철학에서 새로운 돌파구를 낸 명저로 꼽힐 만하다. 이런 흐름에서 본서 『재신론』은 유럽대륙철학과 해석학의 맥락에서 21세기의 시작부터 지금에 이르는 여러 종교철학적 기획 가운데 가장 참신하고 영향력 있는 연구로 손꼽히고 있다. 카니의 바로 앞 세대 해석학자인 가다머와 리쾨르 역시 종교철학과 관련해서도 큰 영향을 미친 저술을 남겼지만 명확하게 종교철학의 명저라 할 만한 한 권의 책을 쓰지는 않았다. 그들의 현상학과 해석학을 이어받은 카니가 그 원천을 발전시켜 바로 이 『재신론』이라는 탁월한 작품을 저술했다는 점에서 본서가 가지는 의의는 적지 않다. 아마도 시간이 흘러 21세기 유럽대륙종교철학의 명저의 목록을 작성한다면, 이 책이 반드시 그 목록에 들어가리라고 전망해도 좋을 것 같다. 또한 근대적인 진보의 이념의 파국의 단면을 보여주는 아우슈비츠 이후 신을 어떻게 말할 수 있는가 하는 것은 종교와 신앙을 포기하지 못한 많은 철학자들이라면 누구라도 지나칠 수 없는 사유의 과제로 간주되었고, 이는 종교철학의 중대한 주제로 계속 다뤄지고 있다. 바로 이 맥락에서 본서는 홀로코스트 이후의 신과 종교에 대한 담론을 촉진하는 기폭제 역할을 했다. 왜냐하면 재신론이 곧 고통 속에서 침묵한 전통 신정론(변신론)의 비호를 받는 신의 죽음 이후의 신을 모색하는 기획이기 때문이다. 이것 역시 본서가 우리 시대의 중요한 기획으로 손꼽힐 수 있는 이유가 될 것이다.

끝으로, 카니에 대한 더 많은 정보를 얻고자 하는 독자들, 그리고 카니의 사유의 진화를 알아보고 싶은 이들은 내가 공동 저자로 참여한 『우리 시대의 그리스도교 사상가들 : 철학과 신학의 경계에서』(도서출판 100)의 「리처드 카니 : 신의 죽음 이후의 신을 다시 상상하는 해석학의 후예」 부분을 보기 바란다. 이 책에서 나는 이미 카니에 대한 간략한 해명을 시도했다. 이에 여기서 그의 삶과 사상에 대한 더 이상의 해설을 다는 것은 그저 사족이 될 뿐이다. 다만 나는 독자들이 이 책을 처음 접하게 되었을 때, 카니 선생이 본서를 위해 따로 작성한 한국어판 서문을 주의 깊게 읽기를 권유하고 싶다. 읽는 이들은 카니 선생이 한국어판 서문을 그저 인사치레가 아니라 독자들을 위해 매우 세심하게 벼리어냈음을 눈치챌 수 있을 것이다. 이 부분을 먼저 상세히 읽는다면, 독자들은 '재신론'의 의미와 본서의 전개 방식, 탐구 방법, 의도 등을 심도 있게 이해할 수 있을 것이다.

본서의 출간을 위해 많은 분이 애를 써주셨다. 무엇보다 갈무리 출판사에 감사의 말을 전한다. 종교에 관한 책을 낸다는 것이 어쩌면 모험일 수도 있는데, 갈무리 식구들은 필자가 제안한 이 모험에 과감하게 동참해 주었다. 출간을 결정해 주신 조정환 선생님과 이토록 어려운 책의 편집을 맡아준 김정연 선생님을 비롯한 출판사의 모든 분에게 고마운 마음을 표한다. 또한 나는 이 책의 한국어판 서문을 흔쾌히 써준 리처드 카니 선생님의 호의에 큰 감명을 받았다. 카니 선생님은 먼발치에서 자신의 강의를 들었을 뿐 일면식도 없는 역자의 제안을 흔쾌히 수락해 주셨을 뿐 아니라 여러 격려의 말도 함께 해주셨다. 아울러 이 책의 번역 원고를 읽고 여러 조언을 해준 분들에게 특별한 감사의 뜻을 표하고 싶다. 먼저 본서의 공식 프리뷰어인 윤동민 선생님과 이종성 선생님의 노고에 감사드린다. 또한 인문학&신학연구소 에라스무스에서 동고동락하며 함께 공부하고 있는 강지하, 설요한, 손민석, 이민희 선생님과 도서출판 100의 김지호 대표님에게도 감사드린다. 이분들은 이 책의 막바지 편집 원고를 읽고 여러 중요한 지적과 조언을 해주었다. 카니 선생의 철학, 신학, 문학, 정치를 모두 아우르는 해박한 지식을 따라가기 위해서는 다른 분야 전문가들의 도움이 반드시 필요했는데, 지금 언급한 모든 선생님들이 각자의 관점에서 여러 가지 지적과 제안을 해주셔서 여러 오류를 바로 잡을 수 있었다. 게다가 이 선생님들 덕분에 더 나은 번역어를 채택하고, 옮긴이주까지 보강할 수 있었다. 다시 한번 감사의 뜻을 표한다. 아울러 나와 함께 삶의 이야기를 나날이 더 풍성하게 만들어가고 있는 우리 고양이 선생 폴리와 주디에게 고마움을 전한다. 7년여 전 처음 이방인으로 내게 다가온 두 선생을 잊을 수 없다. 당시 나는 이들의 부름에 이끌려 환대의 응답을 할 수밖에 없었고, 두 선생을 통해 이전과는 완전히 다른 일상에서의 신비를 지속적으로 경험하고 있다. 마지막으로, 환대의 이야기를 늘 몸소 보여주는 사랑하는 나의 아내 김행민 님에게 특별한 감사의 말을 드린다. 아마도 처음에는 내가 그녀에게 볼품없는 이방인이었을 것이다. 그녀는 나를 위해 자신의 문을 열어주었고, 그렇게 내게 베풀어준 환대 덕분에 오늘도 나는 한층 더 풍요로운 '넘침'의 일상을 살아내고 있다.

여기서 언급한 모든 이들과의 만남을 돌아보면서, 지금도 매일 우리에게 이방인으로 다가오는 이들을 되새기면서, 또 신은 부재한다고, 신은 죽었다고 생각될 만큼 큰 고독과 고통 속에 — 이를테면 2014년 4월 16일 신의 침묵 속에 외로운 배 안에서 — 우리 곁을 먼저 떠난 타자들 앞에서, 나는 한 사람의 연구자로서 어떻게 이론적인 것이 지금 여기의 실천이 되고, 환대가 될 수 있는지를 더 깊이 고민하게 된다. 이 고민 속에 나는, 또 우리는 우리 삶의 어떤 것을 타자를 위해 내놓을지 내기를 건다. 바로 이런 점에서 나/우리는 모두 재신론자일지 모른다.

2021년 4월 17일
서울 화곡동 연구실에서
김동규

:: 후주

한국어판 지은이 서문

1. 저는 히니가 쓴 성 케빈에 관한 시에 관심을 기울이게 해준 저의 형제 마이클에게 감사를 표합니다.
2. * 올바른 번역을 위해 다음 번역본을 참조했다. 셰이머스 히니, 「케빈 성자와 검은새」, 『셰이머스 히니 시전집』, 김정환 옮김, 문학동네, 2011, 800~801.
3. Søren Kierkegaard, *Fear and Trembling*, trans. A. Hannay (New York : Penguin, 1985) [쇠얀 키에르케고르, 『공포와 전율』, 임춘갑 옮김, 도서출판 치우, 2011] 참조.
4. 저는 키에르케고어 이후의 여러 사상가들 — 가령 레비나스(『전체성과 무한』), 벤야민(『역사철학 테제』), 데리다(『마르크스의 유령들』)나 아감벤(『남겨진 시간』) — 이 "메시아적 시간"에 관해 말할 때 이와 어떤 비슷한 것을 말하려 한다고 생각합니다. 그럼에도 저는 왕국이 이미 있었고, 지금 있으며, 아직 도래하고 있다는 생각을 표현하기 위해, 다소 더 넓은 포괄적 용어, '카이로스적인'(kairological) 또는 '종말론적인'(eschatological)이라는 말을 일반적으로 사용합니다. 캐서린 켈러(Catherine Keller)는 자신의 책에서 바울의 "남겨진 시간"에 대한 매우 시의적절한 생태(eco)-종말론적 독해를 제시합니다. *Political Theology of the Earth* (New York : Columbia University Press, 2018), 2~5. 여기서 그녀는 그리스어 sunestalemnos를 "모여진" 또는 "응축된" 시간성, 카이로스적인 긴박함, 각성과 견딤의 카이로스적 순간으로 번역하며, 이는 "올바른 시간, 어떤 일이 시행될 수 있는 시간"(3)으로 이해됩니다.

서문

1. * 셰이머스 히니, 『셰이머스 히니 시전집』, 김정환 옮김, 문학동네, 2011, 611. 셰이머스 히니(1939~2013)는 아일랜드 태생의 시인으로 윌리엄 버틀러 예이츠 이래 가장 위대한 아일랜드 출신의 시인으로 평가받는 인물로서 1995년 노벨문학상 수상자이기도 하다. 가톨릭 집안에서 자란 히니에게는 가톨릭과 개신교의 영향이 작품 전반에 강하게 묻어난다.
2. * 이 말은 '세심하게 배려하는', '염려하는', '~을 원하는' 등의 다양한 뜻을 함축한다. 원래 이 말은 라틴어 sollicitare에서 온 단어로, 이 라틴어에는 '어지럽히다', '염려하다', '도발하다' 등의 다양한 의미가 들어 있고, 카니가 제시하는 이방인의 성격에도 이런 의미가 다 들어 있다. 이에 여기서는 이런 다양한 의미의 애매성을 조금이라도 더 드러내고자 '노심초사하는'으로 번역했다.
3. * 카니의 핵심 개념인 strange와 stranger는 주로 '이방적인', '이방인'으로 번역되나, 맥락을 따라서 간혹 '낯선'으로 번역했음을 밝힌다.
4. * 라틴어 sacramentum에서 온 sacrament, 곧 '성사'라는 말은 본서를 이해하기 위해 반드시 숙지해야 할 용어다. 보이지 않는 신의 은총을 보이는 표지로 드러내는 의례를 성사라고 한다. 그래서 성사는 그 말이 그리스어 mysterion의 동의어로서 신비라는 의미를 함축할 수 있는 것처럼, 보이지 않는 은총을 보이게 해준다는 점에서 곧 신앙의 신비라 할 수 있다. 하지만 세속적인 의미도 있다. 왜냐하면 로마 군대에서 병사가 지휘관에게 복종하는 맹세를 성사라고 부르기도 했기 때문이다. 카니는 성사를 종교적 의례에만 국한시키지 않고 세속적인 일상성 안에서 신비적인 것을 드러내는 비종교적 신비를 일컫는 말로도 사용한다.
5. * 셰이머스 히니, 「종점」, 『셰이머스 히니 시전집』, 김정환 옮김, 문학동네, 2011, 577.

6. * 원서에는 3월로 표기되어 있으나 4월이 옳다. 성금요일에 협정이 체결되었기에 성금요일 협정으로도 불리는 벨파스트 협정 혹은 북아일랜드 평화협정이 이루어진 날은 1998년 4월 10일이다.
7. * Verdun. 프랑스 북동부에 자리한 도시로, 1차 세계대전의 격전지 중 하나였다.
8. * gulags. 주로 정치범을 통제하기 위해 운영된 구소련의 강제노동수용소.
9. * 찰스 테일러는 옳고 그름, 좋음과 나쁨, 고귀함과 천박함 등을 질적으로 구별하는 '강한 평가'의 배경을 바탕으로 인간의 자기 이해가 이루어진다고 지적한 바 있다. 자기의 정체성이라는 개념은 내 자신과 분리할 수 없는 특정한 형태의 강한 가치평가와 결부되어 있다는 것이다. 테일러에 따르면 가치판단을 둘러싼 질적인 구별은 단순히 우리 자신의 욕망, 경향성, 선택에 따라 그 타당성이 결정되지 않는다. 도리어 그것들과는 상당하게 독립되어 있으며, 그것들에 대한 판단 기준을 제공한다. Charles Taylor, *Human Agency and Language : Philosophical Papers* I (Cambridge : Cambridge University Press, 1985), 1장 ; *Sources of the Self* (Cambridge : Havard University Press, 1989), 1장 참조.
10. * 폴 리쾨르가 고안한 용어로, 소박한 유신론적 신앙과 데카르트적 의식의 소박함에 근본적 의문을 제기하는 니체, 프로이트, 마르크스와 그 후예들의 비판적 해석학.
11. * Epiphany는 사전적으로 어떤 것이 갑작스럽게 우리 의식에서 이해되거나 감각적으로 떠오르는 사태를 말한다. 하지만 그리스도교의 맥락에서 에피파니는 이 땅에 예수가 나타난 것을 기념하는 공현 대축일을 의미하기도 한다. 특별히 다른 누구보다도 예수를 일찍 알아보고 그의 탄생을 기념한 동방 박사의 예수 경배를 공현 대축일의 시발점으로 보는데, 이 점을 강조한다면, 에피파니는 어떤 것이 우리에게 나타나거나 출현한 사태, 의식에 어떤 것이 떠오르거나 나타나는 일 등을 모두 가리킬 수 있다. 이 책에서도 에피파니는 이처럼 다양하게 활용되기에, 그 다의성을 그대로 남겨두기 위해 '현현'이나 '출현' 등으로 번역하기보다 에피파니로 번역한다.

1부 서막

들어가는 말 : 신 이후의 신

1. Nicholas Berdyaev, *Dostoyevsky : An Interpretation*, trans. Donald Attwater (London : Sheed and Ward, 1934), 78~79. [니콜라스 A. 베르쟈예프, 『도스토옙스키의 세계관』, 이종진 옮김, 한국외국어대학교 지식출판원, 2016, 26.] "도스토옙스키가 보려고 했던 신앙은 양심의 자유의 지지를 받는 자유로운 신앙이었다. 그는 자기 자신에 대해 '의심의 시련을 통과했다'고 하면서 모든 신앙이 의심의 시련을 겪기를 원했다. 그리스도교 세계는 양심의 자유에 관한 더 열렬한 옹호자를 알지 못했다. '그들의 신앙의 자유는 당신에게 무엇보다 귀중한 것이었소'라고 대심문관이 그리스도에게 말하는데, 이 말은 도스토옙스키가 자신에게도 할 수 있는 말이었다. '당신은 인간의 자유로운 사랑을 원했던 것이다. … 옛날의 엄격한 법 대신 길잡이 같은 이미지만 가지고서 … 인간은 앞으로 스스로 자유롭게 결정해가야만 한다.' 이것이 도스토옙스키 자신의 신앙고백이다. … 하나님의 아들이 '종의 모습으로' 세상에 와서 십자가 위에서 세상으로부터 고초를 겪자, 그는 자유로운 인간 정신에 호소했다. 그는 우리가 하나님 안에서와 마찬가지로, 자신을 믿게 하기 위해 강압을 사용하지 않았고, 이 세상의 통치자들의 힘과 위엄을 가지고 있지 않았다. … 거기에는 자유의 비밀인 예수 그리스도의 비밀이 있다." 도스토옙스키 역시 인간이 신 안에 거하고 신이 인간 안에 거할 수 있다고 한 반면, 그들이 결코 동일하지 않다고 인식한 데서 심원한 재신론적 인물로 묘사될 수 있다. 베르쟈에프는 이렇게 말한다. "도스토옙스키에게는 신도 있고 인간도 있다. 그 신은 인간을 잡아먹지 않고 인간은 신 안에서 소멸하지 않으며, 영원토록 인간으로 남는다"(같은 책, 64~65 [같은 책, 56]). 다시 말해 인간 자아와 신적 이방인은 서

로 안에 거할 수 있지만 절대 동일하지 않다. 닛사의 그레고리우스가 틈새(diastema)라고 부른 유한과 무한의 간극은 결코 완전히 해소되지 않는다. 만일 그렇게 된다면, 신적 욕망과 타인의 사랑도 해소되어 버릴 것이기 때문이다.

2. Richard Kearney, ed., *Interreligious Imagination*, special issue of *Religion and the Arts* 12, nos. 1~3 (Leiden : Brill, 2008), 그리고 "Heart Mysteries," *Japan Mission Journal* 61, no 1 (2007)를 보라.
3. * 대체주의(supersessionism)는 한 종교가 다른 종교를 대체한다는 이념을 말한다. 이를테면 그리스도교가 유대교를 완전히 대체한다는 이념을 뜻한다.
4. Michel de Certeau, "Mysticism," *Diacritics* 22, no. 2 (Summer 1992) : 24.
5. Jacques Derrida, "Violence and Metaphysics" in *Writing and Difference*, trans. Alan Bass (London : Routledge, 1978), 152~153. [자크 데리다, 「폭력과 형이상학 : 엠마뉴엘 레비나스의 사유에 관한 에세이」, 『글쓰기와 차이』, 남수인 옮김, 동문선, 2001, 245.]
6. 같은 글, 153. 또한 Emmanuel Levinas, *Totality and Infinity*, trans. Alphonso Lingis (Pittsburgh : Duquesne University Press, 1969), 24. [에마뉘엘 레비나스, 『전체성과 무한』, 김도형 외 옮김, 그린비, 2018, 12.]
7. * 김종건은 이 대목을 다음과 같이 번역했다. 전후 문장과 함께 옮겨둔다. "흥! 그러기 때문에 그런 거야. 여인의 이성. 유태계희랍인은 희랍계유태인이란 말이야. 양극단은 만나기 마련이지. 죽음이 생의 최고 형식이야. 흥." 제임스 조이스, 『율리시스(제4개역판)』, 김종건 옮김, 어문학사, 2016, 411.
8. * 비극(tragedy)의 어원은 그리스어 tragos(산양, 염소)와 ode(노래)가 합성된 것이다.
9. 여기서 참고한 것들 가운데 몇몇은 내 친구이자 동료인 폴 프레이니 덕분이다.
10. * 인용된 키츠의 말을 제대로 번역하기 위해, 나는 해당 구절을 번역해서 인용한 다음 논문의 도움을 얻었음을 밝힌다. 김희원, 「키츠의 송시에 나타나는 목가적 세계와 수용의 미학 : 〈프시케에게 부치는 시〉에서 〈가을에게〉로」, 『영학논집』 제37권(2017), 18 참조.
11. Charles Taylor, *A Secular Age* (Cambridge : Harvard University Press, 2007), 755~765.
12. 제라드 맨리 홉킨스의 "어둔 밤"에 대한 시적 증언과 아빌라의 데레사 및 십자가의 성 요한의 신비적 증언 간의 비교에 관해서는 다음 글을 보라. Richard Kearney, "The Shulammite's Song : Divine Eros, Ascending and Descending," in *Toward a Theology of Eros* (New York : Fordham University Press, 2006), 330 이하. 키츠가 1817년 12월 21일, 그의 형제들 조지 키츠와 토마스 키츠에게 보낸 편지에서 "부정적 역량"에 관해 말할 때, 나는 그것이 — 신비적 시학의 차원에서 — 다소 이질적 경험을 가리킨다고 생각한다. *Norton Anthology of English Literature*, 5th ed. (New York : Norton, 1986), 863. 그리고 아마도 가스통 바슐라르가 일상의 영역에서의 "발생기의 로고스"에 반응하는 종류의 시에 관해 말할 때 이는 그와 비슷한 어떤 것에 대해 반응하고 있는 것이다. Gaston Bachelard, *The Poetics of Space*, trans. Maria Jolas (Boston : Beacon, 1969), xxvii [가스통 바슐라르, 『공간의 시학』, 곽광수 옮김, 동문선, 2003]을 보라.
13. 내가 쓴 다음 글을 보라. "Epiphanies of the Everyday : Towards a Micro-Eschatology" in John Manoussakis, ed., *After God : Richard Kearney and the Religious Turn in Continental Philosophy* (New York : Fordham University Press, 2006), 3~20. 또한 다음 글도 보라. Philip Ballinger, *The Poem as Sacrament : The Theological Aesthetics of Gerard Manley Hopkins* (Louvain : Peeters, 2000). 시인 패트릭 카바나는 그의 시 「병원」에서 괴로움과 단념 후에 성스러운 것을 재확인하는 유사한 운동을 묘사한다. 더블린의 한 병원 병동에서 죽음에 근접했

던 경험을 되새기면서, 그는 창문 밖 아래 마당에 있는 잡동사니들을 바라보며 재신론적으로 선언한다. "이것들의 이름을 짓는 것은 사랑의 행위이자 사랑의 서약이다. / 열정 어린 일시적인 것을 시간으로부터 벗어나게 하기 하기 위하여." 릴케는 오르페우스를 저승세계의 어두운 동굴에 다시 나타나게 해서, 그를 통해 "여기 있는 것은 매우 화려하다"(『오르페우스에게 바치는 소네트』)라고 선언하며 이 재신론적 회복에 대한 또 다른 변형을 증언한다.

14. Martin Heidegger, "On the Way to Language," cited in Richard Kearney, *Modern Movements in European Philosophy* (Manchester : Manchester University Press, 1987), 41. [마르틴 하이데거, 『언어로의 도상에서』, 신상희 옮김, 나남출판, 2012, 60~61.]
15. 같은 글, 41~42. [같은 글.]
16. Simon Critchley, "We Can't Believe / We Must Believe," paper presented at the Religion and Politics Conference, Trinity Western University, British Columbia, Canada, March 13~14, 2008을 보라.
17. 같은 곳.
18. 같은 곳 : "짓밟히는 가난한 자들에 대해 공감하며 동시에 부자들의 힘들고 공허한 쾌락주의에 대해 공감하는 그리스도는 모든 피조물에 대한, 이성이 아닌 공감의 상상적 투사로서의 사랑의 육화이다. 그리스도가 가르치는 것은 사랑이고 와일드는 "네가 진정으로 사랑을 원할 때 사랑을 찾을 것이다"라고 적고 있다. 사랑에 자기 자신을 개방하기로 한 결정은 힘도 없고 결정도 할 수 없는 이에게 은총의 경험을 할 수 있게 해준다."
19. Arthur Kirsch, *Auden and Christianity* (New Haven : Yale University Press, 2005), 8에서 재인용. 또한 오든은 두 번째 신앙의 책임으로서 그리스도인의 견진성사에 대해서도 이렇게 말하고 있다. "견진은 개인이 영적 동의를 하게 되는 나이에 이를 때까지 연기되어야 한다. … 아이의 견진은 아이의 결혼만큼이나 불합리하다"(같은 곳). 오든은, 성숙한 신앙의 "양안시"(binocular vision)를 주장하면서, 정신과 육신을 대립시키는 영지주의 이원론에 대한 역겨움을 표현했다. 그는 「새해 편지」라는 시에서 사탄에 대항하는 치료책은 "이중 초점의 선물 / 불을 붙이는 참깨가 될 수 있는 / 저 마술램프"이고, 사탄은 "처음에 창조된 것을 둘로 쪼갠 위대한 분파주의자", "도덕적으로 불균형적인 영혼 / 양자택일이나 분열된 잡종"(같은 책, 33)이라고 쓰고 있다. 모든 형태의 형이상학적 이원론 내지 인간학적 이원론에 대항하여, 오든은 "반짝이는 / 빛은 어둠을 통해 이해되어야 한다"(같은 책, 38)고 노래했다. 오든에게 마니교적 이원론은 타락의 결과로서, 그리스도교의 사랑에서 그 치유의 해법이 발견된다. 다음은 그가 전쟁의 여명기인 1939년 9월 1일에 쓴 것으로 알려진 유명한 대목이다. "우리는 서로 사랑하거나 죽어야 한다." 나는 이 글을 알려준 내 동료 카샤 세모노비치에게 감사의 말을 전한다. [오든의 시 번역을 위해 다음 논문을 참조했다. 조한식, 『W. H. Auden 시에 나타난 기독교 신앙의 변모(變模)』(백석대학교 기독교전문대학원, 기독교 영문학 박사학위논문, 2008).]
20. Paul Ricoeur, *The Rule of Metaphor*, study 8 (Toronto : University of Toronto Press, 1977), 257 이하.
21. 번역가능성과 한계에 관한 더 상세한 논의는 2장과 결론 장을 보라. 또한 다음 문헌에 나오는 명료한 분석을 살펴보라. Lovisa Bergdahl, "Lost in Translation : On the Untranslatable and Its Ethical Implications for Religious Pluralism," paper delivered at the Society for Continental Philosophy and Theology Conference at Gordon College, Massachusetts, April 12~13, 2008. 이것은 적으로서의 이방인이 공동체적 자기-동일성에 본질적인 것이라고 한 새뮤얼 헌팅턴의 생각과 대조를 이룬다. 또한 Donatien Cicura, "Identity and Historicity : Hermeneutics of Contemporary African Marginality," 69~75, Ph.D. diss., Boston

College, 2008을 보라. 이 분석은 르네 지라르의 희생양으로서의 이방인 개념과 유용한 비교 분석을 보여줄 것이다. 또한 내가 쓴 다음 문헌을 보라. "Myth and Sacrificial Scapegoats," in Richard Kearney, *Poetics of Modernity* (Atlantic Heights, N.J. : Humanities, 1995), 136 이하.

1장 바로 그 순간에 : 초대받지 않은 손님

1. G. W. F. Hegel, "The Spirit of Christianity and Its Fate," in *Early Theological Writings*, trans. T. M. Knox (Pennsylvania : University of Pennsylvania Press, 1975), 209~216. [G. W. F. 헤겔, 『기독교의 정신과 그 운명』, 조홍길 옮김, 지식을만드는지식, 2015, 10.]
2. Levinas, *Totality and Infinity*, 213. [레비나스, 『전체성과 무한』, 316.] 또한 타인의 얼굴에 대한 나의 분석이 담긴 다음 글을 보라. "Towards a Phenomenology of the Persona," *The God Who May Be* (Bloomington : Indiana University Press, 2001), 9~20.
3. * 결혼 첫날밤에 신혼방으로 향하는 신부를 위한 시로 고대 그리스나 유대 히브리 사회 문화권에서 즐겨 행했다.
4. Jonathan Sachs, *The Dignity of Difference : How to Avoid the Clash of Civilisations* (London : Continuum, 2003)을 보라. 내가 이 텍스트에 주목할 수 있게 해준 내 형제 팀 카니에게 감사의 말을 전한다.
5. Hillel, *Talmud*, Shabbat, 31a. 보스턴 칼리지의 내 조교 사릿 래리(Sarit Larry)는 이 어원론에 대한 연구와 이 몇몇 구절들에 내가 주목할 수 있게 해주었다.
6. * 짐 존스(Jim Jones)는 인민사원(人民寺院, Peoples Temple of the Disciples of Christ)이라는 종교 집단의 교주로서 극단적인 공동생활과 극단적인 공동소유 이념을 그리스도교 교리 일부와 결합한 가르침을 설파한 것으로 유명하다. 실제로 남미 가이아나로 신도들과 함께 이주하여 자신들만의 유토피아적 공동체를 만들기도 했다. 내부 분열로 인해 인민사원이 위기에 처하자 짐 존스는 1978년 11월 18일 약 900명의 신도들에게 독약을 마시기를 종용했고, 실제 많은 신도들이 독약을 마시고 사망하거나 총에 맞아 사망했다. 이 사건이 있기 2년 전, 짐 존스가 인종차별 철폐에 이바지한 공로를 인정받아 마틴 루터 킹 상을 받기도 한 사실 등을 고려하면, 우리는 그를 단순한 사이비 교주로만 평가하는 것을 넘어 다양한 각도에서 그의 문제와 한계를 이해해야 할 것이다. 이 사건을 이해하기 위해서는 다음 문헌을 참조하라. 데이비드 치체스터, 『구원과 자살 : 짐 존스, 인민사원, 존스타운』, 이창익 옮김, 청년사, 2015.
7. Eterachthe라는 말은 루가의 복음서 1장 12절에서 etarachte로, 가브리엘에 대한 즈가리야의 응답에서 사용된 동사다. 이것은 루가의 복음서 1 : 29 deteatarachte("몹시", 곧 "diatarachte"를 나타내기 위해 전치사 dia를 추가)에서 마리아의 유사한 반응에 사용된 동사와 같은 동사이다. 같은 구절에서 "공포"라는 단어는 표준 그리스어로 phobos(우리에게는 포비아〔phobia〕)이다. 삼손의 탄생을 알리는 판관기 13장 6절은 더 복잡한 이야기다. 초기 그리스도교 교회가 공식 번역으로 받아들인 기원전 2세기 히브리어 원본을 그리스어로 번역한 70인경 비평본에서는 두 가지 대안 판본으로(아마도 일부 주요한 변형이 있고 두 버전 모두 주요 원고에 의해 지원되기 때문에) 본문을 제시한다. 그래서 (오리게네스와 몇몇 다른 고대 작가들에 의해 인용된) A판본은 "신의 천사에 대한 비전"을 강렬한 에피파니(epiphanes sphodra)라고 표현하는 반면, B판본(바티칸 사본)은 "그리고 그의 모습은 신의 천사의 모습이었다"라는, 매우 끔찍하거나 공포스럽다(phoberon sphodra)는 의미를 나타낸다. 경이로운 에피파니나 공포의 트라우마 둘 다를 나타내는 이 애매한 비전의 연주는 그 자체로 성서의 이방인에 대한 해석학에 관해 말하고 있다. 이러한 모호함은 다음에 나오는 카샤 세모노비치의 시 「마리아」에서 강력하면서도 아이러니하

게 포착되어 있다(*Crab Creek Review* [Spring 2009]).

「마리아」

그녀를 마리아라고 부르자. 시작하자.

그가 문을 두드릴 때, 모든 것이 울려 퍼진다. 그녀는 퍼덕이는
날개 소리를 듣는다. 그 옷깃이 바닥을 친다. 하느님의 얼굴이 마리아를 겁탈했다.
문에서부터. 그녀에게는 선택의 여지가 없었다. 그래서 그녀는 말했다. 안 된다고, 그녀는 말했다.
그는 하느님이라고, 그리고 그렇게 그는 다정했다. 그는 말했다, 상상해 봐

네가 나와 함께 하면 어떤 일이 일어날지. 여기 한 이야기가 있어.

그는 엿듣고 있었을 것이다. 어떤 일이 벌어지고 있는지 들었다. 그는 그녀에게 백합을 가져다 주며,
코 밑에 들이었다. 그녀는 코 살갗을 대어 꽃봉오리를 들이마셨다.
꽃잎이 코 안으로 들어간다. 가득 찬. "좋지 않아?" 천사가 물었다.
아무도 흉내낼 수 없을 정도로 숨이 막힐 것 같았다.

그는 아름다웠다. 마리아에게 두려움이 가득했지만 그는
아름다웠다. 그의 곱슬한 머리카락과 손가락을 거쳐 연기가 피어오른다.
한낮에 술잔을 돌린다. 그녀가 해본 적 없는 일이다. 그녀는 약혼자를 생각했다.
여기 없는 이, 좋은 향기도 안 나는 그는

노새를 가지고 있다. 그렇지 않은 이는? 천사들이다. 꽃을 가져온 그들. 날 만진

그 한낮에서 한 소녀를 건드린 이들. 마리아는 두려움 대신 은총을 택했다. 기쁨이라 부르지만 그럴 수 없다.
그렇게 부르지 말고 하느님이라 불러라. 이상해. 알려진 그를 부른다고 하지 말라. 알려지지 않은 이를 부른다고 해라.
오늘 그녀는 소포에 적힌 안전에 대한 말을 읽었을 것이다. 전체를 읽었을 것이다. 하지만 일이 터졌다.

"야곱이 홀로 남아 있는데, 한 남자가 그와 겨루었다." 이것이 그녀가 읽은 말이다. 그리고
그것은 하느님. 어쩌면 언제나 그럴까? 그녀는 이제 반나절 동안 생각에 잠긴다, 백포도주 백합과 함께
숨이 막혀 문을 열고 커튼을
다시 접으니 날이 시원하다
이내 비가 몰아쳐 그녀는 현관문을 닫았다.

8. * 이 에피소드는 예수가 부활 후 엠마오 도상에서 두 제자를 만난 사건을 묘사한 루가의 복음서 24장 13~35절의 이야기를 일컫는다. 여기서 초점은 두 사람의 제자들인데, 그들은 예수를 보고서도 그가 누구인지 제대로 깨닫지 못하다가 예수가 떼어 준 빵을 먹으면서 눈이 열리는 경험을 하게 된다.

9. Michel de Certeau, "The Founding Rupture." 다음 문헌에서 재인용. Nathalie Zemon Davis, "The Quest of Michel de Certeau," *New York Review of Books* 55, no. 8 (2008) : 58. 흥미롭게도 드 세르토는 사랑과 섬김의 사람들인 그리스도교 성인들과 신비주의자들을 사랑과 섬김에 있어서, 타인의 에피파니에 관한 예지가로 간주한다. 예를 들어, 그는 아빌라의 데레사를 "신을 사랑하는 사람들을 위해 스페인 전역에서 수녀회를 만들어낸 방랑자. 일상적인 일에 몰두하면서, 그녀는 사랑하는 타인과의 탈자적 연결의 순간을 가로질러 지나갈 수 있는 이"(같은 글, 60)라고 이해한다. 인간과 신적 이방인과의 신비적 관계에 관해서는 다음 문헌을 보라. Michel de Certeau, *The Mystic Fable*, trans. Michael B. Smith (Chicago : University of Chicago Press, 1992) 그리고 *Heterologies : Discourse on the Other*, trans. Brian Massumi (St. Paul : University of Minnesota Press, 1986). 또한 다음을 보라. de Certeau, "Mysticism." "신비가에게 타자를 위한 '장소를 예비하는' 것은 타자들을 위한 장소를 준비하는 것이다. … 신비가는 … 타자들 및 타자에게 합류하는, 많은 사람들 중에서 한 사람일 뿐이다"(같은 글, 20).
10. 나는 그리스 정교회의 루가의 복음서에 대한 인용과 관련해서 도움을 준 내 친구이자 동료인 존 마누사키스에게 감사의 뜻을 전한다.
11. * 원문에서는 토마스 아퀴나스가 지은 성체 찬미가 〈엎디어 절하나이다〉(Adoro Te Devote)를 인용한 것처럼 표현되어 있다. 하지만 카니가 실제로 인용하고 있는 노랫말은 〈엎디어 절하나이다〉(Adoro Te Devote)를 가사로 한 5선법의 13세기 그레고리오 성가(플레인송) 가락에 맞추어 불리는 현대 성체 찬미가 〈굶주린 자들이 내게 오게 하라〉(Let the Hungry Come to Me)이다. (첫째 줄은 3절에서 인용, 다음 두 줄은 마지막 절인 6절에서 인용). 참고로 아퀴나스의 Adoro Te Devote 가사와 멜로디를 담은 곡은 현재 가톨릭 성가 195장('천주 성자 예수 흠숭합니다')와 개신교 새찬송가 230장('우리의 참된 구주시니')에 수록되어 있다. Adoro Te Devote 가사의 원문과 번역, 특징과 한국교회 찬송가에 수록된 내용과 관련해서는 함정민, 『성 토마스 아퀴나스(St. Thomas Aquinas)의 『성체 찬미시(Eucharistic Hymns)』를 주제로 한 작품연구』, 이화여자대학교 대학원 음악학부 석사학위논문, 2014, 13~17 참조.
12. 여기서 마태오의 복음서 25장에 관한 주해로는 다음 문헌들을 보라. Gustavo Gutiérrez, *A Theology of Liberation* (New York : Orbis, 1988), 112~116. [구스타보 구티에레즈, 『해방신학 : 역사와 정치와 구원』, 성염 옮김, 분도출판사, 2000, 219~221.]; Karl Rahner, "The Unity Between the God of Love and Concrete Love of Neighbour" in *Foundations of Christian Faith* (New York : Crossroad, 2007). [칼 라너, 『그리스도교 신앙 입문 : 현대 가톨릭 신학 기초론』, 이봉우 옮김, 분도출판사, 1994.] 또한 다음 문헌에서 나오는 라너의 해설을 보라. Thomas O'Meara OP, *God in the World* (Minnesota : Liturgical, 2007). 라너는 이 사랑의 통일성에 관해 다음과 같이 말한다. "인격을 자기 자신에게 매개하는 타자는 지식과 사랑에 빠진 사람이 마주치는 인격적 타자로서 더욱 뚜렷하게 나타난다. 인간 환경은 인간이 자기 자신으로 도래하기 위해 살아가는 인간과 개인 세계로서만 존재할 뿐이고, 이로 인해 사랑 안에서 인간은 타자와 살아가고, 인간 간의 사랑의 영역이자 궁극적 보장이 되는 '신'이 뜻하는 바를 경험하게 된다"(O'Meara, *God in the World*, 62에서 재인용). 마태오 복음서의 이 구절과 더불어 산상수훈은 "청자를 외부 종교에서 내부 방향설정으로, 인간이자 신인 자에게로" 인도한다. "종교에서, 세상의 종말에 대한 드라마, 즉 개인의 삶에 대한 최종적 판단보다 중요한 장면은 없다. 신기하게도, 마태오에 의하면 복음서의 끝에 있는 예수의 극적 이야기에서, 사람들은 종교적 사상과 의식이 아니라 타인들에 대한 인간적인 처신을 따라 … 종교의 수면 아래로 들어가 하느님의 통치에 이르기 위한 (존재) 노력을 따라 판단 받는다"(같은 책, 82~83). 또한 루가와 마르코의 타자에 대한 "희생"과 "섬김" 개념에 대한 줄리아 크리스테바의 해설을 참조하라. *Black Sun*,

trans. Leon Roudiez (New York : Columbia University Press, 1992). [줄리아 크리스테바, 『검은 태양 : 우울증과 멜랑콜리』, 김인환 옮김, 동문선, 2004.] 특별히 이 책 5장 "홀바인의 죽은 그리스도"를 보라. 크리스테바는 성체성사의 섬김으로서의 그리스도와 속죄 희생양으로서의 그리스도 사이의 다음과 같은 핵심적인 구별을 제시한다. "루가 복음의 맥락에서 '식탁 봉사'를 가리키는 '섬김'은 마르코 복음에 나오는 '대속'(lytron)으로서의 삶인 '생명의 줌'으로 변경된다. 이러한 의미의 변경은 그리스도교의 '희생'의 위상을 분명하게 해명한다. 생명을 주는 자는 자신을 희생하고 타인이 살 수 있도록 사라지는 사람이다. 그의 죽음은 살인도 피신도 아닌 생명을 주는 불연속이며, 단순한 가치 파괴나 타락한 대상에 대한 단념이기보다 영양공급에 더 가깝다. 희생 개념의 변화가 분명 이 본문 안에 나타나는데, 그중 하나는 공여자의 매개를 통해 인간과 신 사이의 관계를 수립하는 것으로 제시된다. 주는 자, 자신을 주는 이의 입장에서 박탈의 경험을 내포하고 있는 것은 사실이지만, 결속, 동화('식탁 봉사') 및 그 과정에서의 화해의 유익을 더 크게 강조한다"(같은 책, 130~131). 크리스테바는 이렇게 덧붙인다. "실제로, 그리스도가 최후의 만찬을 기반으로 제자들과 신실한 이들에게 전해 준 유일한 의식은 성체성사에 대한 구전이다. 그것을 통해, 희생(그리고 필연적으로 죽음과 우울)은 — aufgehoben — 소멸되고 대체된다"(같은 책, 131). 여기서 크리스테바는 라틴어 expiare가 죄에 대한 처벌이나 잔인한 피의 희생보다는 다른 사람을 환영하는 화해라는 의미를 내포하고 있다는 사실을 언급한다. 그녀는 "차이를 만들어내는", 그리고 "누군가를 존중하여 변화한다"는 뜻의 그리스어 알라소(Allasso)에서 — 의례서의 피흘림이라기보다는 선물 제공이라는 관념의 — 화해나 속죄의 의미를 찾아낼 수 있음에 주목한다. 그럼에도 불구하고 크리스테바는 여기서 역사를 낙관하거나 망각하지 않는다. 그녀는 영향력 있는 금욕적 그리스도교 전통이 "정신적이기는 하지만 육체적 고통과 고통을 최대한 에로스화함으로써 그 제의의 희생적 측면"(같은 곳)을 신성시했다는 것을 인정한다. 그리고 그녀는, 이 봉헌적 독해가 복음서의 참된 메시지에 대한 단순한 중세적 왜곡이 아닌지를 날카롭게 탐문하고 있다.

13. * 『베네딕도 : 수도 규칙』, 이형우 옮김, 분도출판사, 1991 ; 2020, 197, 199.
14. Karen Armstrong, *Islam : A Short History* (New York : Modern Library, 2002), 5. [카렌 암스트롱, 『이슬람』, 장병옥 옮김, 을유문화사, 2003 ; 2017, 16.]
15. * *Hadith*. 하디스란 무함마드가 말하고 행동한 것을 기록한 것이다. 꾸란과 더불어 무슬림의 행동 지침 역할을 하는 중요한 문서다.
16. * Wahhabism. 18세기 중엽부터 아라비아에서 일어난 이슬람 원리주의 내지 근본주의 운동.
17. 같은 책, 4. [같은 책, 15.]
18. 같은 곳. [같은 곳.]
19. 꾸란, 3 : 7, 3 : 9. 다음 문헌에서 재인용. Anthony Steinbock, *Phenomenology and Mysticism* (Bloomington : Indiana University Press, 2007), 235.
20. Maqbool Ahmed Siraj, "India : A Laboratory of Religious Experiment," in Kearney ed., *Interreligious Imagination*, 319~328. 또한 내가 쓴 이 학술지 29권 「서문」의 각주를 보라. 제임스 모리스 같은 서구 학자가 시행한 해석학적 개척 작업에 관해서는 다음 문헌을 보라. *Orientations : Islamic Thought in a World Civilisation* (London : Archeype, 2003) ; Fred Dallmayr, *Dialogue Among Civilizations* (New York : Palgrave Macmillan, 2002). 암스트롱의 주장을 더 대중적으로 풀어낸 영향력 있는 작품인, 『이슬람』을 보라. 여기서 그녀는 특히 교의적 환원주의를 거부하고 그 대신 꾸란의 언어에서 상징의 중요한 역할과 약자와 이방인에 대한 관용, 평화, 존중이라는 핵심 메시지(이는 소외된 이스마엘에 관한 간추린 이야기로 거슬러 올라간다)를 강조한 계몽된 이슬람 해석학에 대해 말한다. 특별히 그 책의 30-31[46~47],

101~103[126~129], 70~77[92~101]을 보라. 꾸란의 이슬람 해석학의 중요한 역사적 역할에 관해서는 Steinbock, *Phenomenology and Mysticism*, 335~337을 보라.

21. * 아크바르는 1582년 당시 (이슬람교, 힌두교, 시크교, 자이나교, 조로아스터교 등) 기존의 종교들 종합해서, 신성한 종교라는 의미를 지닌 딘 일라히를 만들었다. 아크바르의 종교정책에 대한 다양한 시선과 관련해서는 이춘호, 「두 개의 시선 : 아블 파즐과 바다오니의 경우」, 『남아시아연구』 23권 3호, 2018 참조.
22. Siraj, "India," 335 이하.
23. 2007년 10월 이슬람 학자들이 발행한 전체 문서는 http://www.acommonword.com 참조. 이 선언문의 몇 가지 핵심 요점은 사실 15세기 후반 플로렌스의 종교간 공의회와 그리스도교-무슬림 대화에 대한 강력한 표현이 발견되는 니콜라우스 쿠사누스의 텍스트, 『신앙의 평화』(*De Pace Fidei*)에서 선취되고 있다. 쿠사누스는 플로렌스 공의회에서 최대한의 공통분모를 기반으로 삼는 교회연합을 제안하는 핵심적인 역할을 했는데, 여기에 여러 종교인들도 초대되었다. 1439년 공의회 의결 당시 쿠사누스는 서른여덟 살이었는데, 참석한 다른 교회 지도자들과 비교하면 젊은 편이었다. 그런데 쿠사의 전 저작이, 말하자면 '새로운 시대의 문지기'가 되어 근대 자연과학의 창시자, 혁명적인 신비주의 시인과 상호 간의 교류를 옹호하게 된 것을 고려한다면, 그가 실천과 내용에 그렇게 많은 기여를 했다는 사실은 그리 놀라운 일이 아니다. 비록 역사가 그 약속을 실현하지 못하더라도, 교회의 연합은 가능하다. 그의 저서 『신앙의 평화』는 아브라함 신앙들 간의 종교간 대화에 관한 가장 선구적인 작품 중 하나로 여겨진다. 내 친구 조셉 오리어리가 이와 함께 종파간 환대에 대한 관련 요점들을 내게 알려준 것에 감사의 말을 전한다.
24. * *Fasl al-maqal*. 우리말 번역본 : 『결정적 논고』, 이재경 옮김, 책세상, 2005.
25. Dallmayr, "Reason, Faith and Politics," in *Dialogue Among Civilizations*, 129을 보라. 아베로에스에게 "무로부터의 창조"나 "신체의 부활" 같은 중요한 경전 교리는 "다양한 읽기와 해석"(같은 글)에 대한 폭넓은 관용을 요구하는 것이었다. 정통주의 문자주의자들에 반대해서, 그는 자신의 연구가 어떤 결론을 내리든 믿는 것은 모든 사람의 의무임을 충고하는 세 가지 다른 가능한 해석을 내놓으면서 "이 문제에 있어서 잘못을 범한 학자는 용서를 받는 반면, 올바른 사람은 감사와 보상을 받는다"(같은 글)고 덧붙였다.
26. 같은 글, 129 이하. 또한 다음 문헌을 보라. David L. Lewis, *God's Crucible : Islam and the Making of Modern Europe, 570-1215* (New York : Norton, 2008). [데이비드 리버링 루이스, 『신의 용광로 : 유럽을 만든 이슬람 문명, 570~1215』, 이종인 옮김, 책과함께, 2010.]
27. Dallmayr, "Reason, Faith and Politics," 133. 또한 Kwame Anthony Appiah, "How Muslims Made Europe," *New York Review of Books* 55, no. 17 (November 6, 2008) : 59~62을 보라. 아피아는 "이슬람 알-안달루스 그리스도인들과 유대인들이 다양한 지적·물질적 보화를 공유" 할 수 있었다고 말한다. 또한 "그리스와 로마의 이교 전통에서 빌려온 것으로 말미암아 세 종교가 함께 작동하지 않았더라면, 우리가 서양이라고 부르는 것은 완전히 달랐을 것이다. 일부 사람들이 그리스도교 국가의 상속자와 칼리파테의 다툼이 결정적 갈등이라고 주장하는 시대에, 이 결실 어린 협력의 역사를 상기하는 것은 유익한 일이다"(같은 글, 62).
28. Morris, *Orientations*를 보라. 이러한 상호교류의 과정은, 예를 들어 신적 상상력에 관한 하피즈의 사랑-시를 보고서 술탄 무함마드가 그린 유명한 그림에서 생생하게 묘사된다(khiyal). James Morris, "Imaging Islam : Intellect and Imagination in Islamic Poetry, Philosophy and Painting," in Kearney ed., *Interreligious Imagination*, 294 이하를 보라.
29. * ghazal. 북인도 지역의 대중적인 음악으로, 대체로 아랍어 연애시를 음악화한 것.

30. Hafiz, *The Gift: Poems by Hafiz*, trans. David Ladinsky (New York : Penguin, 1999), 47.
31. 같은 책, 178.
32. Hafiz, *The Collected Lyrics of Hafiz*, trans. Peter Avery (London : Archetype, 2007), 333.
33. 종교간 상상에 관한 하피즈의 이 언급과 다른 언급에 대해서는 다음 문헌을 보라. Kascha Semonovitch, "Atheism, Theism and Anatheism in Hafiz of Shiraz," *Other Journal* (April 2008).
34. Hafiz, *The Gift*, 92.
35. Hafiz, *The Green Sea of Heaven : Fifty Ghazals from the Diwan of Hafiz*, trans. Elizabeth Gray (Oregon : White Cloud, 1995)과 특별히 다뤼쉬 샤예간(Daryush Shayegan)의 서문을 보라.
36. Kabir, *Songs of Kabir*, trans. Rabindranath Tagore (Boston : Weiser, 2002), 109.
37. Kabir, *Ecstatic Poems*, trans. Robert Bly (Boston : Beacon, 2004).
38. Emile Benveniste, *Le Vocabulaire des Institutions Indo-Européenes* (Paris : Minuit, 1969). ; *Indo-European Language and Society*, trans. Jean Lallot (London : Faber and Faber, 1973), 71. [에밀 뱅베니스트, 『인도유럽사회의 제도·문화 어휘 연구 1 : 경제, 친족, 사회』, 김현권 옮김, 그린비, 2014, 104.] 무시무시한 침입자나 치유하는 정신 — 다르게 말해서, 거룩한 또는 거룩하지 않은 유령 — 이라는 의미를 내포하는, 앵글로-색슨어 및 게르만어 Gast에서 유래한 guest 같은 관련 용어에서 유사한 애매성이 발견될 수 있다(같은 책, 72~83 [같은 책, 105~115]).
39. 같은 책, 78. 벵베니스트는 그 단어가 가진 요소, pet에 주목하면서, 그 과정에 대한 설명을 시작한다. 이것은 "원래 인격 동일성을 의미했다. 가족 집단에서 … 주인은 무엇보다 가족 집단 '그 자체'다"(같은 책, 71 [같은 책, 104]). 그러므로, 우선 환대라는 말에 기입된 것은 동일성에 관한 근본 관심이다. 이러한 관점에서, 이 어원이 처음에는 완전히 다른 방향으로 발전한다는 사실은 특히 흥미롭다. 즉, 이 단어는 동일자의 타자를 무심코 드러내고 또는/그리고 타자는 '항상 이미' 이 동일성의 영역에 기입되어 있음을 드러낸다. 여기서 또한 자크 데리다의 벵베니스트에 대한 해설을 보라. Jacques Derrida, Anne Dufourmantelle, and Rachel Bowlby, *Of Hospitality*, trans. Rachel Bowlby (Stanford : Stanford University Press, 2000). [자크 데리다, 『환대에 대하여』, 남수인 옮김, 동문선, 2004.] 자기-동일성과 이방인 사이의 모순의 흔적은 데리다가 말한 환대의 협정에 들어 있으며, 그 안에서 주인과 손님으로서의 모순된 지위가 결정된다. 벵베니스트의 말을 빌리면서 데리다는 이 환대의 협정이 "xenos를 xenia 가운데, 계약 가운데, 약이랄까 집단적 계약이라 할 것 가운데 기입하는" 방식을 요약한다. "기본적으로 xenia 이전에 또는 바깥에 xenos는, 외인은 없다"(같은 책, 29 [같은 책, 73]). 나는 이 인용과 관련해서 아디안 오말리(Adian O'malley)에게 감사를 표한다. 또한 다음 문헌에서 시행한 분석을 보라. Richard Kearney, "Aliens and Others" in *Strangers, Gods and Monsters* (New York : Routledge, 2003), 63~82. [리처드 커니, 「제3 에이리언과 타자」, 『이방인, 신, 괴물』, 이지영 옮김, 개마고원, 2004. 저자 이름에 대한 정확한 표기는 카니이지만 여기서는 이미 출간된 저서의 표기법을 그대로 따랐다. 다른 경우에도 출간된 저작의 저자 표기법을 그대로 따랐다. 예를 들어 최근에 쥘리앙 크리스테바로 표기되는 것도 본문에서 언급될 때는 그렇게 표기하나 이미 출간된 저작에서 해당 철학자 이름을 줄리아 크리스테바로 표기할 경우 그 표기를 따랐다. 독자들에게 혼란이 있을 것을 염려하여 여기서 따로 밝혀둔다.]
40. Benveniste, *Indo-European Language and Society*, 78. [뱅베니스트, 『인도유럽사회의 제도·문화 어휘 연구 1』.] 상호적인 몸짓 가운데 타자, 이방인, 외인으로서의 '손님'을 받아들이고 환

영하는 사람으로서의 환대하는 주인에 관한 더 적극적 의미는 익명적 국가 및 체제의 발전 가운데 점진적으로 극복된다. "(상호적 의무로 환대하는) 이 제도를 나타내는 인도-유럽어 표현 중 하나가 바로 라틴어 hostis인데, 이는 고트어에서 gasts를 대응어로 가지고, 슬라브어에서는 gospodĭ를 대응어로 가진다. 이 제도는 역사 시대에 와서 그 효력을 상실했다. 이 제도는 기존 체제와 더는 양립할 수 없는 관계 유형을 전제한다. 고대 사회가 국가 체제가 될 때 인간 관계, 종족 간의 관계는 폐기된다. civitas의 내부와 외부의 구별만 남게 된다. 우리가 자세한 조건은 알 수 없는 의미 변화를 통해, hostis는 '적대적인' 뉘앙스를 갖게 되었고, 이후 오직 적이라는 의미로 사용되기에 이른다"(같은 책, 78 [같은 책, 115]).

41. 같은 책, 75. "〔H〕ostis는 … 『12동판법』에서 '이방인'이라는 고대의 가치를 보존했다. 예 : adversus hostem aeterna auctoritas est (o)"(같은 책, 76 [같은 책, 111~112]). 이러한 의미 외에도, 우리는 hostorium(고르지 않은 것을 고르게 해주는 측정 도구)와 hostilina(일할 때 동등한 또는 공평한 보상하기)와 같은 관련 용어를 발견하는데, 둘 다 자기와 타자 사이의 정당한 교환과 상호성을 내포한다. 우리는 또한 조금 더 의례적인 의미에서 신들의 호의에 대한 보답으로 신들에게 바치는 제물이라는 의미를 지니는 hostia라는 말을 발견한다. 조약이나 영토의 경계 밖에서 살았던 이방인인 페레그리누스와는 대조적으로, hostis는 국가 내에 있는 사람들(예 : 로마 시민)과 동등한 권리를 가진 것으로 인정되는 이방인이 된다. 따라서 환대에 대한 특별한 관념의 출현이 협정 또는 합의의 상호성을 암시하는 것으로 등장하고, 마르셀 모스의 유명한 포틀래치 개념을 연상시키는 보상적 교환 개념 — 북서 아메리카 원주민들에 의해 행해진 일련의 선물과 대항-선물 — 이 등장한다. 모스의 개념은 부족과 가족, 그리고 그 후손 사이에 강력한 경제적, 사회적 유대관계를 확립하는 관행이다. 이에 대해 벵베니스트는 다음과 같이 언급한다. "환대는 … 한 사람이 자신이 받은 수혜에 따라 반대 급부로 보상하는 의무로 말미암아 (hostis는 항상 상호성 개념과 관련한다) 타인과 연계된다는 생각에 기초한다"(같은 책, 77 [같은 책, 114]). 또한 그는 같은 제도가 그리스어로 다른 이름으로 존재한다는 데 계속 주목하고 있는데, 그리스에서는 제우스 케니오스의 보호 아래 상호적으로 협정(xenia)에 묶여있는 것을 말한다. "손님(받아들여진 이)은 xenos고 받아들인 자는 xendokhos다"(같은 책, 78 [같은 책, 116]). 따라서 본문에서 인용된 호메로스의 디오메데스와 글라우콘의 예는, 벵베니스트의 경우, 계약으로 구속된 대칭적 교환을 예시한다. 그리고 더 나아가, 상호간의 줌과 반환에 대한 이러한 개념은 이란어에서 "손님"(aryaman)을 "내밀한 친구"로 지칭하거나, 아리아만이 리그 베다에서 결혼과 연관된 인도-이란의 환대의 신이라는 사실로 예시된다. "아리아만은 종족 외부에서 데려온 여성이 새 가족에 부인으로 처음 들어올 때 개입한다"(같은 책, 83 [같은 책, 123]). 벵베니스트는 다른 문화와 언어에서 비롯하는 접대의 다양한 어원적 뿌리에 대한 그의 상세한 분석을 다음과 같이 마무리한다. "서로 아주 다른 용어들이 하나의 동일한 문제로 귀착된다. 즉 환영과 상호성의 제도 문제다. 이 제도에 의거해서 한 민족에 속한 사람들이 다른 민족에 속한 사람에게 환대를 받으며, 이를 통해 사회는 연대를 맺고 교류를 실시한다"(같은 곳). 벵베니스트가 환대에 대한 용어들의 복잡하고 양의적인 계보학을 사회문화적으로 설명한 내용은 이 책에서 우리의 조금 더 '아브라함적인' 설명에 짝을 이루는 유용한 '인도유럽어' 어휘를 제공해준다. 그의 사회학적, 인류학적 방법은 (초월적인 타인이 인간 주체에게 자신을 주는 비대칭성은 타인을 자기 자신으로 또는 한 타자로 받아들이고 사랑하는 대칭성을 수반하는) 우리의 조금 더 윤리종교적이고 철학적인 방법을 보완해 준다.

42. Rudolf Otto, *The Idea of the Holy, trans. Rachel Bowlby* (Oxford : Oxford University Press, 1958). [루돌프 옷토, 『성스러움의 의미』, 길희성 옮김, 분도출판사, 1987.] 또한 미셸 드 세르토의 『신비적 우화』, 「신비주의」에서의 다소간 더 사회 역사적인 접근을 보라. "도입부" 각주

에서 드 세르토는 이렇게 말한다. "신비주의는… 다른 곳에 존재하는 것에 대한 것이며, 그 상징은 인간의 최초의 지반들(fonds)을 나타내는 반사회적인 것이다"(*The Mystic Fable*, 12). 다시 말해 신비적인 것은 "낯설"고 "주변적"이다. "신비적이 된다는 것은 정상적인 길이나 평범한 길로부터 벗어나는 것이다. 그것은 더 이상 사회적인 신앙 공동체나 종교적인 문헌들에 기입된 것이 아니라 오히려 점점 더 세속화된 사회의 여백에 기입된다"(같은 책, 13). 신비적 타자성은 심원하게도 역설적이다. "그 양상들 가운데 하나는, 비정상적인 것, 낯선 것에 대한 수사이고, 다른 면에서는 그 담론 전체가 표현할 수 있는 것이 자신을 고지하는 '본질의' 편에 속해 있다.… 그러나 그것은 말할 수도 없고 알 수도 없는 것을 말하기 위해 존재한다.… 신비적인 것은 비밀스럽고 보이지 않는 것으로 남겨진 것이다. 그리스어로 신비적인 것이란 '감춰진 것'을 뜻한다"(같은 책, 13, 16).

43. Levinas, *Totality and Infinity*. [레비나스, 『전체성과 무한』.] 그리고 다음 작품을 보라. *Otherwise Than Being* (The Hague : Nihoff, 1981). [엠마누엘 레비나스, 『존재와 다르게 : 본질의 저편』, 김연숙·박한표 옮김, 인간사랑, 2010.]

2장 내기를 걸며 : 5중의 운동

1. 이븐 아라비의 『신의 에피파니』(*The Book of Theophanies*)의 이 중요한 측면에 대한 통찰력 있는 논평으로는 W. Chittick, *Imaginal Worlds : Ibn al-Arabi and the Problem of Religious Diversity* (Albany : State University of New York, 1994), 74 이하; Henri Corbin, *Alone with the Alone : Creative Imagination in the Sufism of Ibn Arabi* (Princeton : Princeton University Press, 1969), 113, 158~162, 174~175. 내가 이 텍스트에 주목할 수 있도록 해준 엘리자베스 수에주(Elisabeth Suergiu)에게 감사한다.
2. Edith Stein, *On the Problem of Empathy*, trans. Waltraut Stein (Washington : ICS, 1989)을 보라. 슈타인의 의도는 후설과 셸러의 초기 현상학과 대화하면서, 자기와 타자 간의 독특한 차이를 유지하면서 공감을 타자와의 진정한 "체화적" 연결로 기술하는 것이다. 이로 인해 생겨나는 윤리적 문제는 어떻게 하면 자기와 이방인의 구별을 붕괴시키지 않고서 (내 안의 감정〔in-feeling, Ein-fühlun〕으로서의) 공감을 (함께 느끼는 감정〔with-feeling, Mit-leid 또는 Mit-fühlung〕으로서의) 동감의 적극적 성향으로 확장시킬 수 있는가 하는 것이다. Max Scheler, *The Nature of Sympathy* (London : Routledge, 1970) [막스 셸러, 『동감의 본질과 형태들』, 조정옥 옮김, 아카넷, 2006]; Catherine Cornille, "Empathy and Interreligious Imagination" in Kearney, ed., *Interreligious Imagination*, 102~117; Catherine Cornille, *The Im-possibility of Religious Dialogue* (New York : Herder and Herder, 2008)의 "Empathy" 장을 보라. 수동성과 대속으로서의 인질에 관한 감정이입과 레비나스의 윤리 사이의 관계에 관한 흥미로운 논의로는 다음 연구를 보라. James Mensch, "Prayer as Kenosis," in Norman Wirzba and Bruce Benson, eds., *The Phenomenology of Prayer* (New York : Fordham University Press, 2005). 이기주의적 전체성과 동일자에 관한 레비나스의 서양 존재론 비판에 공감하면서도, 나는 타자에게 "인질로서의 자기"라는 그의 개념, 즉 "이웃의 부름을 회피할" 수 없고, 우리의 응답에 있어 인간의 자유와 선택을 용납하지 않는 철저한 수동성과 박해라는 그의 관념에 대해 다소간 난색을 표하는 바이다. 레비나스와 데리다의 무조건적 타자성에 대한 나의 비판적 이의제기에 대해서는 다음 글을 보라. "Aliens and Others," in Kearney, *Strangers, Gods and Monsters*, 63 이하. [커니, 「제3장 에이리언과 타자」, 『이방인, 신, 괴물』, 115 이하.]
3. * 요한의 복음서 21장 12절 참조.
4. * 인용된 구절은 각각 요한의 복음서 8장 58절과 16장 7절이다.

5. Hafiz, *I Heard God Laughing : Renderings of Hafiz*, ed. D. Ladinsky et al. (Walnut Creek, CA : Sufism Reoriented, 1996).
6. * 12~13세기 독일에서 일어났고, 18세기 폴란드와 우크라이나 등지에서 일어난 유대교 신비주의 부흥 운동과 사상을 일컬음. 이 운동의 영향 아래 있는 주요 사상가로 마르틴 부버와 아브라함 조수아 헤셸을 들 수 있다.
7. de Certeau, "Mysticism," 21에서 재인용 [이 사막 교부의 말은 정확히 다음 텍스트에서 찾을 수 있다. 토머스 머튼 엮음, 『토머스 머튼이 길어낸 사막의 지혜』, 안소근 옮김, 바오로딸, 2011, 133]. 저자는 또한 코믹한 역설의 사랑을 다룬 다른 전설적 신비주의자들을 인용한다. 예를 들어, 마이스터 에크하르트는 신비적 역설에 대해 다음과 같이 주목한 바 있다. "신은 존재도 이성도 아니며, 이 또는 저것을 알지 못한다. 이것이 바로 신이 만물의 비움이자 만물이신 이유이다." 그리고 수피 신비주의자, 알-할라지(Al-Halladj)는 이슬람 공동체 움마(umma)의 성직 교리에 대해 다음과 같은 물음을 제기했다. "이 편지의 목적은 신에 의해 아무것도 설명하지 않고, 그로부터 단 하나의 논쟁도 이끌어 내지 않으며, 그 존재를 고백하지도 않고 부정하는 데로 이끌리지도 않는 것이다"(같은 글, 19).
8. * 아우구스티누스의 『고백록』 제10권 1.1에 나오는 말이다. 관련 구절을 옮겨 오자면 다음과 같다. "보십시오, 당신께서는 진리를 사랑하셨고 진리를 행하는 이는 빛으로 나아갑니다. 진리를 제가 행하고 싶습니다. 고백을 행하되 당신 앞에서는 제 마음으로 행하고 이 글을 읽을 많은 증인들 앞에서는 제 필묵으로 하고 싶습니다." 번역은 다음 문헌에서 가져왔다. 아우구스티누스, 『고백록』, 성염 옮김, 경세원, 2016; 2019, 347.
9. 나는 더블린대학교(UCD)에서 자크 데리다와 이 주제에 대한 비판적 논의를 주고받았다. "Hospitality, Justice and Responsibility : A Dialogue with Jacques Derrida" in Richard Kearney and Mark Dooley, eds., *Questioning Ethics* (New York : Routledge, 1999), 65~83. 메시아적 타인에 대한 해석학적 분별의 결여에 관한 나의 비판은 다음 글을 보라. "Aliens and Others" [커니, 「제3 에이리언과 타자」, 『이방인, 신, 괴물』] 및 데리다와의 인터뷰, 특별히 "Terror, Religion and the New Politics"와 "Deconstruction and the Other" in Richard Kearney, ed., *Debates in Continental Philosophy* (New York : Fordham University Press, 2006), 3~15, 139~156. 자크 데리다 및 잭 카푸토와 나의 비판적인 입장 교환으로는 다음 글을 보라. "Desire of God," in *After God : Richard Kearney and the Religious Turn in Continental Philosophy* (New York : Fordham University Press, 2007), 301~309. 미셸 드 세르토는 "신비적 삶은 그것이 처음 일어났던 일들을 다른 방식으로 발견하기 시작할 때, 그 뿌리를 회복하고 일상의 삶에서 그 낯섦을 경험할 때 시작되며, 그때 처음 일어났던 일들을 다른 방법으로 계속 발견하게 된다"는 점을 인정하고 있다. 드 세르토는 이 발견을 지속 중인 분별의 해석학적 "여정"의 형태로 설명한다. 한 사람의 삶에서 정확한 에피파니의 시간과 장소를 열어주는 신적인 것이 바로 그 순간으로만 제한될 수는 없다. "그 사람(신)을 거기서 체포할 수는 없다"(de Certeau, "Mysticism," 19). 또한 고정관념을 금하고 현명한 차별성을 유도하는 것이 바로 이러한 간극 내지 과잉이다. "이 경험의 내적 긴급 상황과 객관적 상황은 이미 그 경험의 영적 감각을 병리학적 형태와 구별할 수 있게 해준다. 하나의 과정은 그것이 한 순간으로 제한되지 않을 때, 그 순간이 아무리 강렬하거나 예외적이더라도 그렇게 제한되지 않을 때, 마치 회복하거나 보존해야 할 낙원처럼 모든 것을 부흥시키는 작업에 할애하지 않을 때, 상상의 고착화 속에서도 그 길을 잃어버리지 않을 때, '영적인' 것이 된다. 이는 수피들이 말하는 것처럼, — 자신과 타자들과의 관계로부터 시작되는 진정성의 궤도 위에서의 — 순수한 헌신(ihlas)에 가담하는 현실주의이다. 따라서 그것은 선별하는 것이다"(같은 글). 드 세르토에게 있어서 신의 선물은 항상 개념으로부터 육적

인 것으로까지 내려오는 문화적으로 정의된 언어로 주어진다. 즉, 공식적인 교리와 신학적 언급에서부터 더 기본적인 "인식 코드, 상상의 구성, 냄새나 시야가 지배하는 감각의 위계화"(같은 글, 21)에 이르기까지 말이다. 그가 말하듯이, "신비가들은 단지 수용된 언어만을 말한다." 그러나 창조적이고 시적으로 그들은 그것을 다시 쓴다. 그리고 이 수용은 "사회적 삶에 대한 개인적 삶의 전용(redirection)"을 수반하는데, 이것은 역사적, 언어적, 지리적인 해석학적 맥락의 관점에서의 "신적 심연"을 말한다(같은 곳). 이것이 신비적 경험이 헤아릴 수 없고 놀라우면서도 예기치 못한 것의 "외국어"로 시작되는 이유이며, 이러한 "이상한 징후의 단절은 실제로 매우 구체적인 문턱의 순간만을 나타내는"(해석학적으로 정초된 의미) 이유이다(같은 글, 17). 에피파니의 순간은 "마음속을 꿰뚫는 말, 자신의 삶을 거꾸로 돌리는 비전 — 이러한 순간은 결정적인 경험이며, 장소, 만남, 읽기로부터 분리할 수 없는 것, 그러나 그것을 전달하는 수단으로도 환원할 수는 없는 것이다"(같은 곳). 그래서 신비주의자는 언제나 "그때 거기서 그런 일이 있었다"고 말할 수 있지만, 그 신비주의자는 또한 신비적 경험이 이 특정한 시간과 공간의 어떤 "확실한 지식"을 넘어선다는 것을 알고 있다. 드 세르토가 말했듯이, "놀라움은 기이한 것을 만들어내지만 또한 자유롭게 한다. 그것은 삶과 죽음의 비밀을 표면으로 이끌어낸다.… 예견하지 못한 것의 폭력을 함축하는 예상되지 않는 것들은 양치기의 휘파람 소리가 양 떼를 모을 때처럼, 존재의 모든 날을 한데 모아 그것을 타자와의 불온한 관계의 연속성 속에 재결합시킨다"(같은 글, 17~18). 그리고 " '신'(또는 '절대')이라는 용어는 경험에 대한 지침을 제공하는 것이 아니라, 이러한 차원으로부터 받아들여진 의미이다"(예측할 수 없는 '선물') (같은 글, 18). 따라서 신비적 경험은 내부와 외부, 초월적인 것과 내재적인 것, 절대자와 육화의 매개이다. "그 규준이 되는 동의와 분리될 수 없는, 그러한 '탄생'이라는 것은 인간으로부터 도래하거나 속하지 않고서 인간 자신으로부터 진리를 끌어낸다. 따라서 그는 자기가 주장되는 바로 그 순간에 '그 자신 바깥에' 존재한다. 하나의 필연성이, 다만 멜로디, 말해진 단어, 또는 다른 곳에서 도래하는 비전의 표시 아래서, 그 자신 안에 일어나게 된다"(같은 곳).

10. 앤서니 스타인박의 참된 계시와 수직성의 에피파니에 대한 핵심 규준에 관한 통찰력 있는 분석을 보라. Steinbock, *Phenomenology and Mysticism*, 100~104, 115~125, 132~135. 스타인박은 진정한 영적 경험과 위조된 경험의 표면상의 동일 구조 성격에 관한 문제를 충분히 인식하고 있다. 예를 들어, 그는 프로이트의 저 유명한 슈레버 사례에서 신과의 신비적 결합에 대한 정신병적 주장과 유명한 신비주의자들에게서 비롯하는 (흔하게는 평행적인 성애적 본성의) 그런 연합에 대한 신비적 주장 사이의 유사성에 주목한다. 그것은 신의 침입을 당한 것에 관한 슈레버의 정신이상적 환상(같은 책, 140~142)과 신적 방문자에 의해 유사한 극복과 이행의 느낌을 경험하는 십자가의 요한이나 아빌라의 데레사(같은 책, 45~66)와 같은 신비로운 증언(특별히 『영혼의 성』[최민순 옮김, 바오로딸, 1993]에서의 아빌라의 데레사의 유명한 '황홀경' 경험을 보라)의 차이를 말하는 일이 안고 있는 중요한 결정적인 딜레마를 제기한다. 또한 신적 타자의 상이한 나타남들을 해석학적으로 분별할 수 있는 방식에 관해 장-뤽 마리옹과 내가 논의한 글을 보라. Marion, "Hermeneutics and Revelation," in Kearney, ed., *Debates in Continental Philosophy*, 15~33. 마리옹에게서 신의 계시의 '포화된 현상'(saturated phenomenon)을 해석학적으로 분별하는 것과 관련한 비판적 물음에 대해서는 Shane MacKinlay, "Eyes Wide Shut," *Modern Theology* 20, no. 3 (2004) : 117~118 ; Tamsin Farmer Jones, "Apparent Darkness : Jean-Luc Marion's Retrieval of the Greek Apophatic Tradition," chapter 4, "Interpreting Saturated Phenomenality : Marion's Hermeneutical Turn?" Ph.D. diss., Harvard University, 2008. 마리옹의 설명에서 가장 큰 난점은, '포화된 현상'을 통해서 신적 타자와의 존재론적 마주함 내지 종말론적 마주함에 이를 때, 이것이 선별 불가능한 것이 된다

는 것에 있는 것 같다. 기껏해야, 이러한 계시에 대한 인간의 수용은, 마리옹에게서, 그가 프랑스어 l'adonné(바쳐진 자)라고 말하는 것은 단지 엄청난 트라우마에 반응하는 것으로서 포화의 사건에 반응할 뿐이다. 즉, 그것은 분별하는 해석으로가 아니라, 기껏해야 들이닥치는 포화의 이 회피할 수 없는 힘에 의해 막히거나 당황하는 것이다. 바쳐진 자는 좋든 싫든 선물을 받는 이를 뜻한다. (실제로 마리옹이 수태고지에 관해 말할 때, 그것은 마리아가 싫든 좋든 선물을 수용하는 신적 위반이나 침략과 유사한 것이 된다. 마리옹은 이를테면 마리아가 말씀을 받아들이는 "경우"에 관해 말하면서, "만일" 그녀가 그것을 받아들이기로 동의하'면'이라는 단서를 절대 말하지 않는다.) 기껏, 우리는 사건이 있은 다음 "끝없는 해석학"을 펼치지만, 포화의 사건 자체가 일어나는 중에는 그런 일이 결코 일어나지 않는다. 마리옹에게 분별은 언제 파생적이지 동시적인 것이 아니다. 그가 다음과 같이 말한 데서 보듯이 말이다. "나는 내 시선이 그것에 반하여 일어날 수 있는 모든 지향상에서의(over intention) 직관의 초과(excess)로 인해 (그리고 초과를 통해) 나 자신을 순응하게 만드는 모호한 의무를 겪게 된다." "Evidence and Bedazzlement," in *Prolegomena to Charity*, trans. Stephen Lewis (New York : Fordham University Press, 2002), 53~70. 레비나스 및 데리다의 경우와는 다소 다른 방식으로 마리옹에게 타자에 대한 응답은 (레비나스의 타인을 만남에 있어서의 근원적 트라우마라는 것과 유사한) 무비판적 굴종과 종속이라는 근본적인 외상이다. 게다가 프랑스어 adonné의 의미 중 하나가 '중독자'라는 것인데, 이는 이 중독되는 자에게 트라우마를 일으키고 그런 자를 포화하는 것을 통제하지 못하는 이를 가리킨다. 내가 보기에, 마리옹이 전혀 인식하지 못한 것은 우리가 신적 이방인에 대한 수동적 응답과 능동적 응답을 모두 할 수 있다는 것이다. 즉, 우리는 우리에게 다가오는 타인에게 수용성의 '파토스'와 해석학적 행위자의 '시학'(선택, 상상, 읽기, 헌신, 그리고 유머/겸손의 동의)으로 응답할 수 있다. 다시 한번, 나는 불가능한 것이 가능해졌다고 믿었던 마리아와 사라의 그 유명한 "예"의 응답으로 돌아간다. 그러나 이방인에게 이러한 "예"는 "아니요"라고 말할 수 있는 자유도 내포하고 있다. 동의는 선택이지 비굴한 순응이 아니다. 다른 종류의 포화된 현상(예를 들어 악의 경험이나 범례적인 거룩의 경험)을 구별하는 마리옹의 문제는 탐신 파머 존스가 잘 지적하고 있다. 그녀는 닛사의 그레고리우스(Nyssa of Gregory)의 성서 주해와 글을 기반으로 삼아 부정신학의 해석학으로 마리옹의 해석학적 결함을 보완할 것을 제안한다(같은 책, 193~194, 227). 요컨대, 마리옹이 포화의 사건 이후 주해와 추정이라는 파생적 해석학에 대해 말한 것은 옳지만, 그는 포화 자체의 순간에 이미 일어나는 선술어적인 육적 반응으로서의 해석학적 해석이 나타나는 방식을 알아보지 못한다. 예를 들어, 도피, 싸움, 투쟁, 얼음과 같은 유명한 세 가지 트라우마 반응방식, 애착 이론에서의 히스테리적 과민반응 내지 수축적 과소반응을 말할 때, 혹자는 이미 인간이 일종의 반성적 의식을 나타내기 훨씬 전에, 가장 기본적인 신체적, 정서적 차원에서 서로 다른 반응 방식을 선택한다는 것을 인정한다. 어떤 종류의 것이든지, 그리고 1장에서 언급한 바와 같이, 후설, 셸러, 사르트르와 같은 사람들이 수행하는 기분, 감정, 느낌의 현상학은 우리의 파생적인 해석학적 이해를 뒷받침하는 일차적인 해석학적 선이해에 관한 분석에 추가적인 깊이와 엄밀함을 선사한다.

11. Max Scheler, "Love and Knowledge," in Harold Bershady, ed., *On Feeling, Knowing and Valuing* (Chicago : University of Chicago Press, 1992), 147~165.
12. * 카니는 리쾨르를 따라 자기(self, selves)라는 용어를 즐겨 사용한다. 리쾨르는 1인칭적인 코기토로서의 자아(ego)나 나(Je, I) 개념에 반대하여 다인칭적으로 사용될 수 있는, 그래서 타자성을 함축할 수 있는 자기라는 표현을 선호한다. 이것은 이 말의 재귀적 용법을 떠올려보면 더 명확해지는데, myself, yourself, himself, herself에서 보듯, 자기라는 말은 이미 문법적으로도 1인칭을 넘어 다양하게 활용되는 말이다.

13. Paul Ricoeur, *Oneself as Another*, trans. Kathleen Blamey (Chicago : University of Chicago Press, 1992), 166. [폴 리쾨르, 『타자로서 자기 자신』, 김웅권 옮김, 동문선, 2006, 225.]
14. 같은 곳. 자크 데리다는 이방인을 향한 환대의 관계에서 "주인"이자 "인질"로서의 자기의 역할에 대한 해체론적 독해에서 더 급진적인 모습을 보여준다. Derrida, Dufourmantelle, and Bowlby, *Of Hospitality*. [데리다, 『환대에 대하여』.] 『이방인, 신, 괴물』 3장의 나의 해설을 보라. 또한 본서 앞의 장에서 이루어진 해당 주제에 관한 나의 상세한 해명을 보라. 특별히 1장 주석 35~38을 보라.
15. Paul Ricoeur, *On Translation*, trans. Eileen Brennan (New York : Routledge, 2006), 23~24. [폴 리쾨르, 『번역론 : 번역에 관한 철학적 성찰』, 윤성우·이향 옮김, 철학과현실사, 2006, 119.] 이러한 연결에 대해서 L. M. Chauvet, *Sign and Sacrament : A Sacramental Reinterpretation of Christian Experience*, trans. Patrick Madigan S.J. and Madeleine Beaumont (Minnesota : Liturgical Press, 1995)를 보라. 예를 들어, 쇼베는 어떻게 자기가 타자에게의 해체론적 노출을 통해서만 재발견되는지를 기술한다. " '나'는 가장 다른, 너(YOU, '나'의 역〔the reverse of 'I'〕)라는 것과의 관계에서만 '나'이다. 그리고 그것은 회복이 불가능한, 이러한 타자성의 찢김으로부터 존재한다. 여기에서 의사소통을 가능하게 하는 유사성과 상호성이 태어난다"(같은 책, 503). 또한 리쾨르와 한스 큉이 나눈 중요한 토론과 본서 제4장에서 자기와 타자의 교차적 가역성으로서의 언어의 대화적 성격을 다루는 메를로-퐁티에 대한 논의를 참조하라.
16. Richard Kearney, *Postnationalist Ireland* (New York : Routledge, 1996)를 보라. 북아일랜드 평화 정착에서 가톨릭계의 지도자 존 흄과 개신교계의 지도자 데이비드 트림블이 각각 적과 극단주의자들을 맞이하는 주인으로 활동하면서 테러범과 준군사조직을 냉대로부터, 총으로부터 멀리 떨어뜨린 것은 주목할 만한 일이지만, 주인들은 결국 손님들을 위해 희생을 치렀고, 손님들은 평화 과정의 더 머나먼 단계를 거쳐 차례대로(예 : 마틴 맥기네스, 이안 페이즐리) 주인이 되었다. 만델라나 간디와 같은 역사적 인물들에게서도 이와 비슷한 예가 발견되는데, 마찬가지로 이들은 자기-희생과 자기비움의 선견적 정치에 가담했다고 할 수 있다. 이른바 상처입을 가능성(vulnerability)의 정치라고 할 수 있다. 본서 7장에서 다루는 데이, 바니에, 간디를 참조하라. 바르샤바에서의 유대교-그리스도교 대화에 관해서는 다음 글을 보라. Edward Kaplan, "Healing Wounds," in Kearney ed., *Interreligious Imagination*, 441 이하.
17. Joseph O'Leary, "Knowing the Heart Sutra by Heart," 같은 책, 356 이하. 예를 들어, 오리어리는 공에 대한 불교의 가르침이 그리스도인들에게 신의 무위(divine nothingness)라는 그들만의 불온하고 신비로운 전통을 회복하도록 초대한다고 제안한다. 마치 우파니샤드 내 분리의 네티/네티가 우리를 보편적인 공감으로 개방시켜 주는 것처럼, 산상수훈이나 성 프란치스코의 살아있는 모든 것에 관한 사랑의 급진적 함의를 그리스도인들에게 상기시켜 준다. 종교간 번역과 교환의 물음에 관해서 오리어리는 다음과 같이 적고 있다. "예전에는 좋은 가톨릭 신자는 개신교 신자가 되어야 하고, 반면에 좋은 개신교 신자는 가톨릭 신자가 되어야 한다고 말했었다." (좋은 그리스도인으로 남기 위하여) "오늘날 우리는 건전한 그리스도교 신자는 불교 신자가 되어야 한다는 말을 덧붙일 수 있다." Joseph O'Leary, "Towards a Buddhist Interpretation of Christian Truth," in Catherine Cornille, ed., *Many Mansions : Multiple Religious Belonging and Christian Identity* (New York : Orbis, 2002). 오리어리는 공감적 지혜와 실천의 '숙련된 수단'으로서 공동체(sangha)를 통해 주문처럼 낭송되는 반야심경이 그리스도인들에게 가르침과 섬김을 결합해야 함을 상기시켜 준다고 주장한다. 또한 그는 이런 것을 통해 구체적인 삶의 참여의 수단으로서의 동방 영성과 서방 영성 간의 실제적인 만남의 장이 열릴 것이라고 생각한다.

18. * 힌두교에서 신을 향해 행하는 종교 의식 일체를 의미한다.
19. Kearney, *The God Who May Be*. 그리고 "Epiphanies of the Everyday," in *After God*. 또한 Jurgen Moltmann, *The Power of the Powerless* (London : SCM, 1983)을 보라.
20. * Incarnation은 철학적으로 보통 육화로 번역되지만, 신이 자기를 비워 사람이 된 사건을 가리킬 때는 성육신으로 번역되므로, 여기서는 예외적으로 두 번역어를 함께 표기했다.
21. Fred Dallmayr, "Empire and Faith : Sacred Non-Sovereignty," in *Small Wonder : Global Power and Its Discontents* (New York : Rowman and Littlefield, 2005)를 보라.
22. Scheler, "The Meaning of Suffering," in Bershady, ed., *On Feeling, Knowing and Valuing*, 87.
23. Paul Ricoeur, *Memory, History and Forgetting*, trans. Kathleen Blamey and David Pellauer (Chicago : University of Chicago Press, 2004)를 보라. 또한 과거의 '성취되지 않은 가능성'에 미래가 주어짐이라는 것에 대해서는 나의 다음 논고를 보라. Richard Kearney, "Capable Man," in Brian Treanor and Henry Isaac Venema, eds., *Passion for the Possible : Thinking with Paul Ricoeur : The New Hermeneutics* (New York : Fordham University Press, 2010).
24. C. Stephen Evans, ed., *Exploring Kenotic Christology : The Self-Emptying of God* (Oxford : Oxford University Press, 2006)을 보라. 또한 새라 코클리(Sarah Coakley)의 다음과 같은 명확한 글을 살펴보라. "Kenosis and Subversion : On the Repression of 'Vulnerability' in Christian Feminist Writing," *Powers and Submissions : Spirituality, Philosophy and Gender* (Oxford : Blackwell, 2002), 3~39.
25. 유대교, 그리스도교, 이슬람교 전통의 신비 경험을 비교하는 매우 통찰력 있는 논의에 대해서는 다음 문헌을 보라. Steinbock, *Phenomenology and Mysticism*.
26. Teresa of Calcutta, *Mother Teresa : Come to My Light* (New York : Rider, 2008). [이것은 오기로 보인다. 원제는 *Mother Teresa : Come be My Light*다. 우리말 번역본의 서지사항은 다음과 같다. 『마더 데레사 : 나의 빛이 되어라』, 허진 옮김, 오래된미래, 2008.]

3장 이름으로 : 아우슈비츠 이후 누가 신을 말할 수 있는가?

1. * 다하우(Dachau), 소비보르(Sobibor), 트레블링카(Treblinka)는 대표적인 나치의 유대인 수용소였다. 다하우는 뮌헨 외곽에 위치했고, 소비보르와 트레블링카는 모두 폴란드에 위치한 수용소였다.
2. Etty Hillesum, *An Interrupted Life* (New York : Owl, 1996), 176. 또한 Hans Jonas, "The Concept of God After Auschwitz : A Jewish Voice," in Lawrence Vogel, ed., *Mortality and Morality : A Search for God After Auschwitz* (Evanston, IL : Northwestern University Press, 1966), 138~142를 보라.
3. Nathalie Zemon Davis, "Michel de Certeau's Quest," *New York Review of Books* 2 (2008) : 33에서 재인용.
4. Hannah Arendt, "Religion and Politics," in *Essays in Understanding*, ed. Jerome Kohn (New York : Harcourt Brace Jovanovich, 1994), 369. [한나 아렌트, 「종교와 정치」, 『이해의 에세이 : 1930~1954』, 홍원표·임경석·김도연·김희정 옮김, 도서출판 텍스트, 2012, 573.]
5. Hannah Arendt, *The Life of the Mind*, ed. Mary McCarthy, 2 vols. (New York : Harcourt Brace Jovanovich, 1978), 10. [한나 아렌트, 『정신의 삶 : 사유와 의지』, 홍원표 옮김, 푸른숲, 2019, 55~56.]
6. Kirsch, *Auden and Christianity*. 또한 Kascha Semonovitch, "Arendt, Auden and Anathe-

ism," *Literary Imagination* (New York : Oxford University Press, 2009). 나는 아렌트의 신에 관한 물음, 그리고 그녀와 오든 사이의 우정에 관한 논의에 주목하게 해준 카샤 세모노비치에게 감사의 말을 전한다.

7. Arendt, "What Remains? The Language Remains," *Essays in Understanding*, 12. [아렌트, 「"무엇이 남는가? 언어가 남는다": 권터 가우스와의 대담」, 『이해의 에세이 : 1930~1954』, 62.]
8. Arendt, "Understanding and Politics (The Difficulties of Understanding," *Essays in Understanding*, 308. [아렌트, 「이해와 정치(이해의 난점)」, 『이해의 에세이 : 1930~1954』, 489.]
9. Rabbi Irving Greenberg, "Easing the Divine Suffering," in Bob Abernethy and William Bole, eds., *The Life of Meaning : Reflections on Faith, Doubt, and Repairing the World* (New York : Seven Stories, 2002), 69.
10. 같은 글, 68.
11. * 카니는 이 맥락에서 post에 홀로코스트 '이후'라는 의미와 홀로코스트 이전의 것을 벗어던진다는 '탈'(脫)이라는 의미를 모두 담고 있기에 해당 용어를 이렇게 옮겼다.
12. 같은 글, 69.
13. * Moloch. 고대 중동 지역에서 숭배대상이 되었던 신들 중 하나. 어린 아기를 희생 제물로 받는 신으로 알려져 있음.
14. 같은 글, 72.
15. Emmanuel Levinas, "Useless Suffering," in *Between Us* (London : Athlone, 1997). [에마뉘엘 레비나스, 「무의미한 고통」, 『우리 사이 : 타자 사유에 관한 에세이』, 김성호 옮김, 그린비, 2019.]
16. Levinas, *Totality and Infinity*, 58. [레비나스, 『전체성과 무한』, 70~71.]
17. John Llewelyn, *Emmanuel Levinas : The Genealogy of Ethics* (London : Routledge, 1995), 67.
18. Jacques Derrida, "Sauf le nom (Post-Scriptum)," in *On the Name*, ed. Thomas Dutoit, trans. John P. Leavey Jr. (Stanford : Stanford University Press, 1995, 1993), 82 이하.
19. Jacques Derrida, *Spectres of Marx*, trans. Peggy Kamuf (London : Routledge, 1994), 168. [자크 데리다, 『마르크스의 유령들』, 진태원 옮김, 그린비, 2014, 324.] 이 구절에 내가 관심을 가지도록 도와준 닐 데루(Neal Deroo)에게 감사한다.
20. 같은 책, 169. [같은 책, 325.]
21. 같은 책, 59. [같은 책, 130.]
22. 메시아주의와 종말론의 물음에 관해서는 Jacques Derrida, "Deconstruction and the Other," in Kearney, ed., *Debates in Continental Philosophy*, 139 이하를 보라. 그리고 불연속적 시간(베르그손의 시간의 연속체 내지 지속〔durée〕 내의 간격으로서의 순간에 대한 가스통 바슐라르의 철학에서 에피파니의 시간과 종말론적 시간에 대한 다음 글의 분석을 보라. Richard Kearney, "Bachelard and the Epiphanic Instant," *Philosophy Today*, special Society for Phenomenology and Existential Philosophy issue, ed. Peg Birmingham and James Risser, vol. 33 (Fall 2008) : 38~45.
23. * 여기서 post는 형이상학적인 종교 이후의 종교의 바람직한 형태라는 의미와 형이상학적 종교를 벗어난다는 의미를 모두 함축한다. 이에 좀 어색하지만 탈[이후]로 번역했다.
24. Dietrich Bonhoeffer, *Letters and Papers from Prison*, ed. Eberhard Bethge, enlarged ed. (New York : Simon and Schuster, 1971), 279~280. [디트리히 본회퍼, 『옥중서신 : 저항과 복종』, 김순현 옮김, 복 있는 사람, 2016, 249.] 내가 본회퍼의 "종교 없는 신앙"에 관한 글에 관심

을 가지게 해준 브라이언 그레고르(Brian Gregor)와 옌스 짐머맨(Jens Zimmerman)에게 감사한다. 이들이 편집한 다음 문헌을 보라. *Bonhoeffer and Continental Thought : Cruciform Philosophy* (Bloomington : Indiana University Press, 2009).

25. Karl Barth, *The Epistle to the Romans*, trans. E. C. Hoskins (Oxford : Oxford University Press, 1933, 1923), 130~131, 233. [칼 바르트, 『로마서』, 손성현 옮김, 복 있는 사람, 2017, 325~328, 517~518.]
26. Bonhoeffer, *Letters and Papers from Prison*, 280~282. [본회퍼, 『옥중서신』, 251~252.]
27. 같은 책, 346. [같은 책, 331.]
28. Paul Ricoeur, "The Non-Religious Interpretation of Christianity in Bonhoeffer," in Gregor and Zimmerman, eds., *Bonhoeffer and Continental Thought*를 보라.
29. Bonhoeffer, *Letters and Papers from Prison*, 360~361. [본회퍼, 『옥중서신』, 343~344.]
30. 다음 책들을 보라. John Caputo, *The Weakness of God* (Bloomington : Indiana University Press, 2005) ; Catherine Keller, *Facing the Deep* (New York : Routledge, 2002). 또한 존 판텔레이몬 마누사키스(John Panteleimon Manoussakis)가 쓴 *God After Metaphysics : A Theological Aesthetics* (Bloomington : Indiana University Press, 2007)와 그가 편집한 *After God*을 보라.
31. Ricoeur, "The Non-Religious Interpretation," in Gregor and Zimmerman, eds., *Bonhoeffer and Continental Thought*.
32. * life는 삶과 생명을 모두 의미할 수 있는 다의적 어휘다. 그것은 우리가 현세적으로 살아내는 삶을 지칭하면서, 우리가 살아있는 상태로서의 생명을 역시 지칭한다는 점을 기억하면서 읽기를 바란다.
33. Bonhoeffer, *Letters and Papers from Prison*, 311~312. [본회퍼, 『옥중서신』, 290~292.]
34. 같은 책, 369~370. [같은 책, 348~349.]
35. 같은 책, 361. [같은 책, 345.]
36. 다음 글에서 재인용. Ricoeur, "The Non-Religious Interpretation," in Gregor and Zimmerman, eds., *Bonhoeffer and Continental Thought*.
37. 같은 글.
38. Paul Ricoeur, *Fallible Man* (Chicago : Henry Regnery, 1967), 215. *Critique and Conviction* (New York : Columbia University Press, 1998), 145 [폴 리쾨르, 『폴 리쾨르, 비판과 확신』, 변광배·전종윤 옮김, 그린비, 2013, 269]를 보라.
39. Paul Ricoeur, "Religion, Atheism, Faith," in *The Conflict of Interpretations* (Evanston : Northwestern University Press, 1974), 441. [폴 리쾨르, 「종교·무신론·믿음」, 『해석의 갈등』, 양명수 옮김, 한길사, 2012, 486.]
40. 같은 글, 441~442. [같은 글, 486.]
41. * 본서 323쪽, 「서문」 후주 10번 참조.
42. 프로이트의 다음 문헌의 유명한 결론을 보라. *Civilization and Its Discontents*, trans. James Strachey (New York : Norton, 1962), 92. [지크문트 프로이트, 『문화 속의 불쾌 』, 변학수 옮김, 세창출판사, 2019, 140~141.]
43. Scheler, "Love and Knowledge," in Bershady, ed., *On Feeling, Knowing and Valuing*, 160.
44. Richard Dawkins, *The God Delusion* (New York : Mariner, 2008), 23~24. [리처드 도킨스, 『만들어진 신 : 신은 과연 인간을 창조했는가?』, 이한음 옮김, 김영사, 2007, 7~8.]
45. * 혐의의 해석학을 실천하는 니체, 마르크스, 프로이트와 그 후예들을 일컬음.

46. Ricoeur, "Religion, Atheism, Faith," 447. [리쾨르, 「종교·무신론·믿음」, 『해석의 갈등』, 492.] 리쾨르의 무신론(프로이트, 맑스, 그리고 니체) 활용을 두 번째 긍정의 해석학("두 번째 순결함" 또는 "소박함")을 전개하는 혐의의 해석학으로 비판적으로 탁월하게 발전시킨 연구로 다음 문헌을 참조하라. Merold Westphal, *Suspicion and Faith : The Religious Uses of Modern Atheism* (New York : Fordham University Press, 1994).
47. Friedrich Nietzsche, *The Gay Science*, in *The Portable Nietzsche*, ed. Walter Kaufman (New York : Penguin, 1954), 95 (para 125). [프리드리히 니체, 『즐거운 학문·메시나에서의 전원시·유고 (1881년 봄~1882년 여름)』, 안성찬·홍사현 옮김, 책세상, 2005, 199~120.]
48. Ricoeur, "Religion, Atheism, Faith," 448. [리쾨르, 「종교·무신론·믿음」, 『해석의 갈등』, 493.]
49. * 신명기 5장 6절.
50. * 이것은 주로 신약성서에 나타는 신의 구원 행위, 곧 예수의 복음 선포를 의미한다.
51. Ricoeur, "Religion, Atheism, Faith," 448. [리쾨르, 「종교·무신론·믿음」, 『해석의 갈등』, 493.]
52. * 총괄갱신은 리옹의 성 이레네오에게서 비롯한 교리다. 여기서 카니는 이 말을 원래 상태를 회복하거나 새로운 시작을 만든다는 의미 정도로 사용하는 것 같다. 이 말에 대한 조금 더 상세한 이해를 위해 차재승의 설명을 인용한다. "문자적인 의미로 총괄갱신이란 유일한 머리 아래 연합하는 것, 원래 상태를 회복하는 것, 새로운 시작을 만드는 것, 절정으로 데려가는 것, 두 번째 땅을 넘어서는 것을 의미한다." 차재승, 『7인의 십자가 사상』, 새물결플러스, 2009, 299.
53. 같은 글, 452. [같은 글, 497~498.]
54. 같은 글, 454. [같은 글, 499.] 욕망 너머의 두 번째 욕망으로서의 신비적 경험의 재-성애적 패러다임에 대한 나의 분석은 다음 글을 보라. "The Shulammite Song : Eros Descending and Ascending," in Virginia Burrus and Catherine Keller, eds., *A Theology of the Passions* (New York : Fordham University Press, 2006), 306~340을 보라.
55. Ricoeur, "Religion, Atheism, Faith," 455. [리쾨르, 「종교·무신론·믿음」, 『해석의 갈등』, 500.]
56. 같은 글, 460. [같은 글, 505~506.]
57. 같은 글, 467. [같은 글, 514.] 또한 Ricoeur, "The Critique of Religion," in Charles Regan and David Stuart, eds., *The Philosophy of Paul Ricoeur* (Boston : Beacon, 1978), 213 이하를 보라. 앞서 언급했듯이, 리쾨르는 첫 번째 소박함의 독단적 편견이 제거된 후 진정한 신앙의 두 번째 소박한 태도로 돌아간다는 이야기를 한다. 그는 종말론적 성스러움의 상징들이 다시 말해질 수 있도록 거짓된 종교적 물신숭배를 폭로하는 것에 대해 말한다. 앤서니 스타인박은 성스러운 것에 대한 참된 "수직적" 경험과 이것에 대한 "우상숭배적" 오해 사이를 구별하면서 유사한 움직임을 묘사한다. *Phenomenology and Mysticism*, 211~240.
58. Paul Ricoeur, *Vivant jusqu'à la mort* (Paris : Seuil, 2007), 45.
59. * 14절의 오기로 보임.
60. Derrida, "Violence and Metaphysics," 131 [데리다, 「폭력과 형이상학」, 210]을 보라. 전체 문장은 다음과 같다. "자기 언어에 책임이 있는 철학은 자기성 일반을 단념할 수 없다. 다른 어떤 것보다도 분리의 철학이나 분리의 종말은 더욱 그렇게 하지 못한다. 근원적 비극과 메시아적 승리 사이에 철학이 있다. 여기에 폭력이 지식 안에서 폭력에 대항하여 돌아오게 되는 철학, 근원적 유한성이 나타나는 철학, 그리고 타자가 동일자 내에서 동일자에 의해 존중받는 철학이 있다."
61. Paul Ricoeur, "From Interpretation to Translation," in *Thinking Biblically* (Chicago : University of Chicago Press, 1998), 331 이하. [폴 리꾀르, 「해석에서 번역으로」, 『성서의 새로운 이해 : 주석학과 해석학의 대화』, 김창주 옮김, 살림출판사, 2006, 425 이하.] 또한 "La croyance religieuse : Le difficile chemin du religieux," 주최 : l'Université de tous les saviors, dir.

Yves Michaud, 편찬 : *La Philosophie et l'Ethique*, vol. 11 (Paris : Odile Jacob, 2002), 특별히 "L'homme capable, destinataire du religieux," 207 이하를 보라.

62. Paul Ricoeur, "Colloquio con Ricoeur," in Fabrizio Turoldo, *Verità del Metodo* (Padova : Il Poligrafo, 2000), 254.
63. Ricoeur, "The Poetics of Language and Myth," in Kearney, ed., *Debates in Continental Philosophy*, 99 이하.
64. Ricoeur, "A Colloquio con Ricoeur," 255.
65. 같은 글.
66. Ricoeur, "The Nuptial Metaphor," in *Thinking Biblically*, 265 이하. [리쾨르, 『성서의 새로운 이해』, 345 이하.] 리쾨르의 『죽음에 이르기까지 살아가기』(*Vivant Jusqu'à la mort*) 129~130의 마지막 "단편들" 중 하나에 나의 신적 가능 개념에 대한 언급이 나온다. 이는 마크 필로넨코(Marc Philonenko)의 "우리 아버지"에 대한 독해를 리쾨르가 논의하는 맥락에서 나타난다. 우리가 이 기도 속에서 신의 존재(신이 존재한다는 사실)에 대한 진술보다 행동과 행함에 대한 간구에 더 관심을 두게 됨을 상기하면서, 리쾨르는 여기서 전통적인 존재의 형이상학을 넘어 가능화의 종말론(eschatology of *possibilisation*)으로 나아가는 움직임을 엿본다. "한 간구가 자신이 행하는 바를 행할 수 있는 〔강조는 필자 — 카니〕 신에게 전달된다. 당신에게 요구함으로써, 통치를 실행하도록 신에게 요청하게 된다 ··· 아마도 가능한 신에게 말이다(리처드 카니). 종말론적 비전은 행위의 완전성에 대한 것이다"(129~130). 가능태와 현실태에 대한 아리스토텔레스의 변증법에 관한 해석학적 재독해를 거듭 열망하면서, 리쾨르는 그리스도가 아버지에게 한 간구가 단지 소망일 뿐 아니라 기대이며, 행위(agir)의 성취에서의 신뢰 행위라는 형태를 취한다고 지적한다. 여기서 리쾨르는 인간과 신의 능력인 "짝짓기"가 행위의 "짝짓기"에서 실현되기를 추구하는 것으로 보고 있다. "다른 이를 용서하는 것처럼 우리를 용서해 주십시오"라는 간구 등으로 말이다. "~처럼(le comme)이라는 것은 두 가지 행위의 불평등한 대칭이 실제로 작용하는 바를 말을 사용해서(verbalement) 소환한다"(130). 리쾨르는 아리스토텔레스의 능력과 행위의 존재론에 관한 종말론적 재해석, 의미의 상호 활성화 및 혁신에 대한 부담을 새로운 해석학적 "짝짓기"와 연관시키면서 글을 맺는다. 이것이 곧 행위에 관한 진술의 가능화일 것이다. 이는 그리스적인 것이 아니다. 다만 아리스토텔레스 방식의 존재 동사를 다시 쓰는 가능성이다. 가능태-현실태로서의 존재. 행위는 그리스의 존재를 다시 쓰는 일을 가능하게 한다. 나는 이를 출애굽기 3 : 14~15에 대한 해석에서 언급했다. 『성서를 사유하기』(*Penser la Bible*)에서 '나는 그렇게 있을 자니라'라는 구절을 다루는 대목을 보라"(131~132). 용서를 위한 종말론적 "능력"을 다루는 마지막 성찰에서, 리쾨르는 그의 존재론적이고 신학적인 통찰을 "가능한" 것의 변혁적 힘에 결합시킨다.
67. Stanislas Breton, *The Word and the Cross*, trans. Jacqueline Porter (New York : Fordham University Press, 2002).
68. Ricoeur, *Vivant jusqu'à la mort*, 76. '형이상학 이후의 신'이라는 주제에 관한 다른 중요한 기여에는 — 현상학에서의 '종교적 전회'(장-뤽 마리옹, 장-루이 크레티앙, 장-이브 라코스트, 미셸 앙리)와 해체구성(데리다) 이후에 일어난 — 존 카푸토, 존 마누사키스, 그리고 마크 테일러와 같은 사상가들의 작업이 포함된다. 이 사상가들은 형이상학 없는 메시아성의 이념을 "종교 없는 종교"라고 부르면서 탐구해 왔다. 카푸토 자신의 "신의 약함"에 대한 관념은 이미 언급했듯이, 『이름 구하기』에서 데리다가 이미 확인해 낸 신비주의와 무신론 사이의 해체론적 공모에 비추어 그리스도교적 케노시스를 다시 읽어내는 데서 유래한다. 마누사키스와 테일러는 각자의 책에서 다소 상이한 결론을 발전시키는데, 양자 모두 『신 이후』(*After God*)라는 제목의 책

을 통해서, 전자는 조금 더 유신론적인 방향으로, 후자는 더 무신론적인 방향으로 배회한다.

2부 막간

4장 살이 되어 : 성사적 상상

1. 특수성을 보편성에 개방하고자 하는 순례자 교회 또는 메시아적 교회라는 개념에 대해서는 바울의 혁명적 역할에 관해 논한 다음과 같은 최근의 문헌들을 보라. Alain Badiou, *Saint Paul : The Foundation of Universalism*, trans. Ray Brassier (Stanford : Stanford University Press, 2003) [알랭 바디우, 『사도 바울 : '제국'에 맞서는 보편주의 윤리를 찾아서』, 현성환 옮김, 새물결, 2008]; Georgio Agamben, *The Time That Remains*, trans. Patricia Dailey (Stanford : Stanford University Press, 2005) [조르조 아감벤, 『남겨진 시간 : 로마인들에게 보낸 편지에 관한 강의』, 강승훈 옮김, 코나투스, 2008]; Slavoj Žižek, *The Fragile Absolute : or, Why Is the Christian Legacy Worth Fighting For?* (London : Verso, 2000); 그리고 Julia Kristeva, *Strangers to Ourselves* (New York : Columbia University Press, 1994). 바울의 메시아주의적 메시지에 대한 이 네 개의 현대적 복원이 모두 무신론자나 불가지론자에게서 비롯한다는 점은 흥미로운 사실이다. 다음 작가들의 글을 보라. Žižek, Badiou, Daniel Boyarin, Mark Jordan, Karen Armstrong et al. in John Caputo and Linda Alcoff, eds., *Saint Paul Among the Philosophers* (Bloomington : Indiana University Press, 2008).
2. 여기서 잭 카푸토, 메롤드 웨스트팔, 마크 테일러, 장-뤽 마리옹, 존 마누사키스와 같은 사상가들이 신에 대한 탈형이상학적 이해를 형성하려고 한 최근의 시도를 보라. 하이데거, 레비나스, 그리고 데리다에 의한 존재신론의 해체구성에 이어, 이 사상가들은 스스로가 원인이 되고 스스로 생각하는 전능한 실체(자기원인의 존재자〔ens causa sui〕), 자신을 넘어선 어떤 것이나 어떤 이를 지시할 필요가 없는 자기-충족적 실재로서의 형이상학적 신 개념에 관한 강력한 비판을 제시한다. 그런 추상적인 존재는 과부, 고아, 이방인을 돌보지 못한다. 그냥 관심을 두지 않는다. 이러한 신성 개념은 흔히 '그리스도교 국가'(Christendom)로 이해되는 시기 동안 이데올로기적 권위의 무기로서 발동되었다. 그런데 나는 그리스도교 국가에는 그리스도교 그 자체와 그것 너머에 있는 많은 반대되는 계통들에 손상을 입히는 승리주의적 배타주의의 교리로서의 그리스도교라는 극심한 오해가 포함되어 있다고 주장한다(그리스도교는 유대교와 이슬람교의 주변화 이후에 유럽의 주류로서의 성서적 종교가 되었다). 키에르케고어가 살펴본 대로 그리스도교 국가는 그리스도의 메시지를 무력과 공포의 도가니로 바꾸어 놓으며 타협했다. 마녀사냥, 종교재판, 이단 화형, 불신자들에 맞서는 십자군 전쟁 등으로 악명 높았던 그리스도교 국가는 대내적으로 그리고 대외적으로 '이방인들'을 숙청했다. 그것은 재신론의 반정립이었다.
3. 여기서 종교재판이나 교회 당국의 비난을 받은 (심지어 토마스 아퀴나스의 작품도 한때 금서목록에 올려진 바 있다) 아빌라의 데레사, 십자가의 요한, 마그리트 포레트, 마이스터 에크하르트와 같은 신비주의 개혁자들을 인용할 수 있다. 더 최근에는, 교회에 대한 출간이 보류된 작품들을 쓴 테이야르 드 샤르댕과 앙리 르 소(아비쉬크타난다)와 같은 선구적인 신비주의 사상가들을 인용할 수도 있다. 다양한 교파의 그리스도교의 추종자들 가운데 상당수가 세계의 신비한 몸속에서 살이 된 그리스도교의 창시자의 핵심 메시지를 무시한 것처럼 보인다는 점은 서방 그리스도교의 위대한 아이러니 중 하나이다.
4. Teresa of Avila, *The Collected Works* 3, trans. Kieran Kavanagh and Otilio Rodriguez (ICS, 1980), 5.8. 『현상학과 신비주의』에서 이 물음을 세부적으로 검토해준 앤서니 스타인박에게 감사의 말을 전한다. Steinbock, *Phenomenology and Mysticism*, 64~65을 보라.

5. Teresa of Avila, *The Collected Works*, 1 : 22, 7~8.
6. Paul Ricoeur, *L'Homme faillible* (Paris : Aubier-Montaigne, 1960), 156.
7. * The word made everyday flesh. 이는 요한의 복음서 1장 14절을 끌어와서 사용한 인유(Allusion) 내지 암인법이다. "또 말씀이 살이 되어 … ."(And the Word was made flesh … .) 킹제임스 역 성서 참조.
8. 특별히 Edmund Husserl, *Ideas II*, trans. A. Schuwer (Dordrecht : Kluwer, 1989) [에드문트 후설, 『순수현상학과 현상학적 철학의 이념들 2』, 이종훈 옮김, 한길사, 2009] ; *The Crisis of European Sciences and Transcendental Phenomenology*, trans. David Carr (Evanston, IL : Northwestern University Press, 1970) [에드문트 후설, 『유럽 학문의 위기와 선험적 현상학』, 이종훈 옮김, 한길사, 1997]을 보라. 또한 다음 문헌의 탁월한 해설을 보라. Didier Franck, *Chair et corps : Sur la phénoménologie de Husserl* (Paris : Minuit, 1981). 마찬가지로 다른 프랑스 현상학자들의 연구도 참조하라. 우선 장-뤽 마리옹의 *Being Given*, trans. Jeffrey Kosky (Stanford : Stanford University Press, 2002) ; *In Excess*, trans. Robyn Horder and Vincent Berraud (New York : Fordham University Press, 2003) [장 뤽 마리옹, 『과잉에 관하여 : 포화된 현상에 관한 연구』, 김동규 옮김, 그린비, 2020] ; *The Erotic Phenomenon*, trans. Stephen Lewis (Chicago : University of Chicago Press, 2006)을 보라. 또한 장-루이 크레티앙의 작품을 보라. Jean-Louis Chrétien, *Hand to Hand*, trans. Stephen Lewis (New York : Fordham University Press, 2003). 윌리엄 데스몬드(William Desmond)도 최근 "축성"(consecration)에 관한 논고에서 살의 성스러움에 관한 흥미로운 철학적 논점을 보여주었다. "Consecrated Love," *INTAMS Review* 2 (Spring 2005) : 4~17 ; "Consecrated Thought," *Louvain Studies*, no. 30 (2005) : 92~106을 보라. '살'은 대체로 서구 형이상학에서 플라톤 이래로 계속 무시된 주제이다. 이는 에티엔 질송이 그리스 사유와 성서적 사유의 "그리스도교적 종합"이라고 부른 거의 1500년에 이르는 형이상학의 역사를 고려해보면 매우 이상한 사실로 보일 것이다. 하지만 (스콜라주의를 배제한 스코투스와 토마스주의 이전의 토마스 같은 몇 가지 주목할 만한 예외를 빼면!) 학술적 형이상학은 추상, 개념, 범주에 상응하는 것들만 우리에게 남겨두고, 그리스도의 육화에서 살과 피를 앗아갔다. 당연히 이 책에서 내가 시사하고 있는 것으로서, 초월-내재의 신비를 검토하며 살고 고백한 이들이 있는데, 신비주의자들이 바로 그이다. 하지만 이들은 종교재판에 회부되거나 금서목록에 들어감으로써 위협을 받게 된다(이를테면 에크하르트와 베긴스 수도회, 십자가의 성 요한, 아빌라의 데레사, 마그리트 포레트가 그들이다). 스콜라주의의 성채는 그들의 지독한 이단이 침탈한 것이 아니었다. 아니, 만약 그렇다면, 그것은 여전히 자랑스럽고 주권적인 부정에 머물러 있었다. 그 성채는 영에 부과된 살의 모든 침입에 저항했다. 지적했던 것처럼, 가련한 아퀴나스조차도 그의 초기의 정력과 열의가 그에 대한 풍자로 희화화되면서, 신비주의의 해를 자신에게서 제거했다. 아퀴나스의 원래 유비 교리와 신학대전(1-1,3)에서의 그의 신적 순일성(simpleness) 개념은 신을 충분근거율의 원칙(라이프니츠)이나 형이상학적 필연성(이차적 스콜라주의)으로 환원시키는 데 내포될 수 있는 신의 본질을 획득하는 일을 배제해버렸다. 이런 의미에서 아퀴나스, 그리고 보나벤투라도 신정론에 강하게 반대하는 자리에 서 있었다고 말할 수 있다. 이와 반대로, 아퀴나스와 같은 미묘한 사상가들을 조직적인 풍자로 수용해버린 존재신론의 폐쇄적 구조는 틈새도, 위험도, 내기도 없이 받아들여졌다. 신의 살이 매일 도래하는 일상적 육화(스코투스가 부르는 대로 하면, 엔사르코시스〔ensarkosis〕)의 대담한 면모에 면역되는 것을 주류 형이상학은 확고부동하면서도, 의심할 필요 없는, 순결한 것으로 정립했다. 그래서 적어도 서양철학의 관점에서, 나는 후설과 현대 현상학의 혁명을 취하면서 서양철학을 다시 '성사적 살'의 경험으로 돌아오게 하는 것이, 곧 우리의 선반성

적 체험 속의 영(Spirit)을 인정하는 가능성이라고 주장할 것이다. 또한 여기서 우리는 폴 리쾨르 같은 사상가가 스피노자 같은 고전 사상가들의 특이성(singularities)과 코나투스(conatus)나 라이프니츠의 뒤나미스 개념을 살아있는 신체에 관한 현상학적 일깨움에 비추어 해석학적으로 복원해내려고 했던 방식에 주목해야 할 것이다. 또한 이 점에서 다음 페미니스트 사상가들의 문헌을 보라. Catherine Keller, *The Face of the Deep : A Theology of Becoming* (New York : Routledge, 2003) ; Luce Irigaray, *Speculum of the Other Woman*, trans. Gillian C. Gill (Cornell : Cornell University Press, 1985). 또한 리쾨르와 레비나스의 '종교적인' 현상학적 저술에 상당한 영향을 미친 가브리엘 마르셀(Gabriel Marcel)의 매혹적인 철학적 성찰에 대한 언급도 빠뜨려서는 안 된다. 특별히 그의 다음 문헌을 보라. *Being and Having*, trans. Katherine Farrer (Westminister : Dacre, 1949). 또한 스티븐 슐뢰서(Steven Schloesser)에게서 (특별히 루오에 관한) 그림에 대한 글, 그리고 그가 신비적 모더니즘이라고 부른 것에 관한 글을 보라. *Jazz Age Catholicism : Mystic Modernism in Postwar Paris, 1919~1923* (Toronto : University of Toronto Press, 2005).

9. James Morley, "Embodied Consciousness in Tantric Yoga and the Phenomenology of Merleau-Ponty," in Kearney, ed., *Interreligious Imagination*, 144~163. 또한 나의 다음 글에 인용된 후설의 신, 초월, 그리고 절대에 관한 진술을 보라. "Hermeneutics of the Possible God," in Ian Leask and Eoin Cassidy, eds., *Givenness and God* (New York : Fordham University Press, 2005), 220 이하.
10. Maurice Merleau-Ponty, *Phenomenology of Perception* (London : Routledge, 2002), 246. [메를로 퐁티, 『지각의 현상학』, 류의근 옮김, 문학과지성사, 2002, 324.] 나는 이러한 참조와 관련해서 존 판텔레이몬 마누사키스에게 감사의 말을 전한다. 이 주제에 대한 그의 확장된 논의로 그의 다음 문헌을 보라. *God After Metaphysics*. 메를로-퐁티는 또한 우리의 일상적인 지각의 가장 기본적인 차원에서, 사건 이후의 '수수께끼'나 '경이'로 귀환하기 위해 비판적 불신앙이나 유보의 중단을 요구하는 "원초적 신앙"(primary faith)이라는 흥미로운 개념을 가지고 있다. Maurice Merleau-Ponty, *The Visible and the Invisible*, trans. Alphono Lingis (Evanston, IL : Northwestern University Press, 1968). [모리스 메를로-퐁티, 『보이는 것과 보이지 않는 것』, 남수인·최의영 옮김, 동문선, 2004.] 이 책의 도입부를 보라. "우리는 사태 자체를 본다. 세계는 우리가 보고 있는 그것이다. 이런 식의 표현은 자연적 인간과 철학자가 자신의 눈을 뜨는 순간 공통적으로 가지는 신앙을 나타내는 것으로서, 우리의 삶 속에 뿌리 내린 그 무언의 '의견들'의 심층을 반영하고 있다. 그런데 이러한 신앙은 참으로 이상한 것이어서 우리가 이 신념을 명제나 진술로 명확하게 발언하고자 하면, 우리는 헤어날 수 없는 난점과 모순에 봉착한다." 따라서 우리의 일차적 지각의 세계는 이미, 체험의 선-반성적인 차원에서, 물음의 철학적 계기를 중단시키는 원초적 신앙이다. 그런데 이러한 중단은, 예를 들어 후설의 환원과 에포케에서 정식화된 것처럼, 우리가 우리 자신을 "수수께끼"(같은 책, 3~4 [같은 책, 17~18])라고 생각하도록 초대하는 만큼 어떤 답도 제공하지 않는다. 그러나 이 수수께끼는 약간의 추상적인 지적 호기심의 측면에서 생각되어서도 안 되며 오이디푸스의 수수께끼로 해결되어서도 안 된다. 그것은 오히려 우리의 미리 파악된 관점에 대한 도전이라는 의미에서, 의미와 의미의 선택과 무의미함을 보는 것이 무엇을 의미하는지를 더 잘 이해하기 위한 끝없는 씨름의 일환이다. 이처럼, 원초적 신앙의 철학적 유보는 '무엇이기 이전의 경이'에 대한 감각을 도입하고, 이는 차례로 철학적 탐문과 시적 경탄의 해석에 관한 두 번째 신앙의 가능성을 허용한다.
11. Merleau-Ponty, *Phenomenology of Perception*, 248. [메를로 퐁티, 『지각의 현상학』, 327.]
12. 여기서 메를로-퐁티의 『보이는 것과 보이지 않는 것』에서의 언급은 나의 다음 책에서 재인

용된 것이다. *Modern Movements in European Philosophy*, 88~89. [리처드 커니, 『현대 유럽 철학의 흐름 : 모더니즘에서 포스트모더니즘까지』, 임헌규·곽영아·임찬순 옮김, 한울, 1992, 121~125.]

13. 같은 책, 89. 메를로-퐁티는 여기서 가스통 바슐라르의 '요소적인 것의 현상학'의 영향을 입고 있다. 이는 바슐라르에게 1938년에서 1948년 사이 이미 발전된 것으로 그의 후기 저술의 성과를 메를로-퐁티가 가져온 것이다. Gaston Bachelard, *Poetics of Reverie* (Boston : Beacon, 1971). [가스통 바슐라르, 『몽상의 시학』, 김웅권 옮김, 동문선, 2007.] 바슐라르는 또한 수동-능동 음향의 맥락에서 가역적 보기와 가역적 말하기라는 개념을 탐구했다. 이를테면 그는 이렇게 말한다. "몽상가가 말할 때, 말하는 이는 몽상가인가 세계인가?"(같은 책, 187 [같은 책, 238]). 또는 수동적·능동적 봄에 관해서는 이렇게 말한다. "빛나는 모든 것은 본다"(같은 책, 186 [같은 책, 236]). 바슐라르는 또한 상상력에 관한 시적 숭배가 세계를 다시 성스럽게 만들 수 있다고 쓰고 있다. "그는 경험의 순간을 축성함으로써 시적인 것의 차원으로 대상을 고양하면서, "몽상이 몽상의 대상을 성스럽게 한다"(같은 책, 36 [같은 책, 50])고 했다. 메를로-퐁티는 자신의 사유가 바슐라르에게 빚지고 있음을 명시적으로 인정한다. *The Visible and the Invisible*, 26 7등 여러 곳. [메를로-퐁티, 『보이는 것과 보이지 않는 것』, 384.] 또한 Eileen Rizo-Patron, "Regressus ad Uterum : Bachelard's Alchemical Hermeneutics," *Philosophy Today*, 21~30.
14. Maurice Merleau-Ponty, "Eye and Mind," in Richard Kearney and David Rasmussen, eds., *The Continental Aesthetics Reader* (Oxford : Blackwell, 2001), 288 이하.
15. Maurice Merleau-Ponty, *Signs* (Evanston, IL : Northwestern University Press, 1964). 다음 문헌에서 재인용. Kearney, *Modern Movements in European Philosophy*, 85. [카니, 『현대 유럽철학의 흐름』, 116.] 그런데 심지어 예술의 언어 이전에, 메를로-퐁티가 원초적 표현이라고 부른 일상적 삶의 언어도 타자들과 나의 관계를 성변화시키는 것이다. 언어는 "나 자신과 나의 관계의 반향이자 타자들과 나의 관계의 반향(reverberation)"이다. Merleau-Ponty, *The Prose of the World*, ed. Claude Lefort, trans. J. O'Neill, (Evanston, IL : Northwestern University Press, 1973), 20. 말함과 들음의 기예에서, 상호주관성은 긴장을 일으킨다. "말하건 듣건", 메를로-퐁티는 다음과 같은 점에 주목한다. "나는 타인에게 나 자신을 투사하고, 나는 그를 내 자아에 도입한다. 우리의 대화는 줄다리기를 하는 두 선수 사이의 경쟁과 닮아 있다. '나'라고 말함은 신체에서도 계속된다. 언어는 감옥 속에 가두기보다, '나'를 타인의 관점에 전달하는 마법 기계와 같은 것이다"(같은 책, 19). 그러므로 대화의 기적은 다음과 같다. "대화의 경험에서, 다른 주체와 나 사이에는 공통된 근거가 구성된다. 나의 사유와 그의 사유는 하나의 직물로 짜여 있고, 토론의 상태가 나의 말과 내 대화 상대의 말을 불러일으키고, 이 말들은 우리 둘 중 아무도 창조하지 않았지만 공유된 작용 속에 삽입된다. 우리는 이중적인 존재를 가지는데, 타자는 더 이상 나의 초월적 영역에서의 단순한 행동이 아니며, 나 또한 그의 초월적 영역 속의 내가 아니다. 우리는 완벽한 상호성 가운데 서로 협력한다. 우리의 관점은 서로에게 스며들고, 우리는 공통의 세계를 통해 공존한다. 현재의 대화에서 나는 나 자신으로부터 자유로워진다. 왜냐하면 타인의 사유는 확실히 그의 것이기 때문이다. 그들이 존재하게 되는 순간, 또는 심지어 그들을 기대하는 순간, 나는 그들을 파악하지만, 그들은 나의 것이 아니다. 게다가, 대화자가 나에게 제기하는 이의는 내가 가지고 있는 줄 몰랐던 생각을 나로부터 이끌어내고, 그리하여 내가 그에게 생각을 제시하면 그는 그에 대한 응답으로 나로 하여금 다시 생각하게 한다"(*Phenomenology of Perception*, 313 [메를로 퐁티, 『지각의 현상학』, 530]). 그러나 말함으로서의 언어가 나를 타자로 전달하면, 들음으로서의 말함을 타자를 나에게로 데려온다. 타자를

경유하는 이 능동성과 수동성의 상호 작용은 융합이나 투사의 유혹을 방지하면서 환대의 가능성을 허용한다. 내가 언제나 간접적으로, 그리고 비스듬하게 수동적으로 타자를 이방인으로 수용한다는 사실은 내가 끊임없이 한계를 생각하게 됨을 의미한다. 나는 언어를 통해 상대방을 요약해내거나 전유할 수 없다. 듣는 일을 중단하지 않는 한, 그것은 의사소통 기능을 중단하는 것을 의미한다. 내 한계를 초과하는 타자가 내 한계를 상기시킨다. 즉, 특정 시간과 장소에서 듣는 자이자 말하는 자로서의 나의 해석학적 처해있음은 '내가 아닌' 내 앞의 특수한 타자와의 마주함이다. 나-타자 대화에서의 해석학적 차이에 대한 이런 강조는 물론 타자가 외국어를 말하고 우리가 의식적으로 한 어휘와 다른 어휘 사이에서 번역할 의무를 갖게 되는 경우에서 강조되는 것이다. 이것이 바로 메를로-퐁티에게 언어가 주체성이 언제나 상호주관성이라는 것을 보증해 주는 이유이다(*Phenomenology of Perception*, 421 [메를로 퐁티, 『지각의 현상학』, 542]).

16. Merleau-Ponty, *Signs*. 다음 문헌에서 재인용. Kearney, *Modern Movements in European Philosophy*, 83~84. [카니, 『현대유럽철학의 흐름』, 118.]
17. Maurice Merleau-Ponty, "Inaugural Lecture to the "Société Française," in James Eddie, ed., *The Primacy of Perception* (Evanston, IL : Northwestern University Press, 1964), 27 이하.
18. Maurice Merleau-Ponty, *Nature : Course Notes from the Collège de France*, ed. Dominique Seglard, trans. Robert Vallier (Evanson IL : Northwestern University Press, 1995), 133.
19. 같은 책, 137.
20. 같은 책, 137~138.
21. 같은 책, 138. 이 여러 구절들에 주목하게 해준 보스턴대학의 내 동료 카샤 세모노비치에게 감사한다.
22. Jean-Paul Sartre, "Merleau-Ponty Vivant," in *The Debate Between Sartre and Merleau-Ponty*, ed. Jon Stewart (Evanson, IL : Northwestern University Press, 1998), 611. [장 폴 사르트르, 「길목에서」, 『시대의 초상 : 사르트르가 만난 전환기의 사람들』, 윤정임 옮김, 생각의 나무, 2009, 301.]
23. 같은 글, 616. [같은 글, 309.]
24. 같은 곳. [같은 글, 309~310.]
25. 같은 글, 617~618. [같은 글, 311.] 『말』에 수록된 그의 자전적 이야기에서 사르트르는 자신이 종교를 문학의 신비주의로 대체했음을 인정한다. "나는 정확히 반세기 동안 글을 써오고 있고, 40년 동안 유리 감옥에 갇혀 살았다. … 나는 문학이 종교의 대용품이라는 것을 깨달았다. … 나는 말의 신비주의를 느꼈고 … 조금씩, 무신론이 모든 것을 먹어 치웠다고 느꼈다. 나는 글의 가치를 떨어뜨리고 세속화했다. 나의 변신은 언어와의 관계의 변화에서 시작되었다고 말할 수 있다. 나는 다음과 같이 테러리즘에서 수사학으로 넘어갔다. 나에게 가장 신비로웠던 시절, 말은 사태들에게 희생되었다. 불신자로서, 나는 말하기가 의도하는 바를 알 필요가 있어, 말로 돌아왔다." 다음 문헌에서 재인용. Annie Cohen-Solal, *Jean-Paul Sartre* (New York : New Press, 2005), 357~358. 나중에 사르트르는 문학을 정치로 대체했고, 그다음 대체재는 '모든 것'이 되었다. 사르트르가 묘사했듯이 메를로-퐁티는 무신론을 거부하고 보이지 않는 살에 대한 어떤 신비주의에 계속 매료되어 성스러운 것에 대한 서로의 태도가 같지 않았음을 암시한다. 메를로-퐁티는 사르트르와 같은 방식으로 종교를 문학과 정치로 분명하게 대체해버리지는 않은 것 같다.
26. Marion, *In Excess* [마리옹, 『과잉에 관하여』]를 보라. 또한 크레티앙의 다음 책을 보라. *Hand*

to Hand. 성스러운 것에 의한 세속적인 것의 횡단, 초월에 의한 살의 횡단으로서의, 성사적 미학에 관한 선구적인 저술로는 다음 문헌을 보라. Karmen MacKendrick, *Fragmentation and Memory* (New York : Fordham University Press, 2008) ; 그리고 Regina Schwartz, *Sacramental Poetics at the Dawn of Secularism* (Stanford : Stanford University Press, 2008).

27. Joseph O'Leary, "Knowing the Heart Sutra by Heart," in Kearney, ed., *Interreligious Imagination*, 356을 보라.
28. Kristeva, *Strangers to Ourselves*, 그리고 이 주제에 대한 나와 크리스테바의 다음 대화를 보라. "Strangers to Ourselves : The Hope of the Singular" in Kearney, ed., *Debates in Continental Philosophy*, 159~166.
29. Kristeva, *Time and Sense*, 251. 성변화는 다음과 같이 정의된다. (1) "한 실체가 다른 실체로 변하는 것." (2) "1533년 로마가톨릭의 교리를 따르면 성찬례에서 빵과 포도주의 실체 전체는 그리스도의 피로 전환되고, 빵과 포도주의 외양(및 여타 '우유들〔accidents〕')만 남겨질 뿐이다." William R. Trumble, *The Shorter Oxford English Dictionary*, 6th ed. (New York : Oxford University Press, 2007), 2349. 크리스테바에 의하면, 이 과정과 관련해서 조이스와 프루스트 둘 다를 매혹시키는 것은 세속적인 것과 성스러운 것을 혼합한 그러한 작용이 "상상"과 "실재"의 성격을 모두 결합하고 있다는 것이다. 나는 이 논고에서 성변화의 의미를 그리스도인이나 가톨릭에만 국한시키고 싶지 않다. 왜냐하면 나는 거기에 깊은 종교간 과제가 있다고 보기 믿기 때문이다. 예를 들어, 이 장에서 이븐 아라비에서부터 오스타드 엘라히에 이르는 수피 현자들이 호명한 우주의 성스러운 리듬인 '성변화적 운동'(haraka jawhariya)이라는 이슬람의 신비적 관념과 관련하여 성변화에 관한 얼마나 많은 언급이 나오는지 보라. "어떤 피조물도 완전히 움직이지 않는다. 그것들은 모두 끊임없이 … '초-실체적 운동'(trans-substantial movement) 속에 있다. 이 보편적인 초-실체적 운동은 전 우주를 활성화하며 모든 존재자에 존재한다. 이 운동은 각 존재자가 직접적으로 연결된 신적 본질의 절대적인 운동에 의해 발생한다. 이것은 신과 신의 각 피조물들 사이의 '직접적 연결'이라고 불리는 현상으로, 그것은 신이 모든 창조에 있어서 어디에나 현전하는 방식을 설명한다. … 이 초-실체적 운동은 광물, 식물, 동물 및 일반적으로 모든 피조물 속에 존재한다." 다음 문헌에서 재인용. Morris, *Orientations*, 81. 수피 현자들에게, 이 서로 활성화하는 실체들의 신비적인 우주적 운동은 유한한 힘과 무한한 힘 사이의 깊은 내적 전환성을 볼 수 있는 인간의 마음(qalb)에 의해 직관되었다. 제라드 맨리 홉킨스는 조이스, 프루스트, 울프처럼 기뻐할 것이다.
30. Kristeva, *Time and Sense*, 246. 미셸 드 세르토는 신비적 경험과 육적 경험 사이의 밀접한 연관성에 대해 흥미로운 설명을 제시하는데, 이것은 프루스트, 울프, 조이스와 같은 작가들에 대한 독해와 마찬가지로 메를로-퐁티와 크리스테바 같은 철학자들에 대한 독해와도 관련이 있다고 생각한다(본서 5장). "신비주의자들은 그들이 살았던 삶과 그들에게 주어진 상황에 의해, 신체의 언어로 이끌려 갔다. 그들이 내면적으로 인식한 것과 외부적으로 (사회적으로) 인식할 수 있는 경험의 부분 사이의 새로운 상호작용에서, 신비주의자들은 이 신체적 어휘로부터 그들이 자신을 발견한 장소와 그들이 받은 조명을 나타내는 최초의 표지를 창조하게 되었다. 야곱의 환도뼈 상처는 천사와의 한밤의 만남의 유일한 가시적 표시였다. 마찬가지로 황홀경, 공중부양, 낙인, 단식, 통증에 대한 무감각, 비전, 촉각적 감각, 냄새 그리고 그와 비슷한 것들은 감각의 음악에 특수한 언어의 음계를 제공했다." de Certeau, "Mysticism," 15. 신비주의자들은 "말할 수 없는" 것을 말하기 위한 방법으로 그들의 고유한 신체의 현상들을 전개했다. 이에 그들은 " '감각' 전반에 대해, 이 단어들의 일반적인 사용법과 신비주의자들이 자신들의 경험에 이끌려 그들에게 부여된 진리 사이의 거리를 우리가 측정할 수 있게 해주면서, 그 감각

전반을 운용하는" 기술을 제공했다.… 따라서 정동성의 '정서들'과 신체의 변화라는 것은 지적 공식화의 안정성 전후에 생성되는 운동의 가장 명확한 지표가 되었다.… 신비주의는 신체에서 현대의 사회적 언어를 발견했다"(같은 곳). 나는 또한 타인에 대한 육적 환대의 신비한 경험과 프루스트가 '비의지적 기억'과 감각적 성변화라고 부른 것 사이에는 다음과 같은 분명한 유비가 있다고 생각한다. "신비적인 '소마티제'(somatises)[정신의 고통이 신체로 나타나는 것]은 의미의 음악을 그나 그녀의 신체적 레퍼토리로 해석한다. 사람은 자신의 몸을 연주할 뿐만 아니라 피아노나 트럼펫이 작곡자이고, 연주자는 악기에 불과한 것처럼 연주한다. 마북의 필록세누스(Philoxenus of Mabbug)는 '감각적인 것은 영혼의 원인이며, 지성 안에서 영혼에 앞선다'고 대담하게 말한 바 있다"(같은 책, 22).

31. Kristeva, *Time and Sense*, 246.
32. 같은 곳.
33. 같은 책, 247을 보라. "살의 상태"에 대해 크리스테바는, 그것이 "치료 작용의 밑바탕을 이루는 것처럼 보이지만, 언어가 이를 뒷받침하는 가역적이며 교차적인 감각으로 이끌려야 진정한 치료 작용이 될 수 있다"(프루스트가 "인상" 내지 "성변화"라고 부르는 것, 같은 곳)고 적고 있다. 크리스테바에게 이러한 살의 가역성은 (1) 읽기도 하고 쓰기도 하는 "양가적 감각성"의 문학 행위나 (2) 전이와 역전이의 정신분석적 작용이다. 흥미롭게도, 프루스트나 조이스는 둘 다 실천가는 아니지만, 종교의 힘에 대해 둔감하지 않았던 것만큼 심리치료의 힘에도 둔감하지 않았다. 사람들은 조이스와 융의 교류에 대해 생각한다. 사람들은 조이스가 — 『피네간의 경야』(*Finnegans Wake*)에서 한 것처럼, '융'(Jung)이 되고 또 '프로이트화된' 때 — 융과 교류했던 것, 라캉이 조이스에 대해 한 "신돔"(sinthome, symptôme/saint-homme 또는 성인[symptôme/saint-homme은 거의 비슷하게 '생똠'으로 발음된다])이라는 흥미로운 말장난을 한 것에 대해 생각한다. 그리고 『생트-뵈브에 반박하여』(*Contre Sainte-Beuve*)에서의 프루스트의 다음과 같은 관찰을 회상한다. "독서는 영적 삶의 문턱에 있으며, 비록 독서가 정신적 삶을 구성하지는 않지만 우리를 정신적 삶으로 이끌 수 있다.… 게으른 사람에게 책은 신경증 환자들을 위해 심리치료사들이 시행하는 것과 같은 일을 한다"(같은 책, 385에서 재인용). 크리스테바는 프루스트 독해에서 메를로-퐁티의 구절을 여러 차례 인용하고 비평한다. Merleau-Ponty, *The Visible and the Invisible*, 246 이하. [메를로-퐁티, 『보이는 것과 보이지 않는 것』, 354 이하.]
34. Kristeva, *Time and Sense*, 251.
35. Marcel Proust, *Against Sainte-Beuve*. 다음 문헌에서 재인용. Kristeva, *Time and Sense*, 252. 나는 크리스테바가 여기서 언어 외적인 존재론적 재형상화의 해석학적 모형에 더 가까워진다고 생각한다. 이 모형은 폴 리쾨르가 그의 다음 저술에서 말한 것이다. *Time and Narrative*, vol. 1 (Chicago : University of Chicago Press, 1984). [폴 리쾨르, 『시간과 이야기 1』, 김한식·이경래 옮김, 문학과지성사, 1999.] 한 예로 리쾨르의 다음 말을 보라. "독자가 수용하는 것은 단지 작품의 의미만이 아니라, 그 의미를 가로질러 작품의 대상 지시, 다시 말해 언어로 옮겨진 경험이며, 궁극적으로는 작품이 이 경험 앞에 펼쳐놓은 세계와 그 시간성이다"(같은 책, 78~79 [같은 책, 173]).
36. Scheler, "The Sense of Unity with the Cosmos," in *The Nature of Sympathy*, 87 이하. 성사적인 것, 상징적인 것, 그리고 전례적인 것 간의 관계에 관한 더 현대적인 설명으로는 다음 문헌을 보라. Mark Patrick Hederman, *Symbolism* (Dublin : Veritas, 2007).
37. Scheler, "The Sense of Unity with the Cosmos," in *The Nature of Sympathy*, 87.
38. 같은 곳.

39. 같은 글, 88. 셸러의 작품은 후설의 현상학적 탐구에 의해 영향받았지만, 현상학적 방법의 엄밀성이 부족하고, 그 대신 느낌과 동감에 관한 그의 글에서 그 주제에 대한 더 낭만적이고 다양하며 전체적인 시각을 채택하고 있다. 다음 문헌을 보라. Max Scheler, *On Feeling, Knowing, and Valuing*. 셸러는 프란치스코의 성사적인 것 개념에 관한 그의 독해가 우리 시대의 가톨릭 현상학자 장-뤽 마리옹에 더 가까운 그리스도교 변증의 형태라는 점에서 메를로-퐁티나 크리스테바와 다르다. 예를 들어 다음 글을 보라. Jean-Luc Marion, "The Phenomenality of the Sacrament – Being and Givenness," in Bruce Ellis Benson and Norman Wirzba, eds., *Words of Life : New Theological Turns in French Phenomenology* (New York : Fordham University Press, 2009).

5장 텍스트에서 : 조이스, 프루스트, 울프

1. 나는 보스턴대학교(BC) 예수회 연구소에서 열린 '의미와 초월 세미나'에 참석한 나의 모든 동료들, 특히 나와 함께 조이스, 프루스트, 울프에 대해 폭넓은 창의적 교류를 나눈 사람들에게 매우 감사한다. 메리 조 휴즈, 데니스 테일러, 앤 데이븐포트, 톰 엡스타인, 마티 코헨, 앤디 폰 헨디, 앤 카니, 바네사 럼블, 케빈 뉴마크가 바로 그들이다. 이 장에 나오는 많은 내용들은 내가 다른 데서 탐구해 왔던 재신론 미학을 발전시킨 것이다. 뒤따르는 많은 것은 내가 다른 곳에서 탐구하려고 시도한 혐오의 미학의 발전이다. 예를 들어 다음 글을 보라. "Epiphanies of the Everyday," in *After God*. 연관된 나의 논고로는 다음과 같은 것들이 있다. "Traversing the Imaginary : Epiphanies in Joyce and Proust," in Peter Gratton and John Panteleimon Manoussakis, eds., *Traversing the Imaginary : Richard Kearney and the Postmodern Challenge* (Evanston, IL : Northwestern University Press, 2007) ; "Enabling God," in Manoussakis, ed., *After God*, 그리고 "Hermeneutics of the Possible God," in Leask and Cassidy, eds., *Givenness and God*, 220~242.
2. * boeuf en daube. 소고기를 와인에 담그고, 허브를 넣어 약한 불로 끓이는 프랑스식 스튜.
3. Julia Kristeva, "Joyce the Gracehoper," in *New Maladies of the Soul*, trans. Ross Guberman (New York : Columbia University, 1995), 172~188. [줄리아 크리스테바, 『새로운 영혼의 병』, 유재명 옮김, 시각과언어, 2001, 223~243.] 특별히 이 글을 여는 말에서 다음 진술을 보라. "조이스의 가톨릭주의, 삼위일체 종교에서부터 그것에 대한 조롱에 이르기까지 종교의 심원한 경험은 그를 성찬례라는 의식 – 이는 신의 몸과의 동일화를 나타내는 탁월한 의례이자 예술적 풍요로움을 담고 있으면서, 다른 모든 것을 식별해내는 시금석이다 – 의 핵심과 대면시켰다. 이 의식은 가톨릭 신앙을 따라 규정된다. 조이스가 완전히 흡수했던 가톨릭의 문화적 맥락은 그의 정체성을 위험에 빠트리는 그의 전기적 사건의 도전을 받게 되었고, 이것이 그로 하여금 – 위대한 종교 배경에 대항하여 그 배경을 능수능란하게 재배치한 – 정신기능의 정체화하는(identificatory) 기층에 자신의 저술 작업의 초점을 맞추게 했을 것이다. – 그는 거대한 종교 배경을 능수능란하게 재배치했다"(같은 책, 173 [같은 책, 225]). 또 그녀는 계속해서 이렇게 말한다. "조이스가 '그레이스 호퍼'에서 성찬례의 주제와 더불어 가졌던 강박은 성변화나 아리우스라는 이단자에 대한 그의 많은 언급들, 셰익스피어의 『햄릿』에서 아버지와 아들 사이, 그리고 셰익스피어, 셰익스피어의 아버지, 그의 아들 햄릿 사이의 공변화에 대한 많은 언급들, 동시에 참된 영감의 원천이라는 의미에서의 셰익스피어의 완결된 작품들에 대한 그의 많은 언급들에서 예시되고 있다. 더 나아가 '삼위일체'와 '성변화'의 응축에 관해, 조이스의 포괄적 용어 'contransmagnificandjewbangtatiatiality'를 상기해보자"(같은 책, 174 [같은 책, 225~226]). 크리스테바는 1915년까지 조이스가 프로이트와 융을 모두 읽었다는 점을 지적하면서 다음과 같

은 조이스의 성찬례 미학에 대한 여러 흥미로운 정신분석적 독해를 제공한다. "이런 점에서 데덜러스-블룸은 우리에게 조이스의 텍스트-신체를 충만하게 완성시키고, 그의 텍스트를 신체이자 성변화인 것처럼 풀어놓을 수 있다. 조이스의 서술자는 "이것은 내 몸이다"라고 말하는 것 같고, 우리는 그가 때때로 『피네간의 경야』에서 HCE라는 인물과 동일시된다는 것을 알고 있다. 독자와 관련해서 말하자면, 그는 텍스트의 기호들을 통해서 어떤 억압도 없이 남성의 복잡한 성적 취향을 완전히 소화한다. 이것이 수수께끼 같은 승화의 선결 조건이다. 리비도를 억제하지 않지만 제한하는 텍스트는 독자에게 카타르시스를 발휘한다. 모든 것이 보여져야 하고, 모든 장소가 활용 가능해야 한다. 모자란 것은 아무것도 없으며, 실제로 나타날 수 없는 것을 감추는 것은 아무것도 없다"(같은 책, 176~177 [같은 책, 229]). 다음 문헌들이 조이스의 성사적 미학을 잘 다루고 있다. William Noon, *Joyce and Aquinas* (New Haven : Yale University Press, 1957) ; Robert Boyle, *James Joyce's Pauline Vision : A Catholic Exposition* (Carbondale, IL : Southern Illinois University Press, 1978) ; J. Houbedine, "Joyce, littérature et religion," *Excès de langage* (Paris : Denoël, 1984). 스티븐 데덜러스는 『젊은 예술가의 초상』에서 이카루스 예술에 대한 예수의 성찬을 거부하지만, 후에 소설에서 그는 토마스 아퀴나스의 광채(claritas)라는 말을 읽으면서 성스러운 것의 미학을 되찾는다. "심미적 이미지가 예술가의 상상 속에서 처음으로 잉태될 때 예술가는 이 최고의 성질을 감지하게 되지. … 아름다움이 지닌 최고의 본질, 말하자면 심미적 이미지가 발하는 선명한 광채가 그 전체성에 붙들리고 그 조화에 매혹된 예술가의 정신에 의해 명료하게 인식되는 바로 그 순간이 심미적 쾌감의 명료하고도 고요한 정지 상태라는 거야. 다시 말해 이탈리아의 생리학자 루이지 갈바니가 … 심장의 주술이라고 부른 것 말이야." 또한 James Joyce, *A Portrait of the Artist as a Young Man* (New York : Penguin, 1992), 23 [제임스 조이스, 『젊은 예술가의 초상』, 진선주 옮김, 문학동네, 2017, 354~355]를 보라. 아퀴나스의 미의 초월 범주와 이보다 더 생리학적인 마음과 살의 범주를 연결하는 것이 조이스의 육화의 미학의 전형이다. 놀랍게도 우리는 『젊은 예술가의 초상』의 마지막 행간에서 스티븐의 소망을 듣는다. "내가 가정과 친구들을 떠나 독자적으로 살아가는 동안 사람의 마음은 무엇이며 그 가슴이 느끼는 바가 무엇인지를 배우게 되기를 [바란다]. 그렇게 될지어다. 환영하네, 오 인생이여!"(같은 책, 275 [같은 책, 428~29]).

4. 다음 문헌에 기록된 조이스와의 대화. Stanislaus Joyce, *My Brother's Keeper* (Dublin : Da Capo Press, 2003), 103 이하. 이 구절을 나에게 알려준 프란 오러케(Fran O'Rourke)에게 감사한다.
5. 나의 다음 글을 보라. "Joyce : Epiphanies and Triangles," in Richard Kearney, *Navigations : Collected Irish Essays, 1976~2006* (Dublin : Lilliput/Syracuse : University of Syracuse Press, 2006), 131 이하. 또한 "Traversing the Imaginary," in Gratton and Manoussakis, eds., *Traversing the Imaginary.* 조이스의 에피파니에 관해서는 다음 문헌을 보라. George Steiner, *Real Presences* (London : Faber and Faber, 1989), 112 이하. 조이스의 이야기에서 '자매들', '진흙', 그리고 '죽음'에서 패러디, 실패, 또는 해체된 성찬례들에 관해서는 한 예로 신학자 조셉 오리어리(Joseph O'Leary)의 작품을 보라. "Enclosed Spaces in 'The Dead,' " in *English Literature and Language* 34 (Tokyo : Sophia University, 1997) : 33~52.
6. * 스킬라와 카립디스는는 호메로스의 『오뒷세이아』에 등장하는 바다 괴물들이다. 한 문제를 피하면, 다른 문제를 만나게 되는 상황, 곧 진퇴양난의 상황을 표현할 때 쓰는 말이기도 하다.
7. James Joyce, *Ulysses* (London : Penguin, 1968), 204. [제임스 조이스, 『율리시스 : 모더니즘 문학의 선언(제4개역판)』, 김종건 옮김, 어문학사, 2016, 644.] 종말론적 키스라는 주제에 관해서, 몰리와 아가서를 비교한 것으로 나의 다음 글을 보라. "The Shulammite's Song : Divine

Eros, Ascending and Descending," in Virginia Burrus and Catherine Keller, eds., *Toward a Theology of Eros : Transfiguring Passion at the Limits of Discipline* (New York : Fordham University Press, 2006). 사람들은 또한 이 키스를 조이스의 이야기 「죽은 사람들」에서, 회고된 사랑의 또 다른 순간과 비교하고 대조해 볼 수 있는데, 이는 크리스마스에 말씀의 육화를 송축하는, 성사적 축제와도 관련이 있는 장면으로서, 그레타는 그녀의 첫사랑인 마이클 퓨리를 회상한다.

8. 둔스 스코투스의 에체이타스(haecceitas, 개체성)과 엔사르코시스(ensarkosis, 신이 세상 가운데서 지속적으로 육화함)에 대한 우리의 논의에 대해서는 다음 글을 보라. "Joyce : Epiphanies and Triangles," in Kearney, *Navigations*, 131 이하. 제한된 실증적 경험을 성별된 시간의 차원으로 끌어올리는 방법으로서의 바슐라르의 시적 몽상 개념에 관해서는 다음을 보라. *Poetics of Reverie*, 36, 154, 163, 165. [바슐라르, 『몽상의 시학』.] 또한 바슐라르가 다음과 같이 말할 때, 그는 리쾨르와 유사한 방식으로 (자연적 태도를 넘어선) 제2의 소박함 내지 시적 소박함 개념을 발전시킨다. "체계적으로 드러나는 이 소박함은 시에 대한 순수한 시 낭송으로 귀결되어야 할 것이다. 능동적 상상에 관한 우리의 연구에서, 우리는 소박함의 학파로서의 현상학을 따라갈 것이다"(같은 책, 4).
9. Rodolphe Gasché, *Inventions of Difference : On Jacques Derrida* (Cambridge : Harvard University Press, 1994), 230. 가셰는 여기서 다음 글에 나오는 데리다의 조이스 독해를 상세하게 해명한다. "Ulysses Gramophone," in Jacques Derrida, *Acts of Literature*, ed. Derek Attridge (New York : Routledge, New York, 1992). [자크 데리다, 「율리시스의 축음기 : 소문으로 들은 조이스의 예스」, 『문학의 행위』, 정승훈·진주영 옮김, 문학과지성사, 2013.]
10. Paul Ricoeur, "Life in Quest of Narrative," in David Wood, ed., *On Paul Ricoeur* (London : Routledge, 1991), 26.
11. Paul Ricoeur, *Time and Narrative* (Chicago : University of Chicago Press, 1988), 3 : 170. [리쾨르, 『시간과 이야기 3』, 332.]
12. 이 논점에 관해서는 다음 연구를 보라. Julia Kristeva, *Time and Sense : Proust and the Experience of Literature* (New York : Columbia University Press, 1996), 3~22. 읽기의 성찬례적 해석학에 관해서는 다음 문헌을 보라. Valentine Cunningham, *Reading After Theory* (Oxford : Blackwell, 2002), 148 이하. 커닝햄은 다음과 같이 진술한다. "여기 텍스트의 본문과 본문으로서의 텍스트, 타자의 본문, 타자로서의 텍스트가 있는데, 이는 소비되고, 섭취되며, 먹히고, 증언의 행위, 세속적인 증인의 행위 가운데 존재한다. 성찬식에서 신자는 축복받고, 그리스도의 소유로 보증을 받고 성화되었다고 각인된다. 이〔성체 모형〕를 읽을 때, 독자는 어떤 식으로든 텍스트의 소유로 은총을 입고, 축복받고, 또한 각인된다"(같은 곳).
13. Søren Kierkegaard, *Repetition* (Princeton : University Press, 1941). [쇠얀 키르케고르, 『공포와 전율/반복』, 임춘갑 옮김, 다산글방, 2007.]
14. 1905년에 제임스 조이스가 그의 동생 스타니슬라스에게 보낸 편지는 데클란 킬버드가 쓴 『율리시스』 서문에서 인용한 것이다. 다음 문헌을 보라. Declan Kiberd의 1992년 펭귄판 서문, *Ulysses* (London : Penguin, 1992), x. 성속의 결합으로서의 제임스 조이스 작품에 관한 신학적 읽기로는 다음 문헌을 보라. Thomas J. J. Altizer, *Living the Death of God : A Theological Memoir* (Albany : State University of New York Press, 2006), 특별히 3장, "Epic Theology." 이 장은 조이스, 단테, 블레이크를 수직성과 깊이, 빛과 어둠, 유신론과 무신론의 우연적인 양극의 결합(coincidentia oppositorum)으로서의 거룩함의 희극적 내재성의 시적인 예시로 인용한다.

15. 데리다는 다음 글에서 에마뉘엘 레비나스에게서의 그리스인과 유대인의 관계에 대한 그의 주석에서 재미난 각주를 통해 표면상 헤겔적으로 보이는 몰리/페넬로페의 헤겔적 언어에 대한 유용한 해설을 제시한다. "Violence and Metaphysics : An Essay on the Thought of Emmanuel Levinas," in *Writing and Difference* (Chicago : University of Chicago Press, 1978), 320~321. [자크 데리다, 「폭력과 형이상학 : 엠마뉴엘 레비나스의 사유에 관한 에세이」, 『글쓰기와 차이』, 남수인 옮김, 동문선, 2001, 494~95.] 『율리시스』의 한 구절 — "유대 그리스인은 그리스 유대인이야. 극단의 만남이지" — 을 설명하면서 데리다는 이것을 조이스의 텍스트에서처럼 "여성의 이성"에만 귀속시킬 뿐 아니라 조이스 자체를 여기서 "현대 소설가 중 아마도 가장 헤겔적인"(같은 책, 153 [같은 책, 246]) 인물로 식별해낸다. 몰리/페넬로페와 연관된 '여성적 논리'의 담론은 적어도 레비나스에게는 귀환과 종결이라는 '존재론적 범주'를 제시하는 함축을 갖는 것처럼 보인다. 즉 오뒷세우스가 이타카의 페넬로페에게 귀환하는 것처럼, 스티븐과 블룸이 에클레스가의 몰리에게로 귀환하는 것에서 볼 수 있듯이 말이다. 이 거리에서 그들은 아버지-아들, 유대-그리스인, 그리스-유대인 등으로 '속죄한' 그들 자신을 발견하는 것 같다. 데리다의 초창기 작업으로 1964년의 이 텍스트에서 데리다 자신이 조이스에 대해 어떤 입장을 취하고 있는지는 명확하지 않지만, 레비나스가 조이스의 공식을 지나치게 헤겔적이고 그리스적인 것으로 거부할 것이라는 점은 분명하다(즉, 그것은 자기와 타자의 철저하게 비대칭적인 관계에 대한 유대/메시아/종말론적 욕구를 충분히 존중하지 않는다). 데리다는 1984년 프랑크푸르트에서 열린 국제 조이스 심포지엄에서 강연으로 처음 전달된 그의 논고 「율리시스의 축음기」에서 데리다가 명백하게 드러내는 것은 몰리/페넬로페의 '예'가 전체성과 종료를 넘어 무한과 '타자'에게로 무한하게 돌아가는 데 개방된다는 의미를 표시한다는 점이다. Jacques Derrida, *Ulysse gramophone : Deux mots pour Joyce* (Paris : Galilée, 1987) [자크 데리다, 「율리시스의 축음기 : 소문으로 들은 조이스의 예스」, 『문학의 행위』, 정승훈·진주영 옮김, 문학과지성사, 2013]을 보라. 비록 그것이 자기 자신에 대한 응답일지라도, 내면의 대화에서, "예"는 언제나 타자를 통한 전달을 포함한다. 또는 데리다가 교묘하게 말하듯이, 예라고 말하기는 언제나 어떤 형태의 예라고 말하기 내지는 풍문을 포함한다. "예는 절대 혼자 오는 법이 없고 우리는 이 말을 단독으로 쓰지 않는다"(같은 글, 288 [같은 글, 382. 여기서 저자가 인용한 책의 면수는 영어판 면수다]). 타자를 통한 자기의 전달과 더불어, 다시 예라고 말하기 위해 예를 의욕한다는 것, 즉 "이와 같은 차이를 내는 일과 지연하는 일, 이 완벽한 자기—동일성의 필수적 붕괴와 함께 공백 두기〔공간과 시간〕, 축음기화〔쓰기와 말하기〕, 기억"(같은 글, 254 [같은 글, 337])을 틔운다. 그리고 이 "타자"는 분명히 『율리시스』 텍스트 자체를 넘어서 청취자, 독자에게까지 도달하는 것을 암시하고 있으며, 우리의 응답을 향한 공개 요구를 내포한다.
이런 의미에서 나는 『율리시스』가 궁극적으로는 반헤겔적 책이라고 말하고 싶다. 몰리의 피날레는 절대정신의 어떤 종합에서의 모순들의 거대한 목적론적 화해를 나타내는 것이 아니라 유머와 욕망에도 불구하고 말해지는 역설, 투쟁·모순·우연성들에 대한 지속적인 긍정을 나타낸다. "저따위 욕망이 대체 왜 우리에게 주어졌는지 알고 싶어요"라고 한 몰리의 물음은 헤겔적인 동일성의 승리와는 거리가 먼 도착적인 외침이다. 그러므로 우리는 스티븐이 블룸을 따라 도서관을 나올 때 투쟁과 분쟁의 이야기가 끝나는 것이 아니라, 그것이 단지 시작에 불과했다고 결론지을 수 있다. 그리고 같은 의미로 몰리는 그녀가 마침내 도착했을 때 삼위일체(Trinities)를 그렇게 무시하지 않으며, 단지 그녀는 스티븐과 블룸과 더불어 우리에게 다른 종류의 삼위일체(trinity)에 대해 다시 소개한다. 그것은 대문자 T가 없고 더 포괄적인 시간, 움직임, 탄생성, 욕망(국립도서관 장면에서 스티븐에 의해 패러디된 자기 폐쇄적 동일성의 사벨리우스적 삼위일체에서 금지된 모든 것)이다. 그리고 우리는 더 많은 독자들을 포괄할 수 있다.

다른 에피파니와도 마찬가지로, 몰리의 에피파니도 독자들의 열린 미래를 요청하고 있기 때문이다.

16. 나의 다음 논고를 보라. "Traversals and Epiphanies in Joyce and Proust," in Gratton and Manoussakis, eds., *Traversing the Imaginary*, 183~208. 문학에서의 성체적 에피파니에 관한 우리의 이해는 다음 인용구에 나오는 것처럼 콩브레의 모든 것이 찻잔으로부터 나타나는 일과 관련한, 프루스트의 시간과 공간상에서의 성스러운 '반복'에 관한 이해에 크게 빚지고 있다. "게다가 행복한 순간들 가운데 두 가지 감각이 즉각적으로 직접 연결되는 것을 예술 작품에 대한 긴 사색이 대신하게 될 때, 바로 그때 반복은 충만한 의미를, 곧 가로질러 간 거리라는 기막힌 표현을 통해 우리에게 압축되어 나타나는 의미를 취한다. 행복한 순간들 가운데 두 찰나가 기적적으로 서로 이어진다. 덧없는 기적은 예술에 대한 사색을 통해 지속적인 작품 속에 고정된다. 잃어버린 시간은 되찾은 시간과 동등시된다"[Ricoeur, *Time and Narrative* 3, 135. 리쾨르, 『시간과 이야기 3』, 258. 원서에는 인용 출처가 빠져 있어 옮긴이가 따로 찾아 기입했다]. Marcel Proust, *The Captive and the Fugitive* (New York : Vintage, 1996), 664. [마르셀 프루스트, 『잃어버린 시간을 찾아서 10 : 갇힌 여인』, 김희영 옮김, 민음사, 2020, 232.] 문학에서의 이러한 성찬례적 반복은, 그리스도교의 성사가 미래의 "그(메시아)가 올 때까지" 앞으로 반복하는 과거의 최후 만찬(그 자체가 유월절을 되풀이하는 것)에 대한 회상인 것처럼, 시간과 공간을 가로지르는 연결이다.
17. 다음 책을 보라. Ricoeur, *Time and Narrative*, chapter 7, "The World of the Text and the World of the Reader," 3 : 157 이하. [리쾨르, 『시간과 이야기 3』, 303 이하.]
18. 유대교와 그리스도교의 메시아주의에서 팔레스타인적 정식의 종말론적 시간성에 관한 나의 논의로는 다음 글을 보라. "Enabling God," in Manoussakis, ed., *After God*. 또한 "Paul's Notion of Dunamis," in Caputo and Alcoff, eds., *Saint Paul Among the Philosophers*. 우리의 극소한 종말론적 가능성, 시간성, 그리고 육신성에 관한 스케치는 드니스 레버토프(Denise Levertov)의 「수태고지」의 행간에 시적으로 표현되어 있다. "나타나신 영께서 / 그녀의 동의 없이 들어가신 것은 아니라네 / 그녀의 자궁 속으로 무한한 무게와 가벼움을 옮기시는… 놀라운 사역으로 / 숨으신 채로, 유한한 내면을 가지고서 / 영원의 아홉 달을 견뎌내시고자 / 빈약한 존재의 그릇 속에, 힘을 모두어 / 좁은 육신, 섬광 가운데서 그렇게 들어가시네 / 나신 다음 / 하늘로 올라가시는 남자-아이에게 / 필요한 것은, 다른 이들에게서와 같이 / 젖과 사랑이라네." Denise Levertov and Paul A. Lacey, *The Selected Poems of Denise Levertov* (New York : New Directions, 2002), 162~163. 캘커타의 데레사는 성찬례적 주어짐의 동일한 가역성에 관해 말하면서 유사한 감수성을 표현한다. "예수는 우리의 삶 속에, 곧 우리에게 먹히시고 소비되는 생명의 빵으로 오십니다. 그런 다음 그는 배고픈 사람으로, 다른 한 사람으로 와서, 우리 삶의 빵, 우리의 사랑하는 마음, 그리고 우리 손으로 섬기는 것을 드시고 싶어 하십니다." 또한 이브 본느푸아(Yves Bonnefoy)의 시, 「한 목소리」(Une voix, 1965)를 보라. "그래, 난 여기서 살 수 있어. 지구인 천사 / 모든 덤불로 나타날 것이고 타오를 것이야." 이 문헌을 알려준 앤 데이븐포트와 호이트 로저스에게 감사한다. 에피파니에 관한 현상학적 분석으로는 다음 문헌을 보라. Steinbock, *Phenomenology and Mysticism*, 17~25. 마지막으로 성스러운 시간(kairos)과 세속적인 시간(chronos) 사이의 현상학적 구별에 관해서는 다음을 보라. Manoussakis, *God After Metaphysics*, 58~63.
19. 마르셀이 나중에 소설에서 알베르틴과 경험하는 '발산'의 비참한 키스와 어머니의 '융합'의 키스를 대조해보자. 가장 내밀한 마르셀은 이 두 극단을 넘어 성찬례적 키스를 하기 위해 왔다고 할 수 있는데, 그것은 아마도 발베크의 그랑드 호텔에서의 식사를 회상하는 게르망트 저택 식

탁 냅킨에 그의 입술이 스치는 것일 수도 있고, 아마도 더 상징적으로는 그의 젊은 시절의 두 가지 다른 길인 '별 모양의' 교차로 이미지일 수도 있다. 그리고 메제글리즈의 길과 스완의 길은 마지막 파티에서 질베르트의 딸인 밀 드 생-루의 모습으로 거의 신비적으로, 변덕스럽게 '횡단적으로' 표현되었다. 그러나 이 마지막 키스는 미래의 다른 사람들에게는 연기된 키스이다. 게르망트에서의 마지막 식사는 연기된 축제이다. 그의 입술은 냅킨에 닿는데도 그는 먹지 않는다. 프루스트의 소설이 도서관의 깨달음으로 끝나지 않는다는 것은 의미심장한 대목이라고 나는 생각한다. 마르셀은 햄릿에 대한 깨달음을 얻은 다음 스티븐이 국립 도서관에 머무르는 것처럼 그렇게 게르망트 저택 서재에 머물지 않는다. 그리고 마르셀은 이 기회를 빌려 (스티븐과 마찬가지로) 문학과 삶에 관한 극도로 정교한 이론을 발표하지만, 그 텍스트는 이론으로 절정에 이르지는 않는다. 마르셀은 도서관을 떠나 (스티븐이 다시 그러하듯) 일상의 세상으로 다시 들어간다. 그리고 분열된 파리 공동체의 혼란과 소동의 한가운데서 마르셀은 그의 궁극적인 깨달음, 즉 밀 드 생-루(질베르트)와의 만남에 관해 우리가 생각할 수 있는 바를 품게 된다.
밀 드 생-루는 몰리가 (레오폴드를 통해) 스티븐에게 했던 것을 마르셀에게 보여준다. 둘 다 이야기의 끝에 나타나서 모방적 삼각구도와 추상적 삼위일체의 허망한 놀이를 넘어 평범한 세대와 만족의 우주로 저자-예술가를 안내한다. 마르셀은 밀 드 생-루에 대해 "게다가 대부분 사람처럼, 그녀 역시 우리의 생이 그렇듯, 가장 다양한 지점들로부터 온 길들이 모이는 숲속의 그 원형-교차로 같지 않았던가?"라고 말한다. 그리고 그는 다음과 같은 말을 덧붙인다. "내가 보기에는 생-루 아가씨에게까지 와서 그녀 주위로 뻗어나가는 길들이 많았다"(Proust, *The Captive and the Fugitive*, 502 [마르셀 프루스트, 『잃어버린 시절을 찾아서 12 : 되찾은 시절』, 이형식 옮김, 펭귄클래식코리아(웅진), 2019, 505]). 마르셀은 두 가지 위대한 '길'을 떠올린다. 그녀의 아버지 로베르 드 생-루로 대표되는 게르망트와 그녀의 어머니 질베르트, 서술자의 젊은 날의 바로 그 첫사랑에 의해 표상되는 메제글리즈가 그것이다. 마르셀은 두 위대한 '길'을 떠올린다. "그녀로부터 뻗어나간 길들 중 하나는 그녀의 모친과 샹젤리제를 거쳐 나를 스완에게, 콩브레에서 내가 보낸 저녁들에게, 메제글리즈 방면까지 인도하였고, 다른 길 하나는 그녀의 부친을 거쳐 햇볕 찬연한 해변에서 내가 그를 다시 보곤 하던 발베크에서 보낸 오후들에게까지 나를 인도하였다"(같은 곳). 이로부터 마르셀의 새로운 삶의 형태가 우리에게 "거의 무한한 정도로 다양한 소통 경로"를 제공하는 "추억의 네트워크" 속에서 지나간 시간과 되찾은 시간의 다양한 사건들이 교차하는 커다란 망으로서 출현한다. 그러므로 문학에서 그리고 문학을 통해 부활한 삶은 마지막까지 도달할 수 없는 교차적 중첩과 횡단의 극치를 이룬다. 밀 드 생-루는 미래로 울려 퍼지는 일련의 반향과 기억들을 설정한다. 그녀는 소설에서 과거 자체로부터 '상기되지' 않은 유일한 등장인물이다. 그녀는 마르셀을 깜짝 놀라게 하면서, 말하자면 미래에서 그를 찾아온다. 그리고 그녀가 과거와 현재, 그리고 앞으로 도래하는 시간에 대해 새로운 광학(optique)을 갖게 하는 것은 바로 마르셀의 세계에 대한 그녀의 '메시아적' 출현 때문이다.
이 새로운 광학은 마르셀이 지금 말하는 3차원 심리학, 즉 삶에서 문학으로 그리고 다시 뒤로 돌아가는 것이다. 마르셀이 파티에서의 밀 드 생-루와의 만남에 이어 그의 삶의 다른 평면과 요소들을 다시 포착하는 것은 "하나의 생애를 이야기하고자 하는 책에서는 사람들이 일반적으로 사용하는 평면 심리학을 대신해서 공간 심리학을 이용해야 할 것"이라는 것을 깨닫게 한다. 그는 "내가 서재에서 홀로 몽상에 잠겨 있는 동안, 나의 기억 작용이 유발한 과거의 부활들에 하나의 새로운 아름다움을 덧붙여주었다"(같은 책, 505~506 [같은 책, 508])고 말한다. 마르셀은 서재에서의 에피파니를 경험한 다음 스티븐처럼 이제 과거를 되찾기 위해 과거와 "부분"을 나눌 준비를 갖추게 되었다. 마르셀은 서재에서의 에피파니 이후 스티븐처럼 과거를 되찾기 위해 과거와 '분할할' 준비가 되어 있다. 그는 "이것을 보라, 기억하라"(에피파니 1)에서 "볼 것이다"(에피파니 2)로 넘어갈 준비가 되어 있다. 그리고 다시, 스티븐처럼 마르셀은 현행적으로 말하지 않는 누군가(스티븐에게 몰리, 마르셀에 밀 드 생-루)에 의해 자신의 책으로 그리고 그 책 너머의 삶으로 인도될 것이다. 질베르트의 딸은 게르망트 살롱의 방을 가로질러 그에게 다가왔고, 마르셀은 다시 태어나고 살아날 가능성을 보았다. 그는 이 젊은 여성이 잃어버린 시간의 육화임을 깨닫는다. "색깔이 없고 손에 잡히지 않는 시간이 나로 하여금 자신을 볼 수 있고 만질 수 있도록 하기 위하여 그녀 속에서 질료화되었고…아직 숱한 희망이 넘치고, 쾌활하며, 내가 상실한 시간으로 형성된 그녀는 나의 젊음과 유사했다"(같은 책, 507 [같은 책, 508~509]). 그다음 결정적인 발견(anagnorisis)의 순간이 온다(Aristotle, *Poetics* 4.4.1448 [아리스토텔레스, 『시학』, 천병희 옮김, 문예출판사, 2002, 37]을 보라.). "삶을 한 권의 책 속에서 실현할 수도 있는" 위대한 걸작을 구성해내려는 그의 오랜 야망에 다시 합류하고 싶은 유혹을 느끼면서도, "가장 격조 높고 상이한 예술들에서 비유들을 사용하는 것"(Proust, *The Captive and the Fugitive*, 507 [프루스트, 『잃어버린 시절을 찾아서 12 : 되찾은 시절』, 510])에 관해서는 마르셀은 아니라고 말한다. 그는 유혹에 저항한다. "얼마나 큰 노고가 그를 기다리고 있겠는가!" 그는 위대한 작가의 페르소나로부터 마지막 거리를 두면서, 이제 갑자기 3인칭으로 자리를 바꾼다. "나는 생각했다. 그런 책을 쓸 수 있는 사람은 얼마나 행복할까!"(같은 곳). 그러나 마르셀은 이제 자신이 그 사람이 아니라는 것을 안다. 그는 자신의 작품을 "공격을 수행하는 장군"이나 거대한 회랑 같은 "대성당"을 건설하는 건축가 같은, "망각되기를 거부하여"(같은 책, 508 [같은 책, 510]) 무덤에서도 불멸성을 추구하면서 작품을 만드는 프로메테우스적 낭만파 예술가 같은 사람이 아니다. 이상적인 책의 이 이상적인 저자는 마르셀을 위한 것이 아니다. 그는 도서관 에피소드 이후의 스티븐처럼 "노력을 그만두라"는 것을 배웠다. 그리고 스티븐과 마찬가지로, 그는 "자신의 고유한 이론"을 부인하게 되었다. 그는 더 이상 절대적 텍스트의 복음을 믿지 않는다. 대신에 그는 훨씬 더 겸손한 제안을 하기로 결심한다. 그것은 텍스트 자체나 텍스트로서의 역할을 하는 것이 아닌, 자기-충족적인 책의 위대한 환영으로서가 아닌, 그의 독자들의 새롭게 부활된 삶을 위한 구실로써 일을 시작하자는 것이다. 마르셀의 비판적 전환은 일견 악의를 버린 것처럼 보이는, "하지만 나 자신의 이야기로 돌아가기 위해"라는 문구로 특징지어진다. "하지만"(but)이라는 단어가 여기서 매우 중요하다. 전체 구절은 다음과 같다. "하지만 나 자신의 이야기로 돌아가기 위해, 나는 나의 책에 대하여 더 소박한 생각을 하였고, 그것을 읽을 이들을 생각하면서 '나의 독자들'이라고 말한다면 그것은 부정확할 것이다. 왜냐하면 나의 견해로는, 그들이 '나의 독자들'이 아니라, 나의 책이 콩브레의 안경사가 고객에게 권하곤 하던 것들과 같은 일종의 확대경에 불과한지라, 또한 그것 덕분에 내가 그들에게 나를 칭송하거나 비방하기를 요구하지 않고, 다만 그것이 바로 그것인지, 즉 그들이 자신들의 내면에서 읽는 말들이 곧 내가 쓴 것인지를 말해달라고 요청할 것이다"(같은 곳). 저자는 자기 독자들을 통해 다시 태어나기 위해 스스로 죽는다. 마르셀의 문학적 회개(metanoia)는 완전하다. 주사위는 던져졌다. 이 궁극적인 깨달음은 발견과 드러냄이라는 글의 연속적 설명으로 자신을 다음과 같이 표현한다. 조산술, 임신, 아이의 태어남, 채굴, 배양, 탐지, 청취, 잠수, 발굴, 반복, 계시. 실제로 이것은 사뮈엘 베케트가 프루스트에 대해 "유일하게 가치 있는 탐구는 굴착하는 것"이라고 한 결론에서 확증된다. Samuel Beckett, *Proust* (New York : Grove, 1970), 25. [사뮈엘 베케트, 『프루스트』, 유예진 옮김, 워크룸 프레스, 2016, 46.] 예술에 대한 오래된 낭만적 망상은 전능함의 어떤 지시로서 더 겸허한 직업, 즉 부담보다는 정념의 미학, 의욕보다는 수용성, 자만심보다는 겸손함의 미학으로 자리를 내준다. 에피파니(Epiphany)는 재현현(anaphany)으로 바뀐다. 세계 안에서의 재-미학으로 말이다. 그러면 우리 독자들은 페넬로페로부터 무엇을 배우는가? 우리는 조이스적 상상과 프루스트적 상상에서 무엇을 얻을 수 있는가? 나는 문학과 삶의 열린 상호작용이 있기 전에 고립과 위로보다는 각성과 흥분이 있을 것이라고 본다. 마르셀과 프루스트의 에피파니를 가로지르며, 독자로서의 우리 자신의 어떤 감각이 더 정교하게 조정되는데, 이는 마치 우리의 어떤 상상력이 더 강화되고 증폭되며, 새로운 존재 가능성에 우아하게 개방되는 것과 같은 일이다. 이러한 오뒷세이아가 있은 다음 우리가 귀환하는 세계는 분명 이전의 세계와 같은 세계가 아니다.

20. Kristeva, *Time and Sense*, 3 이하.
21. 같은 책, 101. 크리스테바는 프루스트가 가톨릭 성당에 매료된 것을 흥미롭게 언급하고 그것을 존 러스킨에 대한 그의 미학적 관심과 연결시킨다. "기호들의 실질적 현전을 찾고 있던 프루스트에게 미사는 '프랑스 천재의 가장 크고 근원적인 표현인 성당'에서 일어나는 일로 묘사되어, 그의 새로운 미학이 추구하는 경험의 살아있는 예시로 증명되었다. '살아 있는 신'의 종교는 철저히 매력적이었고, 그것은 러스킨에 대한 프루스트의 관심의 주요 원천이었다.… 프루스트는 성실하게 반교권적 법률과 통치 기관의 일반적인 반교권주의에 의해 방해를 받았다. 동시에 그는 사립학교(écoles libres)가 프리메이슨과 유대인에 대한 종파적 견해를 가지고 있음을 인식하고 성직주의 자체가 '가톨릭 종교의 교리들로부터 완전히 자유롭게 되었다.… 그리스도교 정신은… 우리가 파괴하고자 하는 당파적 정신과는 아무런 관련이 없다'는 점에 주목했다.… 이를 염두에 두면서 우리는 존 러스킨(1819~1900)이 프루스트가 종교적 미학(또는 미학화된 종교)을 근대적이고 진보적인 방식으로 다시 활성화할 수 있음을 감지한 작가였다는 것을 알 수 있다"(같은 책, 100~101). 크리스테바는 러스킨의 유혹이 "종교적일 뿐만 아니라 미학적"이었음을 계속 논증한다. "프루스트가 그의 초기 인생관을 '실재적 삶'으로 그리고 예술적 경험을 실재적 현전, '체화된 시간'과 '성변화'로 요약했을 때, 그는 이 확증된 사회주의자, 이 칭송되거나 도전받는 현대인에게 의존했다"(같은 책, 101).
22. 크리스테바는 프루스트의 『생트-뵈브에 반박하여』의 이 멋진 구절을 인용했다. "안마당을 가로지르면서 나는 반짝거리는 고르지 못한 돌 포장 사이에서 멈춰 섰다.… 내 존재의 깊숙한 곳에서 나는 알아보지 못한 과거의 설렘을 느꼈다. 곧 내가 어떤 돌 포장 위에 발을 디딜 때 바로 이런 당혹감이 나를 덮쳤다. 나는 행복을 침해당함을 느꼈고, 나는 내가 순수하게 개인적인 것, 과거의 인상, 불완전하게 보존되어 있는 삶의 파편에 의해 풍요로워질 것이라는 것을 알았다. 한줄기 빛이 나를 갑자기 덮쳤다. 그 빛은 성 마르코 세례당의 매끄럽고 약간 울퉁불퉁한 포장도로에서 느꼈던 발밑의 땅에 대한 감각이었다"(*Time and Sense*, 107). 여기서 검토되고 있는 다른 두 소설 역시 램지가 『등대로』에서 만지는 등대의 돌과 몰리의 마지막 회상 판타지가 지브롤터의 돌로 끝난다는 것은 흥미로운 대목이다.
23. Marcel Proust, *In Search of Lost Time*, vol. 6 : *Time Regained*, ed. D. J. Enright, trans. Andreas Mayor and Terence Kilmartin (New York : Modern Library, 1999), 290. [마르셀 프루스트, 『잃어버린 시절을 찾아서 12 : 되찾은 시절』, 이형식 옮김, 펭귄클래식코리아(웅진), 2019, 302~303.]
24. 같은 책, 291. [같은 책, 303~304.]
25. 같은 책, 290. [같은 책, 303.] 질 들뢰즈(Gilles Deleuze)는 다음 책에서 어떤 요점을 제시한다. *Proust and Signs* (London : Athlone, 2000). [질 들뢰즈, 『프루스트와 기호들』, 서동욱·이충민 옮김, 민음사, 2005.] 들뢰즈는 프루스트의 "본질들"에 관한 경험은 예술과 문학의 "양식"을 표현하기를 요구한다고 지적한다. 프루스트는 여기서 "세계가 우리에게 자신을 드러내는 방식 속에 있는 질적 차이, 또한 예술이 없다면 각자의 영원한 비밀로 남을 그 차이"를 말한다. Marcel Proust, *A la recherche du temps perdu*, tome III (Paris : Gallimard, 1954), 895 [프루스트, 『잃어버린 시절을 찾아서 12 : 되찾은 시절』, 312]를 보라. 이 책에서 프루스트는 각

각의 삶의 내적 비밀의 본질에서 문학 및 예술의 양식으로의 이행을 "번역"의 행위로 잘 묘사하고 있다. 들뢰즈는 본질이 "주체 안에 함축되고, 감싸이며, 휘감겨진다"는 사실에 기인하는 "주체의 중심에 있는 최종적 성질"(Deleuze, *Proust and Signs*, 43 [들뢰즈, 『프루스트와 기호들』, 74])을 가리키고, 그렇게 해서 개별적인 것의 유일무이한 주체성을 구성해낸다. 간단히 말해서, 본질은 프루스트가 "성스러운 포로"라고 지칭한 것에 주체들에 사로잡히거나 기입됨으로써 개별된다고 할 수 있다. Marcel Proust, *In Search of Lost Time*, vol. 1 : *Swann's Way*, ed. D. J. Enright, trans. C. K. Scott Moncrieff and Terence Kilmartin (New York : Modern Library, 1992), 350. [마르셀 프루스트, 『잃어버린 시간을 찾아서 2 : 스완네 집 쪽으로 2』, 김희영 옮김, 민음사, 2012, 278.] 본질에 대한 에피파니의 번역은 프루스트에 의해서도 "자연의 기본 원소들의 끊임없는 재창조"(Proust, *A la recherche du temps perdu*, tome I, 906 [마르셀 프루스트, 『잃어버린 시간을 찾아서 4 : 꽃핀 소녀들의 그늘에서 2』, 김희영 옮김, 민음사, 2014, 436])로 기술될 수 있는데, 이는 본질이 시간의 시작에 있어서의 시간 자체의 탄생을 복원해냄을 암시한다. 들뢰즈는, 시간의 펼쳐짐(explicatio)에 앞서 일자에서 다자의 원초적 에워쌈을 지시하는 신플라톤주의의 접힘(complicatio)을 환기시키면서, 프루스트가 "되찾은 시간"을 쓸 때 지적한 바가 본질 속에 접혀 있고 예술가에게 드러나는 근원적인 무시간적 시간에 대한 것임을 시사한다. 그리고 덧붙이자면, 그것은 또한 각각의 창조된 모나드가 창조된 세계 전체를 나타낸다는 라이프니츠의 관점을 반영한다. 이것은 프루스트가 "콩브레 전체와 그 주변은 나의 찻잔에서 그 형체와 견고함을 얻는다"(같은 책, 51)고 할 때 포착한 바와 가깝다. 그런데 들뢰즈의 프루스트 읽기에서 본질은 예술의 "양식"을 통해서만 세계의 근원적 탄생을 재포착할 수 있는데, 이는 "연속적인 굴절된 탄생", 적절히 표현된 실체(단어, 색상, 소리)에서 "되찾은 탄생"(Deleuze, *Proust and Signs*, 46 [들뢰즈, 『프루스트와 기호들』, 82])을 표현하고 있다.
나는 이것이 프루스트의 무의식적인 기억이 "대개 기억이라고 불리는 것보다 망각에 더 가까이 있다"고 한 발터 벤야민의 제안과 연관될 수 있다고 생각한다. 왜냐하면 우리가 관습적 시간을 망각할 수 있을 때 비로소 우리는 근원적인 무시간적 시간의 포착이나 회상에도 열려 있기 때문이다. 프루스트가 "우리가 상실한 진정한 낙원"을 암시한 데 이어(Proust, *Time Regained*, 222) 벤야민은 프루스트의 "비가(悲歌)적인 행복(Elegiac Happy)"의 근원을 문학에서 일어나는 "처음의 근원적 행복을 복원하고 싶은 영원한 열망"이라는 관점에서 정의한다. Walter Benjamin, "The Image of Proust," in *Illuminations : Essays and Reflections*, ed. Hannah Arendt, trans. Harry Zohn (London : Pimlico, 1999), 200. [발터 벤야민, 「프루스트의 이미지」, 『서사·기억·비평의 자리』, 최성만 옮김, 도서출판길, 2012, 240.] 벤야민은, 들뢰즈와 마찬가지로, 내가 에피파니라고 부르는 본질에 대한 프루스트적 번역이 문학의 중재를 통해서만 가능하다고 주장한다. 실제로 벤야민은 "프루스트의 이미지 삶과 문학 사이에 부단히 점증하는 괴리가 거둘 수 있었던 지고한 인상학적 표현"(같은 글, 197 [같은 글, 236])이라고 주장하기까지 한다. 프루스트의 문학적 은유 사용은 이 비유에 대한 일반적인 이해는 다른 어떤 것을 또 다른 어떤 것으로 정립하는 것 — 폴 드 만의 유명한 프루스트 독해에 의해 해체된 개념 — 이 아니라 어떤 것을 세계에 대한 정립으로 확장시켰다. 또는 벤야민의 표현대로 "경험된 사건은 유한하다"고 하지만, 무의식적으로 "기억된 사건은 그것이 그것 전과 후에 오는 모든 것을 여는 열쇠라는 이유만으로 무한하다"(같은 책, 198 [같은 책, 237]). 프루스트가 "별 모양의 교차로" 이미지로 묘사한 마르셀과 밀 드 생-루 사이의 마지막 만남에 대해 비평하면서, 토마스 건은 이렇게 쓰고 있다. "그러므로 은유적이고 표현적인 우주가 창조되는데, 이 우주는… 통일과 다양성을 결합하고 모든 요소가 다른 어떤 것을 표현할 수 있는 그런 것이다. 환유가 은유로 바뀌는 것은 오직 기억함과 글쓰기에서이다. 그러나 이것은 더 이상 우연성과 환유를 배제하려는 은유가 아니라 전적으로 우연에 의해 성립된 은유로서, 전 세계를 표현할 잠재성을 가진 수준의 은유로 격상된 것이다." Thomas Gunn, "On Proust's Spiritual Exercises," seminar paper, University College Dublin, March 2005.
이와 반대로, 문학과 삶의 쌍방향 교차점에서 에피파니와 성변화를 읽어내는 나의 고유한 독법은 리쾨르의 해석학적 독해에 더 가까이 다가선 것이다. 다음 문헌을 보라. Ricoeur, *Time and Narrative*, vol. 2 [리쾨르, 『시간과 이야기 2』]; Kristeva, *Time and Sense*. 리쾨르의 표현대로, 마르셀의 "글을 쓰겠다는 결의는 근원적 전망에서 비롯된 초시간적인 것을, 잃어버린 시간이 되살아나는 시간성으로 옮겨지는 효력을 갖는다"(Ricoeur, *Time and Narrative*, 2: 145 [리쾨르, 『시간과 이야기 2』, 301]). 또한 그렇게 함으로써, 그것은, 체험된 세계 내 존재의 새로운 가능성을 향한 텍스트로 재형상화된, 독자의 삶으로의 귀환의 여정을 열어준다. 텍스트 읽기는 텍스트 안에서 그리고 텍스트를 거쳐 이야기의 화자에 의해 수행된 "영신 수련"(spiritual exercises)을 반복하도록 독자를 초대하는데, 이는 "구성, 형상화의 과정이 텍스트에서가 아니라 독자에게서 완성되고 이 조건 아래 이야기를 통한 삶의 재형성화가 가능해지게"(Ricoeur, "Life in Quest of Narrative," 26) 하기 위한 것이다. 요컨대, 리쾨르, 크리스테바, 그리고 내가 지지하는 해석학적 읽기는 에피파니를 삶과 문학의 이중 번역으로 해석한다. 따라서 프루스트적 번역은 삶에서 문학으로, 그리고 문학에서 삶으로의 양방의 '횡단'의 형태를 취하게 될 것이다. 이것이 프루스트 자신이 "여러 길들이 … 가장 다양한 교차로들에서 수렴되는" 곳으로서의 "별 모양의 교차로"(Proust, *Time Regained*, 502 [프루스트, 『잃어버린 시절을 찾아서 12: 되찾은 시절』, 505])라고 부른 것의 이미지에 충실한 것처럼 보인다.

26. 크리스테바는 또한 성소에 나오는 막달라 마리아와의 명목상의 연관성을 확인한다.
27. Marcel Proust, *In Search of Lost Time*, vol. 2: *Within a Budding Grove*, ed. D. J. Enright, trans. C. K. Scott Moncrieff and Terence Martin (New York: Modern Library, 1998), 23. [마르셀 프루스트, 『잃어버린 시간을 찾아서 3, 4: 꽃 핀 소녀들의 그늘에서 1, 2』, 김희영 옮김, 민음사, 2014.]
28. Proust, *Time Regained*, 432. [프루스트, 『잃어버린 시절을 찾아서 12: 되찾은 시절』, 511.]
29. Proust, *Swann's Way*, 95. [프루스트, 『잃어버린 시간을 찾아서 1: 스완네 집 쪽으로 1』, 147~148.]
30. Benjamin, "The Image of Proust," 210. [벤야민, 「프루스트의 이미지」, 258~259.]
31. Walter Benjamin, *The Arcades Project*, trans. Kevin McLoughlin (Cambridge: Harvard University Press, 1999), 69. [발터 벤야민, 『아케이드 프로젝트 1: 파리의 원풍경』, 조형준 옮김, 새물결, 2008, 204.] 우리는 여기서 존 카푸토(John Caputo)의 거룩한 "일상주의"(quotidianism)라는 개념도 언급할 수 있다. *The Weakness of God*, 155 이하. [카푸토의 일상주의란 우리의 삶을 온전하게 만들기 위해서 성급하게 초월적인 어떤 것에 전적으로 의존하는 것이 아니라 우리의 일상 세계를 신뢰하면서 그 안에서 세계와 세계 내 이웃을 신뢰하고, 삶을 아름답게 재구성하는 일련의 태도를 뜻한다. 이해를 돕기 위해 카푸토의 일상주의를 해설한 글 한 토막을 인용한다. "카푸토에 의하면, 신의 왕국에서의 삶을 세상의 삶과 구별하는 것은 그가 일상주의(quotidianism)라고 부르는 신뢰의 태도이다. 그런데 이제 우리는 일상주의가 의도하는 일상성(everydayness)이, 곧 '일(day)'이라는 것이 우리의 시간 경험과 관련하는 한, 명백히 시간적 차원을 가진다는 것을 알 수 있다. 짧게 요약하자면, 일상주의는 신뢰의 태도인데, 다만 그것은 우리가 느끼고, 행하고, 고백하는 다른 모든 것과 마찬가지로, 시간 안에서 일어나고, 따라서 시간을 염려한다. 시간 안에서 신뢰한다는 것은 또한 시간을 신뢰하는 것을 의미한다. 그래서 내일 일은 염려하지 말라고 간청할 때, 그것은 내일은 내일 스스로 돌볼

것이기 때문에 그런 것이며(마태오의 복음서 6:34), 우리는 오늘로서의 오늘을 살아갈 수 있도록, 우리는 실질적으로 내일은 그저 내일로 그대로 두기를 요청하게 된다." Štefan Štofaník, *The Adventure of Weak Theology: Reading the Work of John D. Caputo through Biographies and Events* (Albany: State University of New York Press, 2018), 59.]

32. Proust, *Time Regained*, 509. [프루스트, 『잃어버린 시절을 찾아서 12: 되찾은 시절』, 511~512.]
33. 중요한 것은 도서관 장면 전에는 에피파니가 결코 일어나지 않았다는 것이 아니라, 마르셀이 그들의 참모습을 보고 들을 준비가 그때까지 되어 있지 않았다는 것이다. 들뢰즈를 인용하면, 그는 아직 "기호들을 배워나가는 수련과정"으로부터 충분히 숙달되지 못했다. Gilles Deleuze, *Proust and Signs*, trans. Richard Howard (New York: Braziller, 1972), p. 10. [들뢰즈, 『프루스트와 기호들』, 23.] 그리고 그런 배움의 과정이 성취되고 나서야, 그는 서재에서 "죽음을 향한 존재"에 대한 그의 재빠른 자각을 통해, 마침내 되찾은 시간(le temps retrouvé)의 렌즈를 통해 가장 진부하고 버려진 사건들조차도 소중하다는 것을 인정할 수 있었다. 예술은 낭만적 창조의 문제라기보다 에피파니의 재창조의 문제이다. 왜냐하면 마르셀이 물었던 것처럼, 예술은 "그 근저까지 내려가 실체를 밝혀 지적 등가물로 변형시켜야 할 인상들을 기억으로 재포장하는 작업이, 내가 조금 전 서재에서 상상한 예술작품에 필요한 조건들 중의 하나가 아니었던가?"(Proust, *Time Regained*, 525 [프루스트, 『잃어버린 시절을 찾아서 12: 되찾은 시절』, 526]). 그러한 에피파니의 이해는 재인식의 순간을 나타낸다. 그렇지 않으면 시간은 회복되기에 앞서 상실되어야 한다. 씨앗이 죽지 않는 한, 우연한 사건들은 본질, 대응으로서의 일치, 에피파니로서의 강박을 되찾을 수 없다. 오직 필멸성의 가림막을 통해서만 예술에 부적격하다고 부인하는 불경한 세계를 가로질러 성스러운 것을 발산할 수 있다. 마르셀은 자신의 프로메테우스적인 쓰기 위한 의지를 단념한 다음 마르셀의 이전에 경험하지 못한 경험은 소홀하게 여겼던 풍요로움 속에서 다시 경험된다. (무시할수록 더 풍요로워진다.) 왜냐하면 바로 마르셀의 존재가 거부되고 남겨진 사건이, 이제 문학 안에서 문학을 통해 '부활'처럼 되돌아오기 때문이다. 마르셀의 세 페르소나들, 곧 등장인물, 서술자, 그리고 저자로서의 페르소나는 일상적 지각의 가장 우연한 행위에서 가장 깊은 성찬의 작용이 발견되어야 함을 인정한 세 명의 프루스트적 동방박사처럼, 여기서 처음으로 교차되는 것처럼 보인다.
34. * 끝 부분이 둥그렇고, 내부에 기둥이 두 줄로 서 있는 큰 교회나 회관.
35. 같은 책, 530~531. [같은 책, 531.] 그렇다면 이 프루스트적 결론은 우리에게 에피파니에 대해 무엇을 말해 주는가? 그들은 에피파니가 일련의 이중적 움직임에서 '성취된' 과정임을 시사한다. 첫째, 필멸성과 탄생성에 관한 것이다. 둘째, 은유(한 사태를 다른 것으로 번역하기)와 환유(우연한 것들의 우발적 연속성을 통해 새로운 의미를 드러내기)에 관한 것이다. 셋째, 그것은 구성(constructing)과 해체구성(deconstructing)에 관한 것이다. 더 나아가, 이 글이 자신을 뛰어넘어 마침내 미래의 독자들을 향해 뻗어 나가는 것은 이 최종적인 이중의 몸짓 속에서이다. 왜냐하면, 문학이 비의지적 기억, 문학 텍스트에서 상기되는 인상의 재창조를 기반으로 삼아 에피파니를 '구성한다'는 관념으로 시작한다면, 다음으로 그것은 독자의 재창조를 가능하게 하기 위하여 자신을 '해체구성한다.' 이것이 바로 페넬로페의 태피스트리와 프랑수아즈의 바느질이 끝없이 작동하는 방식이다. 이 텍스트는 해석학적 호의 형태로, 텍스트는 독자에 의해 궁극적으로 재형상화된(refigured) 삶에 의해 이미 앞서 전형상화된(prefigured) 에피파니를 형상화하는(configures) 것이다(Ricoeur, *Time and Narrative*, vol. 2. [리쾨르, 『시간과 이야기 2』.] 특별히 이 책 4장에서 "가로질러 간 시간" 대목을 보라). 그리고 이 독자는 저자와 텍스트를 공동 창조할 뿐만 아니라 '텍스트'에서 '행동으로' 되돌아오면서 재창조하는 이들이다. 그래서 만일 에피파니가 삶에서 문학으로의 첫발을 내디딘다면, 그것은 문학에서 삶으로 다시 돌

아오도록 우리를 다시 불러들인다. 프루스트와 조이스 둘 모두에게 마지막으로 말하는 이는 실제로 페넬로페이다.

따라서 발터 벤야민은 프루스트의 페넬로페 모티브를 이렇게 파악한다. "왜냐하면 여기서 기억 작업을 하는 작가에게 중심 역할을 하는 것은 전혀 그가 체험한 내용이 아니라 기억이라는 직조 행위, 회상이라는 페넬로페적 작업이기 때문이다." Benjamin, "The Image of Proust," *Illuminations* (New York : Schocken, 1969), 202. [벤야민, 「프루스트의 이미지」, 『서사·기억·비평의 자리』, 236.] 벤야민은 이 페넬로페 비유를 일상적인 것에서 이례적인 것을 드러나게 하는 직조-비직조, 망각-기억, 구성-어긋남을 통해 해석한다. 페넬로페의 일상의 에피파니에 대한 충실성이 다시 한번 확인된다. "여기서 중요하게 서술되고 있는 삶과 작품과 행위들이라는 것이 그것들이 속해 있는 자신의 삶 속에서 다름 아닌 가장 진부하고 덧없고 감상적이고 취약했던 시간이 흔들림 없이 펼쳐진 것에 불과했다고 좋을까?"(같은 책, 203 [같은 책, 238]). 또한 "프루스트의 가장 정확하고 명징한 인식들은 그 인식의 대상들에 마치 나뭇잎이나 꽃이나 가지 위에 앉아 있는 벌레들처럼 자리 잡고 있다. 이 벌레들은 불현듯 뛰어오르거나 날개짓을 하거나 도약하거나 하여 관찰자를 놀라게 할 때까지, 그래서 여기에 미처 예측하지 못한 어떤 고유한 생명체가 눈에 띄지 않게 낯선 세계에 잠입했었다는 사실을 깨닫게 할 때까지, 자신의 몸을 드러내지 않고 숨어 있는 것이다. … 프루스트의 진정한 독자를 끊임없이 뒤흔드는 것은 작은 놀라움들이다"(같은 책, 208 [같은 책, 248]). 이러한 미시적이고 매우 작은 것에 대한 강조는 조이스처럼 가장 일상적인 말과 어구의 반향과 연관성을 탐구함으로써 우리 사회에 대한 아원자적 탐구(subatomic investigation)를 제공하는 언어 자체의 차원에서 반복되는데, 벤야민은 이를 "수다의 생리학"(같은 책, 206 [같은 책, 244])이라고 부른다. 이것은 다시 카뮈가 "모든 위대한 행동, 모든 위대한 사상의 발단은 어이없게도 하찮은 것이다. 위대한 작품들은 흔히 어느 길모퉁이나 레스토랑 회전문을 돌다가 착상한 것이다"라고 주장한 바를 상기하게 만든다. Albert Camus, *The Myth of Sisyphus*, in *Basic Writings of Existentialism*, ed. G. Marino (New York : Modern Library, 2004), 448. [알베르 카뮈, 『시지프 신화』, 김화영 옮김, 책세상, 2013, 27.] 이 구절은 카뮈가 "몸, 정서, 창조"에서 발견한 "부조리라는 와인과 무관심이라는 빵을 되찾을 것이며 그것을 자양분 삼아 위대함을 키워가는 것"(같은 책, 478 [같은 책, 81])에 대한 호기심 어린 암시에 이어 나온 것이다. 나는 여기서 아리스토텔레스에게서 비롯하는 놀라운 구절을 상기한다. 『동물부분론』(*On the Parts of Animals*), 645a:15~23. "자연의 모든 영역이 경이롭다. 헤라클레이토스가 그를 만나러 온 이방인들이 부엌의 난로에서 몸을 데우고 들어가기를 주저했을 때, 심지어 부엌에 신성한 것들이 현전했던 데서, 그들이 거기로 들어가기를 두려워하지 않도록 분부했다고 보고된 것에서 보듯이, 우리는 모든 종류의 살아있는 것들에 대한 연구를 감행해야만 한다. 왜냐하면 우리 모두에게 자연적이고 아름다운 것이 드러날 것이기 때문이다."

36. J. Hillis Miller, "The Rhythm of Creativity : *To the Lighthouse*," in J. Hillis Miller, *Tropes, Parables, Performatives : Essays in Twentieth-Century Literature* (Durham, NC : Duke University Press, 1991), 159.
37. Virginia Woolf, *A Room of One's Own* (London : Hogarth), 102. [버지니아 울프, 『자기만의 방』, 이미애 옮김, 민음사, 2006, 144~145.] Miller, *Tropes, Parables, Performatives*, 169를 보라.
38. Erich Auerbach, "The Brown Stocking," in *Mimesis* (New Jersey : Princeton University Press, 1968), 536. [에리히 아우어바흐, 『미메시스』, 김우창·유종호 옮김, 민음사, 2012, 702~703.] 또한 540[708], 552[726]를 보라.

39. Virginia Woolf, *To the Lighthouse* (London: Harcourt Brace, 1990), 82. [버지니아 울프, 『등대로』, 이미애 옮김, 민음사, 2020, 120.]
40. 릴리가 "틈"으로 뛰어드는 것과 "저기 가운데, 선"을 그리는 세 번째, 마지막 획을 찾아내는 것에 대한 언급은 우리가 "쐐기"의 이미지를 생각하면 흥미로운 것으로 나타난다. 그렇게 그것은 내밀하게 반복적으로 램지 부인과 연관되어 있다. 이 비유는 어떤 신비로운 충만함이나 완성의 가능성을 내포하는 "어둠의 쐐기" 내지 "쐐기 모양의 어둠의 응어리"와 같이 내면의 깊은 공허함이나 무에 대한 함축을 전달한다. 릴리가 램지 부인과 제임스의 초상화를 "보라색 세모" 형태로 구성하려고 했던 것을 상기할 때, 릴리의 마무리 붓놀림을 양면의 쐐기를 완성하는 선, 말하자면 없어진 제3면인 선으로 해석하고 싶은 유혹을 느낄지도 모른다. 그 후 그녀는 "그 일은 이미 끝났어. … 이제 그것을 보았어."(같은 책, 209 [같은 책, 296])라고 말할 수 있다. 흥미롭게도, 이 비전은 실종된 아버지 램지 씨가 등대의 바위에 착지하여 그의 자녀인 제임스와 캠의 품에서 인정을 받는 바로 그 순간과 일치한다. 그는 마침내 엄마와 아이의 그림 속으로 다시 받아들여진다. 이 순간, 그녀의 그림 앞에 해변에 있는 릴리가 갑자기 "그림과 램지 씨" 사이의 "날카로운 칼날 같은" 균형을 발견하게 된다. 마지막 "절단"이 만들어진다. 세 번째 획이 쐐기를 박았다. 세모는 완성되고, 작업이 완료되고, 소설은 끝을 맺었다. 쐐기와 세모의 이 격앙된 비유적 이미지는 미학, 정신분석학 또는 삼위일체적 용어로 읽힐 수 있다. 아니면 셋 다 결합된 것이거나 말이다. (베단타 경전에 "날카로운 칼날"과 동일한 비유가 서머셋 모엄(Somerset Maugham)에 의해 그의 소설 중 하나의 제목으로 사용되었다는 것은 흥미롭다. 나는 이 정보를 준 동료 프랭크 클루니에게 감사를 표한다.)
41. Woolf, *To the Lighthouse*, 63~64. [울프, 『등대로』, 93.] 이것은 모든 지각 있는 존재에 신성함이 있다는 불교와 힌두교의 견해와 유사하다. 예를 들어, 딜고 켄체 린포체의 가르침을 보라. "순수한 지각은 모든 느끼는 존재자들에서의 부처로서의 본성을 인식하고 모든 현상에서 원시적인 순수성과 완벽함을 보는 것이다." John Makransky, *Awakening Through Love* (Boston: Wisdom, 2007), 92. 모든 자연적인 것들에 대한 성사적 언급은 애가(이는 램지 부인의 봄이 인용된 마지막 행간에서 되울린다)와 같은 특정한 성서적 문헌에도 나타나 있지만, 또한 성 프란치스코와 같은 어떤 그리스도교 신비주의자들의 자연에서의 봄과 빙겐의 힐데가르트(특히 그녀의 활력(Veriditas) 개념, 또는 신적 "녹화"(greening)라는 개념을 참조하라)에서도 입증된다. 제라드 맨리 홉킨스나 테이야르 드 샤르댕은 더 말할 것도 없다. 그러나 울프의 영국 개신교 문화는 그녀를 그러한 글에 익숙하게 해주지 못했을 것이다. 어느 쪽이든, 울프의 신비주의는, 비록 때때로 그 암시하는 바가 "아시아적"이지만, 여전히 비교파적이고 비고백적이다. 심지어 어떤 사람은 비유신론적이거나 탈유신론적이거나 혹은 재신론적이라고 말할 수도 있을 것이다.
42. Virginia Woolf, *Moments of Being*. 다음 문헌에서 재인용함. Martin Corner, "Mysticism and Atheism in *To the Lighthouse*," in *Virginia Woolf's "To the Lighthouse,"* ed. Harold Bloom (London: Chelsea House, 1988), 23. [버지니아 울프, 『존재의 순간들』, 정명진 옮김, 부글, 2013, 87.] 1926년 5월 9일 일기장 도입부에서 울프는 그녀가 남편 레오나르드와 어떻게 싸웠는지에 주목한다. 그는 "내 안의 비이성적 그리스도인(Xtian)을 싫어했다." *The Diary of Virginia Woolf, vol. 3: 1925~1930* (New York: Harvest, 1981), 81.
43. "날카로운 칼날"의 은유는 까타 우파니샤드 3:14에 나오는 유명한 말이다. 여기서 참된 신비감(아트만-브라흐만)의 발견에 관해 말하는 전문은 다음과 같다. "일어나라, 깨어나라 / 훌륭한 것들을 얻어 / 깨우치라! / 그 길은 가기 힘든 길 / 다가가기 힘든 날카로운 칼날이라 시인들은 말하노라!"(14절). 또한 "큰 것보다 수승하고, 변함이 없는 것, 그것을 알아 / 죽음의 입에서

벗어나노라!"(15절). 성찬례적 반향은 풍부하다. 여기서도 라마나와 라마크리슈나 같은 힌두 스와미 내지 아비쉬크타난다, 베드 그리피스, 사라 그랜트 같은 그리스도교-힌두 현자들에게서 발견되는 내재-초월의 신비적 개념들을 인용할 수 있다.

44. Woolf, *To the Lighthouse*, 202. [울프, 『등대로』, 286.]
45. Virginia Woolf, *A Writer's Diary : Being Extracts from the Diary of Virginia Woolf* (New York : Houghton Mifflin Harcourt, 2003), 85. [버지니아 울프, 『울프 일기』, 박희진 옮김, 솔출판사, 2019, 151.] 또한 다음을 보라. Corner, "Mysticism and Atheism," 48.
46. 같은 곳.
47. Miller, *Tropes, Parables, Performatives*, 152~153을 보라. "램지 부인이 소설에서 도달하는 목표는 죽음이다. 소설은 세계와 다른 인물들의 삶으로부터 그녀의 의식이 사라지는 것으로 방향을 튼다." 따라서 소설의 "시간 경과"의 의미, 곧 릴리 브리스코가 마침내 3부에서 그녀의 마무리 획을 그림에 적용하는 서곡 역할을 하는 것은 다음과 같다. "죽은 램지 부인을 위해 서 있으며 그녀를 대신하는 선, 램지 여사가 계단에서 잃어버린 그림자를 대체하는 그 선, 릴리가 그림을 그리기 시작했을 때 램지 부인이 적갈색 스타킹을 뜨개질하고 제임스에게 낭독을 해줄 때 거기 있었던 쐐기 모양의 어둠의 핵심"(같은 책, 153). 밀러는 울프의 영적-미학적 시선에 대한 자신의 자신의 독해를 그녀의 작품 『댈러웨이 부인』에까지 확장시킨다. 이는 "죽음의 일어남으로서의 반복"이라는 부제가 붙은 밀러의 다음 작품 7장에 나온다. *Fiction and Repetition* (Cambridge : Harvard University Press, 1982). 그는 이 소설의 이야기 서술자가 "모든 것을 기억하고 그녀의 이야기 서술에서 과거를 부활시키는 힘을 가지고 있다"는 점을 지적한다. "그녀는 과거로부터 〔다양한 인물들〕을 구출하여 다시 독자들에게 언어로 표현한다. 이야기 서술 자체가 반복이다"(같은 책, 178~179). 그는 여기서 울프의 태도를 — 울프가 프루스트에 대해 매우 감탄했던 것을 상기시키면서 — 프루스트의 그것과 비교한다. 그리고 그는 계속해서 "보편적인 정신"은 그녀에게는 등장인물들의 정신의 일부분이며, 만약 누군가가 "그 어떤 개인의 정신에 충분히 깊이 빠져들면 결국 화자의 일반적 정신에 도달하며 … 마음 속 깊은 곳에서 일반적 정신과 개개인의 정신이 하나가 된다. 이 두 정신은 유리잔의 같은 면이고, 또 유리는 이내 아예 사라진다"(같은 책, 181). 이것은 울프가 "터널링"의 "위대한 발견"이라고 부른 것과 관련이 있는데, 그녀는 이를 다음과 같이 묘사한다. "나는 내 등장인물들 배후에 있는 아름다운 동굴들을 파헤친다. 나는 그것이 내가 원하는 것을 정확히 준다고 생각한다. 인간성, 유머, 심연. 그 생각은 동굴이 연결되어야 한다는 것이다"(같은 책, 182). 그런데 밀러의 논지는 울프의 서술이 과거를 "반복할" 뿐만 아니라 소설의 작용에서 또 다른 형태로 그것을 "부활시킨다"는 것이다(같은 책, 191). 램지 부인처럼, 댈러웨이 부인은 소설의 결말에서 저녁 파티를 주재하면서, "그 순간에 모든 것을 총괄하기 위해 존재하는 것, 여전한 선물"(같은 책, 193)을 가지고 있다. 그러나 댈러웨이 부인은 램지 부인처럼 모든 것을 원하는 대로 한데 모이게 하는 단 한 사람의 등장인물로서는 실패한다. 교감은 기껏해야 순간적인 것일 뿐이고, 셉티무스의 자살 소식과 옆집 할머니가 자기 방으로 계단을 오르는 것을 관찰함으로써 촉발된 "영혼의 비밀"의 진짜 "신비"를 인식함으로써 그것은 중단된다(같은 책, 196). 따라서 클라리사의 냉철한 통찰력은 베단타의 지혜와 유사하다. "죽음은 의사소통을 위한 시도였다. 사람들은 신비롭게 그들을 회피한 중심에 도달하는 일의 불가능성을 느낀다. 친밀감은 멀어졌고, 환희는 사라졌고, 한 사람은 혼자였다. 죽음에는 포옹이 있었다"(같은 책, 197). 그러나 클라리사가 셉티무스의 죽음과 친분을 인정한 것은(울프는 모던 라이브러리판 서문에서 그녀를 셉티무스의 "이중적인 것"으로 묘사한다) 마지막 말이 아니다. 파티가 끝나고 다양한 등장인물들이 떠난다. 그러므로 밀러가 말하는 "이중 부활"에서 등장인물들의 과거를 되살리는 역할을 하는 사람은 바로

이야기 서술자다. 그가 말한 대로 "이야기 서술자의 승리는 문학이라는 두 번째 힘에서 위령의 날(All Soul's day)에 소설의 이 순간과 다른 모든 순간을 죽음에서 구해내는 것이다"(같은 책, 199). 즉, 전회(tuning), 보존, 반복으로서의 문학은, 울프가 한 번 언급한 바 있는 "우주 전체에 질서를 야기하는" 것으로서의 "창조력(creative power)"(같은 책, 201)이다. 왜냐하면 글쓰기는 "거울 양면에 동시에, 죽음 안에, 그리고 삶 안에 동시에"(같은 곳) 존재하는 유일한 행위이기 때문이다. "이 소설은 반대되는 두 개의 비슷한 움직임, 셉티무스의 죽음으로의 추락, 그리고 클라리사의 죽음으로부터의 부활이 필요하다는 흥미로운 결론이다. 댈러웨이 부인은 이 두 가지에 동시에 속한다. 이 둘은 죽음에서의 의사소통의 영역으로의 진입과 살아 있는 사람들이 읽을 수 있는 말로 그 영역을 드러내는 것이다. 그리고 그는 문학과 삶의 관계가 궁극적으로 울프에게서 '결정 불가능한' 것으로 남아있음을 인정하면서도, 다음과 같은 대담한 가설을 내놓는다. "이야기에서의 반복이 화해와 보존의 초월적인 영적 영역, 즉 죽은 자의 영원한 부활 영역의 표상이라는 가능성은 버지니아 울프가 그녀 이전의 영국 소설의 전신들 대부분이 더 직접적으로 제안한 것이다"(같은 책, 262). 그러나 나는 '이중 부활'에 대해, 그것이 (1) 등장인물의 정신 가운데 반복된 과거, (2) 이야기 화자의 보편 정신 가운데 반복된 등장인물의 정신을 뜻한다고 보며, 여기에 세 번째 부활 — 독자의 정신 가운데 일어나는 이 두 가지 부활의 반복 — 이 더해질 수 있음을 제안하고 싶다.

48. Corner, "Mysticism and Atheism."

49. Woolf, *To the Lighthouse*, 192. [울프, 『등대로』, 274.]

50. 같은 책, 161. [같은 책, 231.]

51. Georges Didi-Hubermann, *Confronting Images* (Pennsylvania : Penn State University Press, 2005). 나는 이 언급과 관련해서 나의 동료 스티븐 슐뢰서(Stephen Schloesser)에게 감사를 표한다. 가스통 바슐라르의 "요소적 참여"(그리스의 메덱시스 개념, 한 예로 고린토인들에게 보낸 첫째 편지 10 : 16~17)에 대한 독해에서, "모방적 재현"과 대조되는 성사적 미학 개념과 유사한 것이 있다. 물질적 상상에 대한 그의 설명은 메를로-퐁티의 "세계의 살"을 위한 길을 내주었다. Eileen Rizo-Patron, "Regressus ad Uterum," *Philosophy Today*, 21~30을 보라. 또한 그녀의 박사학위 논문을 보라. "Through the Eye of a Needle : Hermeneutics as Poetic Transformation," Binghamton University, 2005. Ann Arbor, MI : ProQuest Information and Learning, 2006. UMI no. 3203890.

52. Woolf, *To the Lighthouse*, 207. [울프, 『등대로』, 294.]

53. 같은 책, 180. [같은 책, 256.]

54. Corner, "Mysticism and Atheism," 416. 코너는 다음과 같은 결론을 내린다. "버지니아 울프는 무신론에 관해 그리고 무신론과 신비주의의 관계에 관해 무엇을 말하는가? 무신론에 관한 한, 그녀의 핵심 통찰은 "작은 무신론자"(little atheism)의 단계를 넘어서 진보하려면, 도덕적으로만이 아니라 이론적으로, 세계의 비인간성에 충실해야만 한다는 것이다. 그녀는 이를 파악되는 진리, 감정적으로만이 아니라 지적으로 파악되어야만 하는 진리를 향한 전 인격적 훈련으로 나타낸다. 그리고 이것은 위험을 감수하는 과정이다. 한 인격이 탑 꼭대기에서, 뛸 수 있을 때만, 여전히 활용 가능한 제한적 확실성 — 자기-보호적 자아, 익숙한 삶 — 으로부터 벗어날 수 있을 때만 그 과정을 충만하게 성취된다. 그리고 여기서 램지 씨와 릴리를 연결시키는, 무신론과 신비가를 연결시키는 역설이 나타난다. 신이 없다면, 버지니아 울프가 『등대로』 2부에서 강하게 매우 강하게 환기시킨 공허함의 혼돈 속에서, 그 도약은 재앙으로 끝나야 한다. 그러나 도피하지 않고 헐벗은 채로 세상을 마주하는 데 성공한 그녀의 등장인물들은 신비적이든 아니든 간에 자기들이 공허함 속으로 뛰어드는 것은 아니라는 것을 알게 되는 것처럼 보

인다. 그들을 만나기 위한 무언가 — 램지 씨 발아래 놓인 바위, '겉모습의 배후'의 실재, 기적과 황홀경으로 변화한 일상 세계, 버지니아 울프에게는 로드멜 근처 깊숙한 곳에 자리한 채로 아무 일에도 상관치 않고 생각에 몰두하는 것 — 가 출현한다. 이것이 그녀의 무신론적 신비주의의 핵심이다. 그녀에게 무신론은 비인간 세계에 대한 부적절한 기대감을 포기하는 것이었다. 하지만 그것은 또한 평범하면서도 기적적인 것으로서의, 타자적인 비인간성으로서의, 우리의 관심을 끌 만한 모든 것을 넘어서는 것으로서의 세계를 드러낼 정화된 인식의 조건이었다"(같은 글, 51). 메를로-퐁티의 살과 얽힘의 존재론과 명백하게 연관된, 울프의 우주적 상호연결성의 비전을 생태론적으로 더 상세히 설명한 연구로 다음 글을 보라. Louise Westling, "Virginia Woolf and the Flesh of the World," *New Literary History* 30, no. 4 (1999) : 855~875. 웨스틀링은 1908년 울프의 "정신의 흔적들이 전부 세계를 통과하고, 결국 떨리는 파편들로 이루어진 일종의 전체를 〔성취해내는〕, 무한한 불협화음에서 비롯한 대칭성"이라는 비전을 인용한다. 그녀는 또한 1925년 울프가 "생명은 의식의 시작부터 끝까지 우리를 둘러싸고 있는 반-투명 봉투이자 후광"이라고 한 유명한 주장을 중요하게 여긴다. 그녀는 메를로-퐁티와 마찬가지로 울프에게 세계는 더는 플라톤적/데카르트적 이원론의 관점으로는 파악되지 않으며, "세계의 몸체 안으로의 성사적 참여"를 "모든 것이 서로 연결되는 정신과 물질의 고동치는 장"으로 이해되어야 한다는 견해를 지지한다.

55. Jean-François Lyotard, *The Postmodern Condition : A Report on Knowledge*, trans. Geoff Bennington and Brian Massumi (Minneapolis : University of Minnesota Press, 1984). [장 프랑수아 리오타르, 『포스트모던 조건』, 유정완 옮김, 민음사, 2018.] 이 책 후기에서 리오타르는 *ana*와 *post*에 대한 흥미로운 이해를 제시한다.

3부 후주곡

6장 세상으로 : 세속적인 것과 성스러운 것 사이?

1. Dietrich Bonhoeffer, *Ethik*, ed. E. Bethge, vol. 6 of the Bonhoeffer Werke (Munich : Chr. Kaiser, 1998), 44 이하. [디트리히 본회퍼, 『윤리학』, 손규태·이신건·오성현 옮김, 대한기독교서회, 2013, 53.] 나는 이 구절과 다른 관련 구절에 주목할 수 있게 해준 옌스 짐머맨과 브라이언 그레고르에게 감사의 뜻을 표한다.
2. Breton, *The Word and the Cross*, 114, 84 이하.
3. Breton, "On the God of the Possible," in Manoussakis, ed., *After God*, 167~184.
4. Gianni Vattimo and Richard Rorty, *The Future of Religion*, ed. Santiago Zabala (New York : Columbia University Press, 2005), 35. 또한 다음을 보라. Gianni Vattimo, *Being Not God* (New York : Columbia University Press, 2008).
5. Vattimo, *The Future of Religion*, 36. 또 이런 점에서 다음 작품들을 보라. Jean-Luc Nancy, *La Déclosion : Déconstruction du Christianisme* (Paris : Galilée, 2005) ; Thomas Altizer, *Living with the Death of God*, "Foreword" by Mark Taylor (Albany : State University Press of New York, 2006).
6. Kirsch, *Auden and Christianity*, 9.
7. * 5장 각주 30의 옮긴이 설명 참조.
8. René Girard, *The Scapegoat* (Baltimore : John Hopkins University Press, 1986). [르네 지라르, 『희생양』, 김진식 옮김, 민음사, 2007.] 또한 내 책에 수록된 다음 글을 보라. "Strangers and Scapegoats," in *Strangers, Gods, and Monsters*, 23 이하 [커니, 「이방인과 희생양」, 『이방인, 신,

괴물』, 47 이하], "Myth and Sacrificial Scapegoats," in Richard Kearney, *Poetics of Modernity* (Atlantic Heights, NJ : Humanities, 1995), 118 이하. 새뮤얼 헌팅턴이 공동체와 타인 간의 자연적 분열과 문화적 분열에 대한 이론을 발전시키기도 하지만, 지라르와 달리, 은혜와 용서에 대한 영적 신앙을 이런 인간 갈등의 상태에 대한 일종의 반응으로 보지 않는다는 점은 주목할 만한 대목이다.

9. Gilles Deleuze and Felix Guattari, *A Thousand Plateaus* (Minneapolis : University of Minnesota, 1987), 122. [질 들뢰즈·펠릭스 가타리, 『천 개의 고원 : 자본주의와 분열증 2』, 김재인 옮김, 새물결, 2001, 237.]
10. * stigmatic에는 치욕적이라는 뜻이 있지만, 가톨릭적 의미로 볼 때 이 말에는 '성흔'이라는 의미도 있다. 즉, 그리스도의 십자가에서의 굴욕과 상처는 그 자체로 치욕적이지만 인간을 살리기 위한 성스러운 선택이 함축된 흔적이다. 이 의미를 모두 살리기 위해 성스러운 치욕으로 번역했다.
11. 성 프란치스코에 대해서는 막스 셸러의 다음 글을 보라. "A Sense of Unity in the Cosmos," 그리고 "Ordo Amoris," in *The Nature of Sympathy*.
12. 신비적 궁극성의 이미지로서 로트 나무의 예언자의 비전에 대해서는 다음 글을 보라. Hannah Merriman, "The Paradox of Proximity to the Infinite," in Kearney, ed., *Interreligious Imagination*, 329~342. 또한 파나의 관계, 자기와 바카의 신비적 무화, 신적 은총을 통해 갱신된 '지속'의 세계에서의 제2의 자아(self)로의 귀환에 대해서는 다음을 보라. Steinbock, *Phenomenology and Mysticism*, 109~111.
13. 이 주제에 대한 다음 나의 책의 논의를 보라. "On Terror," *Strangers, Gods and Monsters*, 111~115. [커니, 「테러에 대하여」, 『이방인, 신, 괴물』, 201 이하.]
14. Gerhard Lenski, *The Religion Factor* (New York : Doubleday, 1961).
15. Rodney Stark and William Bainbridge, *The Future of Religion* (Berkeley : University of California Press, 1985), 1.
16. C. Wright Mills, *The Sociological Imagination* (Oxford : Oxford University Press, 1959), 32~33. 나는 앞으로 나오는 많은 참조와 인용과 관련해서 내 친구 프레드 달마이어에게 가장 감사하게 생각한다.
17. Taylor, *A Secular Age*.
18. Raimon Panikkar, *Worship and Secular Man* (Maryknoll, NY : Orbis, 1973), 2. 또한 다음을 보라. Dallmayr, *Dialogue Among Civilizations*, 191.
19. Dallmayr, *Dialogue Among Civilizations*, 195, n. 15.
20. Abdolkarim Soroush, *Reason, Freedom, and Democracy in Islam*, trans. Mahmoud Sadri and Ahmad Sadri (New York : Oxford University Press, 2000), 55~56 ; Dallmayr, *Dialogue Among Civilizations*, 176을 보라.
21. 같은 책, 177.
22. 같은 책. 이슬람 신비가 바클리에 관해서는 다음을 참조하라. Steinbock, *Phenomenology and Mysticism*, 133~134.
23. * ijtihad. 이즈티하드(ijtihād)는 '이즈타하다'(ijtahada)의 동명사로 시대와 맥락에 따라 다양한 의미를 지니지만, 일반적으로 통용되는 의미로는 '노력함, 분투함'이라는 뜻을 지니고 있다. 이슬람 법률을 해석함에 있어서 유추(qiyās)의 방법을 통해 이성적인 판단과 해석을 시도하는 것을 의미한다. 박현도, 「"이즈티하드(Ijtihād)의 문 폐쇄"에 대하여 : 할락의 비판이 주는 의미와 파장」, 『한국이슬람학회논총』 25-2집(2015년 4월), 3 참고.

24. Soroush, *Reason, Freedom, and Democracy in Islam*. Dallmayr, *Dialogue Among Civilizations*, 180에서 재인용.

25. * 알라의 말을 전하고 실천하는 이슬람 공동체.

26. 미국의 새뮤얼 헌팅턴과 신보수주의 로비 그룹이 제시한 9·11과 중동 전쟁 이후의 "문명의 충돌"이라는 대중화된 논지가 전달하는 서구의 공식적 의견에 대해 이슬람을 대안적으로 읽어내는 해석학적 복원 작업과 관련해서는 다음 작업을 보라. Morris, *Orientations*; Siraj, "India."

27. Dallmayr, *Dialogue Among Civilizations*, 146.

28. 같은 책, 173.

29. Hannah Arendt, *Crises of the Republic* (New York : Harcourt Brace Jovanovich, 1972), 229. [한나 아렌트, 『공화국의 위기 : 정치에서의 거짓말·시민불복종·폭력론』, 김선욱 옮김, 한길사, 2011, 303.]

30. Lahouari Adi. 다음 문헌에서 재인용. Dallmayr, *Dialogue Among Civilizations*, 173.

31. 같은 책, 173, n. 8.

32. *Interreligious Imagination*에서의 나의 서문을 보라. 그리고 같은 호에 수록된 다음 글을 보라. Eileen Rizo-Patron, "Promises of Advent : North and South," 434~457.

33. 다음 선언문을 보라. Scarboro Missions Statement, "Principles and Guidelines for Interfaith Dialogue," http://www.scarboromissions.ca. 이 문서는 국제 수도원 종교간 운동에 관한 토마스 키팅(Thomas Keating)의 『스노우매스 컨퍼런스 보고서』(*Snowmass Conference Report*, 1984)에서 영감을 얻었다. 키팅은 중앙 기도운동과 종교간 영성에 큰 공헌을 한 트라피스트회 수도사이다. 그는 스노우매스 컨퍼런스 소집을 맡고 있으며 국제 수도원 종교간 운동의 일원이기도 하다. 그는 다음 보고서를 작성했다.

지속적인 종교간 대화 경험에 대한 보고가 현시점에서 도움이 될 수 있을 것이다. 1984년 나는 세계 여러 종교들, 불교, 티베트 불교, 힌두교, 유대교, 이슬람교, 미국 선주민의 종교, 러시아 정교회, 개신교, 로마 가톨릭에서 온 영적 스승들을 초청하여 콜로라도주 스노우매스에 소재한 베네딕도 수도원에 모이게 하였다. 이 모임은 침묵 속에서 다같이 명상을 수행하며 각각의 개인적인 영적 여정을 공유하고, 또 그 여정에서 우리 각자에게 가장 큰 도움을 준 전통의 각 요소들을 공유하기 위해 마련되었다. 우리는 기록을 남기지 않았고 논문을 발표하지도 않았다. 우리의 신뢰와 우정이 커지면서, 우리는 우리가 합의를 이룬 것처럼 보이는 여러 사항들을 계속 탐구하는 것에 깊이 감동했다. 원래 우리가 합의한 것들이, 매년 약 일주일 가량, 후속 회의 과정을 통해 우리가 만남을 지속하며 계속 논의되었다. 가장 최근의 목록은 다음과 같은 8가지 요점으로 구성되어 있다.

1. 세계 종교는 다음과 같은 다양한 이름을 붙인 궁극적 실재에 관한 경험을 드러낸다. 브라만, 알라, 절대자, 신, 대정령
2. 궁극적 실재는 어떤 이름이나 개념으로도 제한될 수 없다.
3. 궁극적 실재는 무한한 잠재태와 현실태의 토대이다.
4. 궁극적 실재를 받아들이고 반응하면서 신앙이 열린다. 이런 의미에서 신앙은 모든 믿음 체계에 선행한다.
5. 온전한 인간을 향한 잠재력(또는 다른 기준의 틀로 보면) — 깨우침, 구원, 변혁, '열반' — 은 모든 인간 인격에 존재한다.
6. 궁극적 실재는 종교적 실천만이 아니라 자연, 예술, 인간관계, 타자들에 대한 봉사를 통해서도

경험될 수 있다.

7. 인간의 조건이 궁극의 실재와 별개로 경험되는 한 무지와 환상, 나약함, 고통의 대상이 된다.

8. 규율 실천은 영적 삶에 필수적이다. 그러나 영적 성취는 자신의 노력의 결과가 아니라 궁극적 실재와의 합일의 경험의 결과이다.

1986년 5월 연례 스노우매스 컨퍼런스에서 우리는 실천의 본성에 관한 추가적인 합의점을 발견해냈다.

A. 우리 모두에게 공통적인, 규율 실천의 몇 가지 예.
1. 공감의 실천
2. 타자에 대한 섬김
3. 도덕적 교훈과 덕을 실천하는 것
4. 명상기법 훈련과 실천의 정례화
5. 식이요법과 운동에 주의함
6. 금식과 금욕
7. 음악과 노래와 성스러운 상징의 활용
8. 의식적 깨달음의 실천(회상, 마음챙김)과 현재 순간을 살아감.
9. 순례
10. 경전 본문 및 경전들에 대한 연구

그리고 어떤 전통에서는
11. 자격 있는 교사와의 관계
12. 성스러운 말의 반복 (만트라, 자파)
13. 침묵과 고독 시기의 준수
14. 움직임과 춤
15. 공동체의 형성

B. 우리의 깨우침에 대한 형식적 실천을 삶의 모든 측면으로 확장하는 것은 필수적이다.
C. 겸손함, 감사함, 유머 감각은 영적 삶에 없어서는 안 되는 것이다.
D. 기도는 그것이 개인적이건, 비개인적이건 또는 이것들 이상의 것으로 간주되는 어떤 것이건 간에 궁극적 실재와의 연합이다.

우리는 각자의 길에서 너무나 많은 유사성과 수렴점을 발견하여 놀라워했고 기뻐했다. 우리 시대의 대부분의 사람들처럼, 우리는 원래 우리가 실질적으로 공통점을 찾지 못할 것이라고 예상했었다. 그 후 몇 년 동안, 우리는 자발적으로 그리고 다소간 머뭇거리면서 이것이 우리의 관심의 주요 초점이 될 때까지 어떤 의견 불일치의 지점을 자세히 살펴보기 시작했다. 우리는 우리의 의견 불일치를 논하는 것이 우리의 합의점을 발견하는 것보다 그 집단의 유대감을 더 증대시킨다는 점을 발견했다. 우리는 다른 사람들에게 우리 자신의 입장을 납득시키기 위해 노력하지 않고, 우리가 믿는 것과 믿는 이유를 솔직하게 말하는 일에 더 정직해졌다. 우리는 단순히 우리의 이해를 그 집단에게 선물로서 제시했다.

34. 아드바이타에 대한 아비시크타난다의 독해를 보라. 이는 다음 글에 제시되어 있다. Shirley De Boulay, "Aranachula," in Kearney, ed., *Interreligious Imagination*, 197 이하.

7장 행동으로 : 말과 살 사이

1. Kristeva, *Strangers to Ourselves*.
2. * 우리말 번역본은 『고백』, 김동완 옮김, 복있는 사람, 2010.
3. Dorothy Day, *The Long Loneliness* (New York : Harper, 1952), 148. [도로시 데이, 『고백』, 김동완 옮김, 복 있는 사람, 2010, 262.]
4. * 뉴욕 맨해튼에 소재한 이탈리아색이 강한 한 마을.
5. Gary Wills, "The Saint of Mott Street," *New York Review of Books* 41, no. 8 (1994) : 47~48.
6. Dorothy Day, *Living with Christ* 9, no. 4 (2008) : 76.
7. Trumble, *The Shorter Oxford English Dictionary*, 6th ed., 988.
8. Day, *Living with Christ*, 79. 또한 다음을 글을 보라. William Desmond, "Consecrating Peace : Reflections on Daniel Berrigan as Witness," in James Marsh and Anna Brown, eds., "On Standing Somewhere : Daniel Berrigan's Impact on Catholic Social Thought" (forthcoming, 2010).
9. John of Damascus, *On the Divine Images*, trans. D. Anderson (New York : St. Vladimir, 1980), para. 16, p. 23. [다마스쿠스의 성 요한, 『하나님의 성상에 대하여』, 키아츠, 2021, 26~27.] 나는 이 구절에 대해 내 친구이자 동료인 메리 앤더슨에게 감사한다. 또한 그녀의 다음 박사논문 3장에 나오는 육화와 성사적 미학에 대한 흥미로운 설명도 참조하라. "Thou Art : The Subject of Christ" (doctoral thesis).
10. David Tracy, "Writing," in Mark Taylor, ed., *Critical Terms for Religious Studies* (Chicago : University of Chicago Press, 1998), 388~389.
11. Dallmayr, "Empire and Faith," in *Dialogue Among Civilizations*, 203.
12. 같은 글.
13. Charles Taylor, *A Secular Age* (Cambridge : Belknap, 2007).
14. 같은 책.
15. 이 책이 출간된 지 10년 만인 2020년에 터진 장 바니에의 성추문은 매우 고통스럽고 당혹스러운 일이었다. 우리가 너무나 잘 알고 있듯이 역사 속의 많은 성인들(many saints) 역시 엄청난 죄인이었다. 이는 종교적 삶을 포함한, 인간 삶의 가장 깊고 복잡한 미스테리 중 하나로 남아 있다. [해외만이 아니라 국내에서도 많은 이들이 장 바니에의 성추문 사건을 듣고 큰 충격을 받았다. 옮긴이는 본서에서 바니에가 중요한 인물로 길게 다뤄지고 있으므로, 이에 대한 카니 교수의 언급이 필요하다고 보고, 어떤 형태로든 그 사건에 대해 언급해 주기를 요청했다. 이 요청에 대해 저자인 카니 교수는 장 바니에 사건을 보고 느낀 소회를 이와 같이 보내왔고, 이를 바니에를 다루는 항목에 각주 형태로 삽입해달라고 부탁했다.]
16. Jean Vanier, "Where the Weak and the Strong Dance Together," in Abernethy and Bole, eds., *The Life of Meaning*, 372. 또한 다음 인터뷰를 보라. "Interview with Jean Vanier" in Timothy Kearney, *The Prophetic Cry* (Dublin : Veritas, 2000).
17. Vanier, "Where the Weak and the Strong Dance Together," in Abernethy and Bole, eds., *The Life of Meaning*, 374.
18. 같은 글, 375.
19. 같은 글, 373.
20. 같은 글, 376.
21. Dallmayr, "Freedom East and West," in *Dialogue Among Civilizations*, 211.
22. * 자치를 의미하는 '스와라지'와 관련해서, 간디는 인도 국민회의의 자치활동 및 독립운동사에

서 중요한 문서인 「힌두 스와라지」라는 제목의 글을 발표한다. 그는 여기에서 내면적이고 영적인 차원과 세속세계의 정치적 독립을 아우르는 진정한 자치('스와라지')를 역설한다.

23. Dallmayr, "What Is Self-Rule? Lessons from Ghandi," in *Dialogue Among Civilizations*, 217.
24. 같은 글, 219.
25. * 간디는 라마누자의 사상에 영향을 받아 행위 안에서의 이욕(離欲)을 실현하는 길을 지식의 길(jnana yoga)에서 구하지 않고, 신애(信愛)의 길(bhakti yoga)에서 구했다. 김선근, 「간디의 윤리학에 끼친 Ramanuja의 Bhakti 사상의 영향」, 『인도철학』, 제5권(1995년), 193 참조.
26. * 다르마란 최고의 진리나 종교적 규범만이 아니라, 사회 법률 및 제도적 규범, 윤리적 의무 등 폭넓은 의미에서 규범을 가리키는 말이다.
27. * 힌두 스와라지는 간단하게 표현하자면 '자치'를 의미하는데, 이때 자치란 내면세계에 대한 자기-통치와 자기 바깥의 세계와 관련한 자기-통치를 모두 포괄한다. 간디는 다음과 같이 스와라지를 요약한다. "1. 진정한 자치는 자기 자신의 마음을 다스리는 것입니다. 2. 자치를 향한 길은 수동적 저항을 전개해야 합니다. 수동적 저항은 영혼의 힘이며 사랑의 힘입니다. 3. 이런 힘을 발휘하기 위해서는 모든 면에서 스와데시가 반드시 필요합니다. 4. 우리가 원하는 것을 해야 하는 것은 영국인을 반대하거나, 복수를 위해서가 아니라, 그렇게 하는 것이 우리의 의무이기 때문입니다. 따라서 영국인들이 소금세를 없애고, 우리의 돈을 돌려주고, 인도인들에게 최고위 관직을 주고, 영국의 군대를 철수한다면 우리는 분명 그들의 기계로 만든 제품을 사용하지 않을 것이며, 영어도 사용하지 않을 것이며, 그들의 많은 공장도 이용하지 않을 것입니다. 기계와 공장 등은 본질적으로 해롭기 때문에 우리가 그것들을 원하지 않는다는 것을 알아야 합니다. 저는 영국인들에게 아무런 적의가 없지만, 그들의 문명에 대해서는 적의를 품고 있습니다. 제 의견으로, 우리들은 '스와라지'라는 용어의 그 진정한 의미를 이해하지 못한 채 사용해 왔습니다. 저는 그것을 이해한 만큼 설명하려 노력했으며, 제 삶은 그것의 달성을 위해 목숨을 바쳐 헌신하는 것이라고 양심적으로 증언합니다." [모한다스 카람찬드 간디, 『힌두 스와라지』, 김선근 옮김, 지식을만드는지식, 2011, 151~52.]
28. 같은 글, 222, n. 11.
29. 같은 글, 217.
30. Siddartha, "Open Source Hinduism," in Kearney, ed., *Interreligious Imagination*, 34~41.
31. 베데 그리피스(Bede Griffiths)의 동-서 맥락에서의 성과 속의 관계에 관한 비교 분석은 다음 문헌을 보라. *River of Compassion* (New York : Continuum, 1987).
32. Ramashray Roy, *Self and Society : A Study in Gandhian Thought* (Sage, 1985). 달마이어의 다음 문헌에 의해 인용됨. *Dialogue Among Cilvilizations*, 223, n. 12.
33. Dallmayr, *Dialogue Among Civilizations*, 18, n. 5.
34. 같은 책, 218.
35. 같은 책, 225, n. 15.
36. 같은 책, 220.
37. * 간디가 만든 조어인 '사티아그라하'는 진리(satya)와 추구(āgraha)의 결합어로 진리를 찾으려는 노력이나 열정을 의미한다. 간디는 진리, 사랑, 비폭력에서 나오는 힘에 의지해서 사회를 변화시키는 비폭력저항운동을 주도했는데, 영국이 부과한 소금세 폐지를 주장한 소금 사티아그라하가 대표적이다.
38. * 힌두교에서 신을 경배하기 위해 거행하는 종교의식.
39. * 여기서 카니가 명사 return과 God를 단수로 처리했음에 주목해야 한다. 귀환은 반복이고,

신은 신의 죽음 이후 또 하나의 신의 도래를 뜻하는 것이지 최종적으로 규정된 바로 그 신(the God)을 의미하지 않는다. 이 점을 강조하기 위해 원문을 병기했다.

결론 : 이방신들을 환영하기

1. Max Scheler, "Negative Feelings and the Destruction of Values : Ressentiment," in Bershady, ed., *On Feeling, Knowing and Valuing*, 116~146.
2. 같은 글, 132.
3. 같은 곳.
4. John Cornwell, *Darwin's Angel : A Seraphic Response to the God Delusion* (London : Profile, 2008). 또한 Dawkins, *The God Delusion* [도킨스, 『만들어진 신』]을 보라. 도킨스의 무시와 조롱이 섞인 독설의 어조에도 불구하고, 그의 비판적 분노의 주요 표적은 사실 내가 형이상학적 힘과 주술의 전능한 신이라고 비판해온 것, 즉 "인간사에 간섭하고 기적을 일으키고 우리의 생각을 읽고 죄를 벌하고 기도에 답하는 성서의 신"(같은 책, 41 [같은 책, 35])이었음이 밝혀졌다. 도킨스는 이 신성한 의식의 주인을 스피노자와 아인슈타인의 "범신론"의 신과 혼동하려는 어떤 시도에 대해서도 "강한 반역행위"라고 하면서, 스피노자와 아인슈타인에게 신은 신앙이나 사랑의 신이 아니라 단지 자연법칙에 대한 "시적 동의어"일 뿐이며 따라서 그것이야말로 "매력적으로 다듬은 무신론"(같은 책, 40 [같은 책, 33])이라고 규정한다. 나는 두 신이 혼동되어서는 안 된다는 것에 동의하지만, 범신론의 신, 혹은 내가 범재신론(panentheism)이라고 부르기를 더 선호하는 그런 신론의 신이 재신론의 내기에 관련해서 그토록 가치 있는 신이 아니라고 확실하게 말하지 못한다. 여기서 의미 있는 대화를 할 수 있는 여지가 있다고 생각한다. 도킨스의 언어는 때때로 독설 남용에 가깝다. 그가 창조론자들이 과학의 영역 전체를 "지저분한 구둣발"(같은 책, 92 [같은 책, 110])로 짓밟았다고 비난하는 사례에서 보듯 말이다. 그러나 나는 한 예로 홀로코스트와 히로시마 같은 참상을 "용기와 연민을 발휘할 기회"(같은 책, 89 [같은 책, 104])라고 변명하는 리처드 스윈번을 강하게 질책할 때는 그에게 전적으로 동의한다. 도킨스가 근본주의적이자 문자주의적인 유신론에 대해, 즉 쓰여진 텍스트[경전]을 해석하기를 부정하는 유신론(같은 책, 118~120 [같은 책, 150~154])을 비판할 때, 그는 재신론에 관련하는 열린 문을 밀고 있다(이것은 어떤 거룩한 말에 관한 해석학적 내기에서 시작된다). 마찬가지로 그가 네루와 간디의 "국가가 모든 신앙을 똑같이 존중하는 것을 의도하는"(같은 책, 68 [같은 책, 73]) 종교 다원주의를 조성하는 "세속 인도"라는 이상을 지지할 때도 그러하다. 도킨스는 그의 영웅인 제퍼슨이 자기 주장에 찬성할 것이라고 말한다. 하지만 도킨스의 전반적인 논쟁의 취지는 많은 신앙과 종교를 관용하라는 이 호소와는 크게 다른 것으로 보인다. 기본적으로 도킨스와 데닛과 나의 차이점은 그들이 신에 관한 물음을 우주의 과학적 기원에 대한 신의 가설로 해석한다는 것인데, 그들이 그렇게 하면 대립의 지점은 다원주의 대 창조론이 되고 만다(같은 책, 81 [같은 책, 110]). 그것이 진화에 대한 과학적 증거를 헤아리는 문제라면 도킨스와 데닛은 요점을 너무 단순화시키는 것이다. 그리고 신에 대한 생각이 우주의 주술적 "관리자"(같은 책, 75~78 [같은 책, 85~89])에 지나지 않는다면, 그것을 "플라잉 스파게티 몬스터교"(같은 책, 78 [같은 책, 89])와 비교하는 것이 타당하다. 그러나 이것은 수백만 명의 신자들이 타자에 대한 거룩한 사랑과 섬김에 일생을 바칠 때 실제로 견지하고 있는 것에 대한 정확한 설명일까? 이 책에서 나의 목적은 일종의 천상의 존재로서의 신의 형이상학적 존재를 증명하거나 반증하는 것이 아니라, 현상학적 방법과 해석학적 방법의 도움에 힘입어, 실천적이고, 시적이며, 신비적인 차원에서 '신의 사건'의 '의미'를 보여주는 것이었다. 요컨대, 우리의 물음은 이방인과의 만남, 즉 철저하게 타자, 외인, 초월자 '그 이상의' 어떤 자가 어떻게 우리의 삶에 더 나은(또는 더 나쁜) 것을 위해 영향을 미치

는가 하는 것이다. 이것이 바로 재신론의 본질이다. 많은 사람들이 (근본적으로 타자인) '신의 이름'으로 부르는 것이 삶인지, 죽음인지, 사랑인지, 증오인지 해석하고 선택하는 문제이다. 이는 확률 법칙에 의존하는 신의 존재에 대한 형이상학적 혹은 물리적 증명과는 무관하다. (그리고 여기서 우리는 파스칼의 내기에 대한 계산과도 입장을 달리한다.) 재신론은 과학과 자연 세계와 대립되는 것이 아니다. 그것은 단지 우리가 신앙의 초대로서 이방인의 급진적인 놀라움에 어떻게 반응하는지를 묻고, 불가능한 것을 가능하게 하고, 전쟁이 있는 곳에 정의를, 미움이 있는 곳에 사랑을, 무지가 있는 곳에 지혜를 있게 한다. 여기에 대해 재신론이 긍정적이거나 설득력 있는 내용을 제시하지 못했다면, 그것은 일말의 가치도 없는 것이며, 이 책도 헛된 것이다.

5. Daniel Dennett, *Breaking the Spell: Religion as a Natural Phenomenon* (New York: Viking, 2006), 4. [대니얼 데닛, 『주문을 깨다: 우리는 어떻게 해서 종교라는 주문에 사로잡혔는가?』, 김한영 옮김, 최종덕 해설, 동녘사이언스, 2010, 26.] 데닛 및 도킨스와 나의 차이점은 생물학적 다윈주의가 아니라 사회적, 정치적, 정신적 다윈주의에 있다. 우리 너머에서 우리를 찾아와 선하게 부르는 급진적인 이방인에 대한 환대보다 적자생존의 자연선택이 사랑스럽고 정의로운 사회를 초래할 더 큰 가능성을 갖는가? 이 언급과 관련해서 카샤 세모노비치에게 감사를 뜻을 표한다.
6. 같은 책, 5. [같은 책, 28.]
7. 데닛은 『우리는 어떻게 종교라는 주문에 사로잡혔는가?』의 서문에서 이 같은 이야기를 하고 있다. 주목해야 할 것은 우리 시대의 종교 비판과 관련해서 앵글로 색슨 사상 바깥에도 영향력 있는 목소리가 있다는 점이다. 예를 들어 다음 문헌을 보라. Michel Onfray, *Traité d'athéologie: Physique de la métaphysique* (Paris: Grasset et Fasquelle, 2005). [미셸 옹프레, 『무신학의 탄생: 철학, 종교와 충돌하다』, 강주헌 옮김, 모티브북, 2006.] 나는 옹프레의 작품에 관심을 가지게 해준 크리스천 오빈에게 감사의 뜻을 표한다. 무신론과 유신론의 기원에 대한 상반적인 독해를 보여주는 연구로 다음 책을 보라. Patrick Masterson, *Atheism and Alienation: A Study of the Philosophical Sources of Contemporary Atheism* (Notre Dame, IN: University of Notre Dame Press, 1971).
8. William James, *The Varieties of Religious Experience* (New York: Penguin, 1982), 31. [윌리엄 제임스, 『종교 체험의 여러 모습들』, 김성민·정지련 옮김, 대한기독교서회, 1998, 50.] 다음 문헌에서 인용함. Dennett, *Breaking the Spell*, 11. [데닛, 『주문을 깨다』, 35.]
9. Swami Vivekananda, *Karma Yoga* (1896) in *The Complete Works* (New York: Vedanta, 2000), 1:72. [스와미 비베케난다, 『일을 통한 깨달음: 까르마 요가』, 양미성 옮김, 정우사, 2001, 101.]
10. Jürgen Habermas and Jacques Derrida, *Philosophy in a Time of Terror: Dialogues with Jürgen Habermas and Jacques Derrida*, ed. Giovanna Borradori (Chicago: University of Chicago Press, 2003), 55 이하. [지오반나 보라도리, 『테러 시대의 철학 : 하버마스, 데리다와의 대화』, 손철성·김은주·김준성 옮김, 문학과지성사, 2004, 109 이하.] 또한 다음 책을 보라. Hent de Vries and L. E. Sullivan, *Political Theologies: Public Religions in a Post-Secular World* (New York: Fordham University Press, 2006). 이 책은 종교에 대한 정치적 도입이 얼마나 과도해졌는지를 냉정하게 보여준다. 나는 이 몇 가지 참조와 관련해서 로비사 버그달에게 감사의 뜻을 전한다.
11. Samuel Huntington, *The Clash of Civilizations and the Remaking of the World Order* (New York: Simon and Schuster, 2003), 21. [새뮤얼 헌팅턴, 『문명의 충돌』, 이희재 옮김, 김영사, 1997, 20.] 나는 이 문헌의 참조와 관련해서 도나티엔 시쿠라에게 감사한다. 그녀의 박사학위 논문 "Identity and Historicity"를 보라. 시쿠라는 다음과 같이 진술한다. "헌팅턴에 의하면,

적을 만드는 과정은 자아가 되는 과정, 정체성을 습득하거나 전유하는 과정의 본질적인 요소이다. 동일성은 동맹(내 집단에 속한 자)과 적(개인적으로 또는 집단의 구성원으로서 경쟁하는 자)으로 이루어진다." 이러한 사유의 노선에서 헌팅턴의 동일성 이념은 플라톤의 기개(thumos) 개념에 대한 프랜시스 후쿠야마의 다음 책에서의 해석과 유사하다. *The End of History and the Last Man* (New York : Penguin, 2002). [프랜시스 후쿠야마, 『역사의 종말 : 역사의 종점에 선 최후의 인간』, 이상훈 옮김, 한마음사, 1999.] "인간은 기개의 용어로 자신을 확인하는데, 즉 자존감, 인정, 그리고 승인을 필요로 한다. 이 정도로 적과의 갈등은 위와 같은 성질을 집단 속에서 강화시키고 위로와 만족감을 얻게 한다"(Cicura, "Identity and Historicity," 75). 헌팅턴은 이렇게 말한다. "개인들은 자긍심에 대한 욕구 때문에 자신들의 집단이 다른 집단보다 낫다고 믿게 된다. 개인의 자아 의식은 그들이 동일시하는 집단들의 성패에 따라 … 높아지고 낮아진다." Samuel Huntington, *Who Are We? The Challenge to America's National Identity* (New York : Simon and Schuster, 2004), 25를 보라. [새뮤얼 헌팅턴, 『새뮤얼 헌팅턴의 미국』, 형선호 옮김, 김영사, 2004, 45.] 정치와 종교의 이런 적대적 모형에 대한 최근의 비판에 대해서는 다음 연구를 보라. Amartya Sen, *Identity and Violence* (New York : Norton, 2007) [아마르티아 센, 『정체성과 폭력 : 운명이라는 환영』, 이상환·김지현 옮김, 바이북스, 2009]; Homi K. Bhabha, *The Location of Culture* (London : Routledge, 1994) [호미 바바, 『문화의 위치 : 탈식민주의 문화이론』, 나병철 옮김, 소명출판, 2002]; Martha Nussbaum, *For Love of Country* (Boston : Beacon, 2002). [마사 너스봄 외, 『나라를 사랑한다는 것』, 삼인, 2003.] 또한 나의 다음 책 1, 3, 5장을 보라. Kearney, ("Strangers and Scapegoats," "Aliens and Others," "On Terror") in *Strangers, Gods and Monsters*, 23~140. [커니, 『이방인, 신, 괴물』, 47~248.]

12. Habermas and Derrida, *Philosophy in a Time of Terror*, 55. [보라도리, 『테러 시대의 철학』, 109.]
13. Jürgen Habermas, "Religion in the Public Sphere," *European Journal of Philosophy* 14, no. 4 (2006) : 6.
14. 다음 문헌에서 재인용하며 논평을 첨가했음. Lovisa Bergdahl, "Lost in Translation : On the Untranslatable and Its Ethical Implications for Religious Pluralism," *Journal of Philosophy of Education* 43, no. 1 (2009) : 31~44. 나는 이러한 논증과 텍스트에 내 주의를 집중시켜 준 로비사 버그달에게 감사의 말을 전한다.
15. Jürgen Habermas, "A Conversation About God and the World," in Eduardo Mendieta, ed., *Religion and Rationality : Essays on Reason, God and Modernity* (Oxford : Blackwell, 2000), 148~149. 세속적인 시민과 종교적인 시민 사이의 상호보완적인 이성적 대화의 필요성에 대해서는 다음 책을 보라. Jürgen Habermas and Joseph Ratzinger, *The Dialectics of Secularization* (San Francisco : Ignatius, 2006), 43~47. [위르겐 하버마스·요셉 라칭거, 『대화 : 하버마스 對 라칭거 추기경』, 윤종석 옮김, 새물결, 2009, 49~52.]
16. Eduardo Mendieta, "A Conversation About God and the World," in Mendieta, *Religion and Rationality*, 163.
17. 다음 문헌을 보라. Walter Benjamin, "The Task of the Translator," in *Illuminations : Essays and Reflections*, ed. Hannah Arendt, trans. Harry Zohn (New York : Harcourt Brace Jovanovich, 1973) [발터 벤야민, 「번역자의 과제」, 『언어 일반과 인간의 언어에 대하여. 번역가의 과제 외』, 최성만 옮김, 도서출판 길, 2008] ; Jacques Derrida, *The Ear of the Other : Otobiography, Transference, Translation* (New York : Schocken, 1985).
18. Habermas, "Religion in the Public Sphere," 10~12. 또한 Jürgen Habermas, *Between Natu-*

ralism and Religion (Cambridge : Polity, 2006)을 보라. 다음 버그달의 논문에서 재인용하고 논평을 덧붙임. "Lost in Translation," 3.

19. Benjamin, "The Task of the Translator," 70. [벤야민, 「번역자의 과제」, 122.] 대칭적 대화의 가능성과 불가능성 둘 다로서의 종교간 번역가능성의 한계에 관해서는 다음 책을 보라. Cornille, *The Im-Possibility of Religious Dialogue*. 또한 에디트 슈타인의 다음 책도 보라. *On the Problem of Empathy*. 여기서 그녀는 "비-원초적 것의 원초적 경험"으로서의, 즉 익숙하건 이질적이건 우리가 마주하는 모든 인격 안에 있는 "이방인"의 간접성과 모호성의 한 가지 직접적 의미로서의 타자와의 현상학적 만남에 관해 말한다. 이 주제에 대해서는 또한 다음 문헌을 보라. Scheler, *The Nature of Sympathy*. 그리고 다음 글에 나오는 후설의 제5 데카르트적 성찰에 관한 데리다의 논의를 보라. " 'Hospitality, Justice and Responsibility,' " in Kearney and Dooley, eds., *Questioning Ethics*, 66~83.
20. Benjamin, "The Task of the Translator," 75, 81. [벤야민, 「번역자의 과제」, 130~131, 141.]
21. Steinbock, *Phenomenology and Mysticism*, 211 이하.
22. Paul Ricoeur, "Entretien Hans Küng-Paul Ricoeur : Les religions, la violence et la paix. Pour une éthique planétaire," *Arte* 5 (April 1996). 이 글은 다음 잡지에서도 간행되었다. *Sens*, no 5 (1998) : 211~230.
23. 다음 책에 실린 나의 서문(Journey to the Heart)을 읽어보라. Kearney, ed., *Interreligious Imagination*, 3~33.
24. Ricoeur, "Entretien Hans Küng-Paul Ricoeur," *The Im-Possibility of Religious Dialogue*, 177~179. 종교간 대화 문제를 "차이에 대한 환대"로 조망해내는 코르닐의 논의를 보라.
25. Albert Camus, *The Myth of Sisyphus*, in Gordon Marino, ed., *Basic Writings in Existentialism* (New York : Modern Library, 2004), 441 이하. [알베르 카뮈, 『시지프 신화』, 김화영 옮김, 책세상, 2013, 30.]
26. * 앙트완 베르만, 『낯선 것으로부터 오는 시련 : 독일 낭만주의 문화와 번역』, 이향·윤성우 옮김, 철학과현실사, 2009.
27. Ricoeur, "Entretien Hans Küng-Paul Ricoeur."
28. 같은 글 : "이 메시지는 나를 지양할 뿐만 아니라 나를 해제시킨다."
29. 같은 글.
30. 같은 글 : "나는 우리가 계몽의 발화를 가질 필요가 있다고 믿는다. 또한 그리스도교의 가장 큰 가능성은 그리스와 모든 이성주의 유산 덕분에, 처음부터 내가 확신과 비판의 갈등이라고 부르는 갈등에 직면해 왔다는 점이다. 그것은 우리가 이러한 확신 내부에서의 투쟁, 그리고 바깥에서의 투쟁의 버팀목과 모든 종교 바깥으로부터의 버팀목과 더불어 우리 자신을 이해하고, 우리 신자들이 우리의 믿음과는 다른 믿음을 가진 다른 신자들을 이해하기 위해 무신론자를 필요로 하는 바로 그 차원에 존재한다."
31. Benjamin, "The Task of the Translator." [벤야민, 「번역자의 과제」.] 이는 위르겐 하버마스가 「공적 영역에서의 종교」에서 종교간 번역을 서로 간의 공적 교환과 노출의 과정으로 보는 시각과 대조를 이룬다. 재신론적 접근은 하버마스와 벤야민의 위치 사이의 중간 경로를 모색한다.
32. 이 "여분의 요소"는 내가 지금까지 "그 이상의" 어떤 것으로 기술해 온 것이다. 윌리엄 제임스는 이 "그 이상"에 대한 흥미로운 탐구를 한 바 있다. "〔개인〕은 자신의 실제적인 존재를 자신의 존재 그 이상의(MORE) 부분과 일치시킨다. 그리고 다음과 같은 방식으로 행동한다. 즉 그는 이러한 그 이상의 부분, 곧 자기 바깥에 있는 우주에서 작용하고 있으며, 그가 노동하면서도

접촉할 수 있고, 그의 낮은 존재가 산산조각날 때 그를 구해줄 수 있는 동일한 성질 그 이상의 것과 같은 것임을 의식하게 된다." William James, *Varieties of Religious Experience* (New York : Penguin Putnam, 1958), lecture 20, "Conclusions," 419. [제임스, 『종교 체험의 여러 모습들』, 526.] 또한 그는 이렇게 말한다. "이른바 '그 이상'의 것, 그리고 이 존재와의 '연합'이 우리 연구의 핵심을 이룬다. 이 말들은 어떻게 정확하게 번역될 수 있을까? 또 어떤 명확한 사실들을 담을 수 있을까? 예를 들어 우리가 특정한 신학, 즉 그리스도교 신학의 위치에 우리 자신을 서게 하고, '그 이상의 것'을 여호와로, '연합'을 그리스도의 의를 우리 죄에 대한 전가로 정의하는 방향으로 나아가는 것은 온당치 않다. 그것은 다른 종교에 대해 불공정한 것이며, 적어도 현재 우리의 입장에서 보면 과도한-믿음이 될 것이다." 같은 책, 421. [같은 책, 528.] 나는 '그 이상의 것'에 대한 요구가 초월적인 신성과 동일시될 뿐만 아니라 국경 너머의 인간 이방인이나 민족 국가 내지 사랑하는 사람들의 공동체 경계 내의 이방인게서도 경험될 수 있다는 점을 덧붙이고 싶다. 혹은 우리 자신 안에서도 그럴 수 있다. 이방인으로서의 '그 이상의 것'은 인간, 자연, 또한 성스러운 것 가운데 가장 작은 이에게까지 내려간다. 만일 우리가 그것을 '신'이라고 부르기로 선택한다면, 대부분 종교와 신앙이 그러하듯이, 그것은 '더 이하의 것'에서 항상 활용 가능한 '그 이상의' 것이다. 아무것도, 아무도 배제하지 않는 '과잉'이라는 것. 곧 초월은 내재성 안에 살아 숨 쉬게 된다.

:: 인명 찾아보기

ㅅ, ㅇ, ㅈ

ㅋ, ㅌ, ㅍ

:: 용어 찾아보기

ㄹ, ㅁ, ㅂ

ㅅ, ㅇ, ㅈ

ㅊ, ㅋ, ㅌ

ㅍ, ㅎ

기타